제 2 판

예 제 로 배 우 는

LabVIEW 프로그램의 기초

이한석, 임윤식 공저

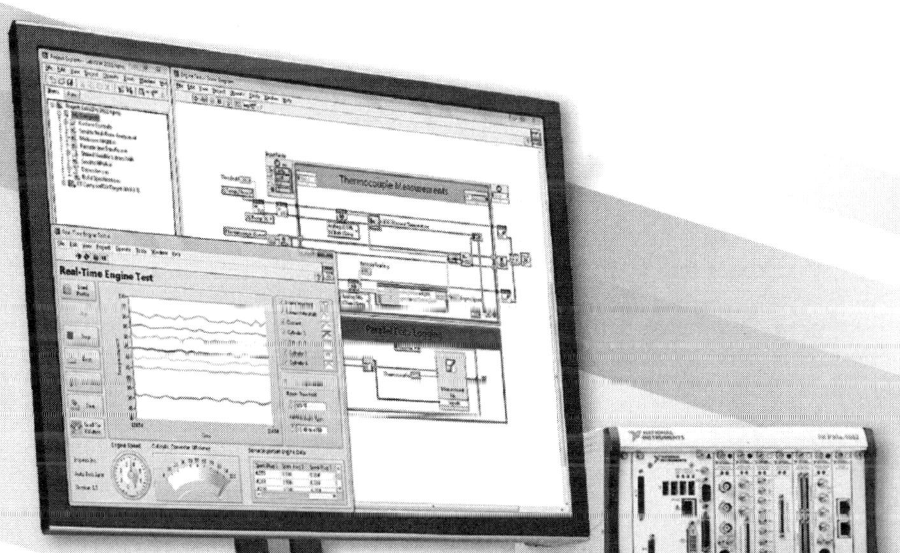

D.B.Info

머리말

최근에 개인용 컴퓨터 및 네트워크의 성능이 향상됨에 따라 여러 대의 독립형 계측기들을 한 대의 컴퓨터에서 구현할 수 있는 가상 계측시스템이 주목을 받고 있다. PC를 기반으로 하는 가상 계측시스템은 DAQ보드, PLC, RS-232C, Field BUS 등을 네트워크로 묶어 온도, 유량, 압력, 전압 등의 물리적인 신호를 측정하고 얻어진 정보를 토대로 다른 장치를 제어할 수 있다.

가상 계측시스템은 1개 이상의 컴퓨터, 네트워크, 입출력장치, 전용 소프트웨어로 구성된다. 현재 가상 계측 시스템을 구현하는 전용 소프트웨어로는 내셔널 인스트루먼트사의 그래픽 언어인 LabVIEW가 가장 많이 이용되고 있다.

현재 시중에는 LabVIEW 프로그램을 학습할 수 있는 교재들이 많이 출시되어 있다. 그러나 대부분의 교재들은 텍스트 기반의 언어에 익숙한 사용자를 위해 제작되었기 때문에 다루고 있는 내용이 너무 많고 어려워서 LabVIEW 프로그램의 기초를 다지기에는 적합하지 않다. 따라서 본 교재는 컴퓨터에 관한 기초 지식만 있으면 누구나 쉽게 LabVIEW 프로그램을 학습할 수 있도록 기본적인 원리를 자세히 설명하였다. 또한 다양한 예제들을 통해 배운 내용을 바로바로 확인하고 응용할 수 있도록 구성하였다.

본 교재는 1학기 강의용으로서 전체 17장으로 편성되어 있다. 1장부터 15장까지는 LabVIEW 프로그램을 작성하는데 꼭 필요한 기초 문법들을 단계별로 설명하였다. 16장에서는 간단한 통신 하드웨어를 실제 제작하고 계측 프로그램을 작성해 봄으로써 LabVIEW 프로그램의 기본 취지를 잃지 않도록 노력하였다. 또한 17장에서는 실용적인 프로그램을 작성할 때 자주 접하게 되는 수학함수들의 사용법을 기초지식을 통해 쉽게 이해할 수 있도록 설명하였다.

끝으로 본 교재의 출판에 도움을 주신 복두출판사 송광헌 사장님과 임직원 여러분께 깊은 감사를 드린다.

2017년 12월

저자 일동

차례

제6장 루프

제7장 SubVI 만들기

제8장 배열

제9장 클러스터

제10장 로컬 변수와 글로벌 변수

제11장 차트와 그래프

제1장 LabVIEW 소개

독립형 계측 시스템과 가상 계측 시스템의 차이점을 명확히 이해하고 LabVIEW의 간단한 동작원리를 알아보자.

학습목표

- 측정과 계측의 개념을 이해한다.
- 가상 계측시스템의 개념을 이해한다.
- LabVIEW의 동작 원리를 이해한다.
- LabVIEW가 응용되는 다양한 분야를 파악한다.

차례

1.1 측정과 계측

1 측정과 계측

측정(measurement)이란 다양한 장치를 사용하여 어떤 물리량을 수치로 나타내는 작업을 말한다. 측정과 혼동하기 쉬운 용어 중에 계측(instrument)은 측정 자체는 물론이고 측정으로 얻어진 정보를 저장, 연산하고 얻어진 정보를 바탕으로 어떤 조치를 취하는 것까지를 포괄적으로 표현하는 단어이다. 따라서 계측의 범위는 측정 장치의 제작부터 실제측정, 측정값의 연산, 측정 정보를 이용해 다른 장치를 제어하는 작업들을 모두 포함하게 된다.

2 계측의 시초

초등학교 과학시간을 떠올려보자. 눈금자나 비커에 표시된 눈금을 보고 측정값을 연필로 노트에 기록하고 얻어진 정보들을 이용해 평균이나 오차를 계산했던 기억이 떠오를 것이다. 이런 일련의 작업이 가장 기초적인 계측이라 할 수 있다.

하지만 기록할 데이터의 양이 많아짐에 따라 사람의 손으로 데이터를 일일이 기록하는 것은 너무 번거롭고 지루한 작업이었다. 이런 어려움을 해결하기 위해 측정된 값을 자동으로 기록할 수 있는 자동기록장치(차트레코더)가 개발되었다. 이 장치는 사람의 심장 박동을 기록하거나 지진파의 강도를 측정하고 종이에 자동으로 기록하는데 주로 사용되었다.

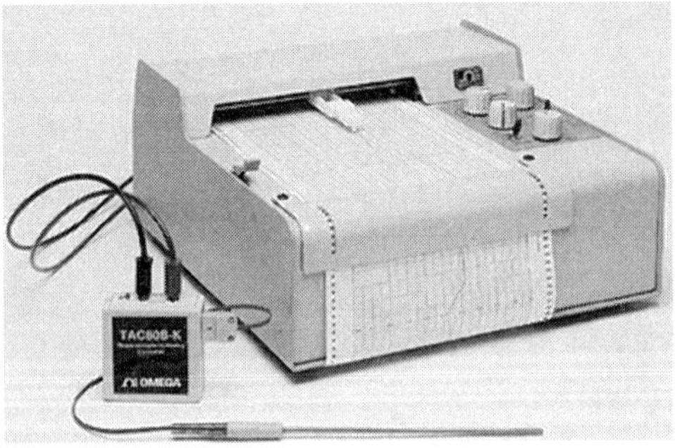

[그림 1.1] 자동 기록장치(차트레코드)

3 독립형 계측기

과학이 점점 발달함에 따라 측정해야 할 물리량들이 늘어나고 정확도가 뛰어난 장비들이 요구됨에 따라 1970년대부터는 특정한 물리량을 측정할 수 있는 독립적인 계측기들이 출현하게 된다. 현재 실험실이나 공장에서 주로 볼 수 있는 오실로스코프, 디지털멀티미터, 함수발생기 등이 여기에 속하게 된다. 이들 독립형 계측기(stand-alone)들은 스크린을 통해 측정된 값을 보여주거나 일정량의 데이터를 저장할 수 있는 기능을 내장하고 있었다. 그러나 얻어진 정보들을 분석하고 이를 토대로 다른 작업을 수행하는 기능은 구현할 수 없었다.

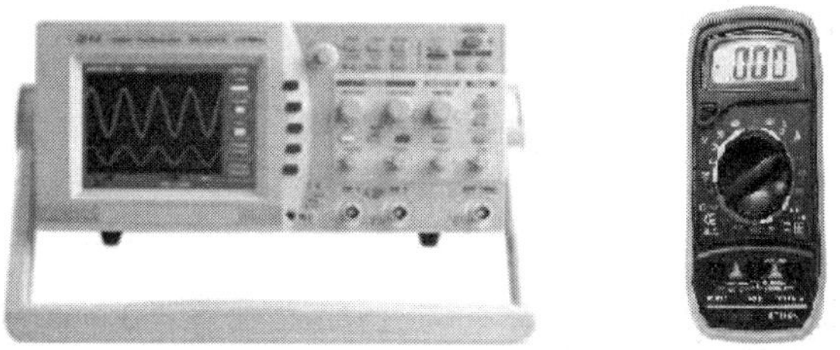

[그림 1.2] 독립형 오실로스코프와 디지털멀티미터

1980년대에 들어와 개인용 PC가 널리 보급됨에 따라 측정된 데이터를 저장하거나 분석하는데 PC를 사용하는 빈도가 점점 늘어나게 되었다. 처음에는 독립형 계측기에서 측정된 데이터를 플로피디스크와 같은 저장장치를 통해 PC로 옮겨서 처리하였다. 하지만 데이터의 양이 많거나 측정시간이 길어지면 사람이 일일이 옮기는 것은 여간 불편한 작업이 아니었다. 따라서 독립형 계측기와 PC사이에 데이터를 주고받을 수 있는 통신 방법이 필요하게 되었다. 현재 대부분의 계측기들은 직렬 혹은 병렬통신을 이용해 PC와 데이터를 주고받을 수 있도록 제작되어 있으며 이를 이용하면 특정 계측기에서 측정된 값들을 PC로 가져올 수도 있고 이정보를 토대로 다른 장비를 제어할 수도 있다.

4 PC기반의 계측기

지금도 공장이나 실험실에 가보면 독립형 계측기들을 랙(rack)에 쌓아두고 측정 순서에 따라 일일이 수작업으로 계측기들을 동작시켜 데이터를 얻는 경우를 자주 볼 수 있다. 또한 좀 더 발전된 형태로 PC와 계측기들 간에 통신을 이용해 계측시스템을 구현한 경우도 종종 볼 수 있다. 이처럼 실험실이나 공장에서 독립형 계측기가 차지하는 비중은 아직도 크다고 할 수 있다.

하지만 PC의 성능이 향상됨에 따라 이런 상황에 변화가 생기고 있다. 예를 들어 PC에서 음악을 듣고 싶으면 사운드 카드를 설치하고, TV를 보고 싶다면 TV수신카드를 설치해 원하는 작업을 수행한다. 이와 비슷하게 한 가지 물리량만을 측정할 수 있는 독립형 계측기보다는 PC에 다양한 종류의 계측용 모듈을 장착시키고 소프트웨어를 이용해 자신의 작업 환경에 가장 적합한 계측시스템을 구현하는 방식이 점차 주목을 받고 있다. 이를 PC기반의 계측시스템이라 하며 계측과 동시에 얻어진 정보를 저장, 분석할 수 있을 뿐만 아니라 필요에 따라 다른 장치를 제어할 수도 있으므로 작업의 효율성이 증대된다.

독립형 계측기는 폐쇄적인 전용 하드웨어에 제작사에서 내장한 소프트웨어를 사용하므로 성능의 변화속도가 느리고, 측정 항목의 다양성에 대응하기도 어렵다. 하지만 PC기반의 계측기는 필요에 따라 계측용 모듈을 변경 및 확장할 수 있으므로 저비용으로 효율적인 계측시스템을 구현할 수 있다.

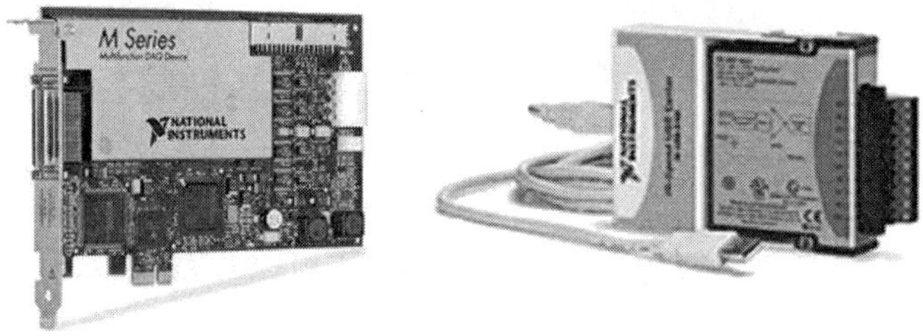

[그림 1.3] 모듈형 계측기(좌 : PCI Express형, 우 : USB형)

1.2 가상 계측시스템

1 과거의 계측시스템

과거의 산업 현장이나 실험실을 모습을 잠깐 상상해 보자. 중앙 제어 패널을 구성하고 있는 다양한 종류의 스위치들과 여기저기서 깜박거리는 램프들, 한쪽 구석을 차지하고 있는 독립형 계측기들, 데이터를 기록하며 바쁘게 움직이는 사람들, 매우 익숙한 광경이기는 하지만 왠지 효율적인 작업환경은 아닌 것 같다. 컴퓨터 앞에 앉아서 다양한 종류의 스위치들을 작동시키고 여러 장비의 데이터를 받아서 분석한 이후에 필요한 명령을 내릴 수는 없을까?

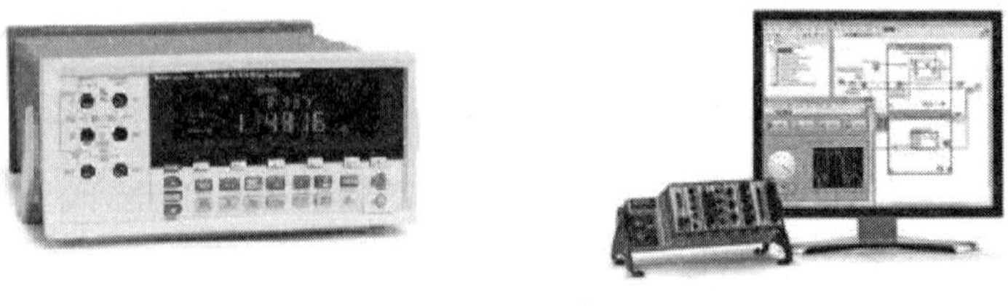

[그림 1.4] 독립형 계측기와 컴퓨터 기반의 계측기

2 가상 계측시스템

최근에 컴퓨터 및 네트워크의 성능이 향상됨에 따라 여러 대의 독립형 계측기들을 한 대의 컴퓨터에서 구현할 수 있는 가상 계측시스템(Virtual Instrument)이 주목을 받고 있다. 여기서 가상이란 과거에 사용하던 독립형 계측기와 거의 동일한 형태와 기능을 수행할 수 있는 화면이 컴퓨터의 모니터에 생성되기 때문에 붙여진 이름이다.

가상 계측시스템은 PC내부의 슬롯(slot)이나 USB포트에 계측용 모듈을 설치하고 LabVIEW와 같은 전용 소프트웨어를 이용해 독립형 계측기와 유사한 환경으로 계측시스템을 구현할 수 있다. 독립형 계측기는 원하는 물리량에 따라 여러 대의 하드웨어를 설치해야 하지만 가상 계측시스템은 PC에 특정기능을 수행하는 모듈만 설치하면 되므로 하드웨어 설치비용이 적게 들고 필요한 기능은 언제든지 추가할 수 있으므로 확장성이 뛰어난 장점을 가지고 있다.

가상 계측을 활용하면 온도변화나 위치에너지, 운동에너지 등 물리적인 데이터 변화를 컴퓨터로 확인할 수 있어 계측기를 사용해 눈으로 관찰하는 것보다 정확한 데이터를 얻을 수 있다. PC를 기반으로 한 가상 계측시스템은 DAQ보드, PLC, RS-485, Field BUS 등을 네트워크로 묶어 온도, 유량, 압력, 전압 등의 물리적 신호를 측정하거나 제어한다. 실제로 가상 계측시스템은 DAQ(Data Acquisition), 공장 자동화, 프로세스 자동화, 실험실 자동화 분야 등에 많이 응용되고 있다.

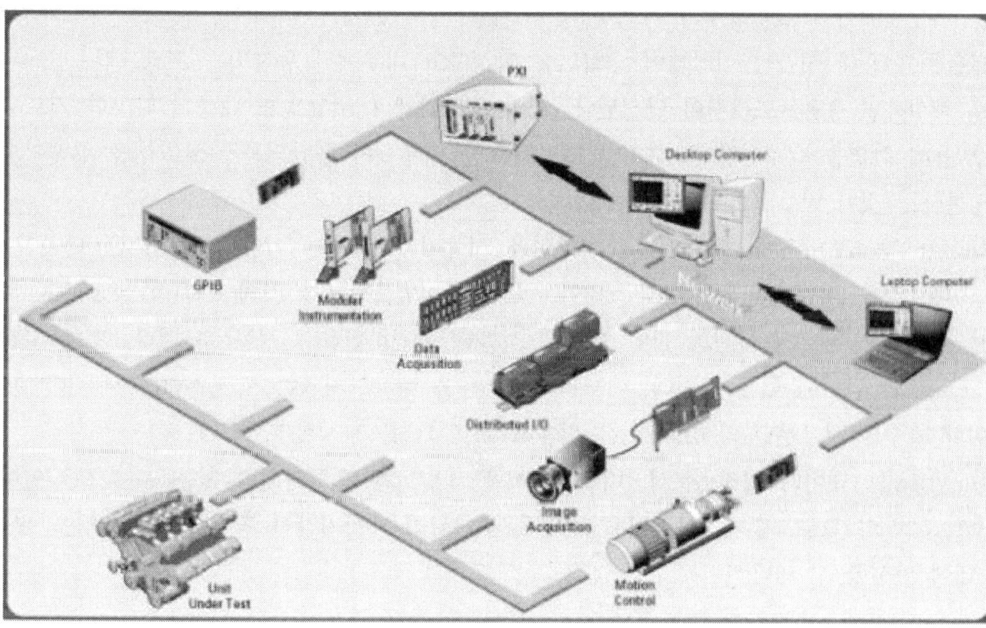

[그림 1.5] 가상 계측시스템

가상 계측시스템은 1개 이상의 컴퓨터, 네트워크, 입·출력 장치(Serial, GPIB, PLC, Field Bus), 전용 소프트웨어 등으로 구성된다. 전용 소프트웨어로는 NI사에서 발표한 LabVIEW가 가장 널리 이용되고 있다. 보통 LabVIEW 프로그램을 가상 인스트루먼트(Virtual Instrument) 또는 줄여서 VI로 부르는데 오실로스코프나 멀티미터와 같은 독립형 계측기의 외형과 기능을 프로그램 내에서 구현할 수 있기 때문이다.

LabVIEW에는 노브, 누름 버튼, 다이얼과 같은 입력 장치와 그래프, LED 및 기타 출력을 위한 디스플레이 장치가 다양하게 준비되어 있다. 또한 데이터 수집, 분석, 디스플레이, 저장에 필요한 다양한 함수가 준비되어 있으므로 독립형 계측기를 모사한 가상 계측환경을 쉽게 구축할 수 있다.

1.3 LabVIEW란?

1 LabVIEW란?

LabVIEW는 Laboratory Virtual Instrument Engineering Workbench의 약자로 문자로 프로그램을 작성하는 Pascal, Basic, C, C++언어와는 다르게 그래픽을 이용해 프로그램을 작성하는 비주얼 툴(Visual Tool)의 일종이다. 이해를 돕기 위해 비주얼 툴 중에서 널리 사용되고 있는 비주얼베이직 프로그램의 작성 방법을 예로 들어 보자. 명령버튼, 텍스트 박스와 같은 컨트롤을 이용해 시각적 인터페이스 화면을 작성하고 내부에서 동작되는 프로그램을 Basic언어로 작성하면 응용프로그램이 완성된다. 이와 유사하게 LabVIEW도 내장된 다양한 컨트롤들을 이용해 화면을 디자인한다. 하지만 LabVIEW는 내부에서 동작되는 프로그램을 그래픽으로 작성한다는 것이 비주얼베이직과 다르다.

LabVIEW는 모니터에 표시되는 출력화면을 사용자가 원하는 어떠한 형태로든 디자인 할 수 있다. 각종 인디케이터, 밸브, 스위치, 차트, 다이얼, 사용자 정의 그래픽 등을 이용하여 초보자도 쉽고 빠르게 자신의 작업 환경에 적합한 출력화면을 작성할 수 있다. 또한 고전적인 프로그램 언어에 있는 포인터, 메모리 할당 등을 이용하지 않고도 LabVIEW에 내장된 광범위한 함수와 서브루틴 라이브러리를 이용해 프로그램을 작성할 수 있다.

LabVIEW는 데이터 측정, 분석, 디스플레이에 적합토록 특성화되어 있는 프로그램 언어로 텍스트 기반의 프로그램 언어를 사용할 경우 수개월의 개발기간이 필요한 프로그램을 몇 시간 내에 완성할 수 있다.

2 LabVIEW의 역사 및 장점

1983년 내셔널 인스트루먼트(National Instruments)사는 최소시간으로 측정시스템을 프로그램하는 방법을 모색하던 중 LabVIEW 가상인스트루먼트를 도입하게 되었고, 1986년 LabVIEW 버전1.0을 Macintosh용으로 발표하였다. 1992년에는 Windows용 LabVIEW를 발표하였고, 1993년 LabVIEW 버전3.0부터는 Macintosh, Windows, Sun 등의 이종의 컴퓨터에서 쉽게 사용할 수 있게 되었다. 그 후 많은 발전을 거듭해 LabVIEW 8.2버전부터는 한글이 지원되고 있으며 현재는 2012버전이 시판되고 있다.

LabVIEW는 여러 종류의 컴퓨터와 다양한 OS에서 호환이 가능하도록 고안되었기 때문에 Macintosh에서 작성한 프로그램을 IBM-PC의 Windows나 Linux와 같은 운영체제에서도 별도의 수정 없이 프로그램을 사용할 수 있다.

근래에 들어 많은 사람들이 LabVIEW에 관심을 갖는 가장 큰 이유는 LabVIEW가 제공하는 생산성에 원인이 있다. LabVIEW를 이용하는 엔지니어는 짧은 시간에 시스템에 관련된 프로그램 작성, 디자인, 수정 등을 전문 프로그래머의 도움 없이도 약간의 학습을 통해 응용프로그램을 작성할 수 있으므로 기존의 프로그램을 사용하는 것보다 생산성을 향상시킬 수 있다.

LabVIEW를 이용한 가상 계측시스템은 하드웨어의 장착 비용을 절감할 수 있고, LabVIEW로 작성할 수 있는 응용프로그램의 범위는 매우 넓으므로 중복투자를 방지할 수 있다. 예를 들어 일반 컴퓨터에 LabVIEW와 Plug-In DAQ보드를 장착하면 데이터 측정 및 제어시스템을 경제적이고 다양하게 구성할 수 있다. 또한 제작된 응용프로그램을 보완, 수정할 경우는 새로운 장비의 추가 구매없이 LabVIEW 프로그램만 수정하면 된다.

1.4 LabVIEW의 동작 원리

LabVIEW는 컨트롤과 인디케이터를 이용하여 사용자와 인터페이스 역할을 수행하는 프런트 패널을 만든다. 다음에 프론트 패널의 객체들을 동작시키는 코드를 그래픽으로 작성하면 응용프로그램이 완성된다. 앞으로 LabVIEW 프로그램을 줄여서 VI라 부르기로 하고, VI에는 프런트 패널, 블록 다이어그램, 아이콘/커넥터라는 세 가지 중요한 요소가 있는데 이들의 의미를 간략히 알아보기로 하자.

1 프런트 패널 (Front Panel)

프런트 패널은 사용자가 입력 값을 설정하고 VI에서 얻어진 출력 값을 표시하는 화면을 말한다.

프런트 패널은 스위치, 노브, 버튼, 차트, 그래프 등을 이용하여 실제 측정장비의 패널과 아주 유사하게 구성할 수 있다. 그림 1.6은 LabVIEW로 구성된 온도 제어시스템의 프런트 패널을 보여주고 있다. 아마도 기존에 많이 사용하던 텍스트 기반의 언어를 이용한다면 그림과 같은 화면을 구성하는데도 1개월 이상의 시간과 노력이 필요할 것이다. 하지만 LabVIEW를 이용하면 짧은 시간 내에 위와 같은 프런트 패널을 구성하고, 인터페이스까지 완성할 수 있으므로 LabVIEW의 강력한 성능을 짐작할 수 있을 것이다.

보통 텍스트 기반의 프로그램은 하나의 변수를 이용해 데이터를 입출력할 수 있지만 LabVIEW에서는 데이터를 입력하는 부분과 출력하는 부분을 나누어서 사용한다. 사용자가 데이터를 입력하는 부분을 컨트롤(Control)이라 하고, 프로그램의 실행결과를 출력하는 부분을 인디케이터(Indicator)라 하는데 이 책으로 공부하는 동안 절대 잊어서는 안되는 중요한 개념이다.

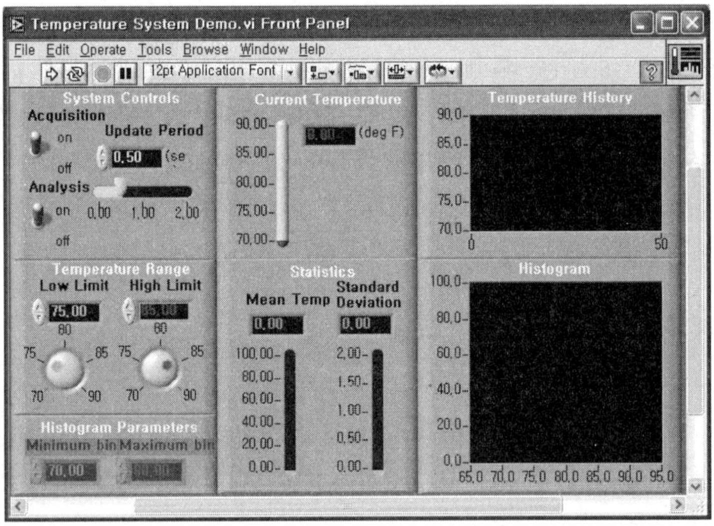

[그림 1.6] 프런트 패널의 예

[표 1.1] 컨트롤과 인디케이터

Control(입력)	Indicator(출력)
사용자가 데이터를 입력하는 부분	프로그램의 실행결과를 출력하는 부분

2 블록 다이어그램(Block Diagram)

블록 다이어그램은 프런트 패널 뒤에서 실제 실행되고 있는 LabVIEW의 소스코드이다. 하지만 기존의 텍스트 프로그램과는 달리 아이콘들은 와이어로 연결하여 프로그램을 작성하게 된다.

블록 다이어그램은 컨트롤, 인디케이터, 각종 상수, while루프, For루프, Case구조, 각종 함수 등으로 구성된다. 프로그램을 작성할 때는 이들 구성요소를 와이어로 연결만 하면 되는 간편한 구조를 갖고 있다. 와이어는 데이터의 흐름을 나타내며 색을 이용해 전달되는 데이터의 종류를 나타낸다.

LabVIEW로 작성한 소스코드는 아이콘을 이용한 그림 형태로 프로그램이 작성되므로 기억하기 쉽고, 프로그램의 유지, 보수도 매우 용이하다. 그러나 LabVIEW를 처음 접한 사람은 다소 생소할 수도 있지만 익숙해지면 현재 시판되고 있는 어떤 프로그램 언어도 LabVIEW처럼 간결하고 쉽게 표시할 수 없다는 것을 느끼게 될 것이다.

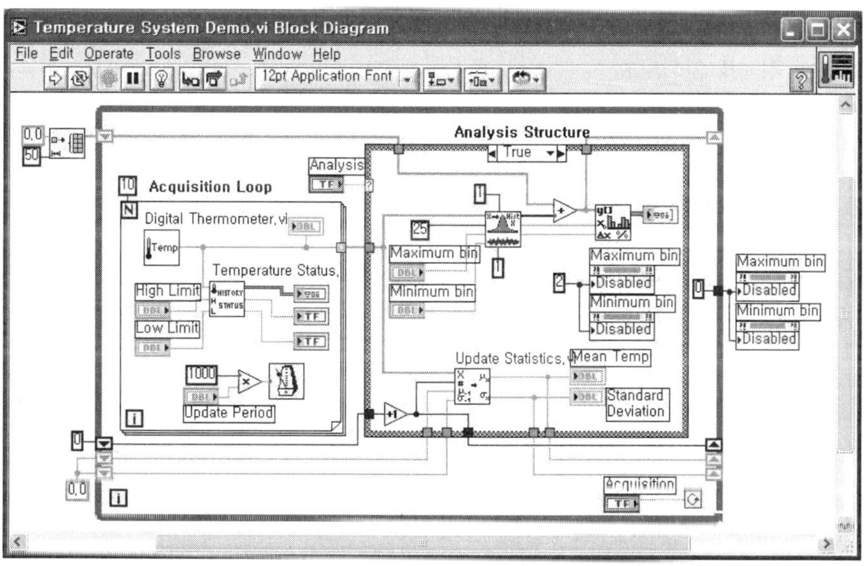

[그림 1.7] 블록 다이어그램

3 아이콘(Icon)과 커넥터(Connector)

아이콘은 하나의 VI를 다른 VI의 블록 다이어그램에서 서브루틴으로 사용하고자 할 때 필요한 구성 요소로 프로그램 공간이 한정적인 그래픽 프로그램에서 매우 중요한 요소이다. 또한 커넥터는 아이콘 뒤에 숨어서 아이콘의 입출력 구조를 결정하는 터미널들의 모임으로 생각하면 된다.

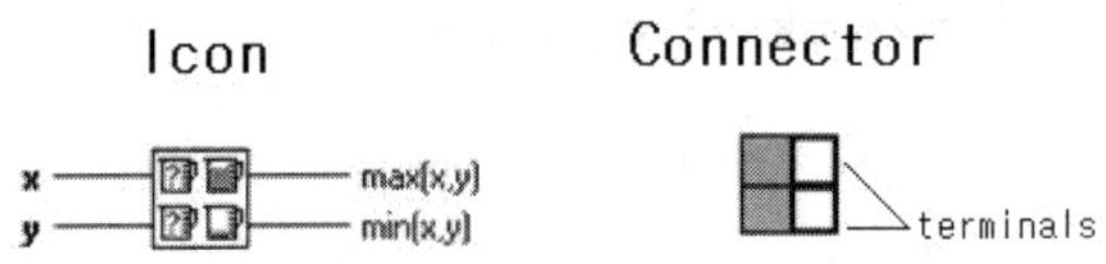

[그림 1.8] 아이콘과 커넥터

1.5 LabVIEW의 응용 분야

LabVIEW는 계측 분야에 특화된 프로그램 언어이지만 컴퓨터가 있는 곳이면 어디든 사용할 수 있는 범용 프로그램 언어로 발전하고 있다. 특히 다양한 프로그램을 작성해 본 전기, 전자공학을 전공한 엔지니어보다는 아직은 프로그램에 경험이 부족한 물리, 의학, 기계공학 분야에 더욱 많이 응용되고 있다. 이는 짧은 시간 내에 응용프로그램을 쉽게 작성할 수 있는 LabVIEW의 장점 때문이라 할 수 있다. LabVIEW가 많이 응용되는 분야를 나열해 보면 다음 같으니 가볍게 한 번 읽어보자.

[표 1.2] LabVIEW의 응용 분야

LabVIEW의 응용 분야
▪ Data Acquisition 분야 ▪ GPIB 통신을 이용한 원격제어 ▪ VME/VXI BUS 인터페이스 ▪ 시리얼 통신 및 TCP/IP프로토콜 네트워킹 ▪ PLC 및 Field BUS제어 ▪ 모션 컨트롤 분야 ▪ 신호처리 및 생체 신호 계측 ▪ 의료 진단 분야

1 DAQ보드를 이용한 온도 계측시스템

DAQ란 Data Acquisition의 약자로 다양한 종류의 DAQ 하드웨어를 이용해 온도, 습도, 압력, 유량과 같은 아날로그 값을 측정하고 얻어진 데이터를 분석, 저장한 후에 필요에 따라 제어하는 과정을 말한다. 온도 계측시스템의 예를 통해 DAQ시스템의 작업 순서를 단계별로 간략히 알아보도록 하자.

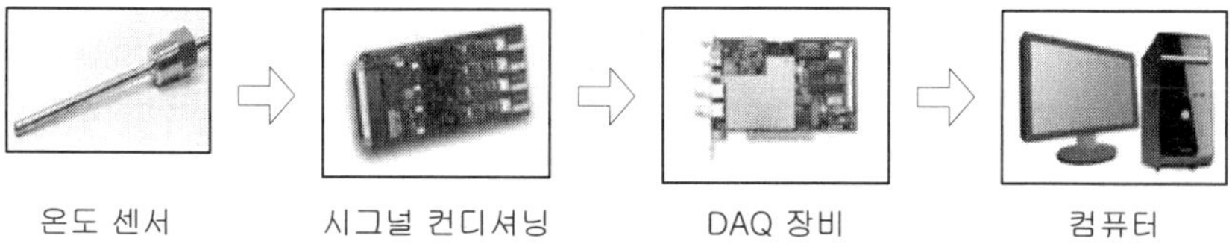

[그림 1.9] 일반적인 온도 계측시스템

▪ 센서(Sensor 또는 Transducer)

센서는 온도나 습도, 압력과 같은 물리계의 신호를 전기적인 신호인 전압으로 변환해주는 장치를 말한다.

▪ 시그널 컨디셔닝(Signal Conditioning)

보통 센서에서 출력되는 전압은 크기가 작거나 잡음(noise)이 포함되어 있으므로 곧 바로 측정하기 어렵다. 따라서 센서의 출력 전압을 증폭해주거나 잡음을 제거해야 하는데 이런 작업을 시그널 컨디셔닝이라 한다.

▪ DAQ 장비

DAQ 장비는 센서나 시그널 컨디셔닝을 통해 출력되는 아날로그 전압을 컴퓨터가 인식할 수 있는 디지털 신호로 변환시켜주는 장비를 말한다. 보통 ADC(Analog to Digital Convertor) 칩이 내장되어 있으며 PCI, PCI Express, PCMCIA, USB 등의 다양한 인터페이스를 통해 컴퓨터의 메인보드에 장착하여 사용한다.

▪ 컴퓨터와 소프트웨어

컴퓨터는 Windows, Linux 등의 OS가 설치된 데스크톱 PC나 노트북이 주로 사용된다. 소프트웨어는 DAQ 장비를 구동할 수 있는 하드웨어 드라이버와 DAQ 장비를 통해 수집된 데이터를 저장 분석하는 소프트웨어가 필요하다. 보통 DAQ 장비의 하드웨어 드라이버는 하드웨어 제작사에서 무료로 제공을 한다. 그러나 데이터 수집 프로그램은 범용 프로그램인 C, C++, Basic와 같은 언어를 이용할 수도 있지만 계측 분야에 특화된 LabVIEW를 이용하면 좀 더 빠르고 간편하게 프로그램을 작성할 수 있다.

연 습 문 제

1. 독립형 계측기와 가상 계측 시스템의 예를 들어 보시오.

2. 다음 프런트패널에서 컨트롤과 인디케이터를 찾고 차이점을 설명하시오.

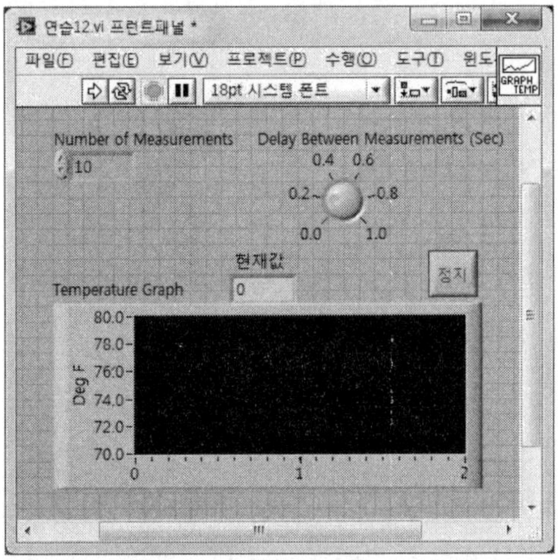

3. 주변에서 자주 접하게 되는 DAQ 제어시스템의 예를 들어 보시오.

제2장 LabVIEW의 환경

LabVIEW의 기초 요소인 프런트 패널, 블록 다이어그램, 아이콘/커넥터의 개념을 알아보고 LabVIEW프로그램 작성 시에 기본이 되는 세 가지 팔레트의 기능을 익혀보자.

학습목표

- 프런트 패널의 작성법을 학습한다.
- 블록 다이어그램을 이용해 간단한 LabVIEW 프로그램을 작성한다.
- 아이콘과 커넥터의 개념을 이해한다.
- LabVIEW의 세 가지 팔레트의 기능을 익힌다.
- LabVIEW의 데이터 형을 익힌다.

차례

2.1 프런트 패널

1 프런트 패널(Front Panel)

프런트 패널은 사용자가 작성한 프로그램의 실행결과를 화면에 표시하는 곳으로 사용자가 프로그램과 대화하는 창(window)이라 생각하면 된다. 따라서 LabVIEW 프로그램에는 반드시 한 개 이상의 프런트 패널이 포함되어야 하며 VI가 실행될 때 자동으로 프런트 패널이 열리게 된다. 프런트 패널은 프로그램 실행에 필요한 데이터를 입력하는 곳이고, 동시에 VI의 실행결과를 표시하는 곳이기도 하다.

다음 그림은 LabVIEW로 작성한 오실로스코프의 프런트 패널로 실제 오실로스코프와 모양과 기능이 거의 동일함을 알 수 있다. 이처럼 LabVIEW 프로그램은 실제 계측 장비와 동일하게 프로그램 할 수 있기 때문에 가상 인스트루먼트(Virtual Instrument:VI)라고 한다. 다만, 실제 계측 장비와는 달리 컴퓨터 화면상의 프런트 패널에서 마우스를 이용해 계측기를 운용하게 된다.

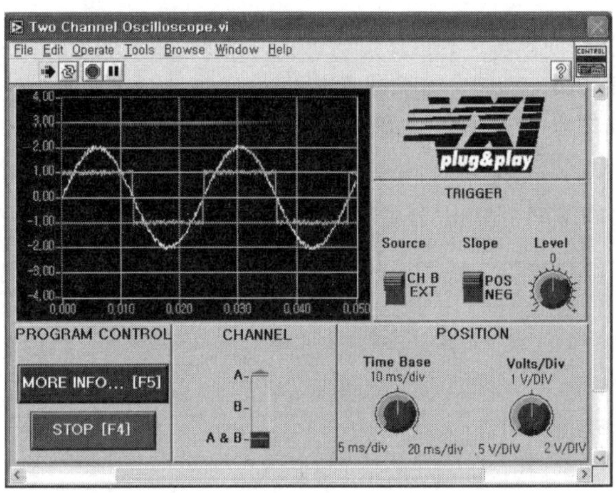

[그림 2.1] 2CH 오실로스코프의 프런트 패널

2 컨트롤과 인디케이터

프런트 패널의 내부는 컨트롤(control)과 인디케이터(Indicator)의 조합으로 구성된다. 컨트롤은 기존의 계측기에서 사용하던 노브(knob), 스위치 등과 같은 입력장치를 모사한 입력 기능을 갖는 객체를 의미한다. 또한 컨트롤은 사용자가 원하는 설정 데이터를 입력받아 VI의 블록 다이어그램에 데이터를 공급해 주는 역할을 한다.

인디케이터는 블록 다이어그램에서 처리된 데이터를 출력하는 곳으로 측정한 결과 또는 계산된 값을 표시하기만 할 뿐 사용자가 값을 변경할 수는 없는 객체를 의미한다. LabVIEW에서는 컨트롤과 인디케이터의 기능을 혼용해서 사용할 수 없으므로 이들의 차이점을 명확히 이해해야 한다. 다음과 같이 이해해 두면 편리하다.

컨트롤(control) = 입력(input)
인디케이터(Indicator) = 출력(output)

2.2 블록 다이어그램(Block Diagram)

프런트 패널이 사용자와의 인터페이스를 위한 대화식 창이라면 블록 다이어그램 창은 프런트 패널의 내부에 감추어져서 실제 동작하는 소스코드이다. 블록 다이어그램은 분자 기반의 언어인 C나 Basic언어의 소스코드와 동일한 역할을 하며 그래픽으로 구성되기 때문에 보통 G(Graphic)언어라 한다.

블록 다이어그램은 특수한 기능을 수행하는 터미널(terminal), 노드(node)와 같은 구성 요소로 이루어지며 이들 오브젝트를 와이어(wire)로 연결하면 프로그램이 실행된다. 간단한 예제를 통해 블록 다이어그램의 개념을 잡아보자.

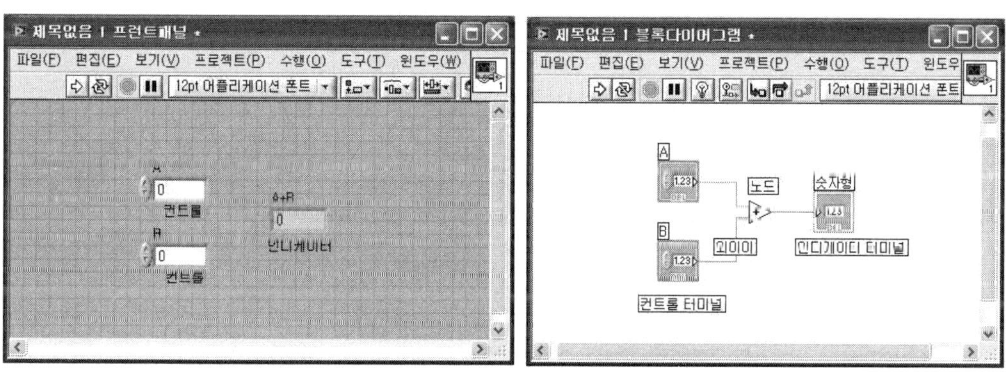

[그림 2.2] 터미널, 노드, 와이어

두 개의 컨트롤 A와 B의 합을 구해 인디케이터 A+B에 계산 결과를 나타내는 간단한 VI를 고려해 보자. 프런트 패널에는 두 개의 컨트롤과 한 개의 인디케이터가 놓여져 있고 블록 다이어그램에서는 이에 대응하는 터미널과 노드, 와이어를 볼 수 있다.

1 터미널(Terminal)

사용자가 프런트 패널에 컨트롤과 인디케이터를 가져다 놓으면 LabVIEW는 블록 다이어그램에 자동으로 이들에 대응하는 터미널을 생성한다. 물론 컨트롤이나 인디케이터를 삭제하면 이들에 속한 터미널도 자동으로 삭제된다. 컨트롤 터미널은 테두리가 굵게 표시되며 인디케이터 터미널은 테두리가 얇게 표시된다.

2 노드(Node)

노드는 프로그램의 실행 요소로 기존 프로그램 언어의 반복문, 조건문, 연산자, 함수, 서브루틴과 유사한 기능을 하게 된다. 앞의 블록 다이어그램에서 +(Add)도 일종의 노드로 생각하면 된다.

3 와이어(Wire)

와이어는 입력 터미널과 출력 터미널 사이에 데이터가 이동하는 통로이다. 와이어는 1개의 컨트롤 터미널에서 1개 이상의 인디케이터 터미널로 데이터를 전송한다. 하지만 컨트롤 터미널과 컨트롤 터미널, 인디케이터 터미널과 인디케이터 터미널은 서로 연결할 수 없으므로 주의해야 한다.

각 와이어는 와이어를 지나는 데이터 타입에 따라 여러 모양과 색상으로 표현된다. 오렌지색 실선은 수치형 스칼라 데이터를 나타내며 기존 프로그램 언어에서 실수형 데이터와 동일하다. 자주 사용하는 와이어의 모양 및 색상은 다음 표와 같다.

[표 2.1] 블록 다이어그램에서 사용되는 와이어의 모양 및 색상

데이터 타입	스칼라 (Scalar)	1차원 배열 (1D Array)	2차원 배열 (2D Array)	색상
수치(Numeric)				오렌지색
볼리언(Boolean)				녹색
문자열(String)				분홍색

2.3 아이콘과 커넥터

1 아이콘(Icon)

아이콘은 하나의 VI를 대표하는 직관적인 그림으로 모든 VI의 프런트 패널과 블록 다이어그램 오른쪽 상단에 위치한다. 그림 2.3은 VI가 처음 실행되었을 때 자동으로 생성된 디폴트 아이콘을 보여주고 있다. 물론 사용자가 필요하면 디폴트 아이콘은 문자 및 그림을 이용해 변경할 수 있다.

[그림 2.3] 프런트 패널의 아이콘 pane

2 커넥터(Connector)

커넥터는 아이콘 뒤에 숨어서 VI의 입출력 관계를 나타내는 그림으로 C언어에서 호출되는 함수의 변수리스트와 유사한 기능을 한다. 프런트 패널의 아이콘에서 팝업 메뉴를 이용해 커넥터 보이기(show connector)를 선택하면 커넥터의 형태를 확인해 볼 수 있다.

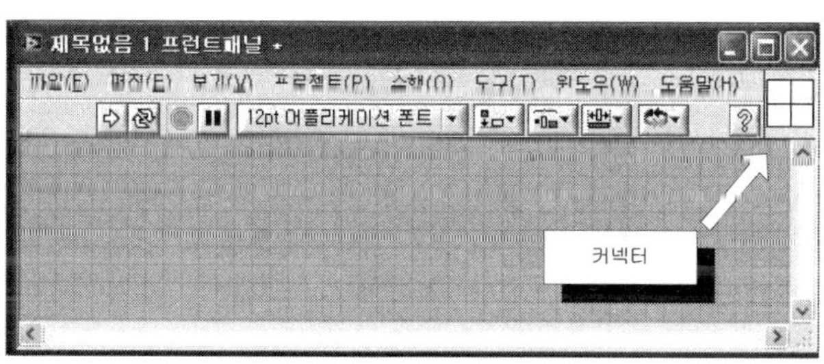

[그림 2.4] 프런트 패널의 아이콘 뒤에 숨어 있는 커넥터

VI는 다른 VI의 서브VI로 이용될 수 있다. 이는 문자 기반의 언어에서 서브프로그램을 호출하는 것과 유사한 원리이다. 만약 어떤 VI가 다른 VI의 내부에 삽입되어 서브VI로 사용될 때 VI를 대표하는 아이콘은 데이터의 입출력을 표현하는 그림으로 나타난다. 또한 터미널의

집합인 커넥터는 서브VI가 호출되면 입력 터미널에 연결된 컨트롤에 데이터를 전송한다. 그리고 서브VI가 실행되고 나면 인디케이터 값이 출력 터미널로 전달된다.

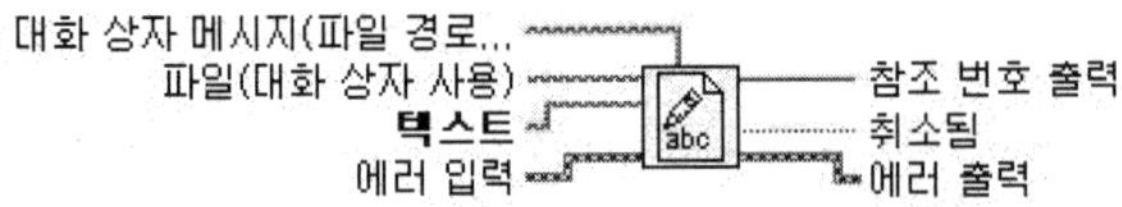

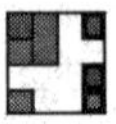

텍스트를 파일로 저장하는 아이콘　　　아이콘 뒤에 숨어 있는 커넥터

[그림 2.5] 아이콘과 이에 대응하는 커넥터

2.4 LabVIEW의 세 가지 팔레트

LabVIEW에는 프로그램 작성 시에 자주 사용되는 컨트롤 팔레트, 함수 팔레트, 툴 팔레트가 있다. 이 세 개의 팔레트는 타이틀 바를 누른 상태에서 이동시키면 화면의 편리한 곳에 위치시킬 수 있다.

1 컨트롤 팔레트(Control Palette)

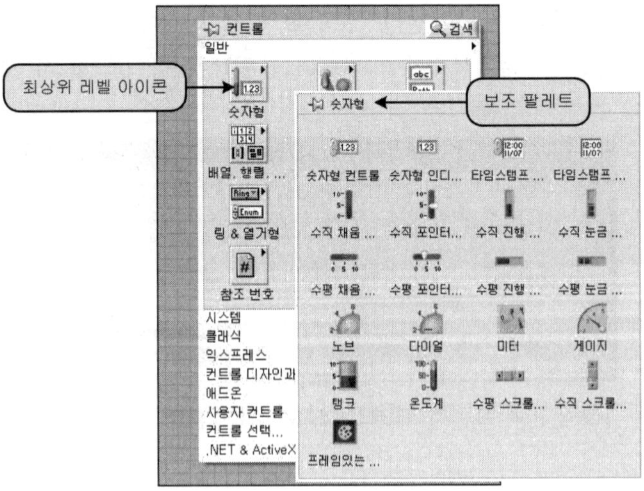

[그림 2.6] 컨트롤 팔레트

프런트 패널을 디자인하기 위해서 컨트롤과 인디케이터를 선택하려면 컨트롤 팔레트를 이용해야 한다. 컨트롤 팔레트는 프런트 패널 윈도우가 활성화되었을 경우에만 나타나며 최상위 레벨 아이콘과 보조 팔레트로 구성된다.

최상위 레벨 아이콘에 있는 각 오브젝트들은 보조 팔레트에 많은 컨트롤과 인디케이터를 갖고 있다. 따라서 원하는 기능의 컨트롤과 인디케이터를 선택해 프런트 패널에 위치시키면 된다. 만약 작업 중에 컨트롤 팔레트가 사라지면 주 메뉴의 Windows에서 Show Control Palette를 선택하거나 프런트 패널 위에서 마우스 오른쪽 버튼을 팝업하면 된다.

2 함수 팔레트(Functions Palette)

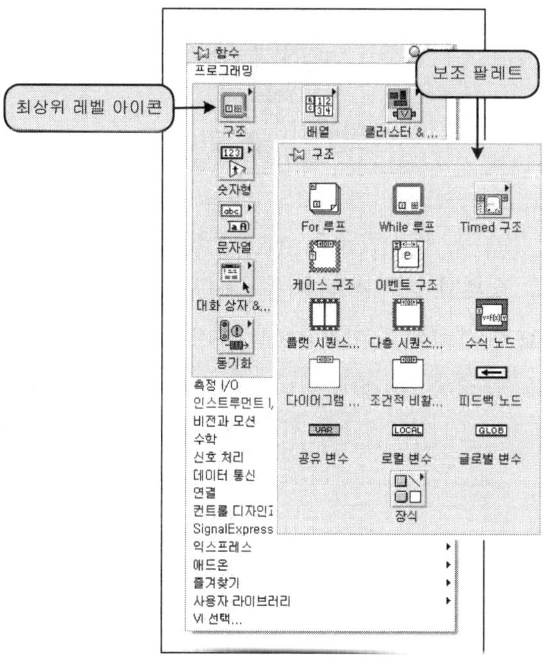

[그림 2.7] 함수 팔레트

함수 팔레트는 블록 다이어그램을 작성할 때 사용되는 팔레트이다. 구성은 컨트롤팔레트와 유사하게 최상위레벨 아이콘 및 이에 상응하는 여러 개의 보조 팔레트로 이루어져 있다. 작업 중 함수 팔레트가 사라지면 주 메뉴의 Windows에서 Show Functions Palette를 선택하거나 블록다이어그램 위에서 마우스 오른쪽 버튼을 팝업하면 된다.

3 툴 팔레트(Tools Palette)

툴은 마우스 커서의 동작모드를 나타내며, VI를 생성, 수정, 디버깅할 때 사용한다. 작업 중 툴 팔레트가 사라지면 Windows메뉴에서 Show Tools Palette를 선택한다. 툴 팔레트에는 여러 가지 동작모드가 있는데 툴 팔레트에서 원하는 아이콘을 클릭하면 동작 모드가 변경된다. 툴 팔레트는 LabVIEW 프로그램을 사용하는데 가장 기초적이고 중요한 사항이므로 자주 사용되는 몇 가지 툴에 대해 미리 알아보도록 하자.

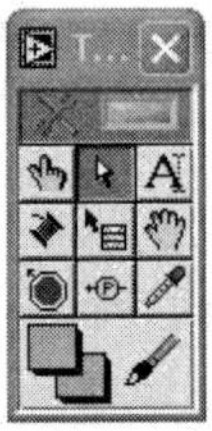

[그림 2.8] 툴 팔레트

- Operating 툴 : 프런트 패널의 컨트롤과 인디케이터를 조작
- Positioning 툴 : 오브젝트를 선택, 이동하거나 크기를 변경할 때 이용
- Labeling 툴 : 텍스트 라벨을 입력하거나 자유 레이블을 만들 때 이용
- Wiring 툴 : 블록 다이어그램에서 오브젝트를 연결할 때 사용

예제 2-1 무작정 따라하기

새로운 프로그램의 전반적인 동작 원리를 이해하는 가장 좋은 방법은 간단한 예제를 만들어서 실행해보는 것이다. 여기서는 두 개의 정수를 프런트 패널의 컨트롤에서 입력받아 이들의 합을 프런트 패널의 인디케이터로 출력하는 VI를 작성해 보자.

1. LabVIEW를 실행시키고, 파일에서 새 VI를 선택한다.

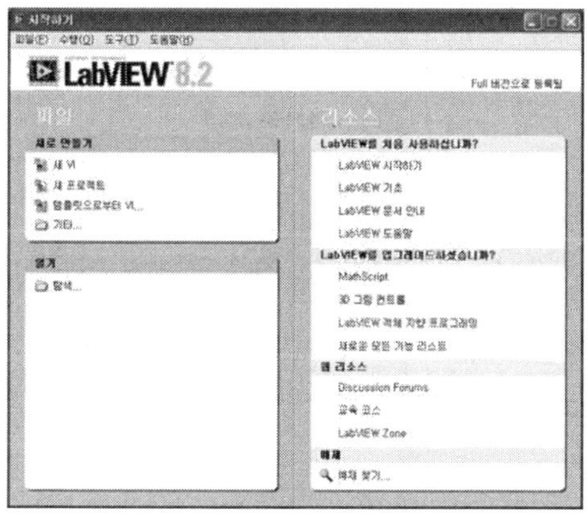

2. 윈도우 메뉴에서 좌우로 정렬을 선택해 화면을 그림과 같이 분할한다.

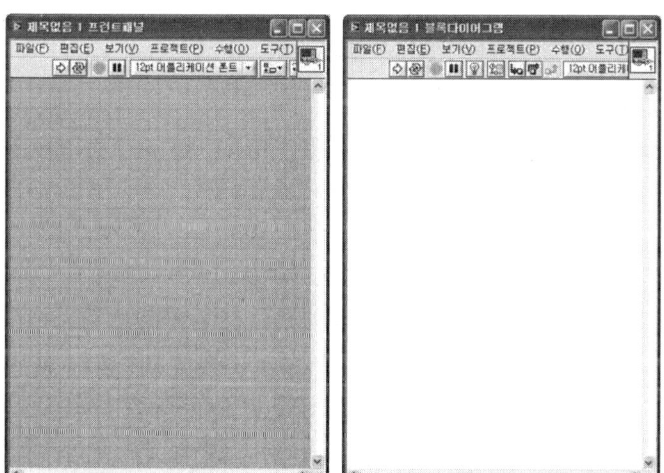

3. 프런트 패널에서 마우스의 팝업 메뉴로 컨트롤 팔레트를 활성화한다. 컨트롤 팔레트의 숫자형 보조 팔레트에서 숫자형 컨트롤을 선택해 프런트 패널에 위치시킨다. 프런트 패널에 오브젝트를 배치하면 블록 다이어그램에 이에 대응하는 터미널이 자동으로 생성된다.

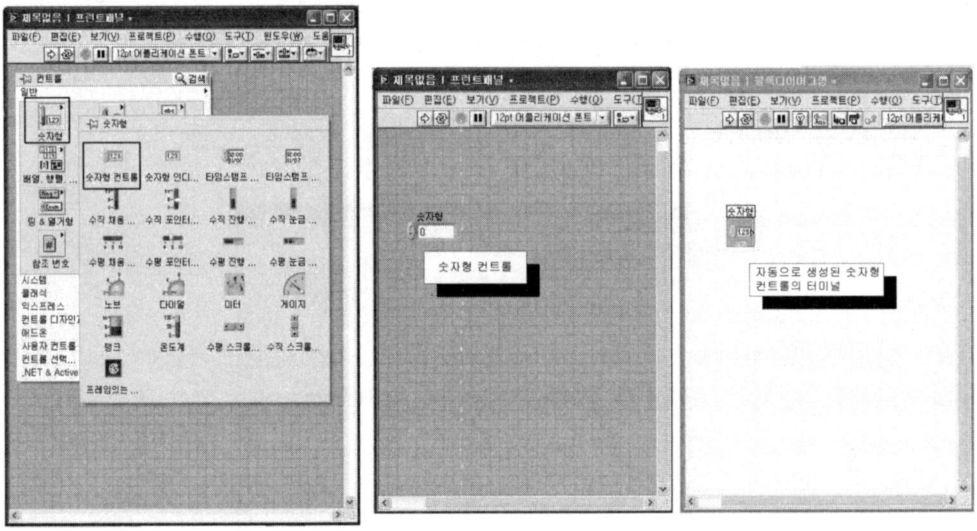

같은 방법으로 숫자형 컨트롤 1개를 추가로 프런트 패널에 위치시킨다. 다음에 컨트롤 팔레트의 보조 팔레트에서 숫자형 인디케이터를 선택해 숫자형 컨트롤 오른쪽에 위치시킨다.

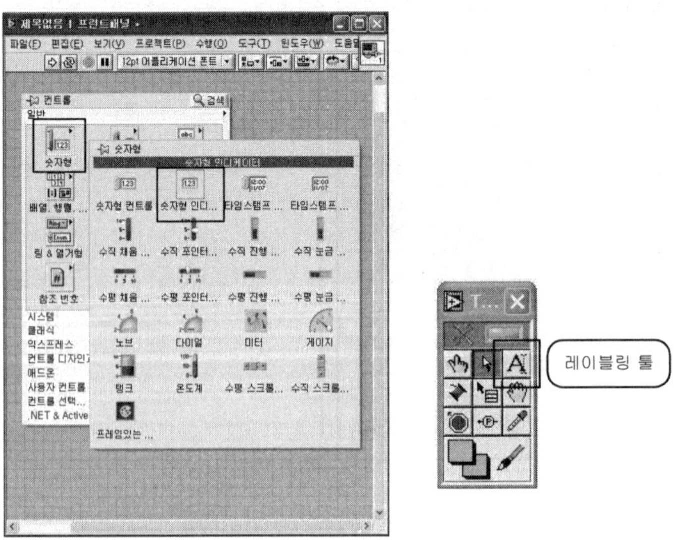

숫자형 컨트롤 2개와 숫자형 인디케이터 1개를 다음과 같이 프런트 패널에 배치하고 Labeling Tool을 이용해 레이블을 입력A, 입력B, 출력으로 변경한다.

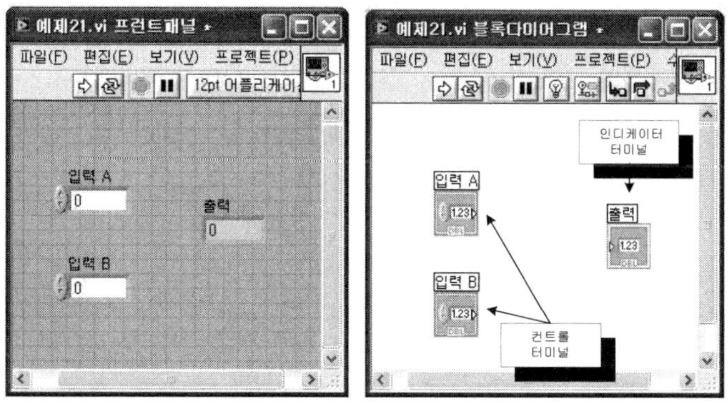

4. 블록 다이어그램을 활성화하고 마우스 팝업 메뉴로 함수 팔레트를 오픈한다. 함수 팔레트에서 Add함수를 찾아 블록 다이어그램에 위치시킨다.

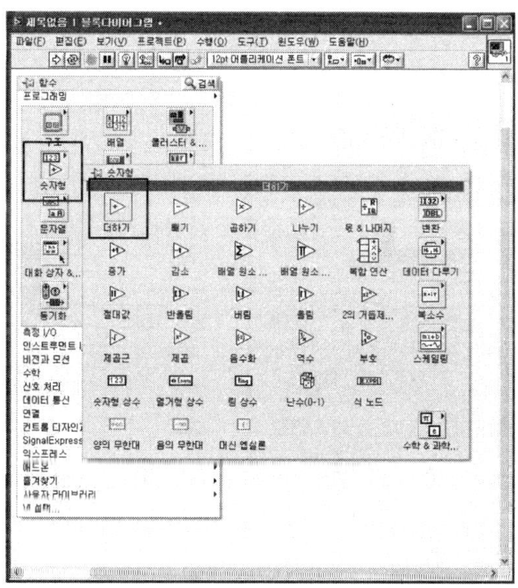

5. Tool팔레트의 Wiring Tool을 이용해 블록 다이어그램에 있는 터미널들을 그림과 같이 연결한다.

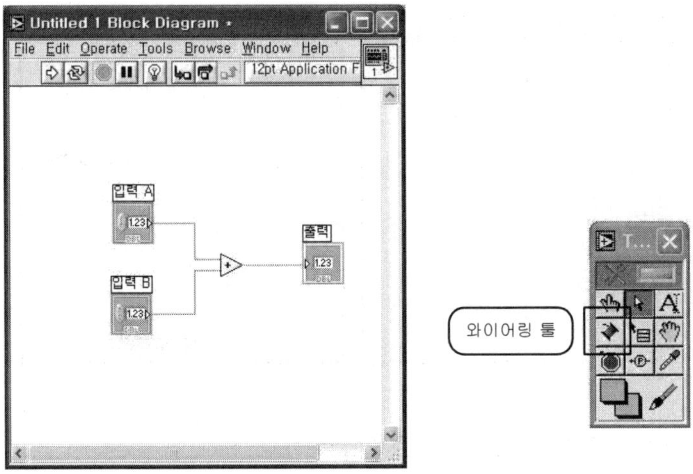

6. 툴 팔레트에서 Operating 툴을 이용해 입력 A에는 5는 입력 B에는 2를 선택한 후에 실행 버튼(오른쪽 화살표)을 클릭해 출력 7을 얻는다.

예제 2-2 무작위 수 발생시키기

무작위 수를 발생시켜 웨이브폼 차트에 표시해 보자.

1. 프런트 패널을 다음과 같이 작성한다.

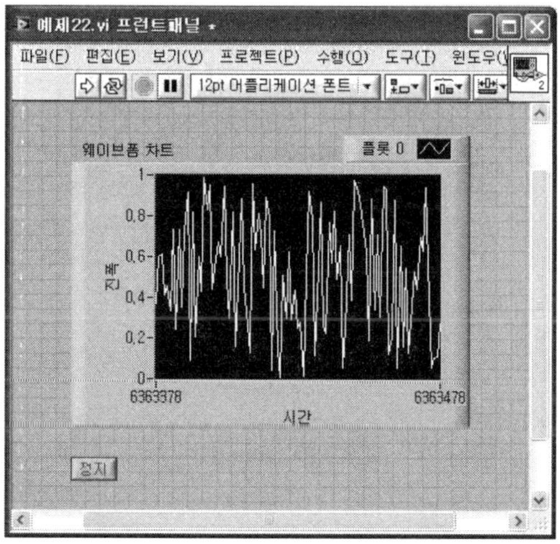

① 웨이브폼 차트는 컨트롤 팔레트의 그래프 보조 팔레트에 있다.
② 정지 버튼은 컨트롤 팔레트의 불리언 보조 팔레트에서 찾을 수 있다.

2. 블록 다이어그램을 다음과 같이 구성한다.

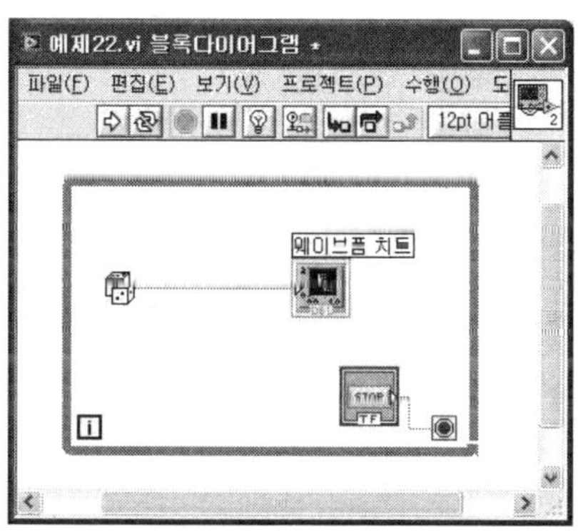

① 난수는 함수 팔레트의 숫자형 보조 팔레트에 있다.
② While 루프는 함수 팔레트의 구조 내에 있으며 마우스 왼쪽 버튼을 누른 상태에서 적당한 크기로 맞추면 된다.

예제 2-3	정수의 합과 차를 구하기

3개의 정수를 입력받아 이들의 합과 차를 구하는 VI를 작성하시오.

1. 프런트 패널을 다음과 같이 작성한다.

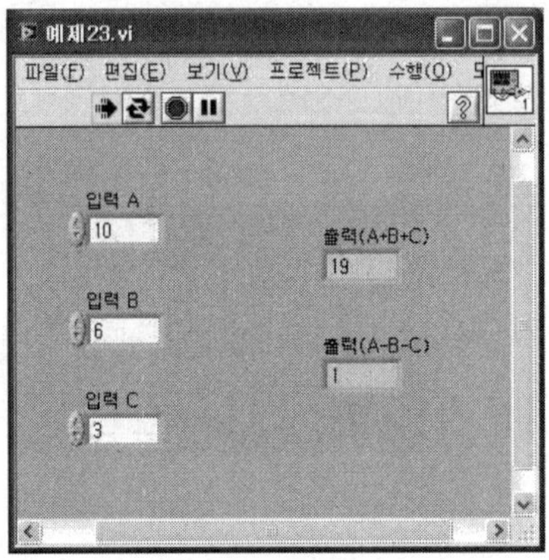

2. 블록 다이어그램은 다음과 같다.

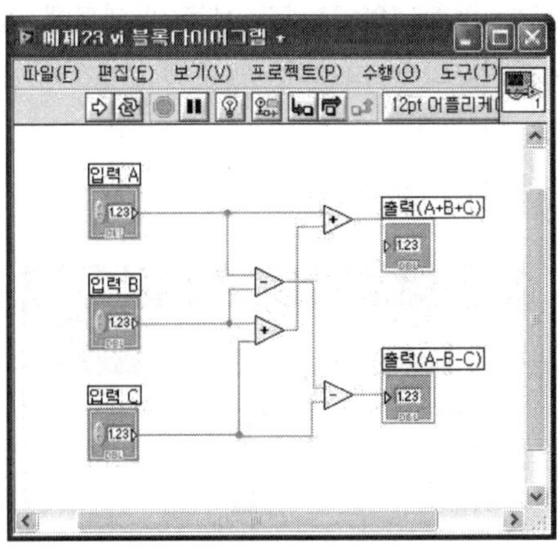

2.5 LabVIEW의 데이터 형

LabVIEW의 데이터 형에는 숫자형, 불리언, 문자열, 배열, 클러스터 등이 있고, 이들은 선의 색상이나 굵기를 이용해 구분하게 된다. 기본 데이터형인 숫자형은 정수형인 경우는 파랑색을 이용하고, 실수형인 경우는 오렌지색을 이용한다. 또한 불리언형은 녹색을, 문자열형은 분홍색을 이용한다. 구조형 데이터인 행렬과 클러스터는 뒤에서 자세히 알아보도록 하고 여기서는 기본형 데이터에 대해 알아보자.

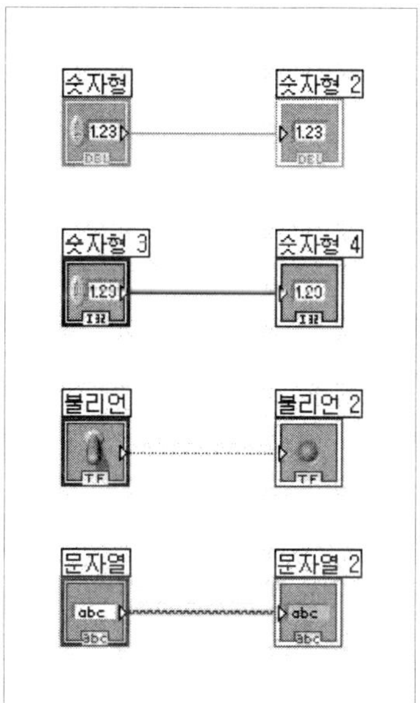

[그림 2.9] LabVIEW의 데이터 형

1 숫자형 데이터

숫자형 데이터는 고전 프로그램 언어의 정수형과 실수형을 결합한 개념으로 오브젝트를 팝업해 형을 선택하면 정수형이나 실수형을 선택할 수 있다. 숫자형 터미널은 블록 다이어그램에서 오렌지색(실수)이나 파란색(정수)으로 표시되며, 터미널의 테두리가 굵으면 컨트롤을, 테두리가 얇으면 인디케이터를 의미한다. 또한 터미널 안의 문자 DBL, SGL은 실수형을 나타내고, I32, I16, I8은 부호 있는 정수형을, U32, U16, U8은 부호 없는 정수형 데이터를 나타낸다.

컨트롤 팔레트의 숫자형 보조팔레트에는 숫자형에 관계되는 오브젝트들을 모아놓았다.

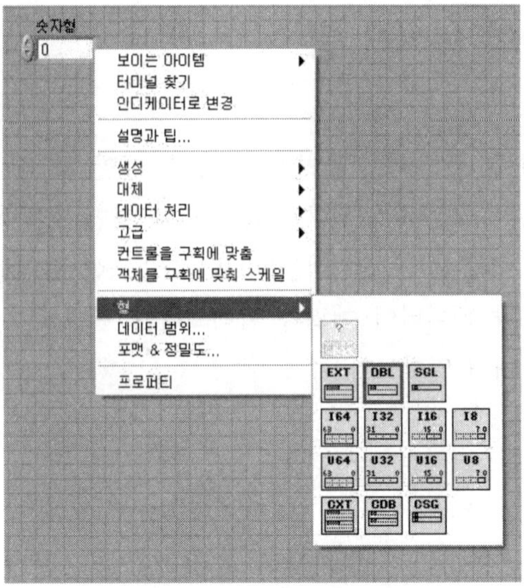

[그림 2.10] 숫자형의 데이터 형

[표 2.2] 데이터 형식 및 크기

기호	데이터 형	크기(Byte)	색상	기본값
I8	8비트 부호있는 정수	1	파랑색	0
U8	8비트 부호없는 정수	1	파랑색	0
I16	16비트 부호있는 정수	2	파랑색	0
U16	16비트 부호없는 정수	2	파랑색	0
I32	32비트 부호있는 정수	4	파랑색	0
U32	32비트 부호없는 정수	4	파랑색	0
SGL	단정도 부동 소수	4	오랜지색	0.0
DBL	배정도 부동 소수	8	오랜지색	0.0
EXT	확장정밀도 부동 소수	10	오렌지색	0.0

2 불리언 형 데이터

불리언 형은 참 또는 거짓 중에 한 가지만을 갖는 데이터형으로 스위치, 버튼 컨트롤, LED 등에서 사용되는 데이터 형이다. 불리언 형은 블록 다이어그램에서 터미널 내부에 TF 문자로 표시되며 터미널의 테두리가 굵으면 컨트롤을, 얇으면 인디케이터를 나타낸다. 컨트롤 팔레트의 불리언 보조 팔레트에 여러 종류의 컨트롤과 인디케이터가 있다.

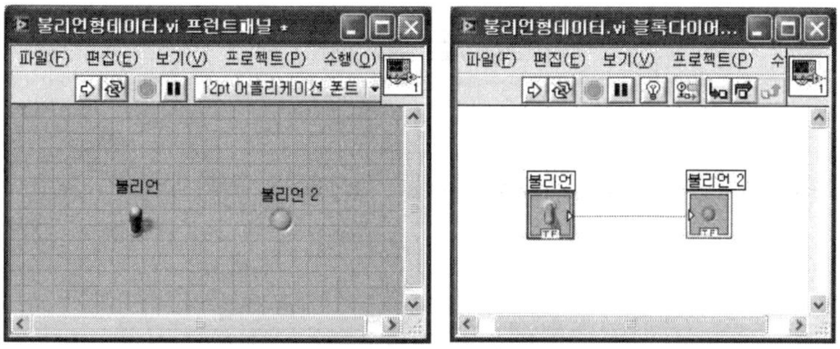

[그림 2.11] 불리언 데이터의 사용 예

3 문자열 형 데이터

문자열 컨트롤과 인디케이터는 텍스트 데이터를 표시한다. 대부분의 문자열 데이터는 ASCII코드 형태로 알파벳 문자를 전달하는 표준방식으로 사용된다. 블록 다이어그램에서 문자열 터미널은 분홍색으로 표시되며 내부에는 문자 abc가 나타난다. 또한 문자열 터미널의 테두리가 굵으면 컨트롤을, 얇으면 인디케이터를 나타낸다. 문자열에 연관된 컨트롤은 컨트롤 팔레트의 문자열&경로 보조팔레트에 들어있다.

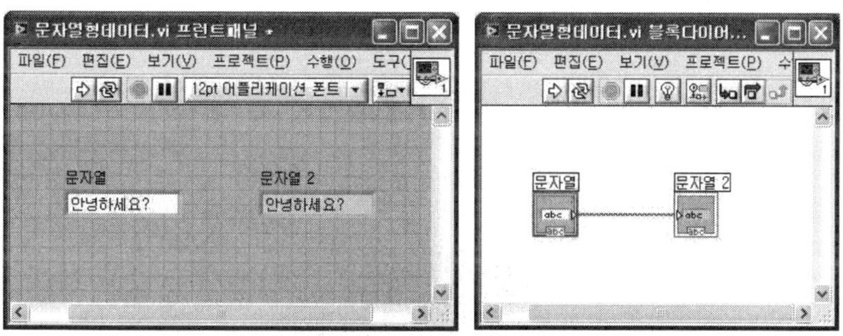

[그림 2.12] 문자열 데이터의 사용 예

연 습 문 제

1. 3개의 정수를 입력받아 이들의 합과 평균을 계산하는 VI를 작성하시오.

2. 1에서 2까지의 무작위수를 발생시켜 차트에 표시하고 현재 발생된 무작위수를 숫자형 인디케이터에 표시하는 VI를 작성하시오.

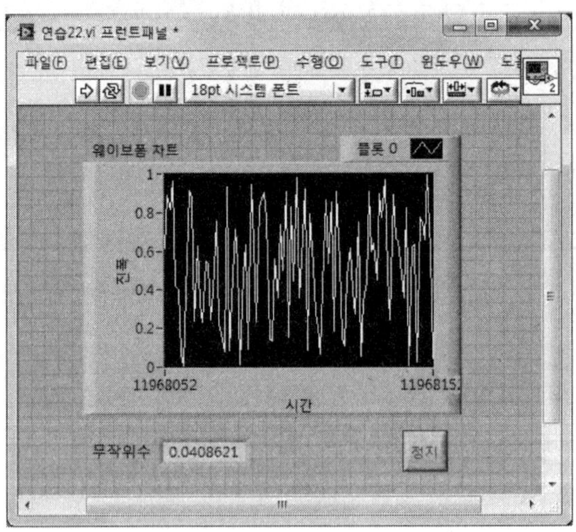

제3장 LabVIEW의 메뉴

LabVIEW의 메뉴에는 풀다운 메뉴와 팝업 메뉴가 있다. 이번 장에서는 이들 메뉴의 사용법을 익혀보자. 또한 VI의 실행을 제어하는데 이용되는 툴바의 기능도 함께 알아보도록 하자.

학습목표

- 풀다운 메뉴의 종류와 기능을 익히자.
- 툴바의 종류와 기능을 알아보자.
- 팝업 메뉴의 종류와 기능을 익히자.

차례

3.1 풀다운 메뉴의 종류와 기능

LabVIEW의 메뉴는 풀다운 메뉴와 팝업 메뉴로 구성되어 있다. 메뉴 바는 VI의 윈도우 상단에 있으며 주 메뉴에는 많은 부메뉴들을 갖고 있다. 풀다운 메뉴는 윈도우즈용 응용 프로그램들에서 자주 사용했던 익숙한 기능들이 그대로 포함되어 있기 때문에 쉽게 메뉴의 의미를 파악할 수 있다. 또한 키보드의 단축키로 메뉴를 선택하려면 컨트롤키와 적절한 키의 조합을 이용하면 된다.

그림 3.1은 LabVIEW의 풀다운 메뉴 및 툴바를 보여주고 있다. 프런트 패널 및 블록 다이어그램의 메뉴 바는 거의 동일하지만 특정 메뉴에 부가적인 내용은 다른 경우도 있다. 풀다운 주 메뉴에 포함된 부메뉴들의 기능들을 알아보자.

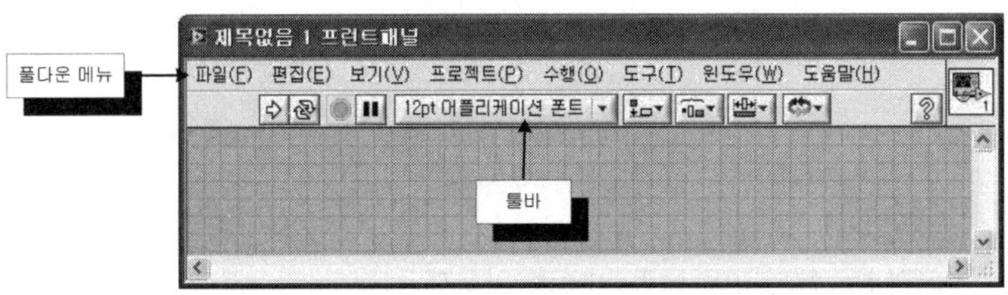

[그림 3.1] LabVIEW의 풀다운 메뉴와 툴바

1 파일 메뉴

파일 메뉴 안에는 윈도우즈용 응용 프로그램에서 자주 사용되는 Open, Save, Print와 같이 파일처리에 연관된 부메뉴들을 볼 수 있다. 파일 메뉴에는 새로운 VI의 작성 및 저장된 VI파일을 열기, LabVIEW를 종료하는 기능을 갖고 있다. 자주 사용되는 부메뉴들의 기능을 알아보자.

- **새 VI** : 새로운 VI를 생성하고 프런트 패널을 오픈한다.
- **열기** : 기존에 저장된 VI를 오픈한다.
- **닫기** : VI를 닫는다.
- **저장** : 현재 활성화된 VI를 저장한다.
- **다른이름으로 저장...** : 현재 활성화된 VI를 새로운 이름으로 저장한다.
- **이전 버전으로 저장** : 과거 버전의 VI로 저장한다.
- **종료** : LabVIEW를 종료한다.

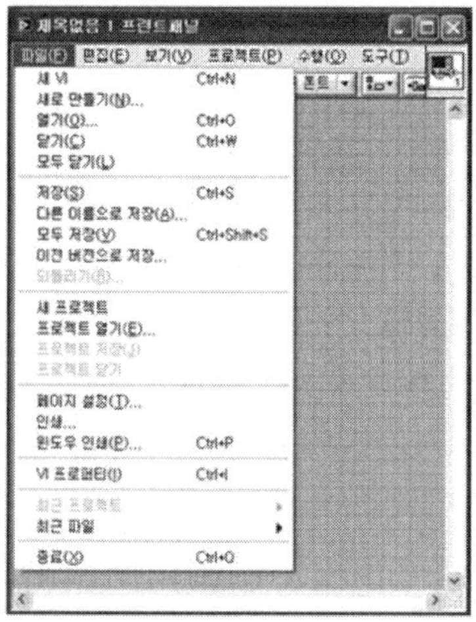

[그림 3.2] 파일 메뉴

2 편집 메뉴

편집에 사용되는 실행취소, 잘라내기, 복사, 붙여넣기 등의 부메뉴를 갖고 있으며, LabVIEW 에서만 특별히 이용되는 몇 가지 부메뉴가 포함되어 있다. LabVIEW에서만 이용되는 메뉴에는 잘못된 와이어를 자동으로 삭제해주는 기능과 메뉴 및 팔레트를 사용자의 특성에 맞도록 설정해 주는 기능이 있다.

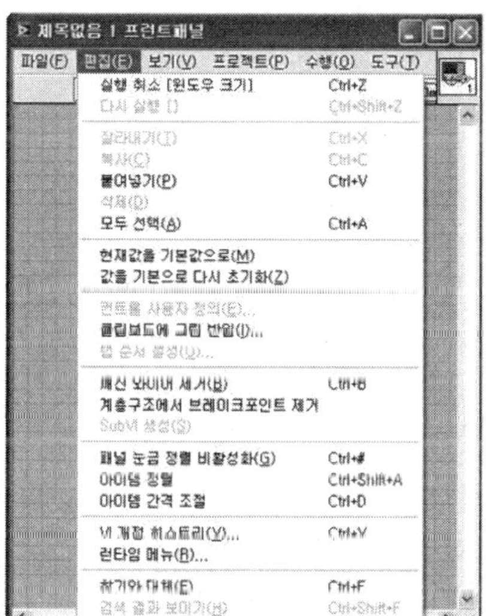

[그림 3.3] 편집 메뉴

- **실행 취소** : 실수로 생성했거나 삭제한 항목을 바로 이전 단계로 돌려준다.
- **다시 실행** : 실행 취소된 작업을 다시 수행한다.
- **잘라내기** : 선택한 오브젝트를 제거한다.
- **복사** : 선택한 오브젝트를 복사하고 클립보드에 놓는다.
- **붙여놓기** : 클립보드의 내용을 활성화된 윈도우에 놓는다.
- **삭제** : 선택된 오브젝트를 지운다.
- **현재 값을 기본값으로** : 컨트롤과 상수의 현재값을 기본값으로 저장한다.
- **깨진 와이어 제거** : 블록 다이어그램에서 잘못 연결된 와이어를 모두 제거한다.

3 보기 메뉴

보기 메뉴에는 LabVIEW의 환경 창을 보여주는 메뉴들로 구성되어 있으며 컨트롤, 함수, 툴 팔레트가 사라졌을 때 다시 화면에 보여주는 메뉴가 포함되어 있다.

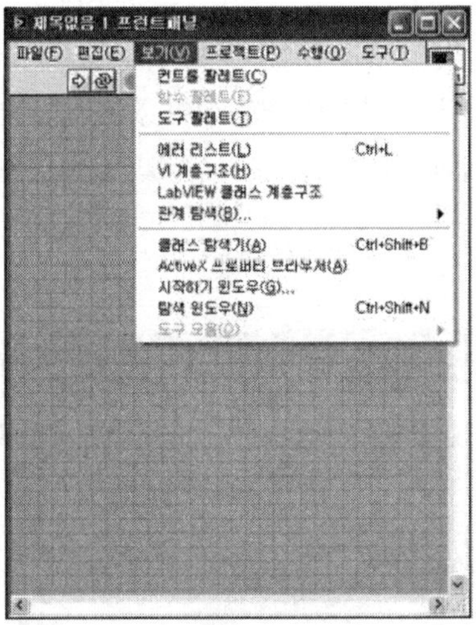

[그림 3.4] 보기 메뉴

- **컨트롤 팔레트** : 컨트롤 팔레트를 화면에 나타낸다.
- **함수 팔레트** : 함수 팔레트를 화면에 나타낸다.
- **툴 팔레트** : 툴 팔레트를 화면에 나타낸다.
- **에러 리스트** : 현재 VI의 에러 목록을 화면에 보여준다.
- **VI 계층구조** : VI 계층구조 윈도우를 화면에 보여준다.
- **도구 모음** : 다양한 도구 모음을 나타내거나 감춘다.

4 프로젝트 메뉴

LabVIEW파일과 연관 파일들을 하나로 묶어 프로젝트를 생성하거나 LabVIEW 프로그램이 설치되어 있지 않은 컴퓨터에서 사용할 수 있는 실행파일을 생성한다.

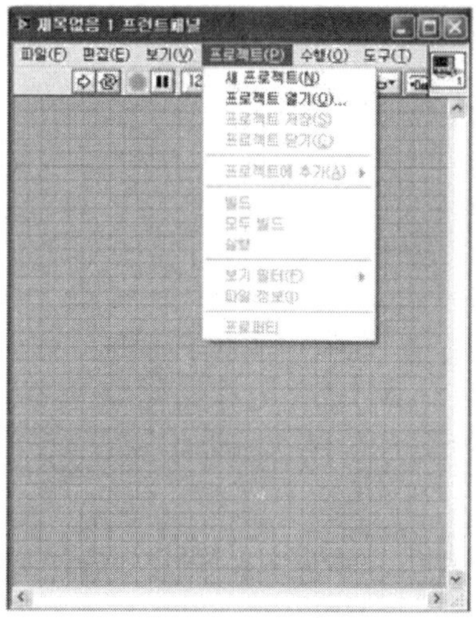

[그림 3.5] 프로젝트 메뉴

- **새 프로젝트** : 새로운 프로젝트를 생성한다.
- **프로젝트 열기** : *.lvproj형식의 프로젝트 파일을 연다.
- **프로젝트 저장** : *.lvproj형식의 프로젝트 파일을 생성한다.
- **프로젝트 닫기** : 현재 작업 중인 프로젝트 파일을 닫는다.
- **빌드** : 빌더를 이용해 실행파일을 생성한다. 설치 버전에 따라 사용 가능하다.

5 수행 메뉴

VI의 동작을 제어하거나 디버깅에 관련된 메뉴들이 포함되어 있다. 또한 실행 모드와 편집 모드를 변경할 때 사용한다.

- **실행** : 현재 활성화된 VI를 실행한다.
- **정지** : 실행을 선택하면 활성화되며 VI의 실행을 마치기 전에 끝낸다.
- **완료시 인쇄** : VI를 실행시킨 이후에 프런트 패널을 인쇄한다.
- **실행 모드로 변경** : VI를 실행 모드로 변경한다. 만약 VI가 실행 모드에 있다면 편집 모드로 변경이 활성화된다.

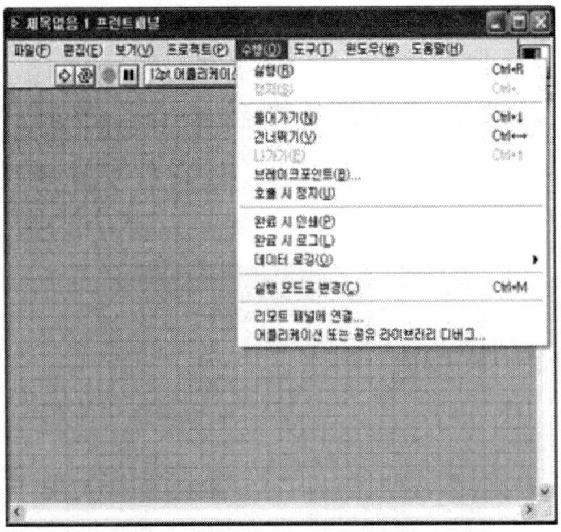

[그림 3.6] 수행 메뉴

6 윈도우 메뉴

주로 LabVIEW 윈도우에 관련된 메뉴들이 포함되어 있으며 프런트 패널 윈도우와 블록 다이어그램 윈도우 사이를 이동하는 기능이 들어 있다.

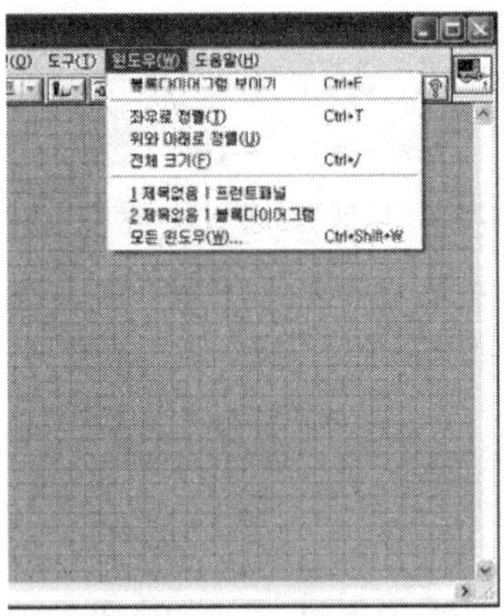

[그림 3.7] 윈도우 메뉴

- 블록 다이어그램 보이기 : 프런트 패널에 포함된 메뉴로 블록 다이어그램을 화면에 나타낸다. 블록 다이어그램에서는 프런트 패널 보이기로 메뉴가 표시된다.
- 좌우로 정렬 : 프런트 패널과 블록 다이어그램을 좌우로 배치한다.
- 위와 아래로 정렬 : 프런트 패널과 블록 다이어그램을 위 아래로 배치한다.
- 전체 크기 : 현재 활성화된 윈도우를 전체화면으로 만든다.

3.2 툴바의 종류와 기능

프런트 패널과 블록 다이어그램 상단에 위치하고 있는 툴바에는 VI를 실행, 정지하기 위한 버튼과 컨트롤이나 인디케이터를 정렬하기 위한 버튼을 갖고 있다. 블록 다이어그램에 있는 툴바는 프런트 패널에 있는 툴바보다 더 많은 기능을 갖고 있으며 기능은 다음과 같다.

프런트 패널의 툴바 : 

블록 다이어그램의 툴바: 

[그림 3.8] 프런트 패널 및 블록 다이어그램의 툴바

-  VI의 실행버튼으로 VI에 에러가 있어 컴파일 되지 않았을 때는 버튼이 깨진 모양으로 표시된다.
-  연속 실행버튼으로 정지 버튼을 누를 때까지 VI를 연속적으로 실행한다.
-  실행 중지버튼으로 VI를 실행하면 활성화된다.
-  일시 정지버튼으로 한 번 누르면 정지하고 다시 누르면 또다시 실행된다. 디버깅 옵션 사용 시에도 이용된다.
-  Execution Highlighting버튼으로 블록 다이어그램에서 데이터가 이동하는 상태를 보여준다.
- 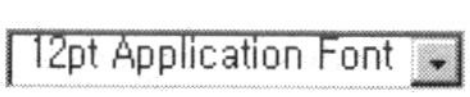 글꼴(Font) 링으로 텍스트의 폰트, 글자크기, 스타일, 글자색을 변경할 때 이용한다.
- 자동 정렬기구 버튼은 오브젝트를 같은 간격으로 배치하거나 정렬하는데 이용된다.

오브젝트 정렬 오브젝트 간격 조절 오브젝트 크기 조정

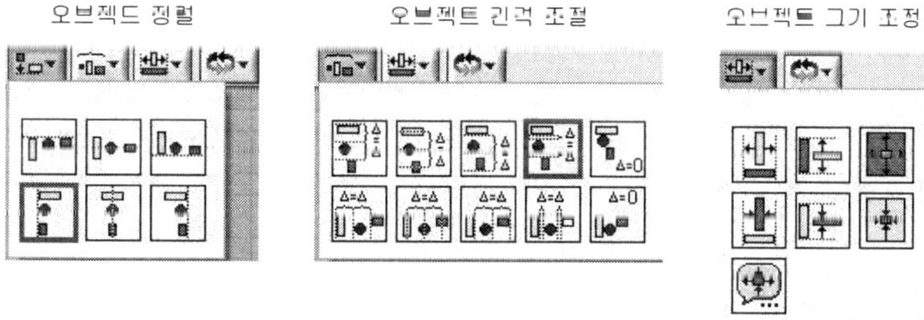

[그림 3.9] 자동 정렬 기구 버튼

3.3 팝업 메뉴

VI를 실제 작성할 때는 풀다운 메뉴보다 팝업 메뉴가 더욱 자주 사용된다. 프런트 패널이나 블록 다이어그램의 빈 공간에서 마우스 오른쪽 버튼을 클릭했을 때 나타나는 컨트롤 팔레트와 함수 팔레트가 대표적인 팝업 메뉴이다.

LabVIEW의 모든 오브젝트는 팝업 메뉴를 갖고 있으며 커서를 특정한 오브젝트 위에 위치시키고 마우스 오른쪽 버튼을 클릭하면 팝업 메뉴가 나타난다. 팝업 메뉴에는 선택된 오브젝트의 옵션들이 포함되어 있으며 오브젝트의 종류에 따라 매우 다양한 옵션들이 포함되게 된다. 간단한 예로 숫자 컨트롤의 팝업 메뉴를 살펴보도록 하자.

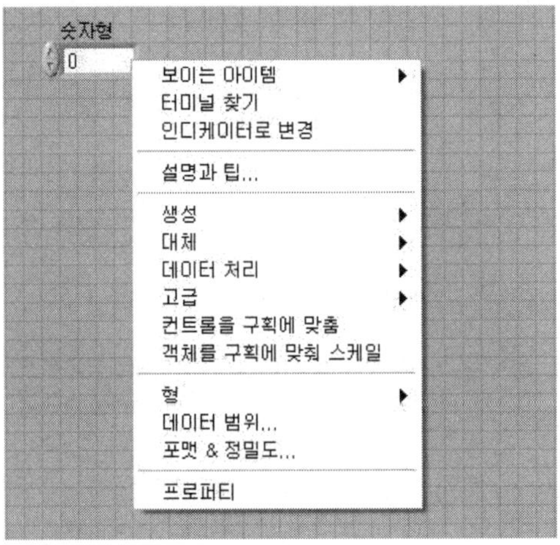

[그림 3.10] 숫자 컨트롤의 팝업 메뉴

3.4 실행 모드와 편집 모드

처음에 VI를 생성하거나 저장된 VI를 열면 VI를 편집할 수 있는 편집 모드 상태로 들어가게 된다. VI의 작성이 모두 끝나고 실행시키면 실행 모드로 변환되게 되며 이 상태에서는 편집이 불가능하다.

VI가 실행 모드일 때는 프런트 패널에서 오퍼레이팅 툴만 사용할 수 있고 편집 모드로 변경되어야 포지셔닝 툴이나 와이어링 툴을 사용할 수 있다. 만약 사용자가 강제로 모드를 변경하고 싶다면 수행 메뉴에서 실행 모드로 변경이나 편집 모드로 변경 메뉴를 선택하면 된다.

예제 3-1	실행 버튼과 연속 실행 버튼

부울 스위치 2개를 AND기능으로 LED에 연결하여 실행버튼과 연속 실행버튼의 차이점을 비교해 보자.

1. 프런트 패널을 다음과 같이 배치한다.

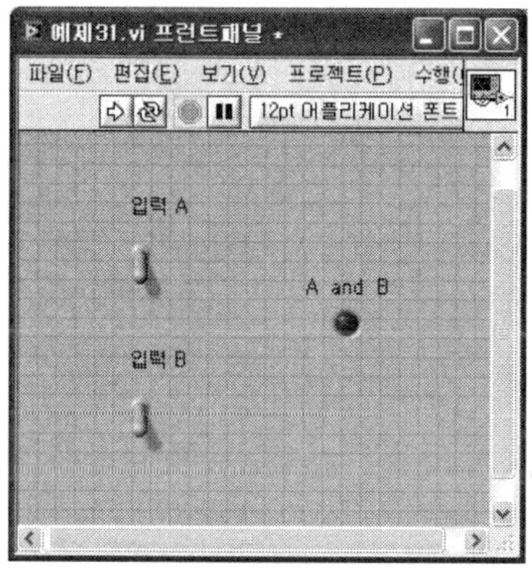

2. 블록다이어그램을 작성한 후 실행 버튼과 연속 실행 버튼을 눌러 차이점을 확인한다.

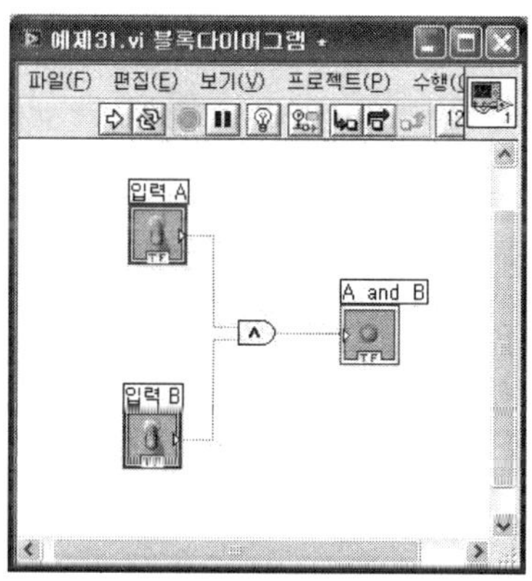

찾아보기 AND : 함수 팔레트 ⇨ 불리언 보조팔레트

예제 3-2 자동 정렬기능

부울 스위치 4개와 LED 4개를 각각 연결하여 자동 정렬기능을 사용해 보자.

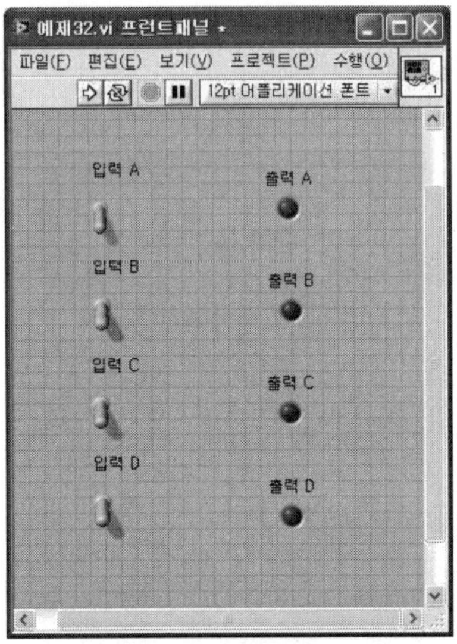

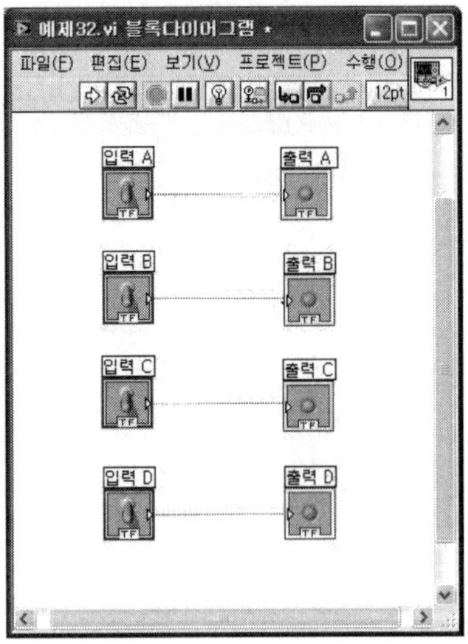

예제 3-3 AND연산과 OR연산

3개의 2진 입력을 받아 AND연산과 OR연산을 LED에 출력하시오.

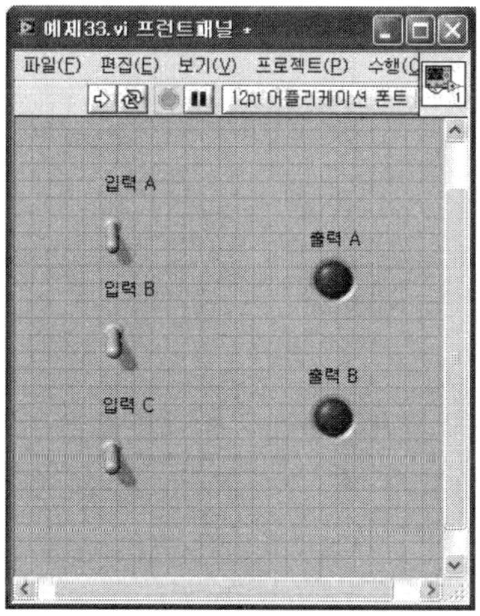

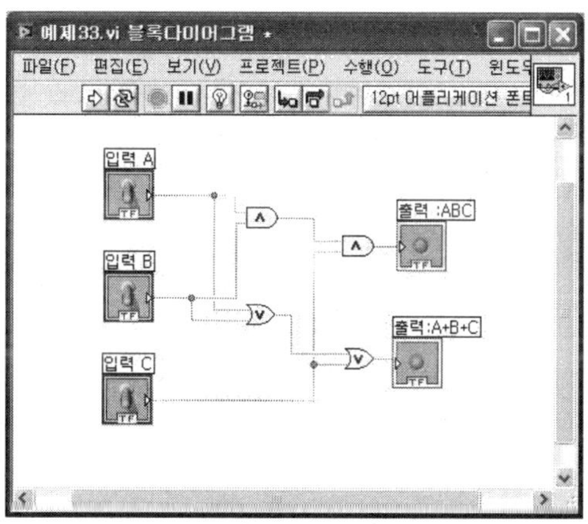

연습문제

1. 3개의 2진 입력을 받아 NAND연산과 NOR연산을 수행하는 VI를 작성하시오.

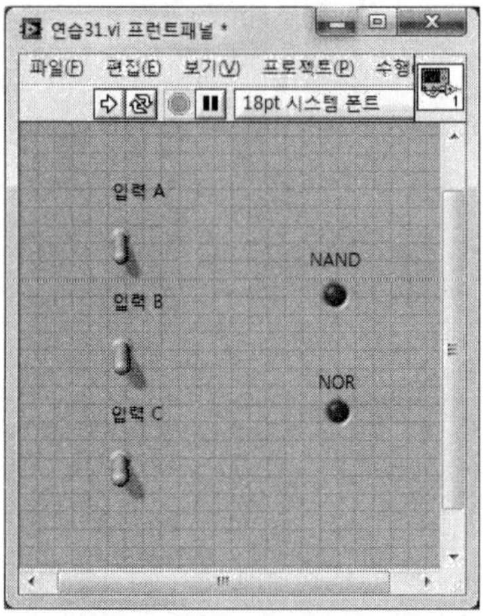

2. 부울 함수식 f= xyz + xz + y'를 구현하는 VI를 작성하시오. 단, xy는 x와 y의 AND연산, x+y는 x와 y의 OR연산, y'는 NOT연산을 의미한다.

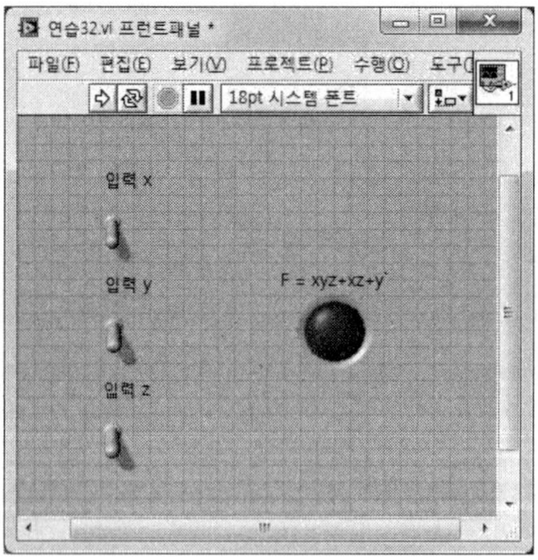

제4장 LabVIEW의 편집

이번 장에서는 오브젝트의 편집, 라벨 붙이기, 크기 변경과 같은 VI를 구성하는 방법들을 알아보자.

학습목표

- 오브젝트의 생성, 선택, 이동, 복사의 기능을 알아본다.
- 오브젝트에 라벨을 붙이는 방법을 익힌다.
- 오브젝트의 크기와 색상을 변경하는 방법을 익힌다.

차례

4.1 오브젝트의 편집

1 오브젝트의 생성

LabVIEW 프로그램은 프런트 패널에 컨트롤과 인디케이터를 생성하면서 시작된다. 프런트 패널의 빈 공간 어디에서나 마우스를 팝업하면 컨트롤 팔레트가 나타난다. 이때 마우스 커서를 컨트롤 팔레트 위에 올려놓으면 특정 오브젝트의 보조 팔레트가 화면에 나타난다. 작성할 VI에 필요한 오브젝트를 선정했으면 마우스 왼쪽 버튼을 클릭한 상태로 프런트 패널로 이동하면 오브젝트가 만들어 진다. 다음은 숫자 컨트롤의 보조 팔레트에 있는 노브 오브젝트를 생성하는 과정을 보여주고 있다.

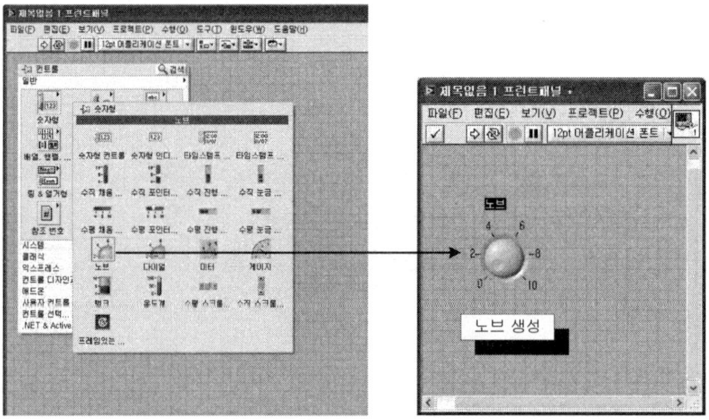

[그림 4.1] 오브젝트 생성하기

프런트 패널에 생성된 오브젝트의 이름을 입력하려면 생성된 즉시 키보드를 이용해 원하는 이름을 타이핑하면 된다. 프런트 패널에 하나의 오브젝트가 생성되면 이에 대응하는 터미널이 블록 다이어그램에 자동으로 만들어진다.

2 오브젝트의 선택

오브젝트를 편집하려면 먼저 오브젝트를 선택해야 한다. 오브젝트의 선택은 커서를 툴 팔레트의 포지셔닝 툴로 변경한 이후에 오브젝트를 마우스 왼쪽 버튼으로 클릭하면 된다. 특정한 오브젝트가 선택되면 해당 오브젝트가 점선으로 표시된다.

여러 개의 오브젝트를 선택할 때는 〈Shift〉키를 누른 상태에서 다수의 오브젝트를 계속 선택하면 된다. 또는 마우스의 왼쪽 버튼을 누른 상태에서 끌기(drag)하여 선택하고자 하는 모든 오브젝트를 포함시키면 된다. 선택된 여러 개의 오브젝트들은 동시에 이동, 복사, 삭제할 수 있다. 하지만 프런트 패널의 오브젝트와 블록 다이어그램의 터미널은 동시에 선택할 수 없으므로 주의하자.

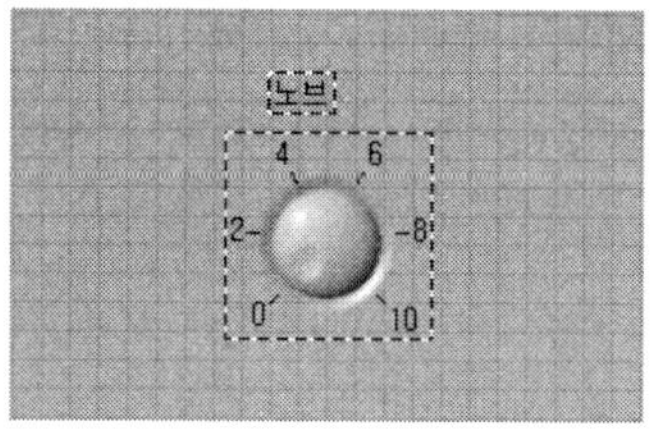

[그림 4.2] 오브젝트의 선택

3 오브젝트의 이동

오브젝트를 선택한 후에는 마우스 왼쪽 버튼을 누른 상태에서 사용자가 원하는 위치로 이동할 수 있다. 또한 미세한 이동이 필요한 경우는 기보드의 방향기를 이용하면 된다.

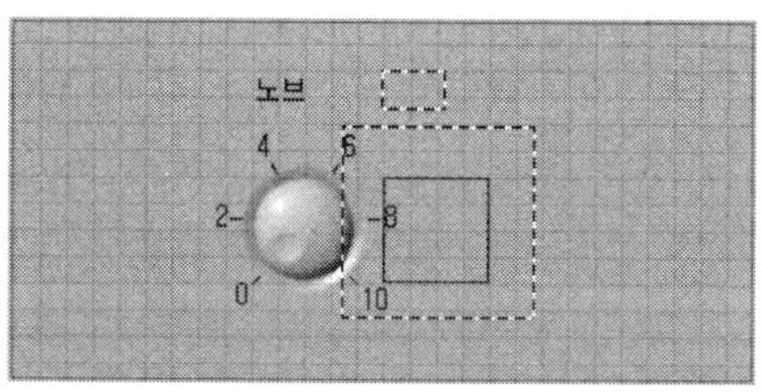

[그림 4.3] 오브젝트의 이동

4 오브젝트의 삭제

오브젝트의 삭제는 원하는 오브젝트를 선택한 후에 ⟨Delete⟩키를 누르면 된다. 또는 편집 메뉴에서 삭제를 선택하는 방법도 있다.

5 오브젝트의 복사

오브젝트를 선택한 후에 편집 메뉴의 복사로 클립보드에 복사한다. 다음에 복사할 위치에 가서 편집 메뉴의 붙여넣기를 선택한다. 더욱 간단한 방법은 ⟨Ctrl+C⟩로 복사하고 ⟨Ctrl+V⟩ 키를 이용해 붙여 넣기를 하는 방법도 있다.

4.2 오브젝트에 라벨 붙이기

프런트 패널상의 모든 오브젝트는 라벨을 갖고 있으며 이를 통해 오브젝트를 서로 구분한다. 사용자가 프런트 패널이나 블록 다이어그램에서 오브젝트를 생성하면 해당 오브젝트 위쪽에 작은 사각형 영역이 나타나게 된다. 오브젝트가 새로 생성되면 이 사각형에 문자열을 입력할 때까지 대기하게 되는데 문자열을 입력하지 않고 다른 작업을 하면 이 사각형은 사라진다.

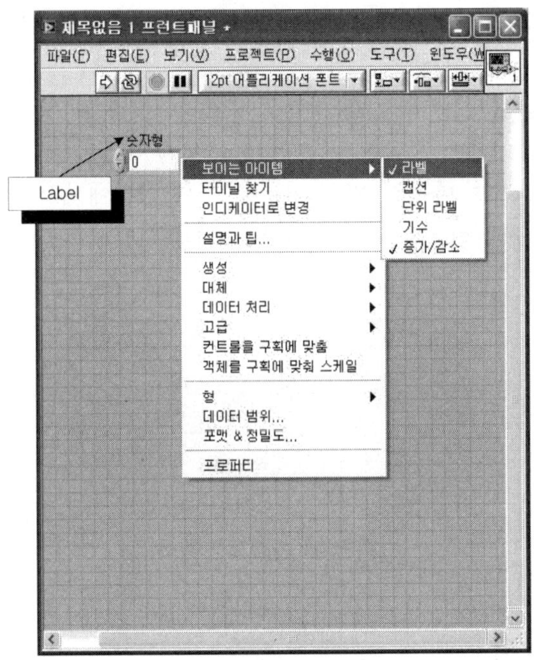

[그림 4.4] 라벨 부여하기

오브젝트를 생성한 후에 원하는 문자열을 입력하면 레이블이 만들어진다. 프런트 패널의 오브젝트에 라벨을 부여하면 블록 다이어그램의 해당 터미널에도 같은 레이블이 만들어 진다. 레이블은 고유(owned)레이블과 프리(free)레이블의 두 가지로 분류된다. 고유 레이블은 특정 오브젝트에 종속적이며 해당 오브젝트에만 레이블을 부여할 수 있다. 그러나 자유 레이블은 오브젝트와 독립적으로 프런트 패널과 블록 다이어그램에서 프로그램을 설명할 때 주로 이용된다.

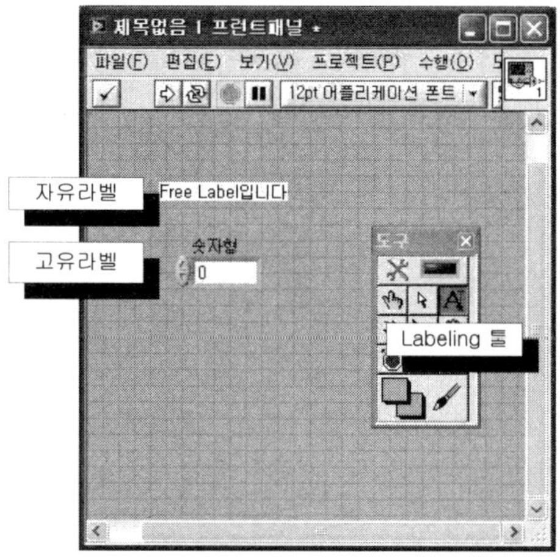

[그림 4.5] 라벨링 툴을 이용한 자유라벨 만들기

자유 라벨은 툴 팔레트에서 라벨링 툴(A모양 그림)을 선택한 후에 프런트 패널이나 블록 다이어그램의 원하는 위치에서 클릭하고 문자열을 입력하면 된다. LabVIEW는 고유 라벨 이외에 캡션 라벨이 있는데 이 라벨도 특정 오브젝트에 종속적이기는 하지만 고유 라벨보다 더 많은 문자를 입력할 수 있으므로 설명이 긴 경우 이용하면 효과적이다. 라벨은 오브젝트 위에서 팝업 메뉴 중에 보이는 아이템 메뉴를 통해 보이거나 감출 수 있다.

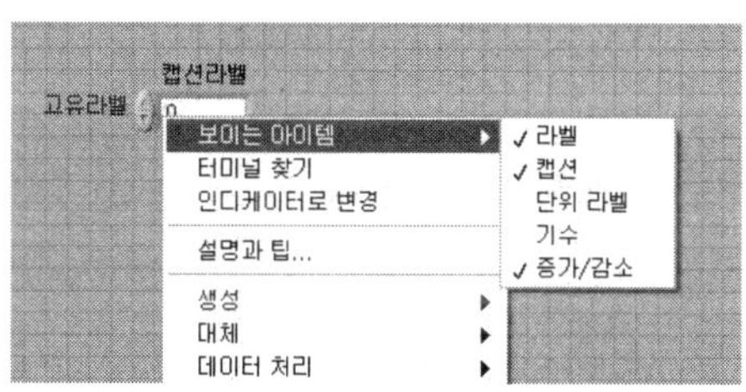

[그림 4.6] 라벨의 팝업 메뉴

4.3 오브젝트의 크기, 색상, 폰트 변경

1 오브젝트의 크기 변경

프런트 패널의 오브젝트는 사용자의 취향에 맞게 크기를 변경할 수 있다. 마우스를 포지셔닝 툴로 변경하고 크기를 변경하고자 하는 오브젝트 위에 놓는다. 이때 오브젝트에는 핸들이 나타나는데 원하는 크기가 될 때까지 마우스 왼쪽 버튼을 누른 상태로 이동하면 된다. 핸들의 모양은 오브젝트에 따라 달라지는데 원형이나 사각형이 일반적이다.

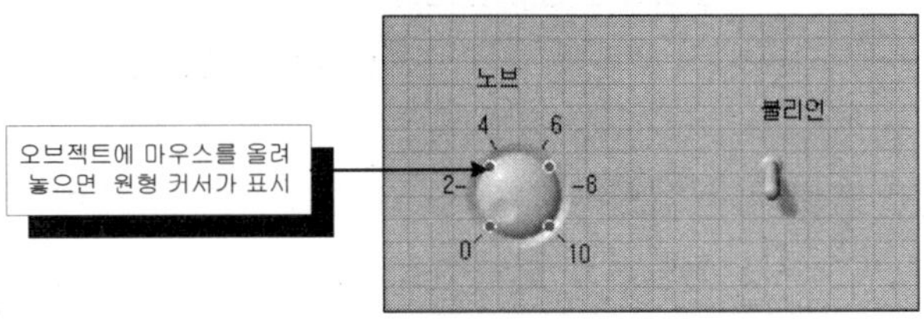

[그림 4.7] 오브젝트의 크기 조절

노브나 스위치는 그림과 같이 수평, 수직 동일한 비율로 크기가 변경되지만 디지털 컨트롤은 수평 방향으로만 크기를 변경할 수 있고 수직 방향은 큰 폰트를 이용해야만 확대 된다.

2 오브젝트의 색상 변경

오브젝트의 색상이나 배경 화면을 변경할 수도 있다. 툴 팔레트에서 컬러 툴을 선택하면 색상 팔레트가 나타나는데 원하는 색상을 선택한 후에 오브젝트에서 클릭하면 된다. 또는 컬러 툴을 선택한 후에 오브젝트 위에서 팝업하고 마우스를 특정 색상에 올려놓으면 선택된 색상으로 오브젝트의 색상이 변경된다.

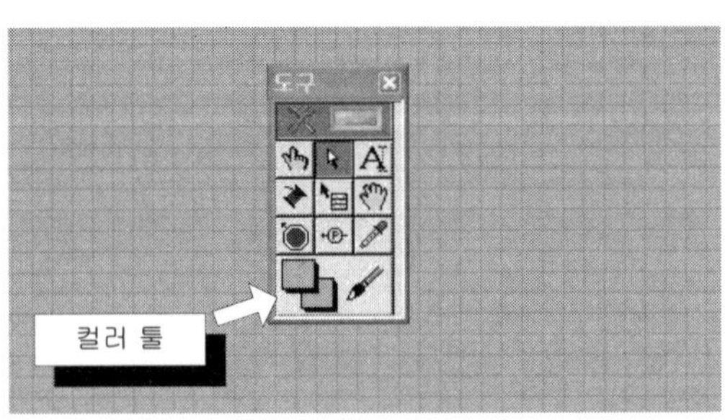

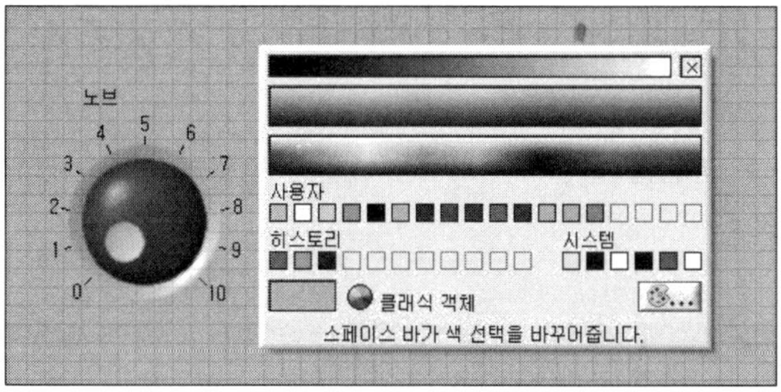

[그림 4.8] 컬러 툴을 이용한 오브젝트의 색상변경

3 오브젝트의 폰트(Font) 변경

LabVIEW의 툴바에 있는 텍스트 링을 이용하면 문자의 크기나 글꼴과 같은 속성을 변경할 수 있다. 문자의 속성을 변경할 때는 먼저 오브젝트를 선택하고 텍스트 링에서 원하는 옵션을 선택한다.

[그림 4.9] 텍스트 링

예제 4-1 간단한 차트 만들기

다음과 같이 프런트 패널을 구성하시오. 단, 배경은 황토색, 차트는 녹색, 노브는 파란색으로 한다.

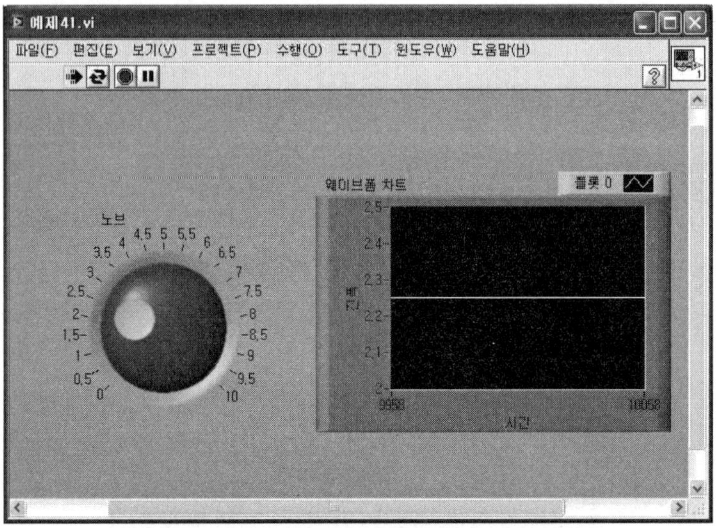

1. 노브를 원하는 크기로 조정하고 컬러 툴을 이용해 색상을 변경한다.
2. 컬러 툴을 이용해 배경색을 황토색으로 변경한다.
3. 웨이브폼 차트의 색상을 녹색으로 변경한다.

예제 4-2 온도계 만들기

입력된 섭씨 온도를 섭씨와 화씨 온도계로 표시하는 VI를 작성하시오. 단, F=(9/5)C+32 이다.

1. 프런트 패널을 다음과 같이 구성한다.

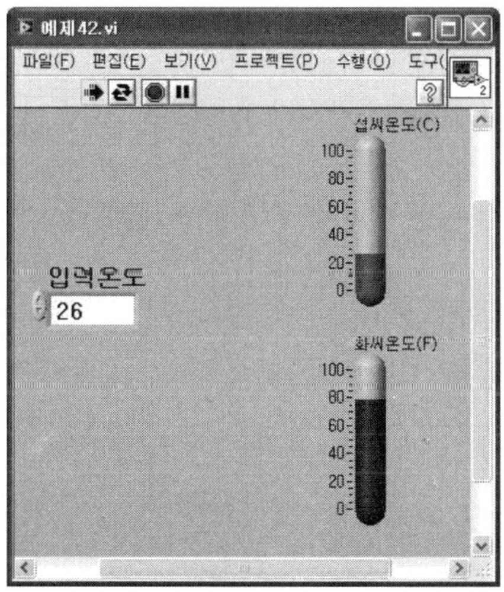

2. 블록 다이어그램은 다음과 같다.

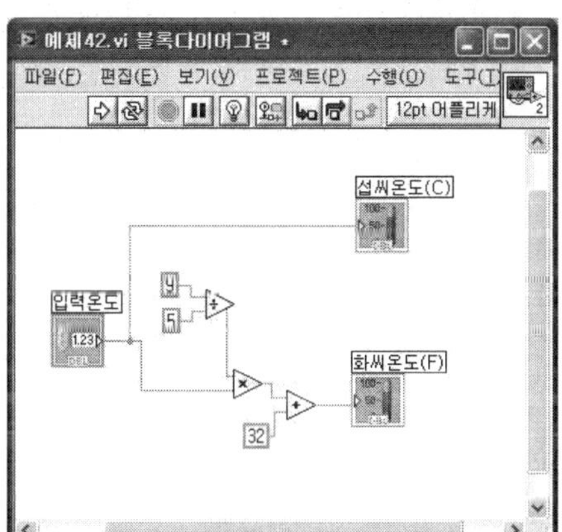

연 습 문 제

1. 입력되는 2개의 숫자가 서로 같으면 사각 LED가 적색으로 점등되는 VI를 작성하시오.

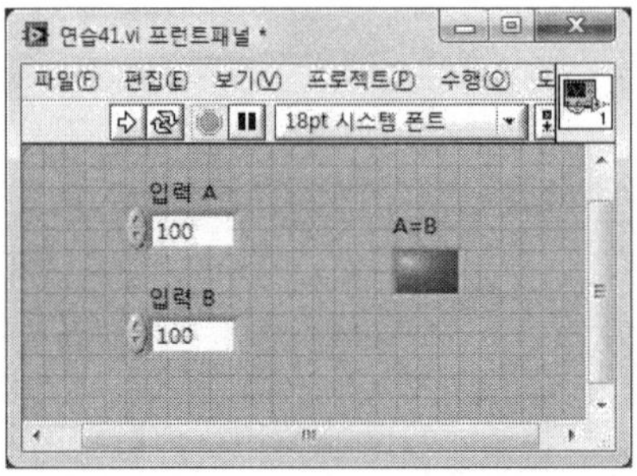

2. 다음과 같이 프런트 패널을 구성하시오.

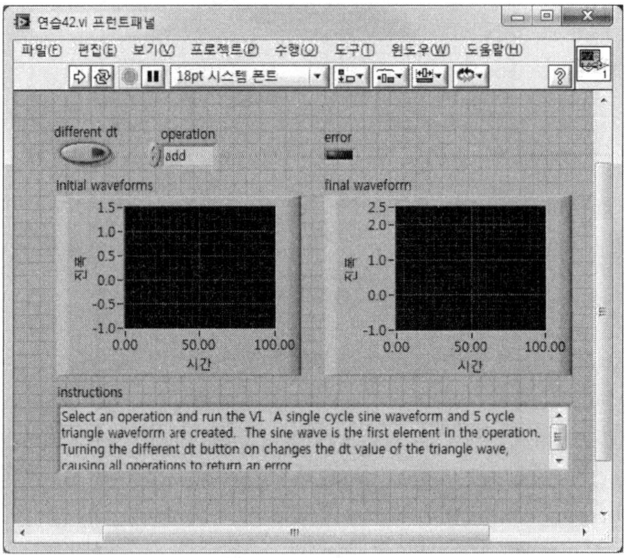

제5장 케이스, 시퀀스 구조

조건문의 개념을 이해하고 LabVIEW의 조건문인 케이스 구조와 시퀀스 구조의 사용법을 알아보자.

학습목표

- 조건문의 개념을 이해한다.
- 케이스 구조의 사용법을 익힌다.
- 시퀀스 구조의 사용법을 익힌다.

차례

5.1 조건문

1 조건문이란?

조건이란 어떤 일을 이루거나 이루지 못하게 하기 위하여 갖추어야 할 상태를 의미한다. 프로그램으로 주어진 문제를 해결하다 보면 두 개 혹은 여러 개의 경우 중에 반드시 1개만 선택해서 처리해야 하는 상황이 발생한다. 예를 들어 시험 총점이 80점 이상이면 합격이고 아니면 불합격 처리를 해야 한다고 생각해 보자. 여기서 80점 이상은 조건이라고 할 수 있고, 합격과 불합격은 선택해야 하는 두 가지 경우로 볼 수 있다. 이처럼 어떤 조건을 판별해 프로그램의 실행 경로를 선택하는 문장을 조건문이라 한다.

문자 기반의 C언어에서는 조건문으로 if문을 주로 사용한다. 다음의 순서도를 보고 if문이 실행되는 원리를 잠시 생각해 보자.

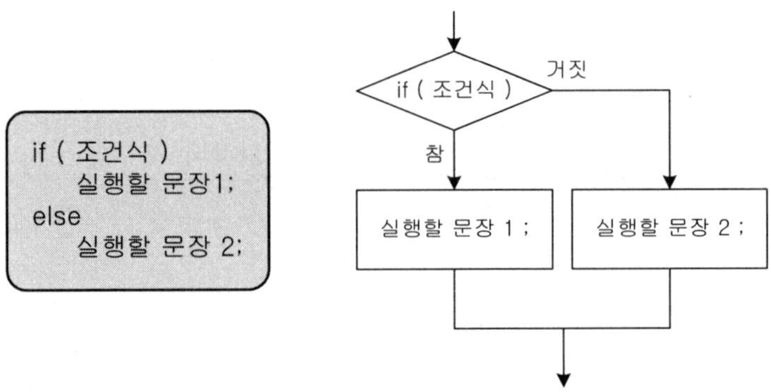

[그림 5.1] C언어의 if문

if문은 조건식을 판별해서 참이면 실행 문장1이 실행되고 거짓이면 else뒤의 실행 문장2가 실행된다. 따라서 조건식의 참과 거짓에 따라 두 문장 중에 하나를 선택해서 실행하게 된다. 만약 여러 실행 문장 중에서 하나를 선택해 실행시키고 싶다면 다중 if문이나 switch ~ case() 문장을 사용하면 된다.

5.2 케이스 구조

1 케이스 구조

LabVIEW에서 조건문은 케이스 구조(Case Structure)를 이용한다. 케이스 구조는 함수 팔레트의 구조 보조 팔레트에 들어 있다.

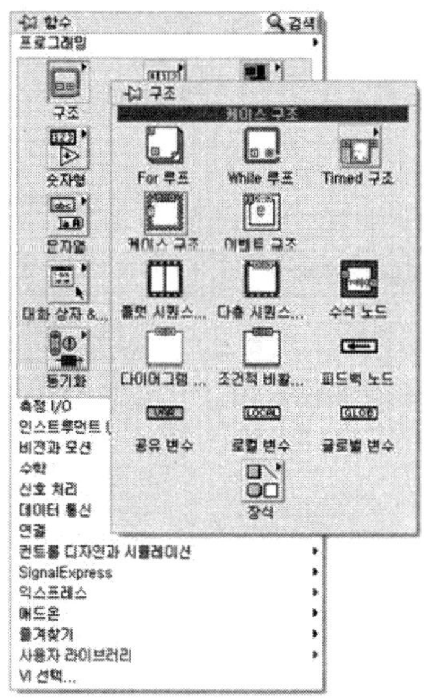

[그림 5.2] 케이스 구조

케이스 구조에는 두 개 이상의 내부 다이어그램이 들어 있으며 한 번에 하나의 케이스만 화면에 나타나고 실행될 때도 하나의 케이스만 선택되어 실행된다. 케이스 선택자는 케이스 구조 상단에 위치하고 있으며 가운데는 해당 케이스의 이름이 있고 양쪽 끝에는 케이스 증가 및 감소 화살표가 있다. 또한 아래 방향 화살표는 풀다운 메뉴를 이용해 케이스를 선택할 때 사용된다.

[그림 5.3] 케이스 구조의 선택자

선택자 터미널(selector terminal)에 입력 값이 연결되면 입력 값의 종류에 따라 실행될 케이스가 결정된다. 선택자 터미널에는 불리언, 정수, 문자열이 입력 값으로 사용될 수 있으며 케이스 구조의 왼쪽 경계면 아무 곳에나 둘 수 있다.

2 불리언 컨트롤이 연결된 케이스 구조

케이스 구조의 왼쪽에 있는 선택자 터미널에 부울 컨트롤을 연결하면 한 개의 참(True) 케이스와 한 개의 거짓(False) 케이스를 가지게 되며 입력 값의 참과 거짓에 따라 반드시 한 개의 케이스만 실행되게 된다. 화면상에는 한 개의 케이스만 보이지만 뒤편에 다른 케이스가 감추어져 있으므로 증가나 감소 화살표를 이용해 확인해 보자.

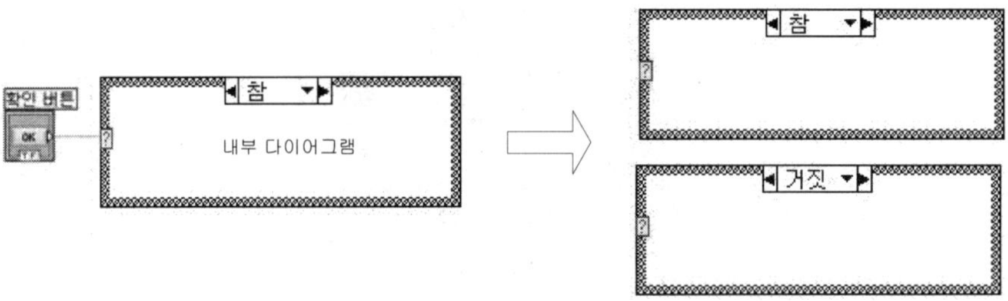

[그림 5.4] 불리언 컨트롤이 연결된 케이스 구조

불리언 컨트롤은 참과 거짓 중에 하나의 값만을 가질 수 있으므로 만약 불리언 컨트롤 값이 참이면 참인 케이스 구조의 내부 다이어그램에 작성된 프로그램이 실행되고 케이스 구조가 종료된다. 반대로 불리언 컨트롤 값이 거짓이면 거짓인 케이스 구조만 실행되고 종료된다.

3 숫자형 컨트롤이 연결된 케이스 구조

선택자 터미널에 숫자형 컨트롤을 연결하면 불리언 형과 달리 케이스 선택자에 참, 거짓 대신에 숫자 0이 나타나며 그림 5.5의 좌측과 같다.

팝업 메뉴에서 다음 케이스 추가를 실행하면 케이스를 추가할 수 있다. 숫자형 입력의 경우에는 메모리가 허용되는 범위 내에서 계속해서 케이스를 추가할 수 있다.만약 세 개의 케이스를 생성했다면 0번 케이스, 1번 케이스, 2번 케이스까지가 만들어 진다. 물론 화면상에는 0번 케이스만 나타나고 1번과 2번 케이스는 0번 케이스 뒤에 겹쳐져 있다. 각각의 케이스 간의 이동은 화살표를 이용한다.

숫자형 컨트롤 중에 정수형 컨트롤이 선택자 터미널에 연결되었다면 정수형 컨트롤의 값에 따라 선택되는 케이스가 달라진다. 만약 0, 1, 2번의 세 개의 케이스를 갖고 있었다면 숫자형 컨트롤 값이 0이면 0번 케이스, 1이면 1번 케이스, 2이면 2번 케이스가 각각 선택되어 실행된다. 따라서 세 개의 케이스 중에 반드시 한 개가 선택되어 실행된다.

케이스 구조는 문구점에서 쉽게 구입할 수 있는 포스트-잇 용지와 모양이 비슷하다. 화면에는 한 개의 케이스만 표시되지만 실제로는 뒷면에 여러 개의 케이스가 겹쳐 있기 때문이다.

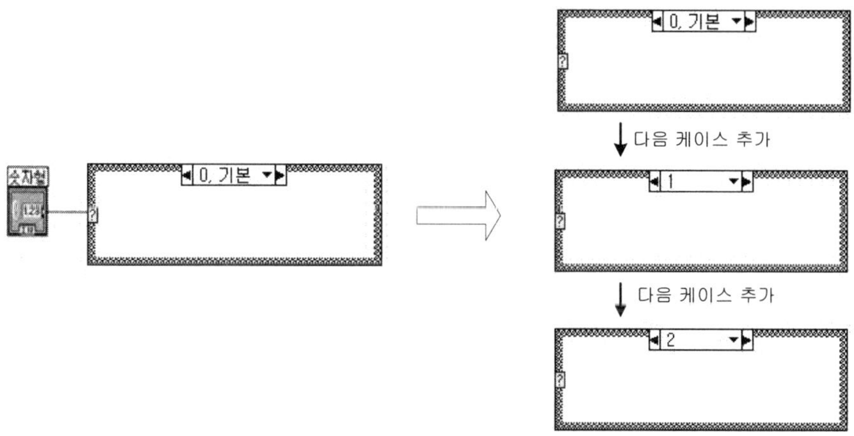

[그림 5.5] 숫자 컨트롤이 연결된 케이스 구조

예제 5-1 부울 스위치의 참, 거짓 판별

부울 스위치를 이용해 컨트롤이 참이면 참을, 거짓이면 거짓을 단일 버튼 대화상자로 출력하는 VI를 작성하시오.

1. 프런트 패널에 부울 스위치 1개를 놓는다.

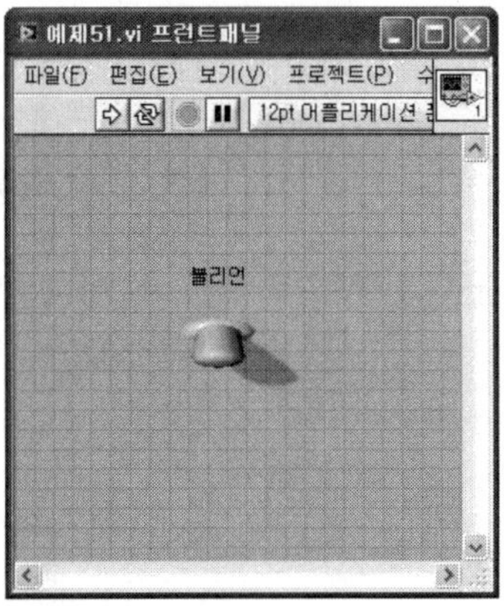

2. 블록 다이어그램을 다음과 같이 작성한다. 처음에는 불리언 스위치를 위쪽으로 ON시킨 이후에 VI를 실행시킨다. 그런 이후에 불리언 스위치를 아래쪽으로 OFF시킨 이후에 VI를 실행시키고 어떤 메시지가 출력되는지 비교해 본다.

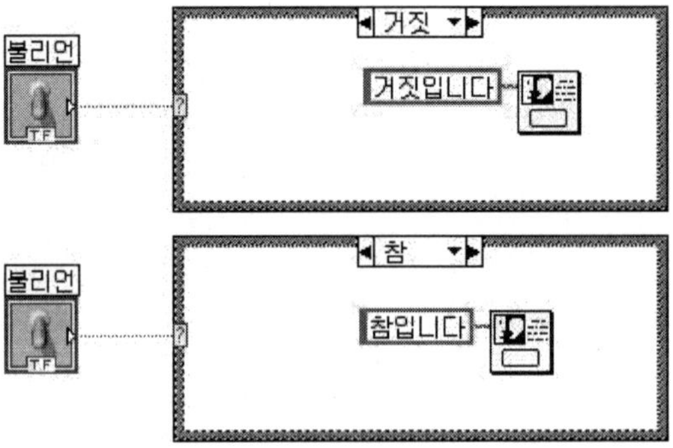

찾아보기 단일 버튼 대화상자는 함수 팔레트의 대화상자 & 사용자인터페이스

예제 5-2

큰 정수 출력하기

2개의 정수를 입력받아 둘 중에 큰 정수를 출력하는 VI를 작성하시오.

1. 프런트 패널에 2개의 숫자형 컨트롤과 1개의 숫자형 인디케이터를 위치시킨다.

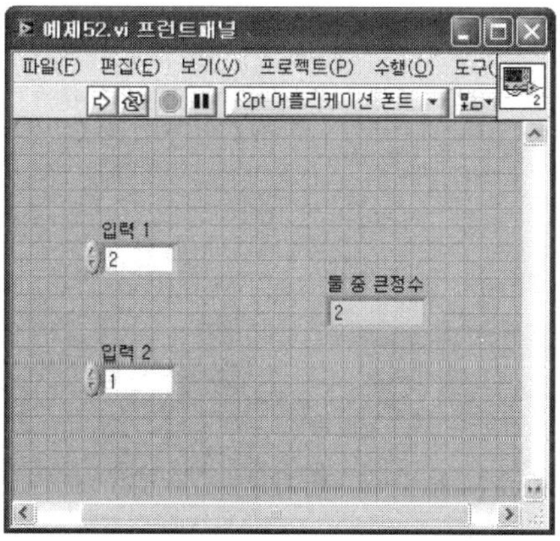

2. 블록 다이어그램을 다음과 같이 작성하고 참과 거짓인 경우에 어떻게 실행이 바뀌는지 확인해 보자.

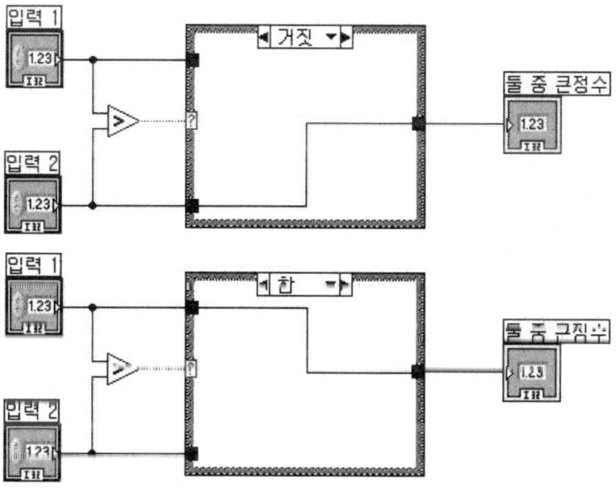

예제 5-3	간이 계산기 만들기

2개의 정수를 입력받아 사칙연산을 수행하는 VI를 작성하시오.

1. 프런트 패널에 2개의 숫자형 컨트롤, 1개의 숫자형 인디케이터, 리스트 박스를 위치시킨다.

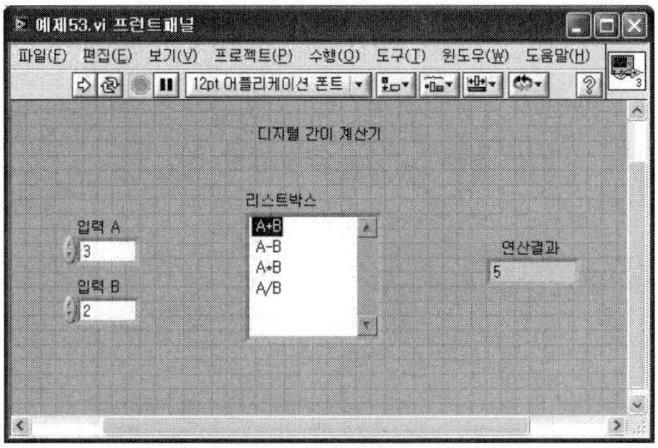

찾아보기 리스트박스는 컨트롤팔레트의 리스트 & 테이블에서 찾는다.

2. 툴 팔레트의 텍스트 툴을 이용해 리스트박스 내부에 항목을 작성한다.

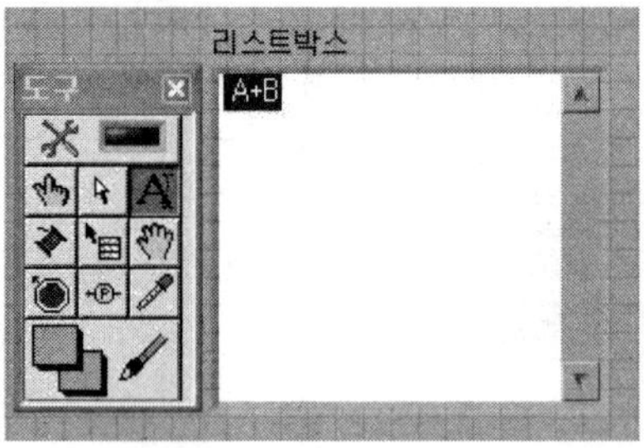

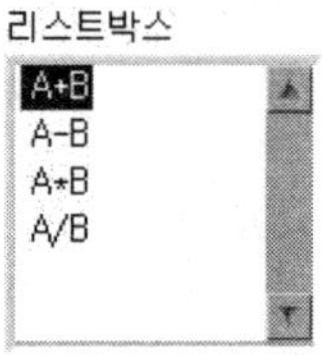

리스트 박스에 항목을 작성한 순서대로 A+B는 0, A-B는 1, A*B는 2, A/B는 3이 자동으로 할당된다. 따라서 A+B가 선택되면 리스트 박스의 값은 정수 0, A-B가 선택되면 정수 1, A*B가 선택되면 정수 2, A/B가 선택되면 정수 3이 된다.

3. 블록 다이어그램에 케이스 구조를 위치시키고 다음 케이스를 추가시켜 네 개의 케이스를 만든다. 각각의 케이스에 덧셈, 뺄셈, 곱셈, 나눗셈을 추가한 후에 VI를 실행시킨다.

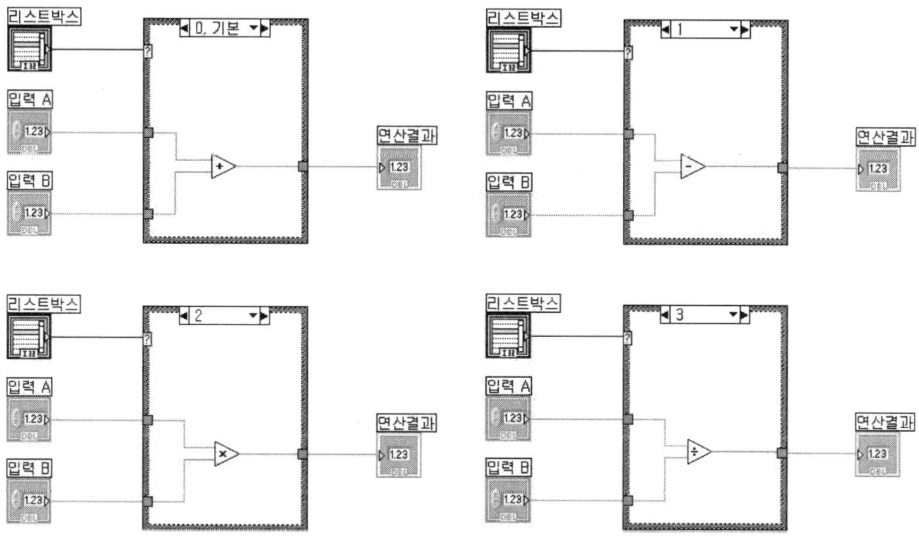

4 케이스 구조를 사용할 때 주의점

케이스 구조를 사용할 때 주의해야 할 점을 알아보자. 케이스 구조로 데이터가 입력되거나 출력되면 경계면에 작은 사각형 모양의 터널이 만들어지게 된다. 케이스 구조에 여러 개의 입력과 출력 터널을 만들 수 있다. 입력은 모든 케이스에서 접근 할 수 있지만 모든 케이스에 반드시 연결할 필요는 없다. 반면에 출력은 반드시 모든 케이스에 값을 연결해 주어야 한다. 한 개의 케이스에서 출력 터널을 생성하면 나머지 케이스의 테두리의 동일한 위치에 터널이 나타나게 된다. 만약 하나의 출력 터널이라도 연결되지 않으면 모든 출력 터널이 흰색 사각형으로 표시되고 와이어가 깨지므로 실행시킬 수 없다.

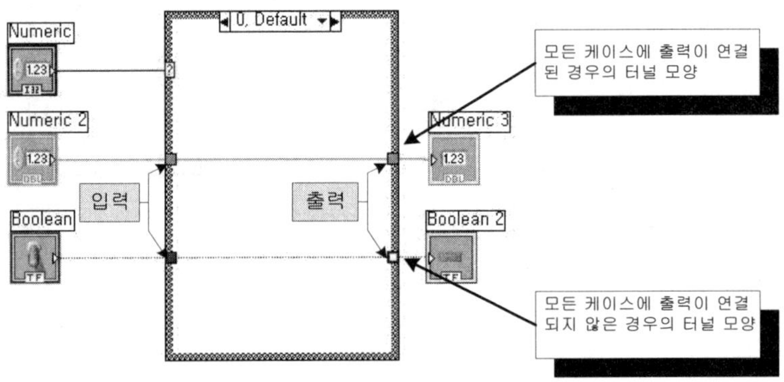

[그림 5.6] 케이스 구조 사용 시 주의할 점

만약 특정한 케이스에 출력 값이 없다면 다음과 같이 기본 값이라도 연결해야 한다. 기본 값은 출력 터널위에서 팝업한 이후에 연결되지 않으면 기본값 사용이라는 메뉴를 선택하면 된다.

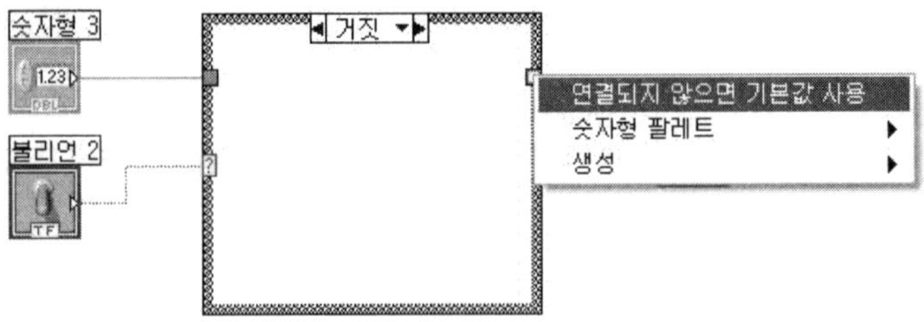

[그림 5.7] 케이스 구조에 기본 값을 연결하는 방법

정수를 입력받아 자연수인지 아닌지를 판별하는 간단한 예를 들어보자. 만약 입력된 정수가 자연수가 아니면 아무 동작도 하지 않는다고 하자. 프런트 패널은 다음과 같다.

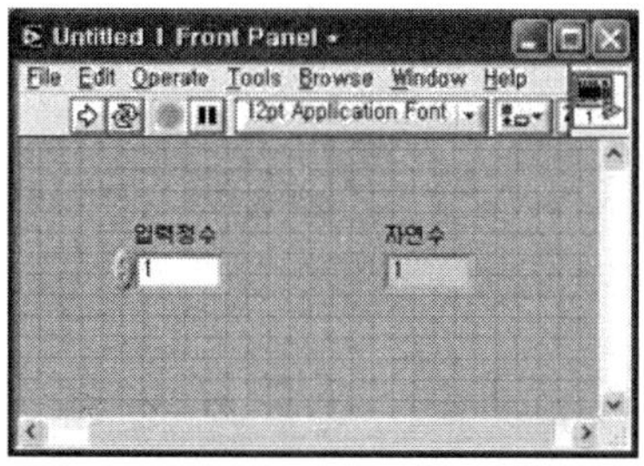

[그림 5.8] 자연수 판별 프런트 패널

정수를 입력받아 이 값이 0보다 크면 자연수이므로 참인 경우의 내부 다이어그램은 다음과 같이 작성한다.

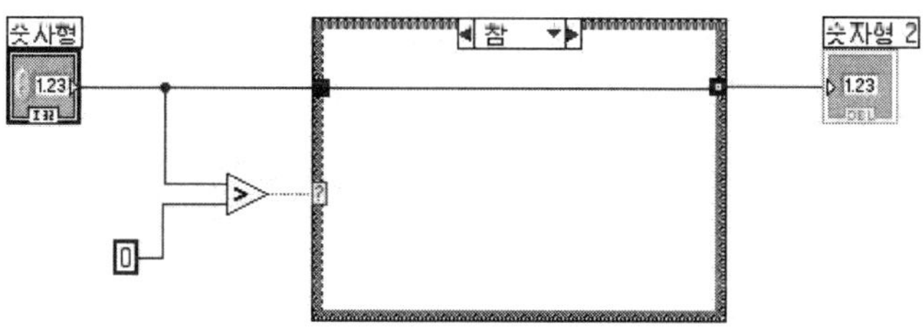

[그림 5.9] 참인 경우의 케이스 구조

만약 거짓이라면 아무런 동작도 하지 않는다고 했으므로 터널을 팝업해서 기본 값을 연결하면 거짓인 경우 내부 다이어그램은 다음과 같다. VI를 실행시켜 결과를 확인해 보자.

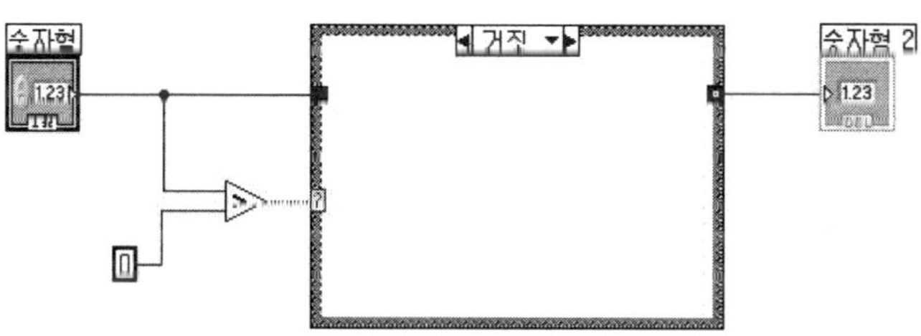

[그림 5.10] 거짓인 경우의 케이스 구조

예제 5-4 링을 이용한 신호 시뮬레이터 만들기

링을 이용해 DC, 사인파, 사각파, 삼각파를 발생시키는 신호 시뮬레이터를 작성하시오.

1. 프런트 패널에 텍스트 링, 웨이브폼 그래프, 불리언 정지 버튼을 배치한다.

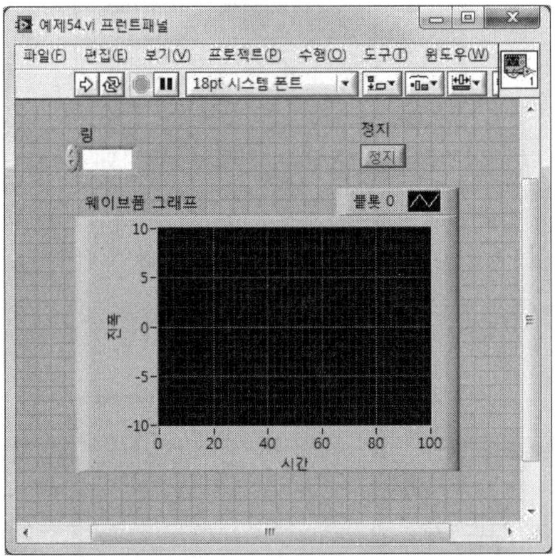

찾아보기 텍스트 링 : 컨트롤 팔레트 ⇨ 링 & 열거형
웨이브폼 그래프 : 컨트롤 팔레트 ⇨ 그래프

2. 링에서 마우스를 팝업하고 프로퍼티를 선택한다.

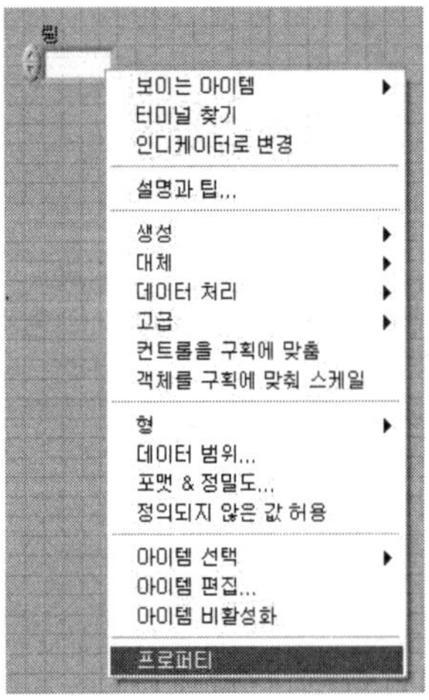

프로퍼티 대화상자에서 아이템 편집 탭을 선택하고 직류, 사인파, 사각파, 삼각파를 정수 0, 1, 2, 3에 대응하도록 키보드로 입력한다.

3. 블록 다이어그램에 케이스 구조를 가져와 케이스 선택자에 링의 터미널을 연결한다. 다음 케이스 추가를 선택해 2, 3의 케이스를 만든다.

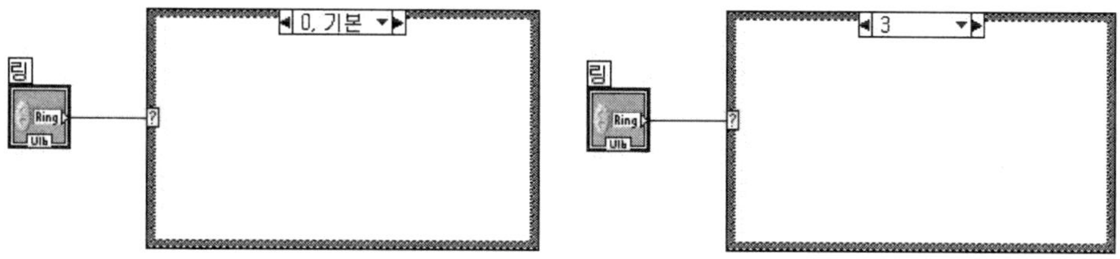

4. 함수 팔레트의 신호처리에서 웨이브폼 생성 ⇨ 신호 시뮬레이션을 위치시키고 대화상자가 열리면 신호타입 중에 DC(직류)를 선택한다.

케이스 0의 만들어진 신호 시뮬레이션을 끌어 놓는다. 같은 방법으로 1, 2, 3의 케이스에 사인파, 사각파, 삼각파 신호 시뮬레이션을 위치시킨다.

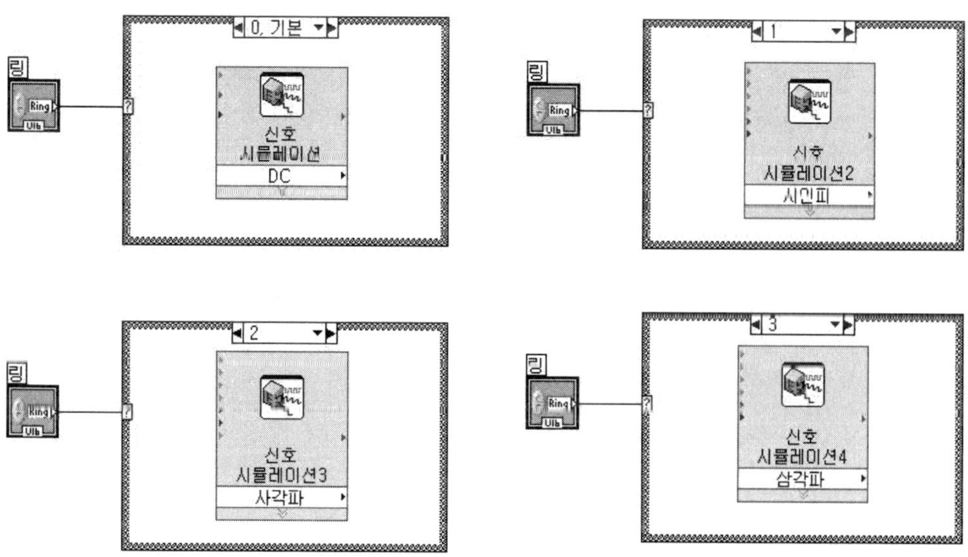

5. 블록 다이어그램에서 4개의 케이스 조건에 모두 신호 시뮬레이션의 출력을 연결한다. 마지막으로 while루프에 정지 버튼을 연결하고 시간을 1초 지연시킨다.

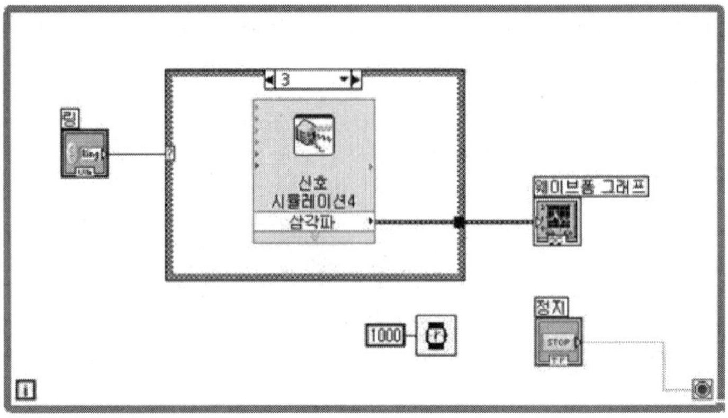

6. VI를 실행시키고 텍스트 링을 이용해 원하는 파형을 선택한다. 직류와 사인파를 선택했다면 출력되는 파형은 각각 다음과 같다.

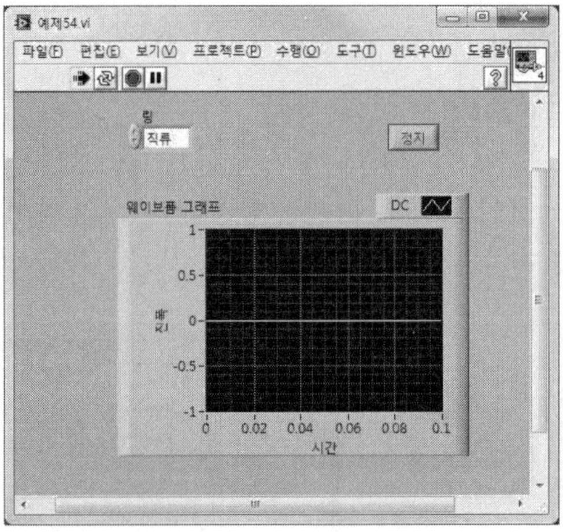

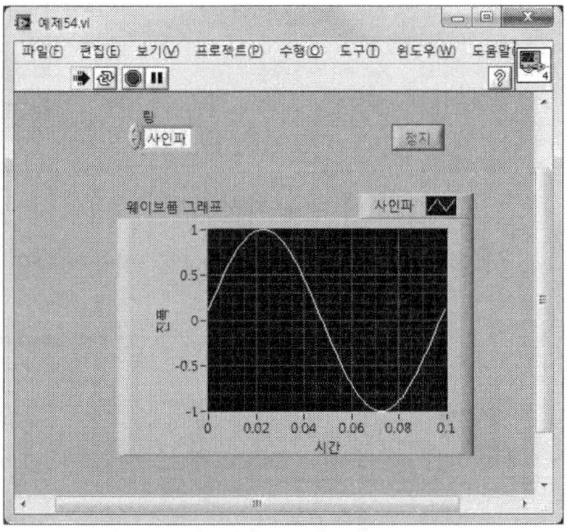

5.3 시퀀스 구조

문자언어인 C, Basic과 같은 언어는 프로그램이 작성된 순서대로 위에서 아래로 차례로 실행된다. 따라서 특별히 실행 순서에 신경 쓰지 않아도 문제가 되지 않는다. 하지만 LabVIEW와 같은 그래픽 언어는 같은 선상의 컨트롤은 어느 것이 먼저 실행될지 알 수 없다.

```
main()
{
   int  a, b, c, d;
   a=10 ; b=20;
   c = a+b;
   d = a*b;
   printf(" Sum : %d ,  Mul:%d", c, d);
}
```

[그림 5.11] C언어를 이용한 덧셈과 곱셈

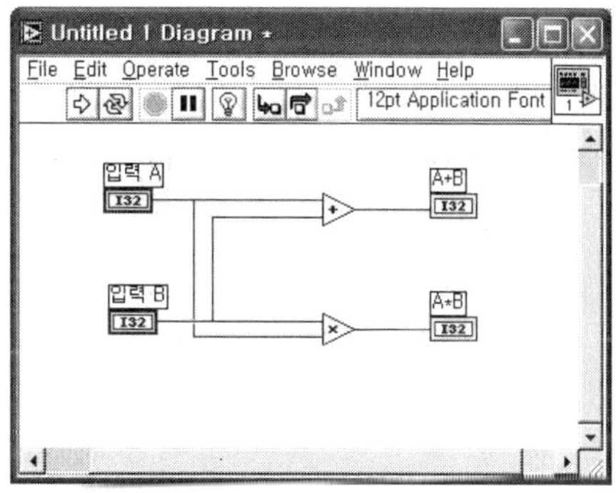

[그림 5.12] LabVIEW를 이용한 덧셈과 곱셈

C언어의 경우는 소스 코드의 작성 순서에 따라 a+b의 덧셈이 먼저 연산되고 a*b의 곱셈이 나중에 연산된다. 하지만 같은 선상에 있는 입력 A 컨트롤과 입력 B 컨트롤의 덧셈과 곱셈은 어느 것이 먼저 실행될지 알 수 없다. 만약 덧셈과 곱셈 중에서 덧셈을 먼저 연산하고 다음에 곱셈을 연산해야 한다면 시퀀스 구조를 이용해 실행 순서를 명확히 정해주어야 한다.

1 시퀀스 구조

시퀀스 구조(Sequence structure)는 함수 팔레트의 구조 보조 팔레트에 들어 있으며 플랫 시퀀스와 다층 시퀀스 두 가지 형태가 있다. 다층 시퀀스와 플랫 시퀀스는 영화 필름의 프레임과 유사한 형태로 생성되며 모양은 다르지만 기본원리는 동일하다.

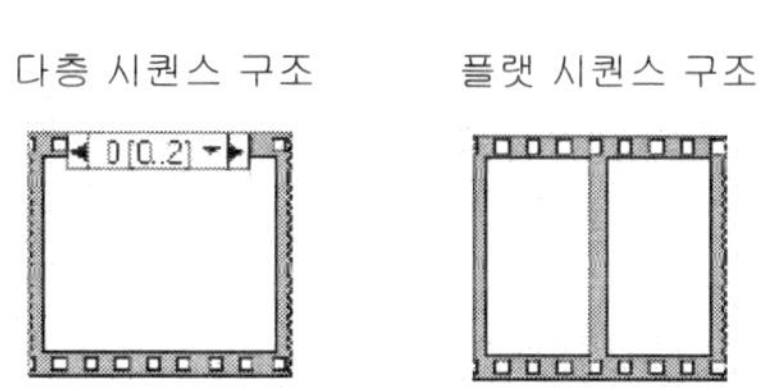

[그림 5.13] 시퀀스 구조의 종류

2 다층 시퀀스 구조

다층(Stacked) 시퀀스 구조는 앞서 알아본 케이스 구조와 모양은 비슷하지만 실행 방식에 차이가 있다. 다층 시퀀스 구조는 초기에 하나의 프레임만 가지고 있다. 프레임을 추가하려면 경계면에서 팝업해서 다음 프레임 추가 메뉴를 선택하면 된다. 다층 시퀀스 구조는 한 번에 하나의 프레임만 화면에 나타나지만 실행될 때는 0번 프레임, 1번 프레임 순으로 차례차례 모두 실행된다. 다층 시퀀스 구조를 이용하면 블록 다이어그램의 공간을 절약할 수 있다.

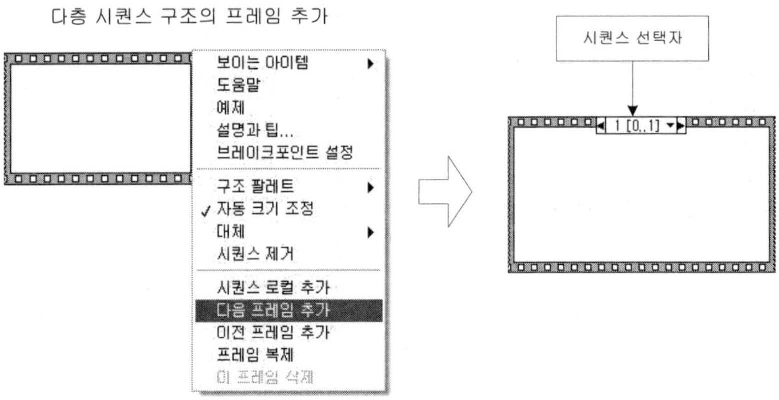

[그림 5.14] 다층 시퀀스 구조의 사용법

시퀀스 선택자는 프레임의 위쪽에 위치하고 있으며 현재의 프레임 번호와 전체 프레임의 개수를 보여준다. 또한 시퀀스 선택자의 화살표를 이용해 프레임의 순서를 변경할 수도 있다.

3 플랫 시퀀스 구조

플랫(Flat) 시퀀스 구조는 LabVIEW 7.0버전부터 추가된 시퀀스 구조로 영화 필름과 동일한 형태를 갖고 있다. 영사기에서 필름이 순차적으로 돌아가듯이 왼쪽 프레임에서 오른쪽 프레임으로 차례차례 실행된다.

플랫 시퀀스 구조는 다층 시퀀스 구조에 비해 블록 다이어그램을 이해하기가 쉽고 한 프레임에서 다른 프레임으로 데이터를 전송하는데 필요한 시퀀스 로컬을 사용할 필요가 없지만 공간을 많이 차지하는 단점이 있다. 플랫 시퀀스 구조도 초기에는 하나의 프레임만 가지고 있다. 따라서 프레임을 추가하려면 경계면에서 팝업해서 다음 프레임 추가 메뉴를 선택하면 된다.

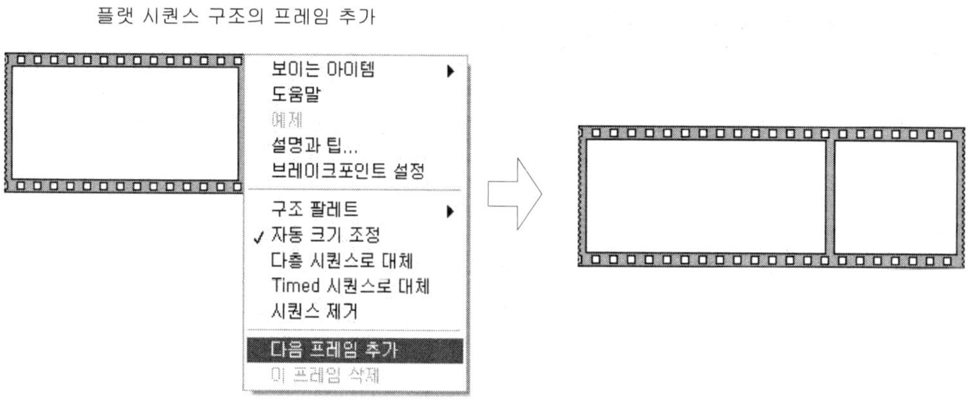

[그림 5.15] 플랫 시퀀스 구조의 사용법

4 시퀀스 로컬

[그림 5.16] 시퀀스 로컬

시퀀스 로컬은 다층 시퀀스 구조의 한 프레임에서 다른 프레임으로 데이터를 전송할 때 사용하는 터미널로 화살표로 표시된다. 팝업 메뉴를 이용해 생성할 수 있으며 마우스를 이용해 경계면 어디든지 위치시킬 수 있다.

데이터가 입력되는 프레임에서 시퀀스 로컬 터미널은 나가는 화살표가 표시되고, 데이터가 출력되는 프레임에서는 들어오는 화살표가 표시된다. 하지만 시퀀스 로컬을 만든 프레임의 앞전 프레임에서는 시퀀스 로컬 터미널을 사용할 수 없으므로 기억해 두자.

5 시퀀스 구조 사용할 때 주의사항

LabVIEW는 왼쪽에서 오른쪽으로 자연스러운 데이터 흐름으로 프로그램이 실행된다. 하지만 시퀀스 구조는 실행 순서를 강제로 설정해 LabVIEW의 병렬 실행 성능을 떨어지게 하므로 지나치게 많이 사용하는 것은 좋지 않다.

플랫 시퀀스 구조를 팝업 메뉴에서 다층 시퀀스 구조로 변경 메뉴를 선택하면 다층 시퀀스 구조로 변경할 수 있다. 또한 같은 방법으로 다층 시퀀스 구조를 플랫 시퀀스 구조로 바꿀 수도 있다.

예제 5-5	시퀀스 구조를 이용한 덧셈과 뺄셈

2개의 정수를 입력 받아 이들의 덧셈이 먼저 실행되고, 나중에 곱셈이 실행되는 VI를 작성하라.

1. 프런트 패널에 2개의 숫자형 컨트롤, 2개의 숫자형 인디케이터를 위치시킨다.

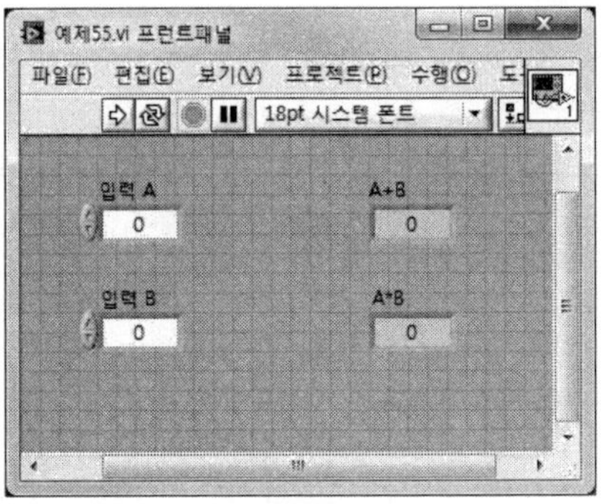

2. 다층 시퀀스를 이용한 경우의 블록 다이어그램은 다음과 같이 작성한다.

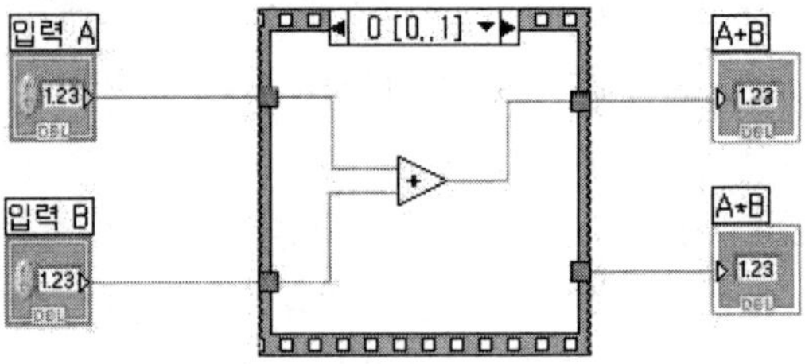

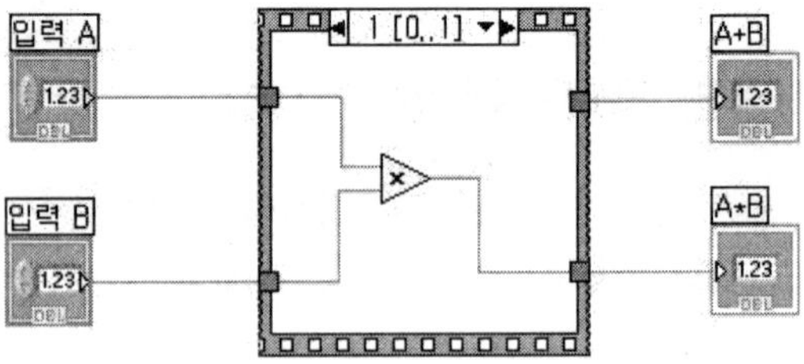

3. 플랫 시퀀스를 이용한 경우의 블록 다이어그램은 다음과 같이 작성한다.

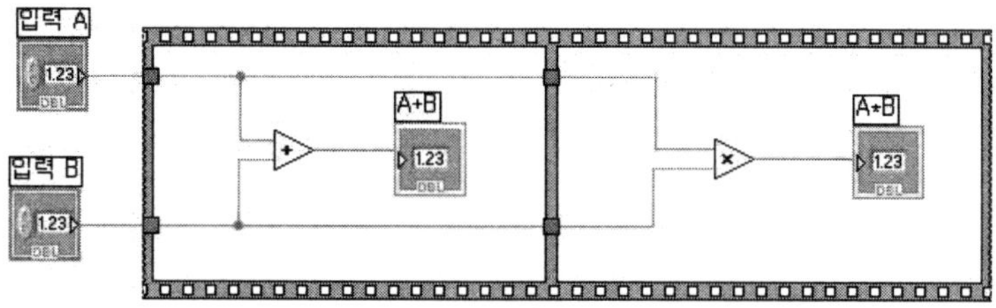

연 습 문 제

1. 임의의 정수를 입력받아 음의 정수, 0, 양의 정수 중에 하나를 선택하는 VI를 작성하시오.

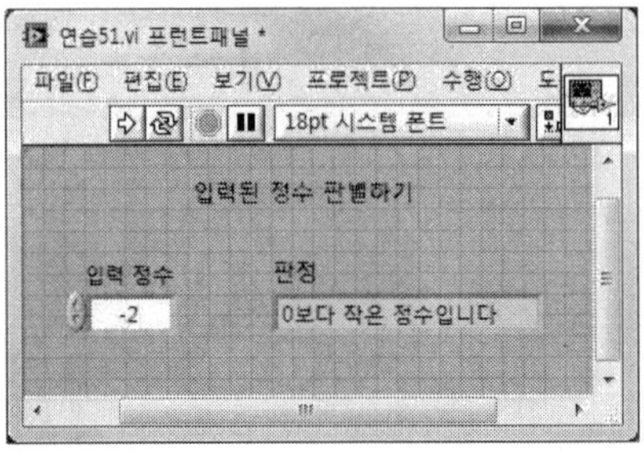

HINT 이중 케이스 구조를 이용한다.

2. 메뉴 항목이 C언어, JAVA언어, LabVIEW언어의 3개로 주어졌을 때, 메뉴 중에 1개를 선택하면 선택된 메뉴가 출력되는 VI를 작성하시오.

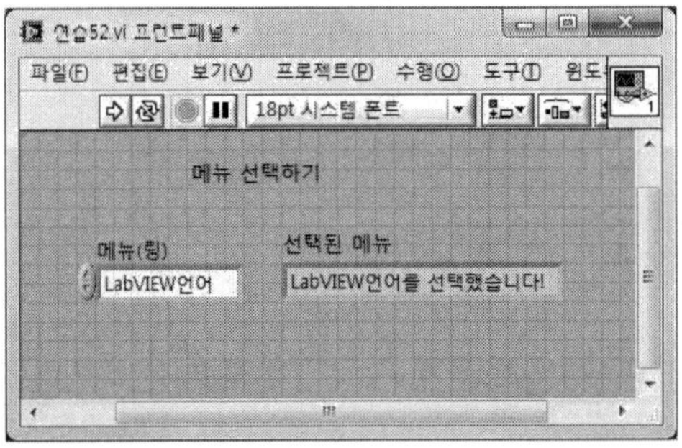

3. 3개의 정수를 입력받아 이들의 사칙연산을 수행하는 VI를 작성하시오. 단, 연산은 덧셈, 뺄셈, 곱셈, 나눗셈의 순서로 차례차례 진행한다.

제6장 루프

반복문의 개념을 이해하고 LabVIEW의 반복문인 while 루프와 for 루프의 사용법을 알아보자.

학습목표

- 반복문의 개념을 이해한다.
- while 루프의 사용법을 익힌다.
- for 루프의 사용법을 익힌다.
- 오토 인덱싱의 개념을 학습한다.

차례

6.1 반복문

반복문은 프로그램의 일정부분을 반복해서 실행하는 문장으로 컴퓨터의 빠른 연산을 가장 잘 활용하는 문장이라 할 수 있다. 만약 반복문이 없다면 실용적인 프로그램들은 개발 자체가 불가능할 정도로 반복문은 매우 중요하다. 문자 기반의 C언어에서 자주 사용되는 do ~ while문과 for문을 통해 반복문의 개념을 먼저 잡아보자.

1 do ~ while문

do ~ while문은 주어진 조건식이 만족될 때까지 중괄호 내부의 문장들을 반복 수행하는 가장 일반적인 반복문이다. 순서도를 보면서 사용법을 살펴보자.

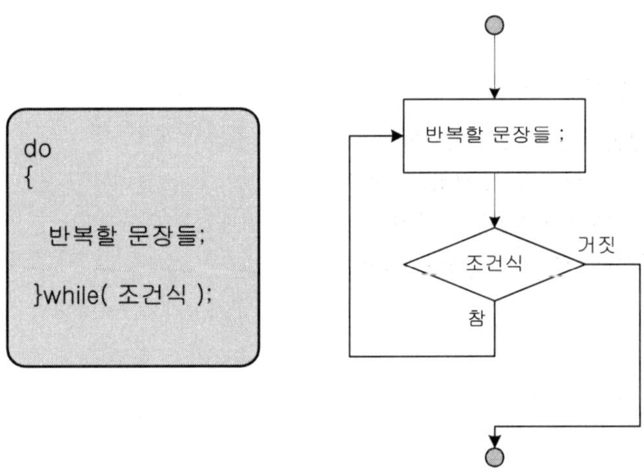

[그림 6.1] do ~ while문의 형식과 순서도

프로그램 실행 중에 do ~ while문을 만나면 중괄호 안의 내용을 1번 실행하고 while 뒤에 따라오는 조건식을 검사해서 참이면 다시 중괄호 내부의 내용을 다시 실행한다. 만약 조건식이 거짓이면 반복을 중단하고 do ~ while문은 종료된다. 따라서 do ~ while문은 조건식이 참인 동안 중괄호 내부의 문장들을 계속해서 반복 실행하게 된다.

1에서 10까지의 정수를 화면에 출력하는 do ~ while문의 예를 살펴보자. do ~ while문장은 무조건 중괄호 내부를 한 번 실행하고 조건식을 판별하므로 i가 1일 때 i값을 화면에 출력한 후에 i에 1을 더한 후 조건식 i<=10을 판별한다. 따라서 조건식은 2<=10가 되어 참이 된다. 조건식이 참이면 중괄호 내부로 다시 돌아가 조건식 i<=10가 거짓이 될 때까지 중괄호 내부를 반복 연산하므로 i가 9일 때까지 참이 된다. i가 10이 되면 조건식이 거짓이므로 중괄호

내부는 총 10번이 반복 연산된다.

```
int i = 1;
do
{
  printf( "%d₩n", i);
  i++;
 }while ( i<=3 );                    //조건식
```

do ~ while문과 비슷한 반복문인 while문도 조건식이 참인 동안 반복할 문장을 계속 반복 수행한다. 하지만 while문은 조건식을 먼저 실행해 반복 여부를 판단하지만 do ~ while문은 적어도 한 번은 반복할 문장을 수행한 이후에 조건식을 판별하게 된다. LabVIEW의 while 루프는 C언어의 do ~ while문과 사용방법이 동일하다.

2 for문

for문은 지정한 횟수만큼 중괄호 내부의 문장들을 반복 연산하는 반복문이다. 일반적인 형식과 순서도는 다음과 같으며 do ~ while문과는 약간의 차이가 있다.

```
for( 초기식;조건식;증감식 )
{
   반복할 문장들;
}
```

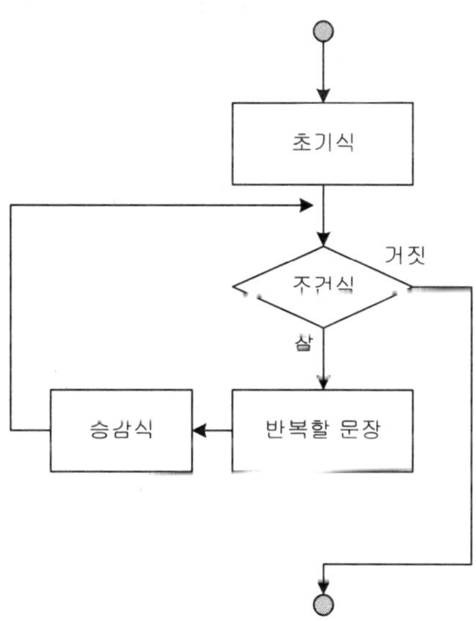

[그림 6.2] for문의 형식과 순서도

이번에는 1에서 10까지의 정수를 화면에 출력하는 for문을 살펴보자. for문은 초기식, 조건식, 반복식이 한꺼번에 표시되므로 반복횟수를 쉽게 알 수 있다. 처음에 i가 1일 때 조건식 i〈=10는 참이므로 중괄호 내부의 반복할 문장을 1번 실행하게 된다. 다음에 증감식 i++가 실행되므로 i는 2가 되며 조건식을 판별하면 참이 된다. 따라서 또 중괄호 내부의 문장이 실행되고 같은 방법으로 i가 10이 될 때까지 총 10번이 반복 연산된다.

```
int i;
for( i=1 ; i〈=10 ; i++ )
{
  printf( "i = %d₩n",i );
}
```

6.2 while 루프

1 while 루프의 작성방법

C언어의 do~while문과 동일한 기능을 수행하는 문장이 LabVIEW의 while 루프라 할 수 있다. while루프는 함수 팔레트의 구조 보조 팔레트에서 찾을 수 있다.

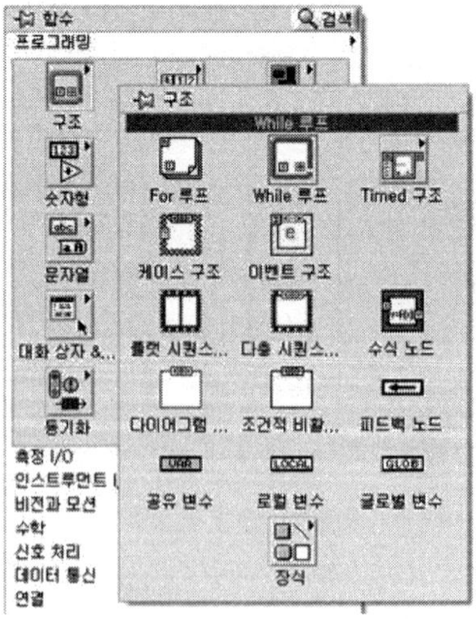

[그림 6.3] while 루프 구조

블록 다이어그램에 while 루프를 만들려면 먼저 구조 보조팔레트에서 while 루프를 선택한다. 다음에 마우스 왼쪽 버튼을 누른 상태에서 끌기를 이용해 루프 내부를 늘리면 된다. 이때 while 루프 내부가 반복 연산되는 부분이다. while 루프 내부에는 부울 입력이 연결되는 조건 터미널과 수치 출력이 연결되는 반복횟수 터미널이 있다.

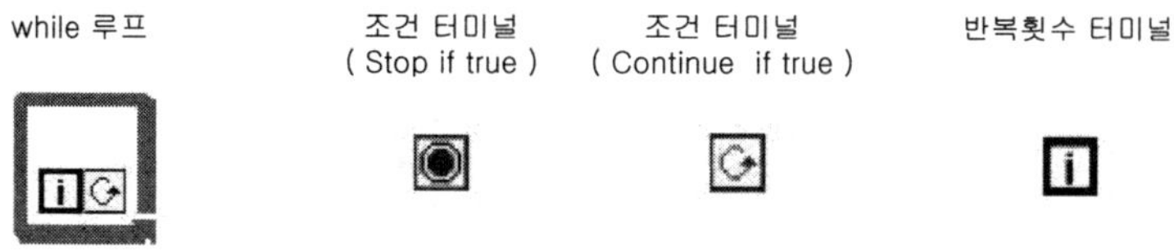

[그림 6.4] while 루프와 터미널

while 루프의 입력단인 조건 터미널은 특정 불리언 값을 받을 때까지 내부 다이어그램을 반복 연산한다. 조건 터미널은 '참인 경우 정지(stop if true)'와 '참인 경우 계속(continue if true)' 두 가지 형태가 있으며 기본 값은 '참인 경우 정지'이다. 만약 기본값을 변경하고 싶으면 while루프 테두리를 팝업하여 '참인 경우 계속'으로 바꿔주면 된다.

출력단에 있는 반복횟수 터미널은 완료된 반복횟수가 출력된다. 반복 횟수는 항상 0부터 시작되며 첫 번째 루프가 실행되면 반복횟수는 0을 출력하게 된다.

2 while 루프의 사용법

while 루프가 실행되면 루프 내부의 다이어그램을 무조건 한 번은 실행한 이후에 조건 터미널을 판별해서 거짓이면 루프를 계속 실행하고 참이면 루프를 종료하게 된다. 다음과 같이 불리언 수직 토글스위치 1개를 조건 터미널에 연결하고 숫자형 인디케이터 1개를 반복횟수 터미널에 연결한 후에 실행시켜 보자.

while 루프 내부에 조건 터미널의 초기값은 '참인 경우 정지'이므로 조건식이 거짓이면 루프를 계속 실행하게 된다. 따라서 불리언 스위치가 OFF되어 있으면 계속해서 루프를 반복 실행하게 된다. 블록 다이어그램의 실행 하이라이트 기능을 이용해 실행되는 모습을 확인해 보자. 만약 불리언 스위치를 ON시키면 조건 터미널에 참이 입력되면 while 루프는 종료된다. 숫자형 인디케이터에는 현재 반복된 횟수가 정수로 출력되며 첫 번째 루프가 실행되면 0이 출력된다.

while 루프의 조건 터미널을 참인 경우 계속으로 변경하면 불리언 스위치가 OFF상태이면 처음에 1번만 실행되고 루프가 종료된다. 반면에 스위치가 ON상태이면 while 루프의 내부 다이어그램을 계속해서 반복 연산하게 된다.

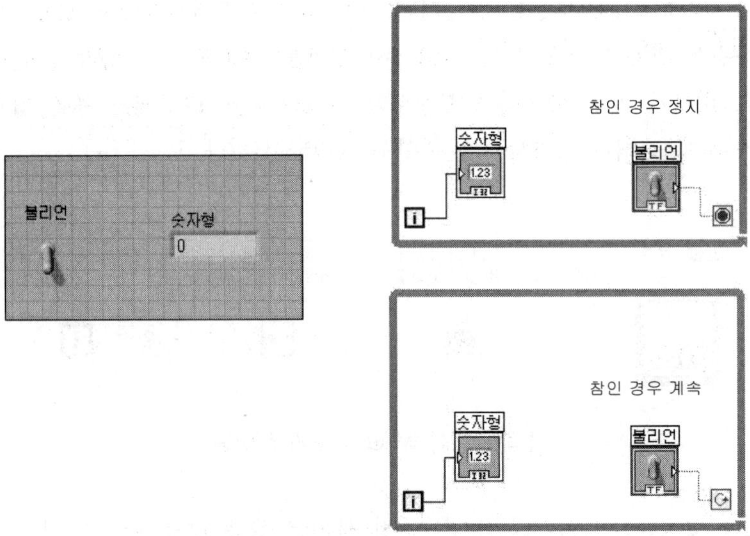

[그림 6.5] while 루프의 기본적인 사용법

예제 6-1 무작위 수를 차트에 표시하기

while 루프로 무작위 수를 발생시켜 차트에 표시하고 루프의 반복횟수를 표시하는 VI를 작성하시오.

1. 프런트 패널에 부울 스위치 1개, 숫자형 인디케이터, 웨이브폼 차트를 놓는다.

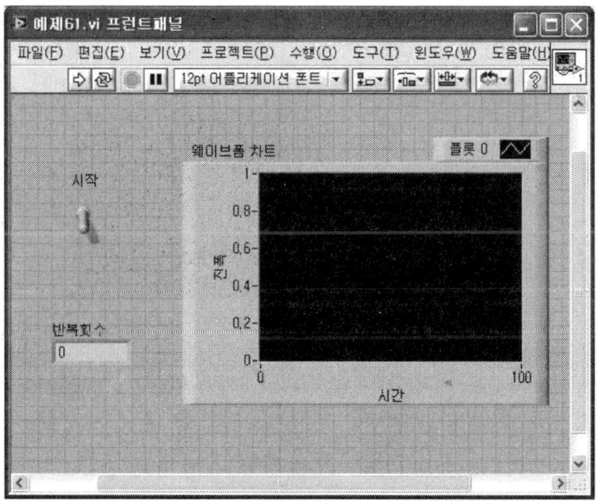

찾아보기 웨이브폼 차트 : 컨트롤 팔레트의 그래프

2. 블록 다이어그램을 다음과 같이 작성한다. while 루프의 경계면을 팝업해 조건 터미널을 참인 경우 계속으로 변경한다. 기다림은 입력된 ms만큼 시간지연을 준다.

찾아보기 난수 : 함수 팔레트의 숫자형
기다림(ms) : 함수 팔레트의 타이밍

3. 마우스를 오퍼레이팅 툴로 변경한 후에 토글 스위치를 위로 올려 ON 상태로 만든다. VI를 실행시켜 차트에 출력되는 무작위 수와 반복횟수를 관찰한다.

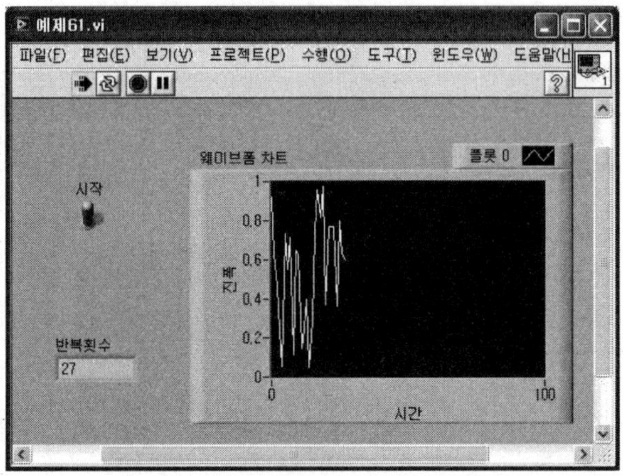

3 while 루프의 와이어 연결 문제

LabVIEW에서 데이터가 입출력되는 루프의 경계를 터널(tunnel)이라고 한다. 터널은 루프 밖의 터미널을 루프 내부의 터미널과 연결할 때 생성된다. LabVIEW의 데이터 처리에는 중요한 원칙이 있는데 루프로 입력되는 데이터는 루프가 실행되기 이전에 입력되며 루프 밖으로 출력되는 데이터는 루프가 모든 연산을 종료한 후에 출력된다는 것이다.

다음의 while 루프를 이용해 와이어 연결 문제를 생각해 보자.

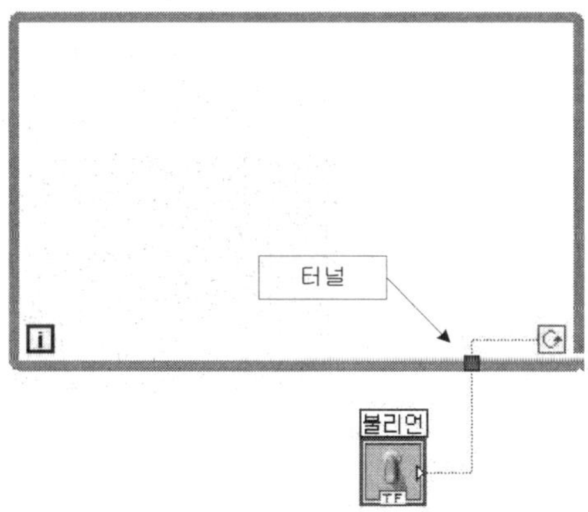

[그림 6.6] 무한 while 루프

부울 컨트롤을 while 루프 밖에 놓으면 조건 터미널의 상태가 '참인 경우 계속'인 경우에 부울 스위치가 ON이면 조건 터미널에 참(True)이 입력되어 루프를 실행할 수 있다. 하지만 루프로 입력되는 데이터는 루프가 실행되기 전에만 입력할 수 있으므로 부울 스위치를 OFF 시켜 거짓(False)상태로 만들어도 while 루프를 종료할 수 없다. 이 경우 while 루프는 무한 루프에 빠지게 되며 도구모음에 실행 강제 종료 버튼을 이용해 정지시켜야 한다.

예제 6-2 while 루프의 와이어 문제

while 루프로 무작위 수를 발생시켜 차트에 표시하고 루프의 반복횟수를 표시하는 VI를 작성하시오. 단, 부울 컨트롤을 루프 안과 밖에 위치시켜 차이점을 비교하시오.

1. 프런트 패널에 부울 스위치 1개, 숫자형 인디케이터, 웨이브폼 차트를 놓는다.

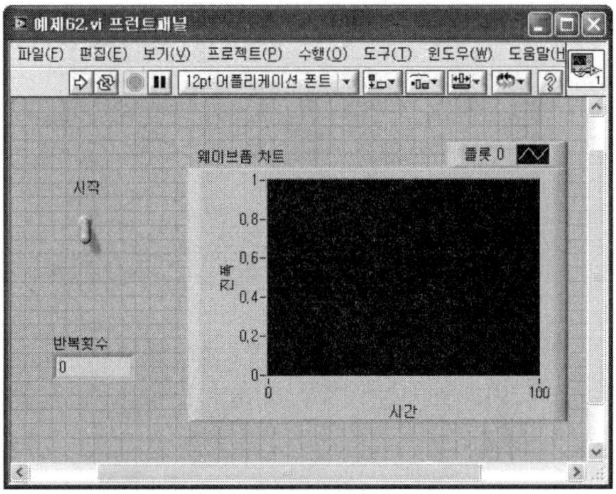

2. 블록 다이어그램을 다음과 같이 작성한다. while 루프의 경계면을 팝업해 조건 터미널을 참인 경우 계속으로 변경한다. 부울 컨트롤을 루프 안과 밖에 위치시키고 차이점을 조사한다.

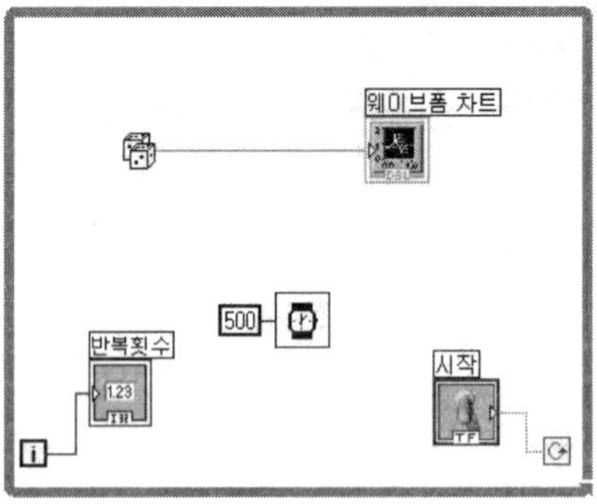

while루프 내부의 터미널

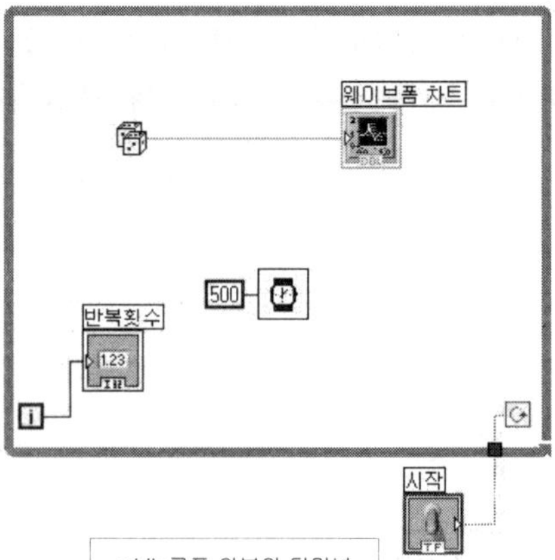

while루프 외부의 터미널

3. while 루프 내부에 터미널이 있는 경우는 시작 부울 스위치를 이용해 무작위 수의 실행과 정지를 모두 제어할 수 있다. 반면에 터미널이 루프 외부에 있는 경우에는 시작은 할 수 있으나 종료시킬 수 없음을 눈여겨봐야 한다.

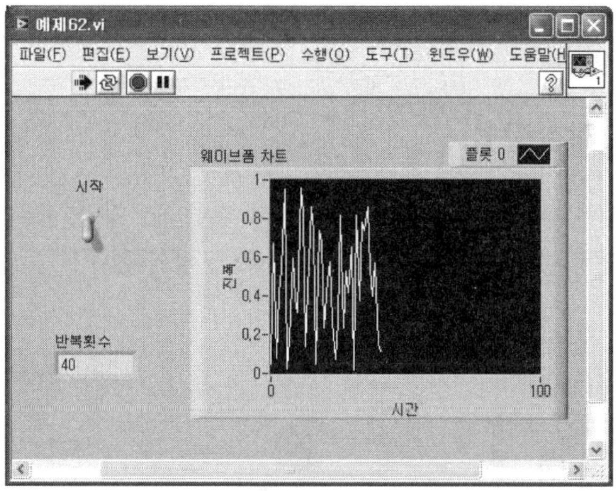

6.3 for 루프

while 루프는 조건 터미널이 어떤 조건을 만족할 때까지 반복 연산하는 반복문이라 할 수 있다. 반면에 for 루프는 사용자가 지정한 횟수만큼 내부 다이어그램을 실행시키는 반복문이다.

1 for 루프의 작성방법

for 루프는 함수 팔레트의 구조 보조 팔레트에서 찾을 수 있다. for 루프는 입력 터미널인 카운트 터미널과 출력 터미널인 반복 횟수 터미널로 구성된다.

[그림 6.7] for 루프와 터미널

입력단의 카운트 터미널은 내부 다이어그램이 반복될 횟수를 나타내며 루프 외부에서 카운트 터미널에 반복할 횟수를 정수로 입력하면 된다. 출력단의 반복횟수 터미널은 완료된 반복 횟수가 출력되며 카운트는 항상 0부터 시작한다. 첫 번째 루프가 실행되고 나면 반복횟수 터미널은 0을 반환한다.

카운트 터미널과 반복횟수 터미널은 모두 정수를 이용해야 하며 부동 소수를 연결하면 LabVIEW는 주어진 값을 반올림하여 강제로 정수형으로 변환해 실행된다.

2 for 루프의 사용법

10개의 무작위 수를 웨이브폼 차트에 출력하는 다음 for 루프를 살펴보자.

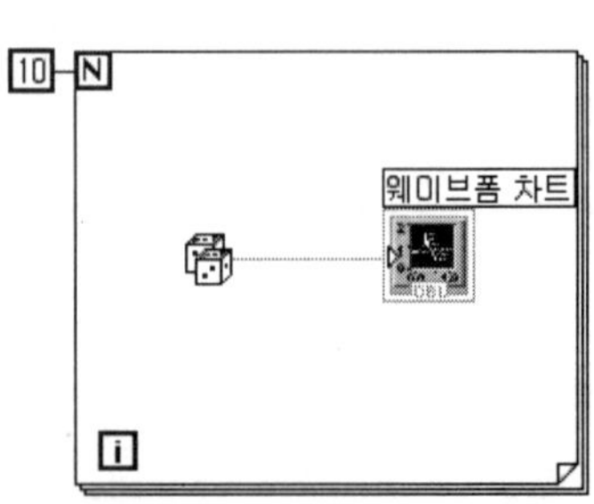

[그림 6.8] 10개의 무작위 수 출력

for 루프는 0에서 카운트 터미널에 연결된 정수까지 반복연산을 실행한다. 카운트 터미널에 값을 연결하고 싶으면 마우스 오른쪽 버튼을 팝업해서 상수 생성을 선택한 후에 원하는 정수를 키보드로 입력하면 된다.

for 루프를 사용할 때 한 가지 주의할 점은 루프가 0부터 시작하므로 카운트 터미널에 10을 연결하면 실제 반복횟수 터미널에는 0에서 9까지가 출력된다는 것이다. 따라서 웨이브폼 차트에는 10개의 무작위 수가 출력되지만 반복횟수의 마지막 값은 9가 된다.

다음과 같이 반복횟수 터미널에 숫자형 인디케이터를 연결한 이후에 실행 하이라이트 기능을 이용해 출력되는 반복횟수를 확인해 보자.

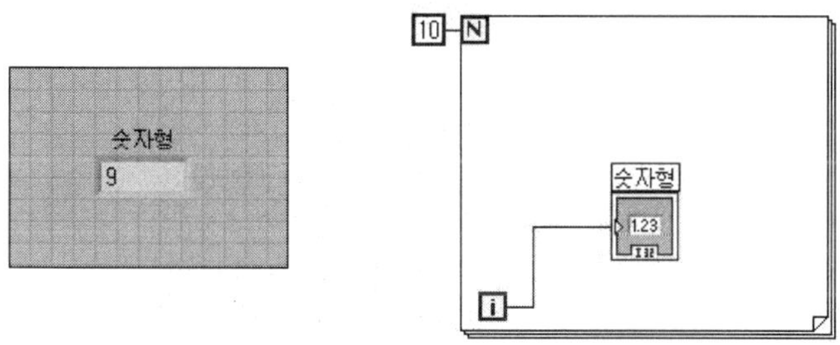

[그림 6.9] 반복횟수 터미널의 값

카운트 터미널에 정수 10이 연결되어 있으므로 for 루프는 10번 반복된다. 첫 번째 for 루프가 실행되고 나면 반복횟수 터미널에는 0이 출력되므로 10번째 반복 연산이 실행되고 나면 9가 출력되는 것을 볼 수 있다.

예제 6-3 무작위 수 10개 출력하기

for 루프를 이용해 무작위 수 10개를 발생시켜 차트에 표시하고 반복횟수를 프런트 패널에 출력하는 VI를 작성하시오.

1. 프런트 패널을 다음과 같이 구성한다.

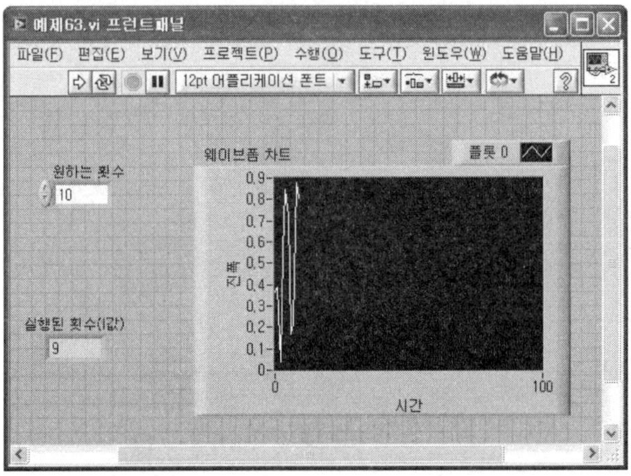

2. 프런트 패널에서 원하는 반복횟수에 10을 입력한 이후에 블록 다이어그램을 다음과 같이 작성한다.

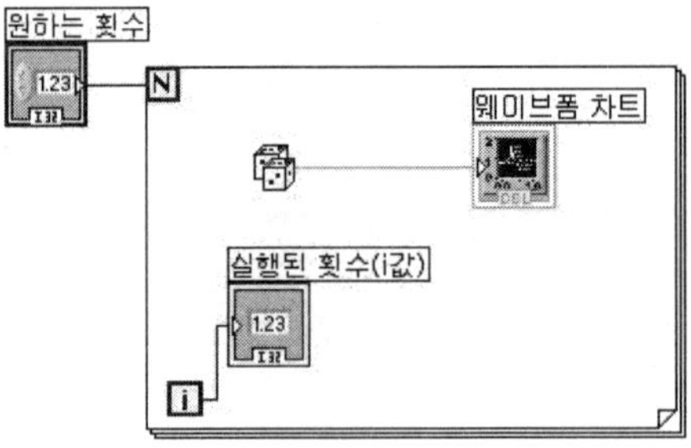

3. 원하는 횟수를 변경시키면서 차트에 표시된 데이터와 실행된 횟수의 값을 비교해 본다. for 루프의 카운트 터미널에는 숫자 컨트롤을 이용해 그때그때 값을 바꿀 수도 있다.

6.4 시프트 레지스터

for 루프나 while루프에서 시프트 레지스터나 피드백 로드를 이용해 한 루프에서 다른 루프로 데이터를 전달할 수 있다.

1 시프트 레지스터의 생성

시프트 레지스터는 while 루프나 for 루프의 좌, 우측의 경계면을 팝업한 이후에 시프트 레지스터 추가를 선택하면 생성된다.

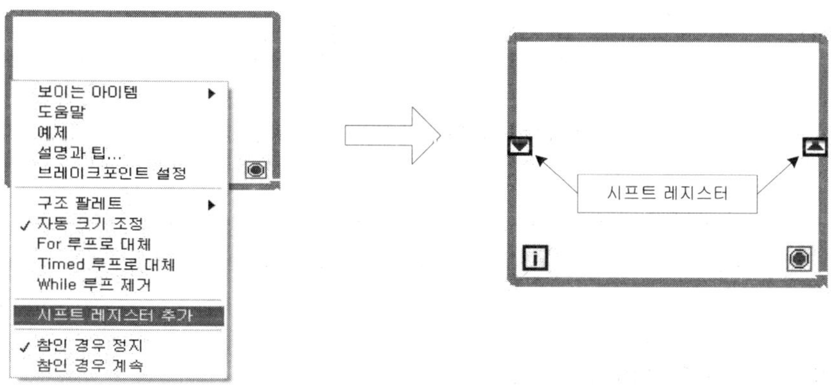

[그림 6.10] 시프트 레지스터의 생성방법

시프트 레지스터는 루프 테두리의 양옆에 서로 반대 방향으로 표시되는 화살표의 쌍으로 생성된다. 루프 왼쪽의 아래쪽 방향 화살표는 바로 앞전의 루프에서 연산된 결과가 출력된다. 또한 오른쪽에 있는 위쪽 방향 화살표는 현재 루프의 연산 결과가 저장되어 있다.

시프트 레지스터는 숫자형, 부울형, 스트링형 등의 모든 데이터 타입에 사용할 수 있으며 시프트 레지스터에 화살표 쌍에 연결되는 데이터는 항상 동일한 유형이어야 한다. 최초 시프트 레지스터를 생성하면 흑색으로 표시되지만 시프트 레지스터에 와이어를 연결하면 연결된 데이터 타입에 맞게 색상이 자동 변경된다.

2 시프트 레지스터의 동작원리

시프트 레지스터는 한 루프의 값을 다른 루프로 전달할 수 있으므로 여러 루프의 데이터 평균을 구하는데 유용하게 이용된다. 먼저 시프트 레지스터의 동작원리를 알아보도록 하자.

보통 루프가 실행되기 전에 시프트 레지스터에 초기값을 준다. 첫 번째 루프에서는 주어진 초기값을 이용해 루프 내부의 다이어그램을 연산하고 완료된 결과를 위쪽 화살표를 통해 출력한다. 임의의 i번째 루프에서는 바로 앞의 i-1루프에서 연산된 결과를 아래쪽 화살표를 통해 입력받아 i번째 루프를 연산하고 결과를 위쪽 화살표를 통해 다음 번 i+1번째 루프로 출력한다. 마지막 루프에서도 바로 전 루프의 결과를 입력받아 마지막 루프를 연산하고 결과값을 출력한다.

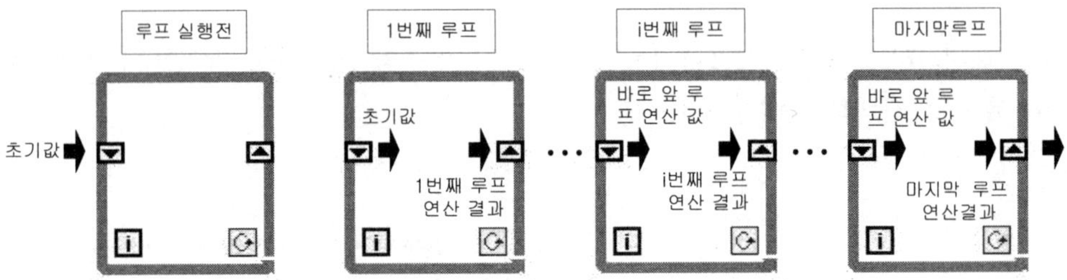

[그림 6.11] 시프트 레지스터의 동작원리

이런 연산과정을 통해 시프트 레지스터는 한 루프에서 연산된 결과를 다른 루프로 전달하게 되며 루프가 반복될 때 변경되는 값을 관리할 때 매우 유용하게 사용할 수 있다.

3 시프트 레지스터의 초기화

시프트 레지스터는 사용하기 전에 반드시 초기화하는 습관을 길러야 한다. 초기화는 루프 밖에서 왼쪽에 있는 아래쪽 화살표에 컨트롤이나 상수를 연결하면 완료된다.

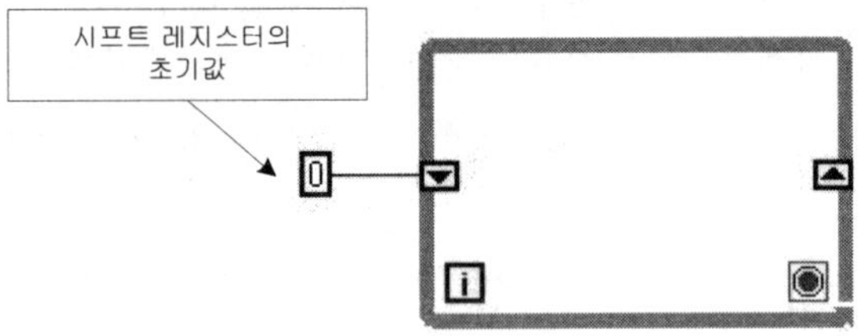

[그림 6.12] 시프트 레지스터의 초기화

시프트 레지스터를 초기화하면 VI가 처음으로 실행될 때 처음으로 시프트 레지스터에 전달되는 값이 결정된다. 만약 시프트 레지스터를 초기화하지 않으면 루프가 마지막으로 실행되었을 때 레지스터에 저장된 값이 사용되며 루프가 한 번도 실행되지 않았다면 시프트 레지스터에 연결된 데이터 타입의 기본 값이 자동으로 사용된다.

시프트 레지스터에 저장된 값은 VI가 종료되어도 삭제되지 않으며 VI를 닫고 메모리를 비워야만 초기화된다. 따라서 초기화되지 않은 시프트 레지스터가 들어있는 VI를 실행하면 루프의 초기값은 이전 루프에서 연산된 값이 사용되므로 특히 주의하지 않으면 전혀 예측할 수 없는 결과를 얻을 수 있다.

4 다층 시프트 레지스터

다층 시프트 레지스터를 사용하면 이전 루프들에서 연산된 결과에 접근할 수 있다. 시프트 레지스터의 왼쪽 터미널을 팝업하여 원소추가를 선택하면 다층 시프트 레지스터가 만들어진다. 다층 시프트 레지스터는 계속해서 추가할 수 있으며 삭제 할 때는 원소제거를 선택하면 된다.

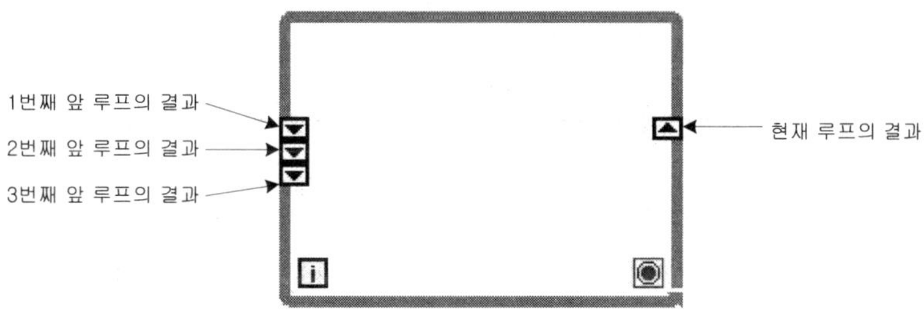

[그림 6.13] 다층 시프트 레지스터의 생성

다층 시프트 레지스터는 몇 단계 이전 루프의 데이터를 저장하여 다음 루프로 전달하는 용도로 이용된다. 다층 시프트 레지스터는 루프의 왼쪽에서만 생성할 수 있다. 오른쪽의 터미널은 현재 루프의 결과를 시프트 레지스터에 전달하는 역할을 하기 때문이다.

예제 6-4	시프트 레지스터의 동작

시프트 레지스터의 동작원리를 확인해 보자.

1. 프런트 패널에 숫자형 인디케이터 4개를 정수형으로 놓는다.

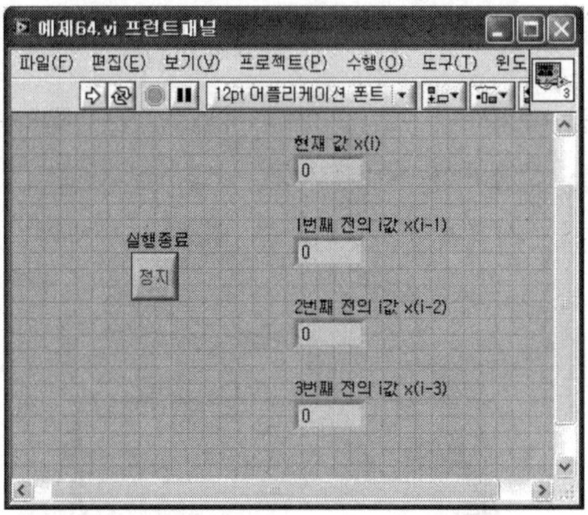

2. 블록 다이어그램에서 while 루프를 만들고 경계면을 팝업하여 쉬프트 레지스터를 생성한다. 생성된 시프트 레지스터에서 원소 추가를 선택해 다층 시프트레지스터를 3개 만든다.

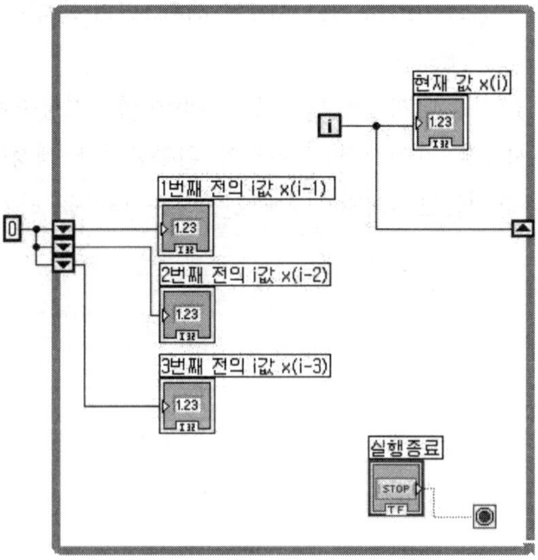

3. 블록 다이어그램의 와이어를 연결한 후에 실행 하이라이트 기능을 활성화시키고 다층 시프트 레지스터에 전달되는 값을 확인한다.

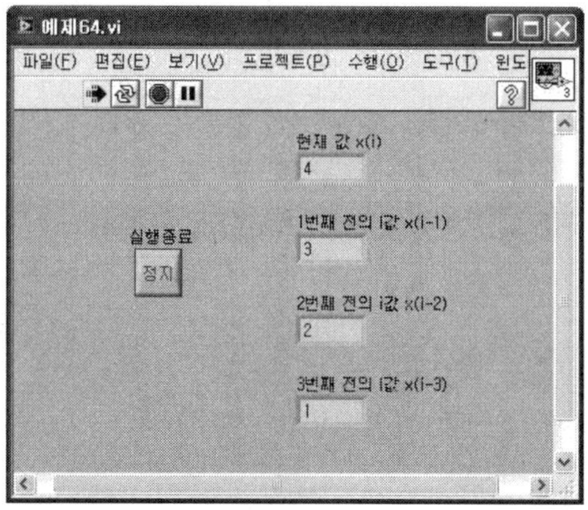

예제 6-5 시프트 레지스터의 응용

정수 1에서 10까지의 합을 시프트 레지스터를 이용해 계산해 보자.

1. 프런트 패널에 숫자형 인디케이터 2개를 정수형으로 놓는다.

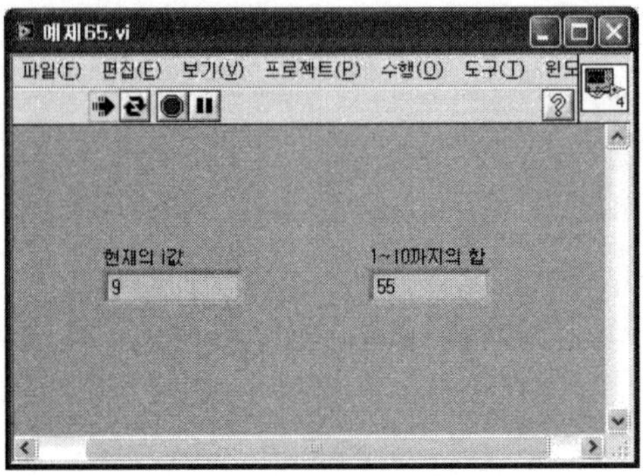

2. 블록 다이어그램에서 for 루프를 만들고 경계면을 팝업하여 쉬프트 레지스터를 생성한다. 현재의 값과 1 ~ 10까지의 덧셈결과를 비교하면서 실행시킨다.

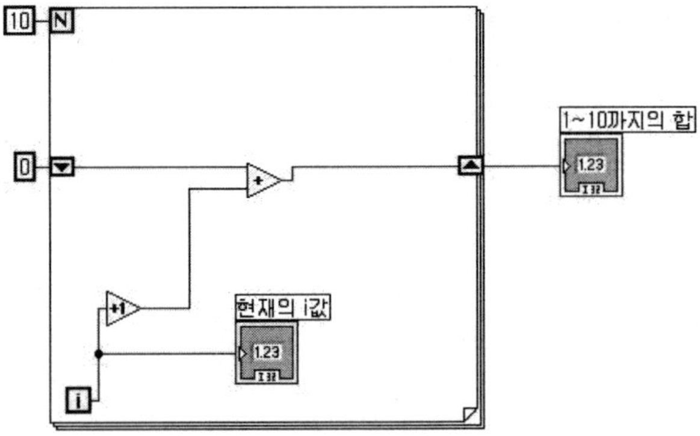

연습문제

1. 프런트 패널에 토글 스위치와 숫자형 인디케이터를 설치하여 while 루프의 실행 횟수를 표시하는 VI를 작성하시오. 단, 반복실행은 500ms의 시간지연이 생기도록 한다.

2. while 루프를 이용해 난수를 발생시키고, 사용자가 미리 지정한 실수 값과 같으면 반복 횟수와 일치하는 실수 값을 표시하는 VI를 작성하시오.

3. while 루프를 for 루프와 동일하게 지정된 횟수만큼 반복시킬 수 있도록 변경하고, 반복 횟수를 숫자형 인디케이터에 표시하는 VI를 설계하시오. 단, 정지버튼이 눌리면 주어진 반복횟수를 채우기 전이라도 while 루프를 종료한다.

4. for 루프를 이용해 1에서 100까지의 자연수에서 짝수들만의 합을 구하시오.

5. for 루프를 이용해 10개의 난수를 발생시키고, 시프트레지스터를 이용해 발생된 난수의 총합을 구하시오.

memo for LabVIEW

제7장 SubVI 만들기

SubVI의 개념을 이해하고 VI를 SubVI로 만드는 방법을 알아보자. 또한 아이콘을 디자인하는 방법과 커넥터 팬을 연결하는 방법도 함께 익히자.

학습목표

- SubVI의 개념을 이해한다.
- 아이콘을 디자인하는 방법을 배운다.
- 커넥터 팬을 할당하는 방법을 학습한다.
- VI를 SubVI로 만드는 방법을 익힌다.
- SubVI를 VI에서 사용하는 방법을 학습한다.

차례

7.1 SubVI의 기초

좋은 LabVIEW 프로그래머가 되기 위해서는 VI의 계층적 구조를 잘 이해하고 있어야 한다. 몇 줄 안 되는 간단한 프로그램의 경우라면 모르겠지만 프로그램의 규모가 커지게 되면 한 개의 VI로 프로그램을 작성한다는 것은 거의 불가능하다. 따라서 큰 프로그램을 기능별로 몇 개의 SubVI로 만드는 구조화 작업이 필요하다. 이번 장에서는 SubVI를 만들고 아이콘/컨넥터를 할당하는 방법에 대해 알아보도록 하자.

1 SubVI의 개념

SubVI는 고전적 프로그램에서 서브루틴 호출과 유사한 기능을 하는 VI라 생각하면 된다. 만약 C 언어의 경우라면 함수를 만들고 호출하는 기능을 생각하면 쉽게 이해할 수 있다.

[표 7.1] C 언어와 LabVIEW의 함수 호출 비교

	C프로그램	LabVIEW

주프로그램	void main()
	{
	input1 = 10; input2 = 20;
	output = average(input1, input2);
	printf("%d₩n", output);
	}
		VI의 블록 다이어그램
		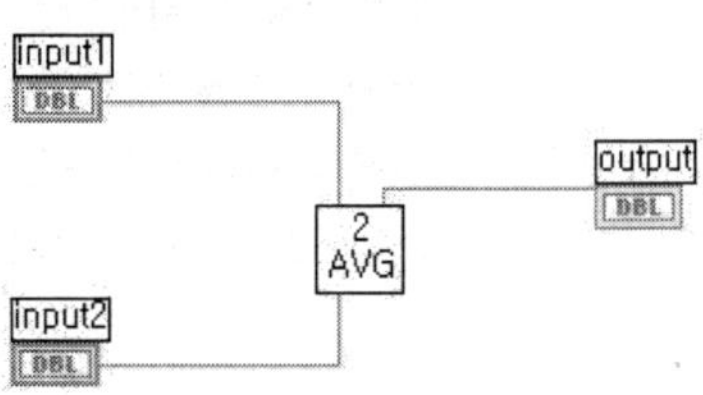

호출되는 함수	int average(input1,input2)
	{
	result = (input1+input2)/2.0;
	return(result);
	}
		SubVI의 블록 다이어그램
		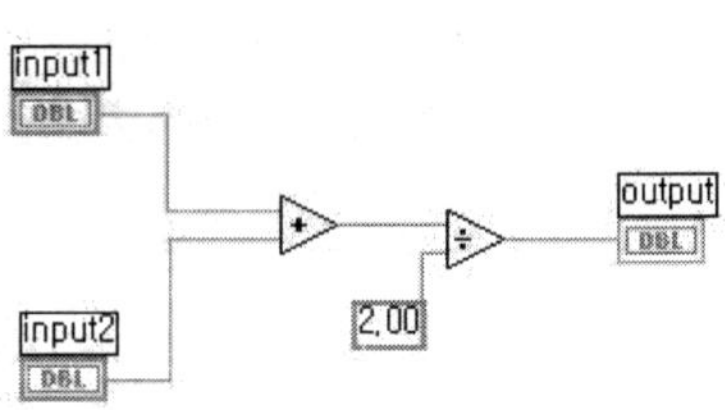

SubVI란 다른 VI의 블록 다이어그램에서 호출되는 VI를 말한다. VI를 작성하고 아이콘과 데이터의 입력과 출력에 필요한 커넥터 팬을 설정하면 다른 VI의 블록 다이어그램에서 SubVI로 사용할 수 있다.

C 프로그램에서 사용하는 함수에 제한이 없듯이 메모리가 허락한다면 LabVIEW에서도 SubVI의 제약은 없다. LabVIEW와 같은 G프로그램은 2차원 평면상에 그림으로 프로그램을 작성하기 때문에 큰 프로그램의 경우 공간이 부족해지기 쉽다. 따라서 SubVI를 이용해 프로그램을 기능별로 나누고 메인 프로그램에서 이들을 호출하는 방식으로 프로그램을 작성하는 습관을 길러야 한다.

2 반복되는 작업을 SubVI로 변환

VI를 작성하다보면 특정한 기능이 자주 반복되는 경우를 자주 접하게 된다. 이런 경우에는 루프나 SubVI를 이용하면 VI를 간략화 할 수 있다. 다음 블록 다이어그램에서 점선으로 표시된 A, B 두 개의 다이어그램은 동일한 기능을 수행한다. 이 경우에 반복되는 VI를 SubVI로 만들고 필요할 때 호출하면 VI를 간단히 만들 수 있다.

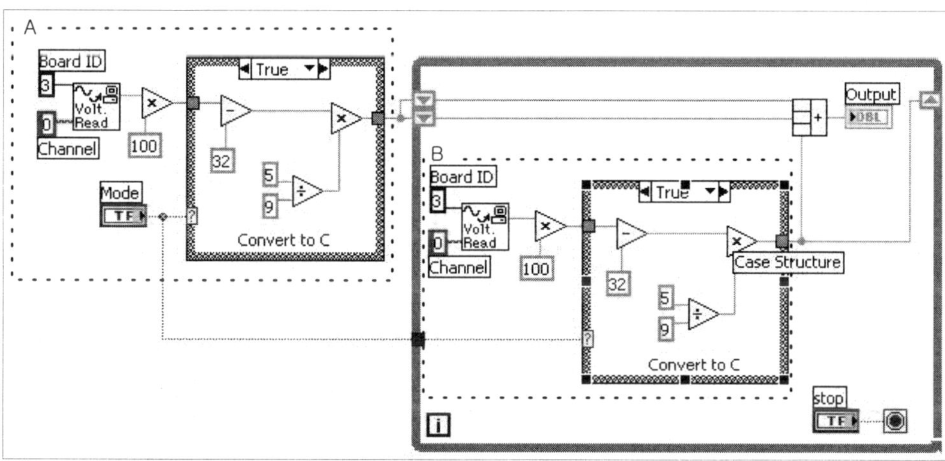

[그림 7.1] 동일한 기능을 수행하는 블록 다이어그램

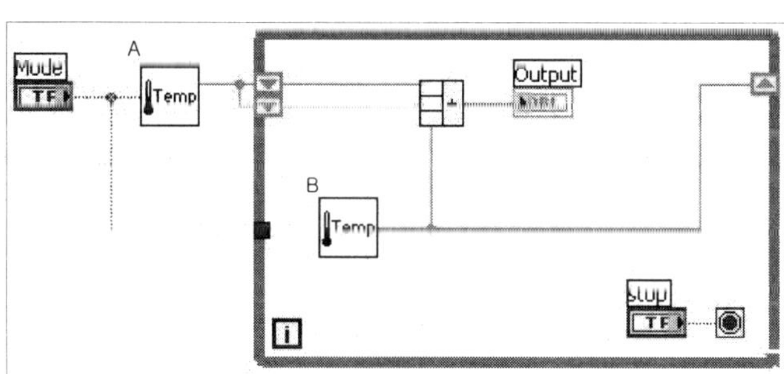

[그림 7.2] SubVI로 대체한 블록 다이어그램

3 커넥터 팬 설정하기

문자 기반의 언어에서 함수를 호출하기 위해서는 매개변수 목록을 만들고 데이터의 입출력을 정의해 주어야 한다. 이와 유사하게 VI를 SubVI로 만들기 위해서는 커넥터 팬을 만들어야 한다. 커넥터 팬은 VI에서 컨트롤과 인디케이터에 대응하는 터미널의 집합으로 SubVI로 사용될 때 입력과 출력으로 사용된다.

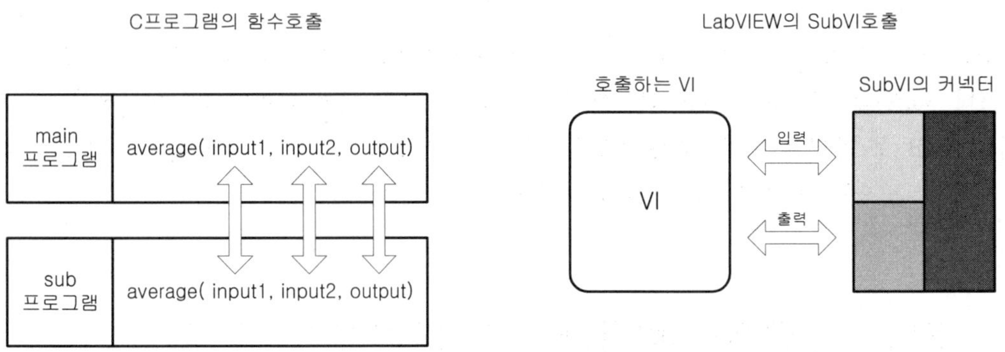

[그림 7.3] C언어와 LabVIEW의 Sub함수 호출 비교

커넥터 팬은 VI의 아이콘 뒤에 숨겨져 있으며 아이콘을 팝업하여 커넥터보이기를 선택하면 나타난다. 다시 아이콘으로 변환하려면 커넥터 팬을 팝업해 아이콘보이기를 선택한다.

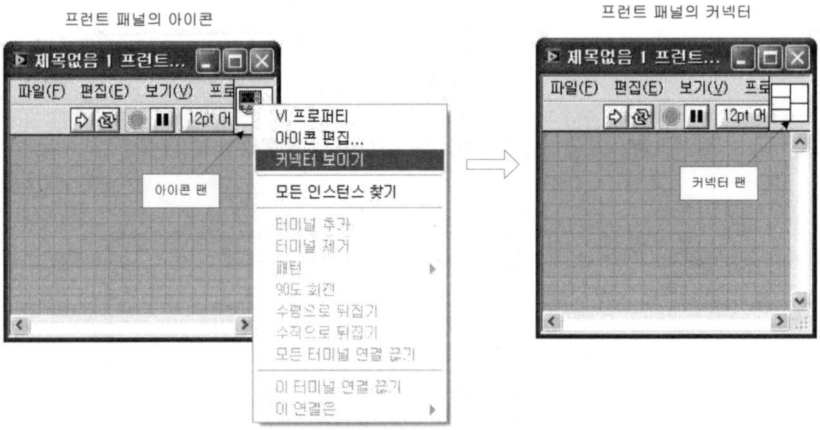

[그림 7.4] 프런트 패널의 아이콘과 커넥터

커넥터 팬 내부의 사각형들은 각각 하나의 터미널을 의미하며 입력단과 출력단을 지정할 수 있다. LabVIEW에서 커넥터 팬에 표시되는 터미널의 수는 VI에 존재하는 컨트롤과 인디케

이터의 개수에 따라 정해진다. 만약 컨트롤이 2개 인디케이터가 1개라면 커넥터 팬을 팝업하여 패턴을 선택한 후에 적절한 터미널을 선택하면 된다.

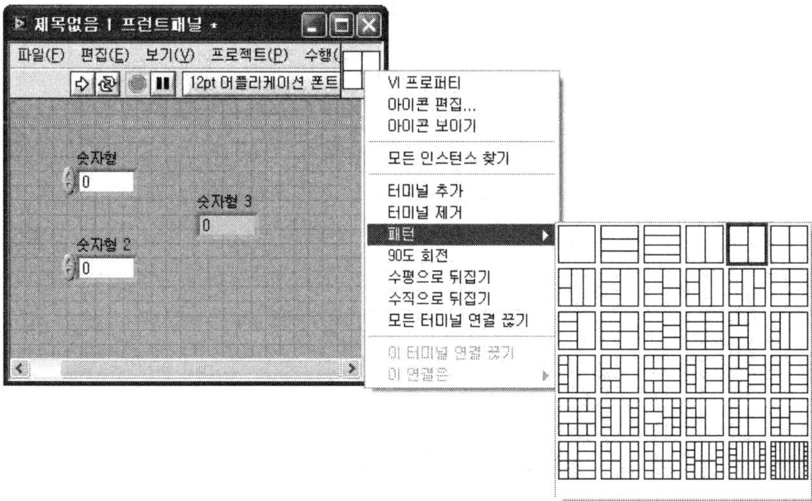

[그림 7.5] 커넥터의 패턴 선정

커넥터 팬은 최대 28개의 터미널을 가질 수 있으며 프런트 패널 내부에 컨트롤과 인디케이터의 합이 28개 이상이면 데이터를 묶는 클러스터를 이용해 터미널의 개수를 줄여야 한다. 보통 16개 이상의 터미널을 지정하면 VI를 이해하기 어려워지므로 이 안에서 터미널을 지정하는 것이 좋다.

커넥터 패턴이 선정되면 각각의 터미널에 입력의 역할을 수행하는 컨트롤과 출력의 역할을 수행하는 인디케이터를 할당해야 하는데 간단한 예제를 통해서 알아보도록 하자.

7.2 VI를 SubVI로 만들기

3개의 실수를 입력받아 이들의 덧셈을 수행하는 VI를 만들고 작성된 VI를 SubVI로 만들어 다른 VI에서 호출하는 방법을 예를 통해 알아보자.

1 SubVI로 만들 VI의 작성

프런트 패널 및 블록 다이어그램을 다음과 같이 작성하고 3input.vi로 저장한다.

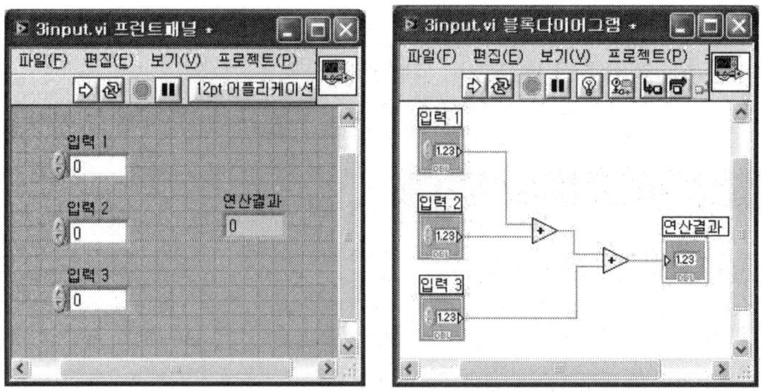

[그림 7.6]

3개의 입력 1, 2, 3 컨트롤에 정수 값을 주고 연산결과 인디케이터에 이들의 합이 표시되는지 확인한다. 3+5+10=18이므로 세 개의 컨트롤의 합이 연산결과에 나타난다.

[그림 7.7]

2 아이콘 디자인

VI를 SubVI로 만들려면 SubVI가 호출되었을 때 호출하는 VI와 호출되는 SubVI사이에 데이터를 교환하는 방법을 고려해야 한다. 먼저 작성한 VI를 상징하는 아이콘을 만들고, 이 아이콘 뒤에 숨어서 VI의 입출력을 담당하게 될 커넥터를 할당해 보자.

아이콘 만드는 방법을 먼저 알아보자. 프런트 패널 우측상단의 아이콘 팬을 팝업하고 아이콘 편집을 선택한다.

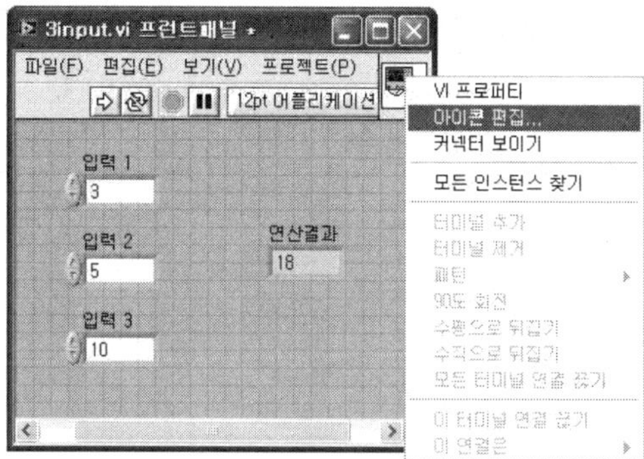

[그림 7.8]

아이콘 편집기가 열리면 사용자의 취향에 맞게 VI를 상징할 아이콘을 디자인한다. 사용방법은 윈도우의 보조 프로그램에 있는 그림판 프로그램과 거의 유사하므로 별도의 설명이 없어도 쉽게 이용할 수 있다.

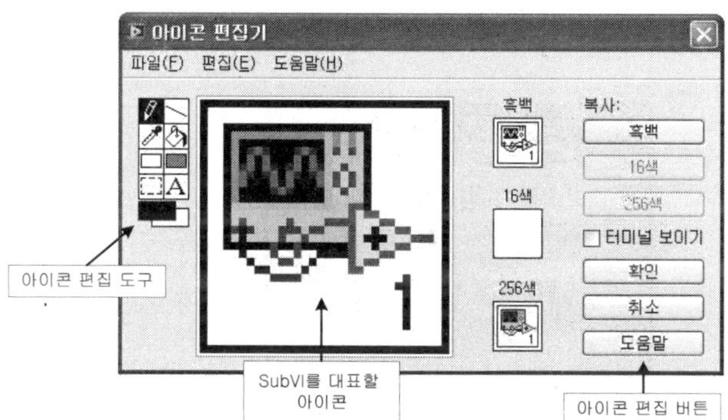

[그림 7.9]

아이콘 편집 도구에서 점선의 사각형은 영역이 선택을 나타내므로 적당한 영역을 선택해 DEL키를 눌러 원래 아이콘을 제거한다. 다음에 A는 텍스트를 입력하는 도구이므로 키보드로 3과 +를 입력해 새로운 아이콘을 제작한다.

아이콘 작성이 끝나면 확인버튼을 눌러 프런트 패널의 아이콘을 변경되었는지 확인한다. 이 아이콘은 다른 VI의 블록 다이어그램에서 사용되며 SubVI를 대표하는 그림으로 사용된다.

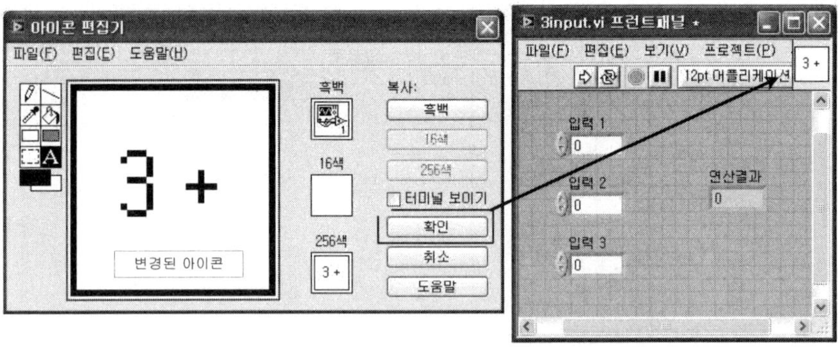

[그림 7.10]

3 SubVI의 커넥터 패턴 선택

VI를 SubVI로 사용하기 전에 반드시 데이터의 입력과 출력을 담당할 커넥터 터미널을 할당해야 한다. 먼저 아이콘을 팝업해 패턴을 선택한 후에 적당한 커넥터를 선택한다. 여기서는 컨트롤이 3개 인디케이터가 1개이므로 다음과 같은 커넥터를 선정했다고 하자.

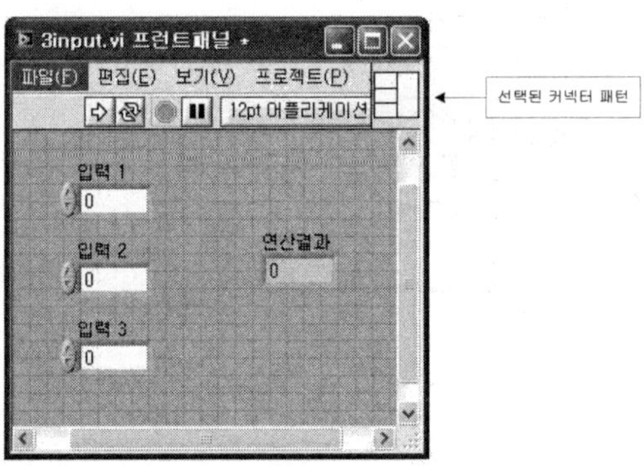

[그림 7.11]

4 프런트 패널의 컨트롤과 인디케이터에 터미널 할당하기

프런트 패널에 있는 각각의 컨트롤과 인디케이터를 터미널에 연결해 주는 작업을 해야 한다. 다음 순서대로 따라해 보자.

① 마우스를 와이어링 툴로 변경하고 입력 1 컨트롤을 클릭한다. 컨트롤이 점선으로 표시되면 마우스를 커넥터로 영역으로 이동한 후에 연결을 원하는 커넥터 터미널을 클릭한다.

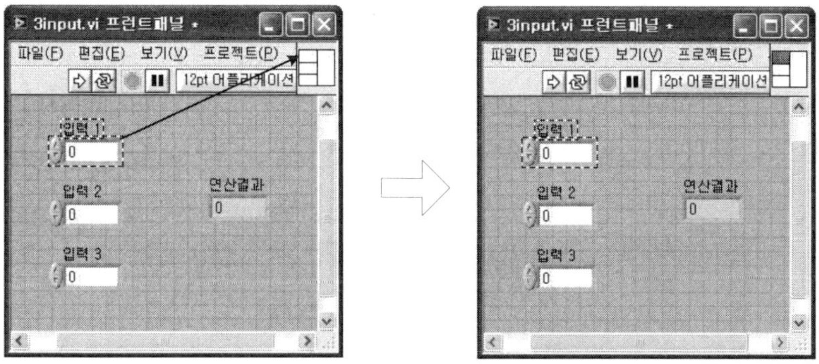

[그림 7.12]

② 같은 방법으로 입력 2, 3 컨트롤의 커넥터를 차례로 할당한다.

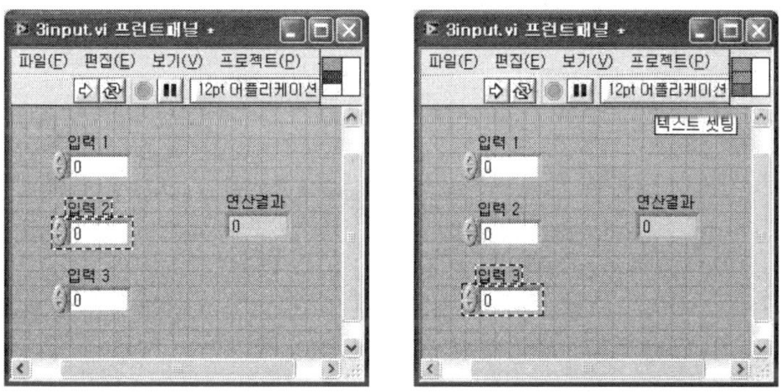

[그림 7.13]

③ 마지막으로 연산결과 인디케이터를 커넥터 우측에 할당하고 작성한 VI를 3input.VI로 저장한다.

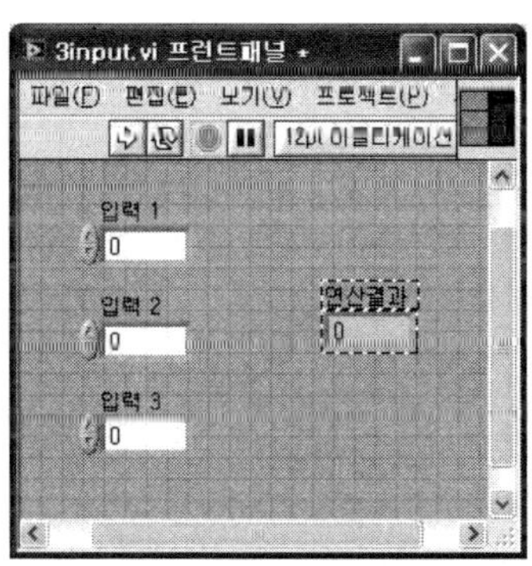

[그림 7.14]

5 새로운 VI에서 SubVI 불러오기

새로운 VI를 열어 다음과 같이 프런트 패널을 작성하고 main.vi로 저장한다. 블록 다이어그램에는 앞에서 작성한 3input.vi를 불러와 SubVI로 사용해 보자.

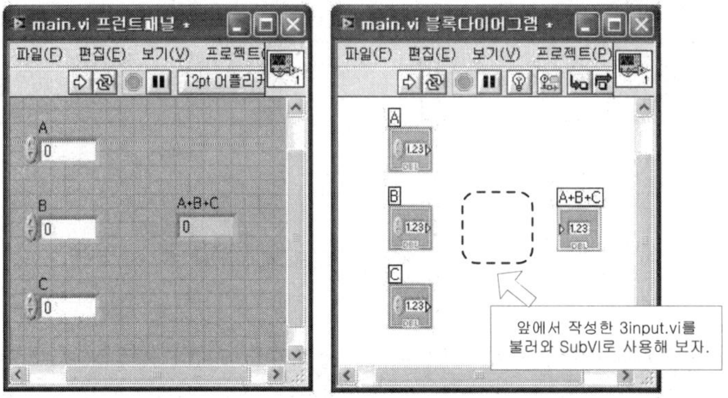

[그림 7.15]

main의 블록 다이어그램에서 함수 팔레트를 팝업하여 VI선택 메뉴에서 3input.vi를 선택한다.

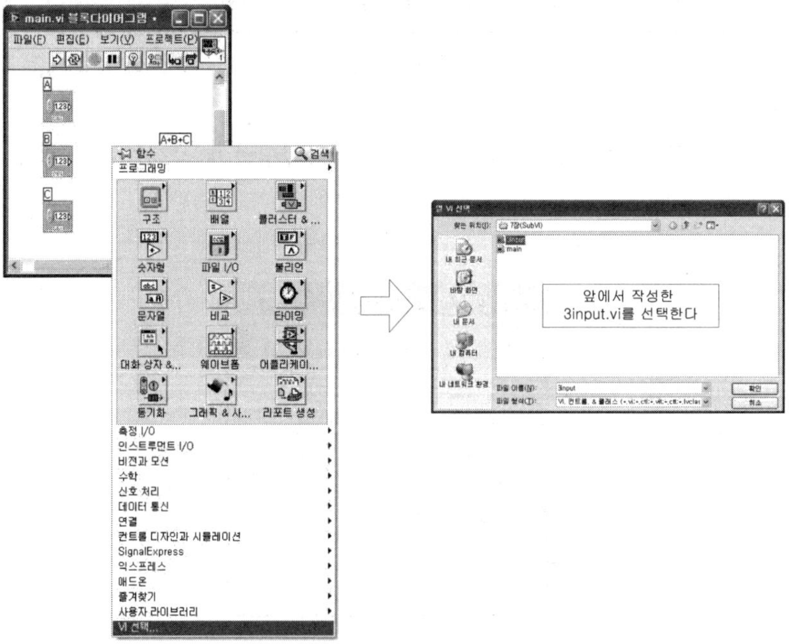

[그림 7.16]

앞서 제작한 3+ 아이콘이 블록 다이어그램에 나타나면 그림과 같이 와이어로 연결한다.

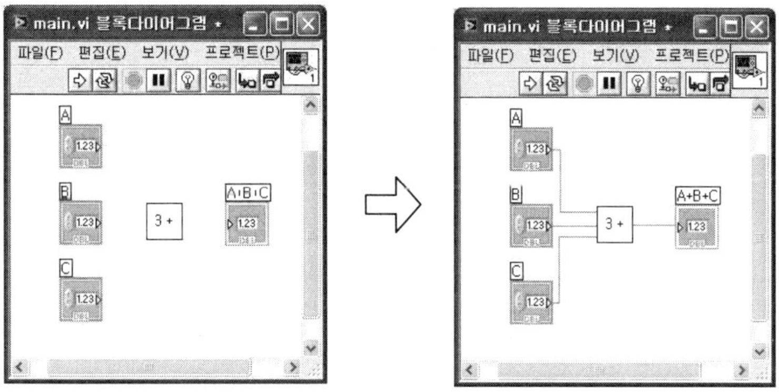

[그림 7.17]

A, B, C 3개의 컨트롤에 정수를 입력하고 덧셈이 연산되는지 결과를 확인한다.

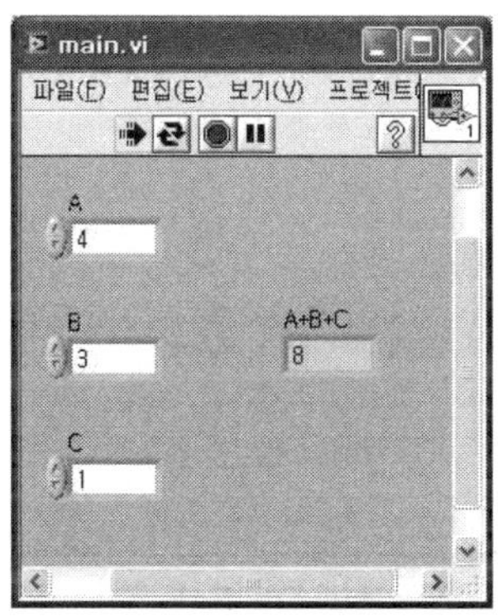

[그림 7.18]

6 선택 영역을 바로 SubVI로 작성

LabVIEW는 VI를 작성한 이후에 SubVI로 변경할 수도 있지만 VI의 일부 다이어그램을 바로 SubVI로 변경하는 기능도 갖고 있다. 다음의 3덧셈.vi의 블록 다이어그램을 고려해 보자.

블록 다이어그램에서 마우스를 포지셔닝 툴로 변환한 이후에 SubVI로 만들 부분을 그림 7.19와 같이 선택한다.

다음에 편집메뉴에서 SubVI생성을 선택하면 그림 7.20과 같이 자동으로 SubVI가 생성된다.

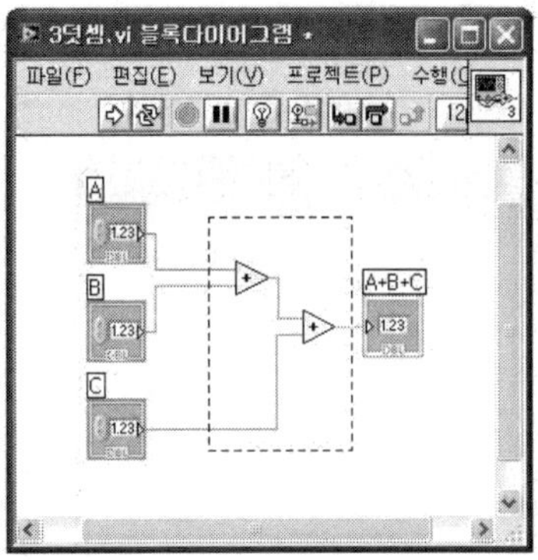

[그림 7.19]

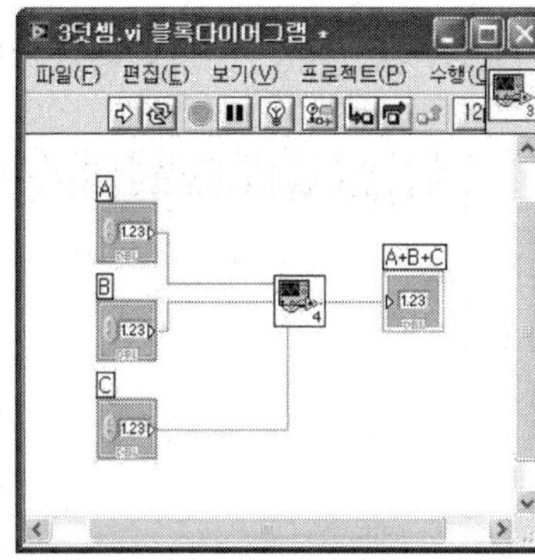

[그림 7.20]

작성된 SubVI를 더블클릭하면 커넥터와 패턴이 자동적으로 설정되었음을 확인할 수 있다.

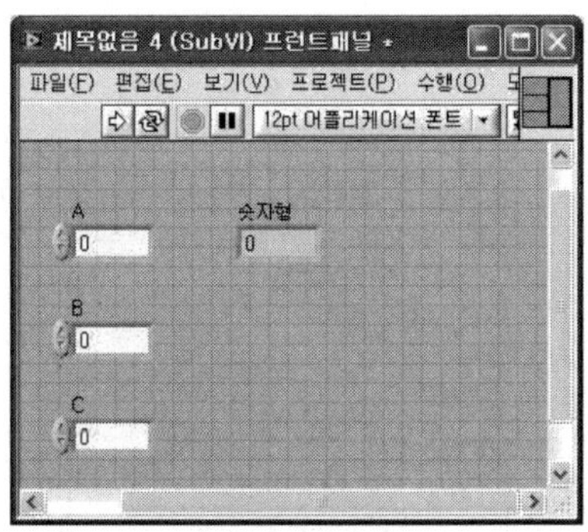

[그림 7.21]

SubVI의 아이콘은 아이콘 편집기를 통해 변경할 수 있으며 아이콘 변경을 완료한 후에 저장하면 작업이 끝난다.

예제 7-1 SubVI를 이용한 정수형 연산

3개의 정수를 입력 받아 이들의 덧셈, 뺄셈, 곱셈을 수행하는 VI를 작성하시오. 단, 각각의 연산은 모두 SubVI로 작성한다.

1. 프런트 패널을 다음과 같이 작성한다.

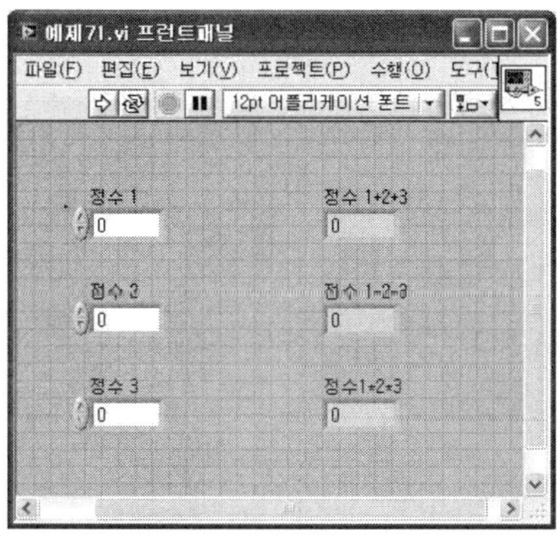

2. 앞서 작성한 3input.vi를 불러와 연산의 종류와 아이콘을 수정하여 3개의 VI로 각각 저장한다. VI이름은 3입력덧셈, 3입력뺄셈, 3입력곱셈으로 한다.

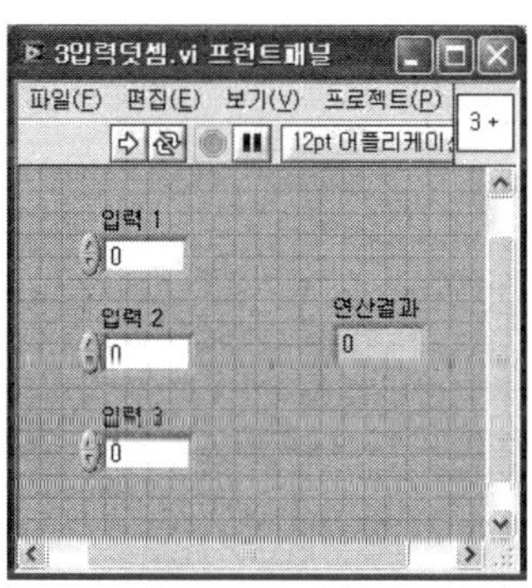

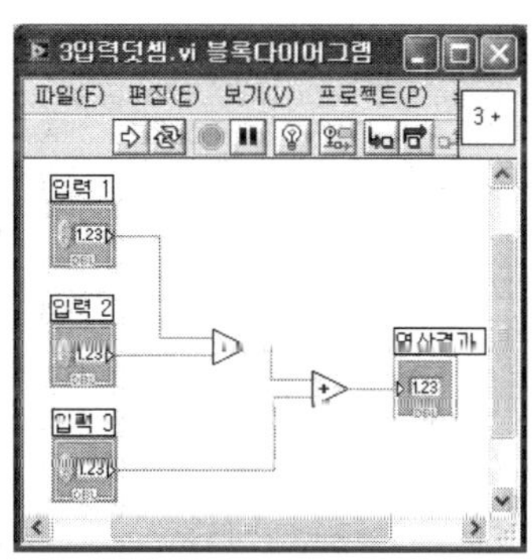

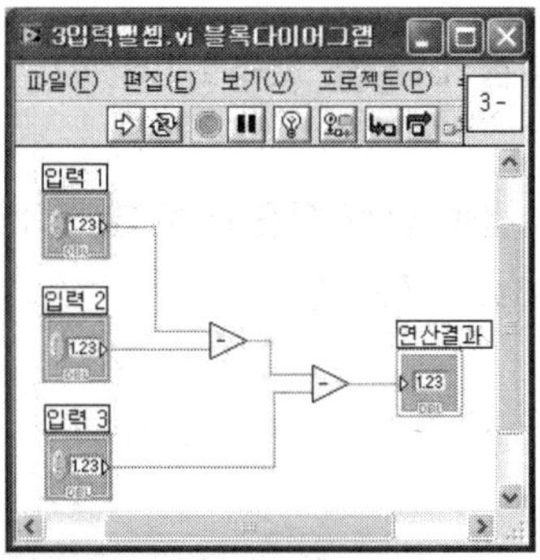

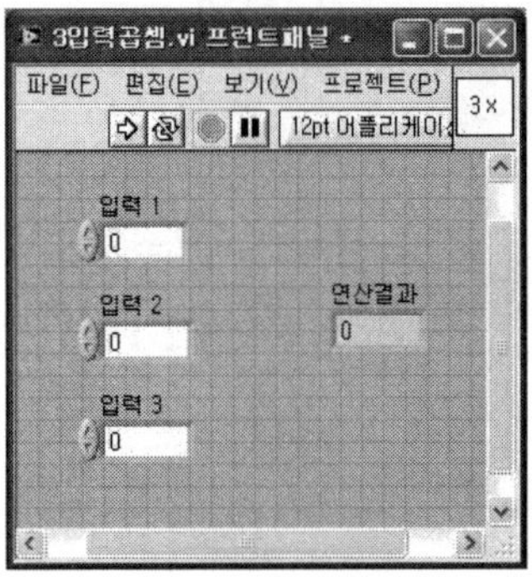

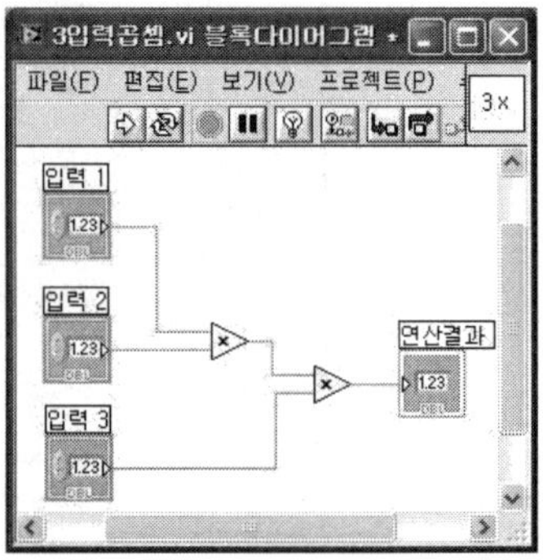

3. 메인(예제71.vi) 블록 다이어그램에서 파일로 저장되어 있는 3개의 VI를 불러와 와이어를 연결하고 결과를 확인한다.

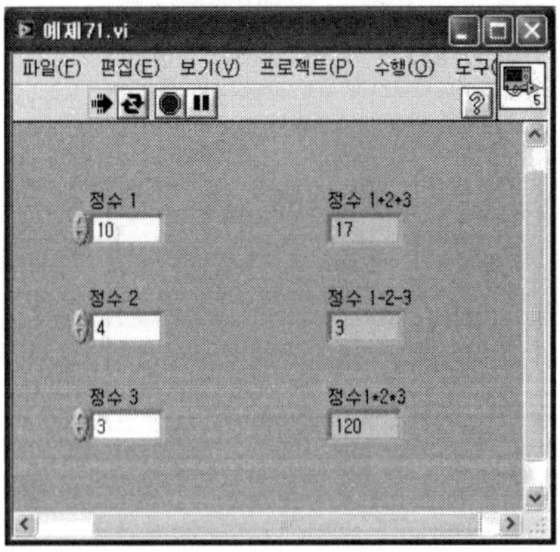

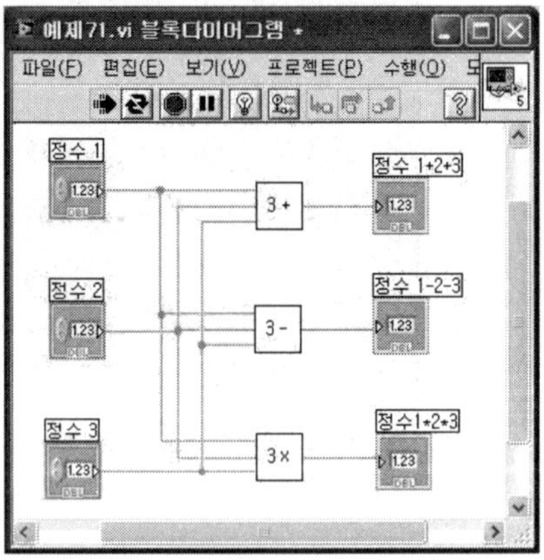

예제 7-2 SubVI를 이용한 부울 연산

5개의 부울 입력을 받아 이들의 AND, OR연산을 수행하는 VI를 작성하시오. 단, 각각의 연산은 모두 SubVI로 작성한다.

1. 프런트 패널을 다음과 같이 작성한다.

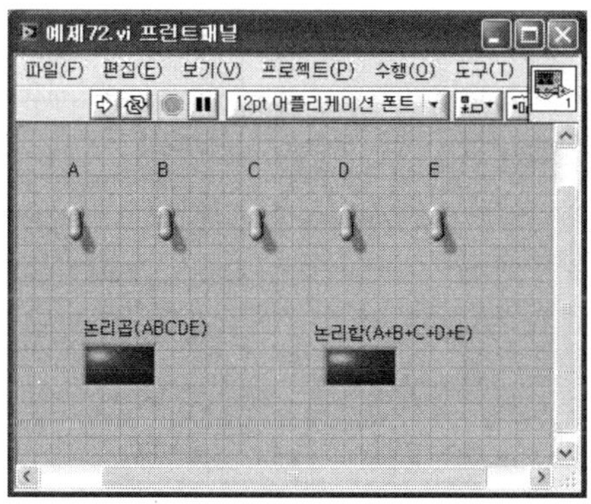

2. 논리곱을 연산할 VI를 작성하고 아이콘을 만든 이후에 논리곱으로 저장한다.

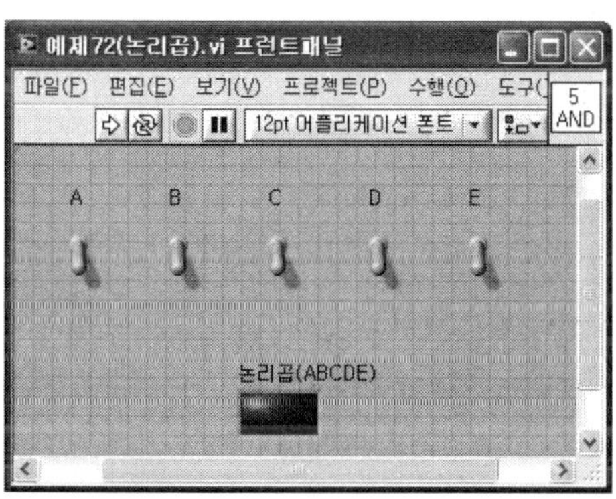

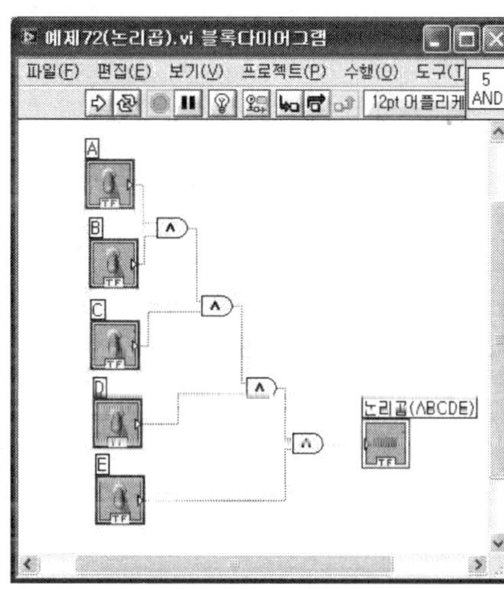

3. 논리합을 연산할 VI를 작성하고 아이콘을 만든 이후에 논리합으로 저장한다.

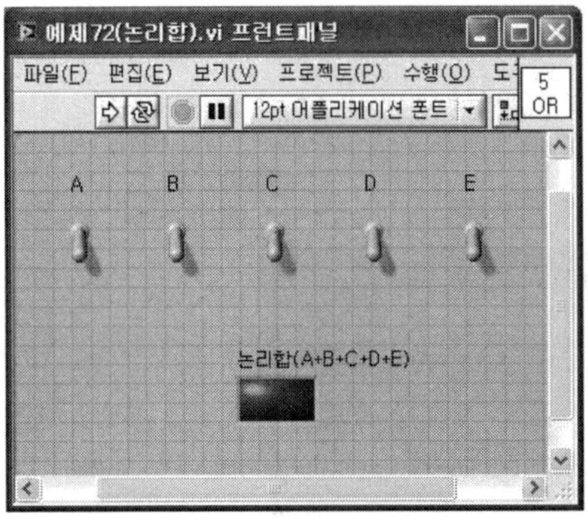

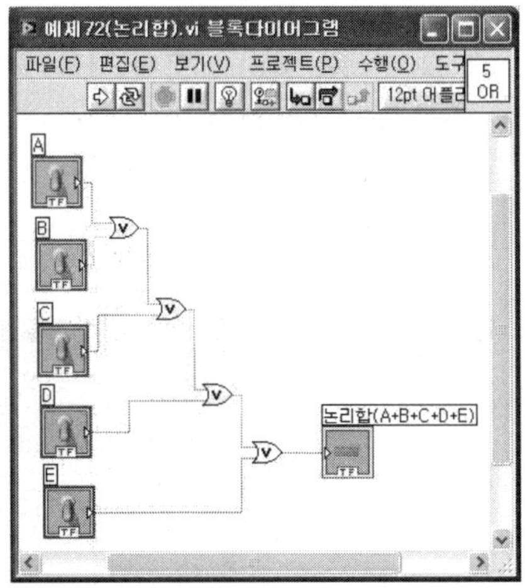

4. 예제72.vi에서 앞서 작성된 2개의 SubVI를 불러와 다음과 같이 연결하고 동작 유무를 확인한다.

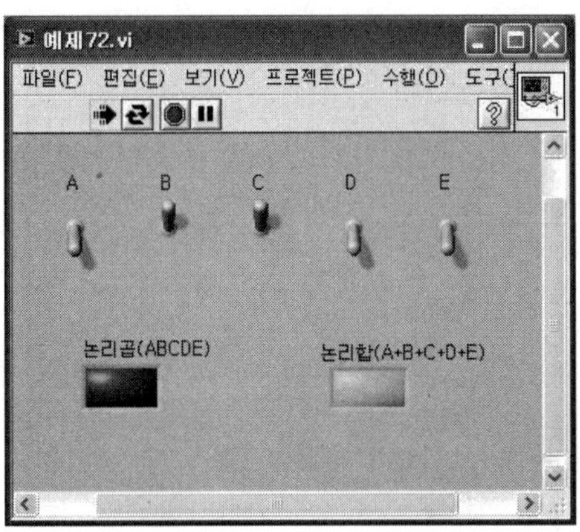

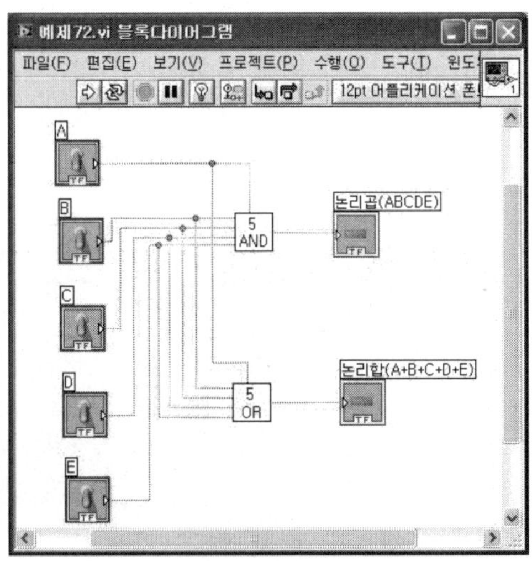

연 습 문 제

1. 2차 방적식 $ax^2+bx+c=0$이 주어졌을 때 근의 형태를 판별하는 VI를 작성하시오. 단, 2차방정식의 근은 서브 VI를 이용해 계산하시오.

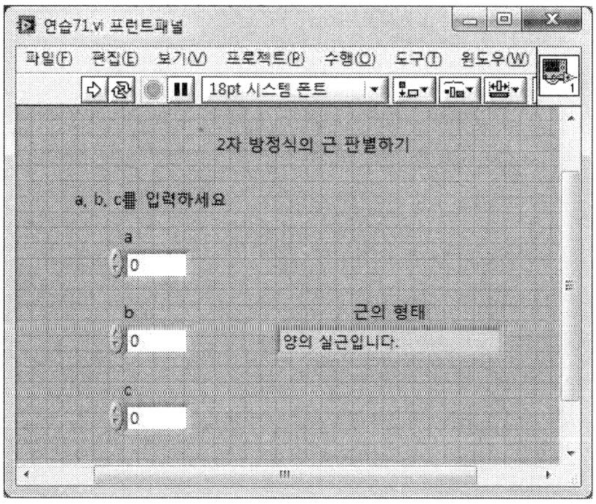

HINT 판별식: b^2-4ac을 이용한다.

2. 3개의 2진수 입력을 받아 서브VI에서 부울 함수식을 계산하는 VI를 작성하시오. 단, 서브 VI의 부울 함수식은 f= xyz + xz + y'이다. 여기서, xy는 x와 y의 AND연산, x+y는 x와 y의 OR연산, y'는 NOT연산을 의미한다.

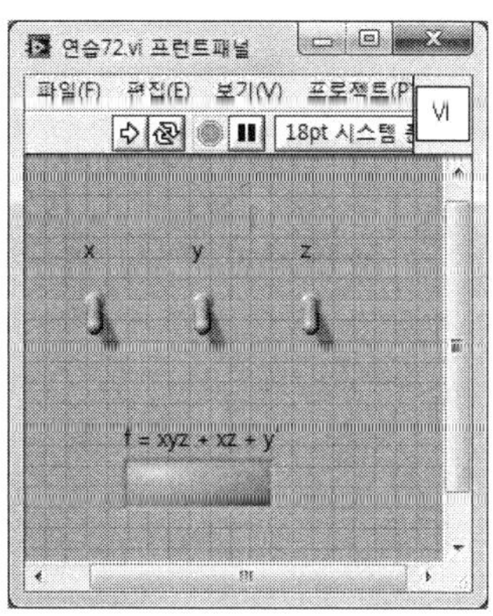

memo for LabVIEW

제8장 배열

배열의 개념을 이해하고 루프를 이용해 배열을 참조하는 방법을 알아 보자.

학습목표

- 배열의 개념을 이해한다.
- 1차원, 2차원 배열의 생성 방법을 알아본다.
- for 루프와 while 루프의 오토 인덱싱 기능을 알아본다.
- 자주 사용되는 배열 함수의 사용법을 익힌다.

차례

8.1 배열의 기초

1 배열의 개념

동일한 자료형을 관리하기 쉽도록 하나로 묶어 놓은 것을 배열이라 한다. 문자 기반의 C 언어에서 배열을 선언하고 참조하는 방법을 통해 배열의 개념을 잡아보자. 배열은 다음과 같이 선언하며 정수형 변수 5개를 선언한 것과 동일하다.

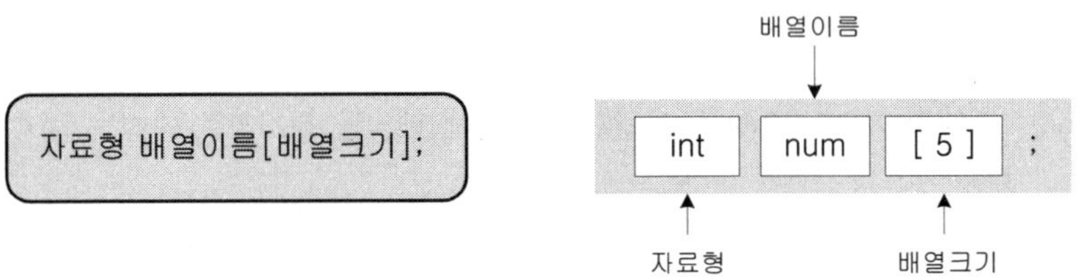

[그림 8.1] 배열의 선언 방법 및 선언 예

int num[5]는 배열 이름이 num이고 정수형 원소가 5개인 배열이라는 뜻이다. 배열을 선언하면 컴파일러는 다음과 같이 연속적으로 메모리를 할당해 놓는다.

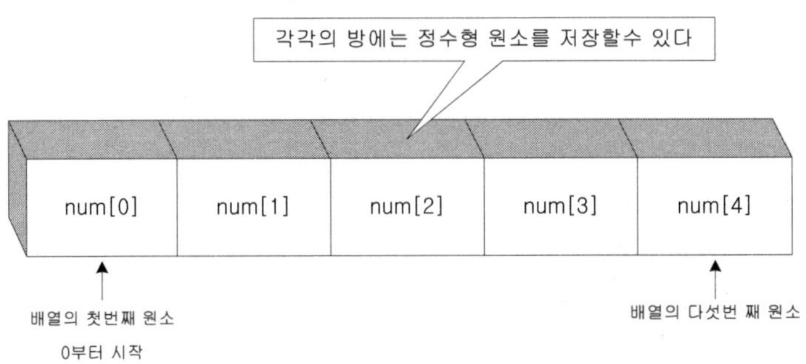

[그림 8.2] 배열 내부의 원소

배열 내부에 들어 있는 자료들을 배열의 원소(element)라 한다. 배열의 원소들은 대괄호 안에 번호가 붙어 있는데 이를 인덱스(index)라 부른다. 배열의 인덱스는 항상 0부터 시작하고 정수 값만 가질 수 있다.

```
int num[5];                    //인덱스의 유효범위 0 ~ 4까지의 정수
```

num[5]는 인덱스를 0부터 4까지 사용할 수 있다. 따라서 배열의 크기가 정수 n이라면 사용할 수 있는 인덱스의 범위는 0에서 n~1까지가 된다.

2 LabVIEW에서 배열 만들기

프런트 패널의 컨트롤팔레트의 배열, 행렬, 클러스터 보조팔레트에서 배열을 끌어 놓는다. 배열을 처음 생성하면 프런트 패널에는 빈 배열 셀이 만들어지고 블록 다이어그램에는 빈 배열의 터미널이 생성된다.

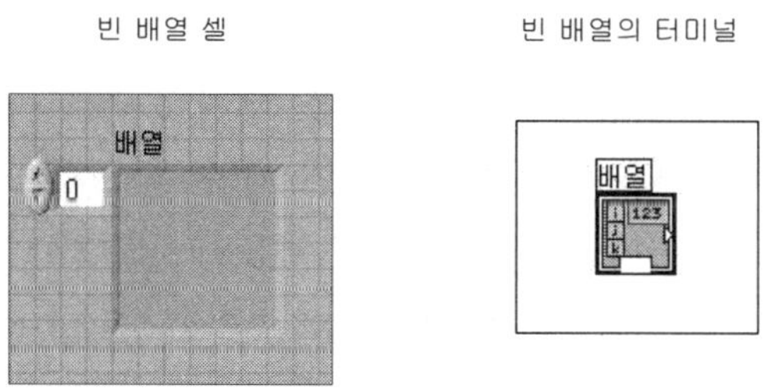

[그림 8.3] 빈 배열 셀과 터미널

숫자, 불리언, 문자열 등은 배열로 만들 수 있으며 원하는 자료형의 컨트롤이나 인디케이터를 빈 배열 셀 내부에 끌어 놓으면 된다. 먼저 숫자형 컨트롤 배열을 만들어 보자. 프런트 패널에 숫자형 컨트롤을 생성하고 만들어진 숫자형 컨트롤을 빈 배열 셀 안에 끌어 놓는다.

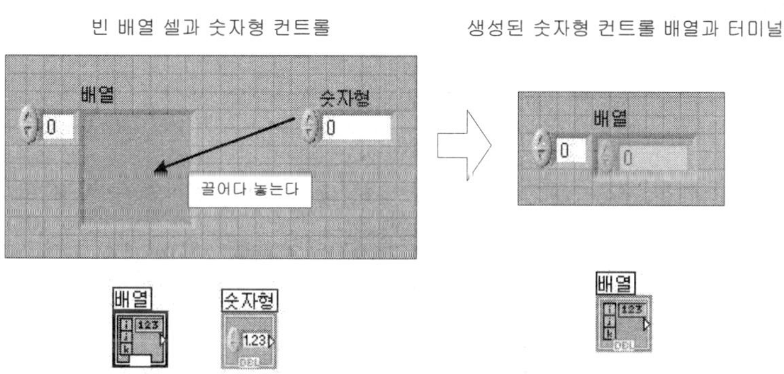

[그림 8.4] 숫자형 배열이 생성방법

숫자형 컨트롤 배열이 만들어 지면 블록 다이어그램의 터미널도 배열로 변경되며 컨트롤 배열은 테두리가 굵게 표시된다. 처음에 생성된 배열은 첫 번째 원소만이 표시되므로 마우스를 포지셔닝 툴로 변경한 후에 배열의 경계면에 놓고 끌어 필요한 원소의 개수를 표시한다.

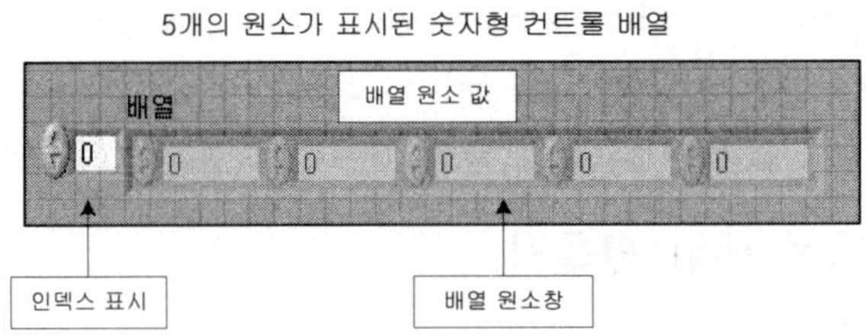

[그림 8.5] 배열의 인덱스와 배열 원소 창

배열의 특정 위치에 원소를 저장하기 위해서는 인덱스가 필요하다. 인덱스는 반드시 0에서부터 시작되며 특정 원소를 프런트 패널에 표시하기 위해서는 인덱스 표시에 인덱스 숫자를 입력하거나 화살표를 이용해 원소 값들을 이동할 수 있다. 또한 배열 내부에 들어있는 특정 원소의 크기를 변경하면 모든 배열의 원소들이 같은 크기로 변경된다.

배열에도 컨트롤과 인디케이터가 있으며 최초 빈 배열 셀에 컨트롤을 넣어주면 컨트롤 배열이 생성되고 인디케이터를 넣어주면 인디케이터 배열이 생성된다. 이번에는 같은 방법으로 5개의 원소를 갖는 숫자형 인디케이터 배열을 생성해 보자.

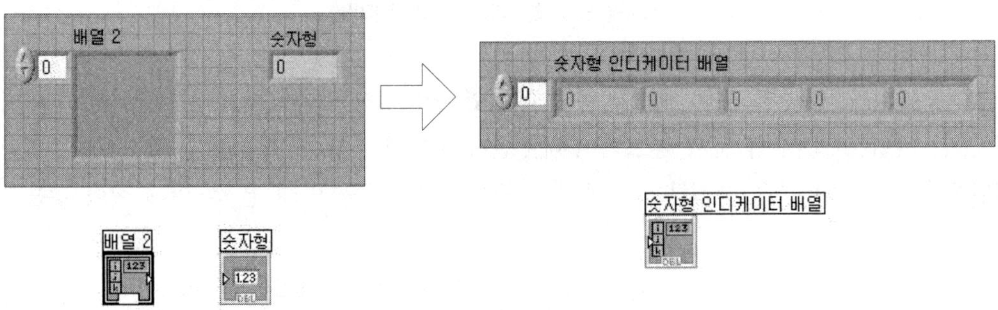

[그림 8.6] 숫자형 인디케이터 배열의 생성

배열은 동일한 데이터를 저장하거나 반복된 연산을 수행할 때 많이 사용되며 외부에서 입력된 파형을 컴퓨터에 저장할 때 반드시 필요한 실용적인 자료형이라 할 수 있다. 특히 LabVIEW에서는 1개의 와이어를 이용해 여러 데이터를 동시에 연결할 수 있기 때문에 배열이 더욱 많이 사용된다. 무슨 말인지 숫자형 배열과 불리언 배열을 만드는 예제를 통해 알아보도록 하자.

예제 8-1 숫자형 배열 이용하기

5개의 정수 원소를 갖는 컨트롤, 인디케이터 배열을 만들고 컨트롤 배열의 원소 값을 인디케이터 배열로 출력하는 VI를 작성하시오.

1. 프런트 패널에 다음과 같이 숫자형 컨트롤 배열과 인디케이터 배열을 만들고 원소 중에 하나를 선택해 형을 정수형(I32)으로 변경한다. 1개의 원소가 정수형으로 변경되면 나머지 원소도 자동으로 정수형으로 바뀐다.

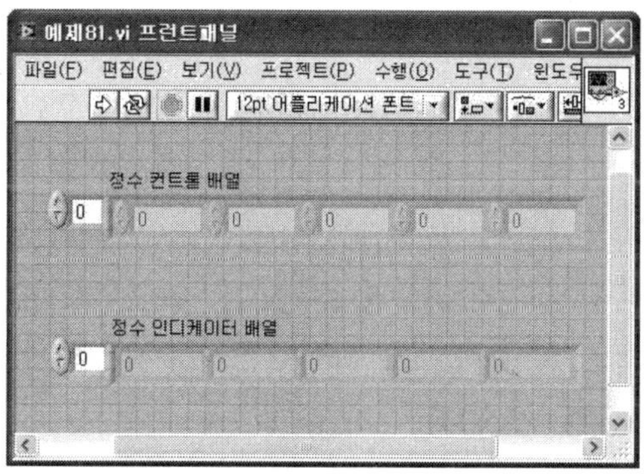

2. 블록 다이어그램에서 컨트롤 배열과 인디케이터 배열을 연결한다. 이때 연결된 선은 정수형을 나타내는 파랑색으로 표시되며 일반 숫자형 컨트롤보다 굵게 나타난다.

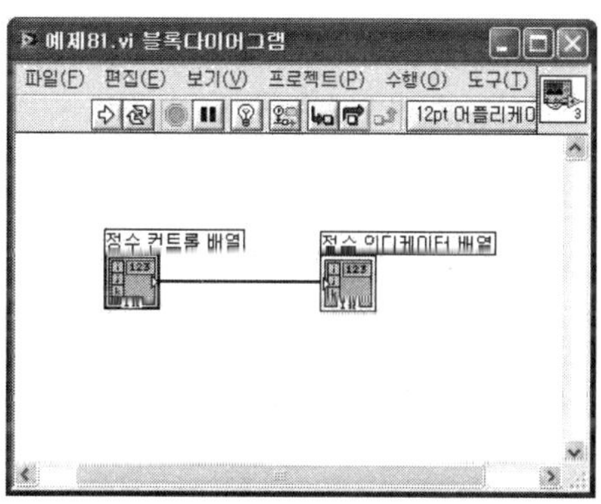

3. 마우스를 오퍼레이팅 툴로 변경하고 화살표를 이용해 컨트롤 배열의 원소를 변경한 후에 실행시킨다. 또한 연속 실행 버튼을 이용해 컨트롤 배열의 특정한 원소 값이 변경되면 같은 인덱스에 있는 인디케이터 배열 값도 변경되는 것을 확인해 보자.

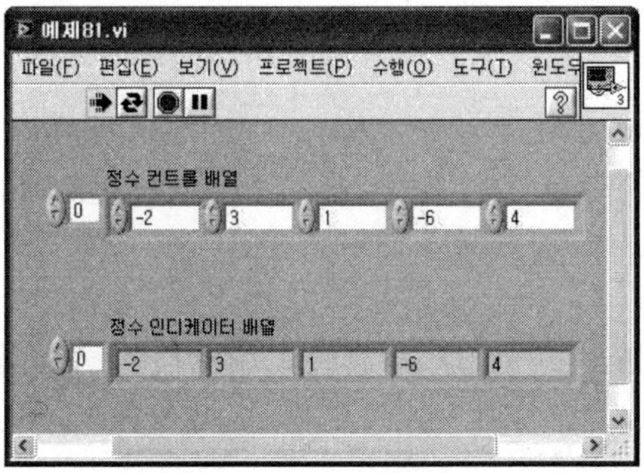

만약, 배열이 아니라 5개의 일반 숫자형 컨트롤과 인디케이터를 이용했다면 5개의 와이어를 연결해야만 위와 같은 결과를 얻을 수 있다. 하지만 배열을 이용하면 원소의 개수가 100개라 하더라도 1개의 와이어만으로 데이터를 전송할 수 있으므로 블록 다이어그램의 와이어를 효과적으로 줄일 수 있다.

예제 8-2

불리언 배열 이용하기

10개의 원소를 갖는 불리언 컨트롤 배열과 인디케이터 배열을 만들고 수직 토글 스위치의 참, 거짓에 따라 LED가 점등되는 VI를 작성하시오.

1. 프런트 패널에 다음과 같은 불리언 컨트롤 배열과 인디케이터 배열을 만든다. 다음에 블록 다이어그램에서 컨트롤 터미널과 인디케이터 터미널을 연결한다.

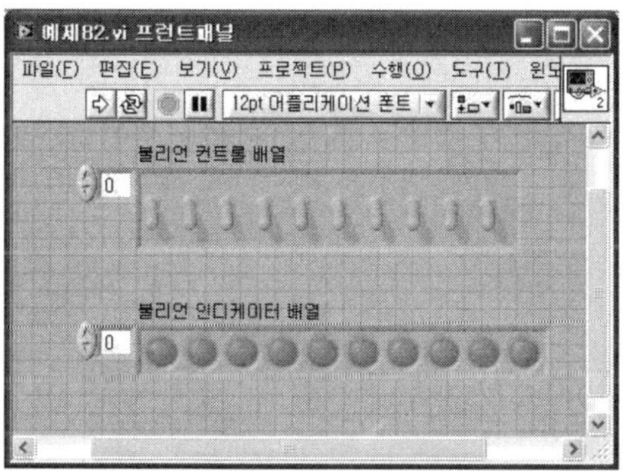

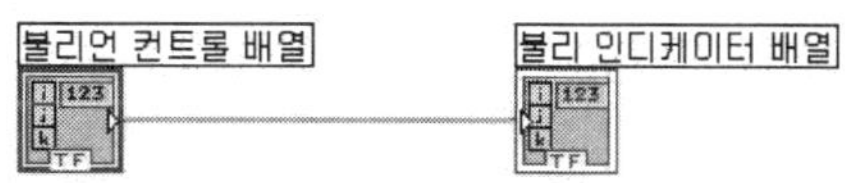

2. 연속 실행 버튼을 이용해 프로그램을 실행시키고 스위치를 ON/OFF하면서 LED의 점등 여부를 확인한다. 배열의 원소 값은 같은 인덱스에 있는 컨트롤과 인디케이터 사이에 전달된다.

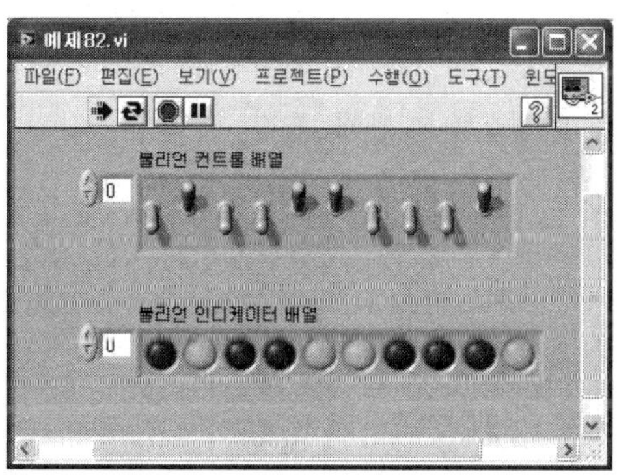

3 다차원 배열 만들기

배열은 원소와 차원으로 구성된다. 원소는 배열을 만드는 데이터이고 차원은 배열의 깊이나 높이라 할 수 있다. 배열은 한 개 이상의 차원을 가질 수 있으며 메모리가 허용하는 범위 내에서 한 차원당 $2^{31}-1$개의 원소를 가질 수 있다.

다차원 배열이란 2차원 이상의 배열을 의미하며 여기서는 2차원 배열까지만 알아보도록 하자. 2차원 배열은 행과 열을 가지고 있는 배열로 1차원 배열을 만든 이후에 팝업 메뉴에서 차원 추가를 선택하면 만들어 진다.

행의 개수가 3개이고 열의 개수가 2개인 숫자형 2차원 배열을 만들어 보자. 먼저 원소의 개수가 2개인 숫자형 배열을 만든다. 다음에 팝업메뉴에서 차원추가를 선택하면 행과 열을 갖는 2차원 배열이 만들어 진다. 마지막으로 마우스 포지셔닝 툴을 이용해 배열의 크기를 늘리면 다음과 같은 2차원 배열이 만들어진다.

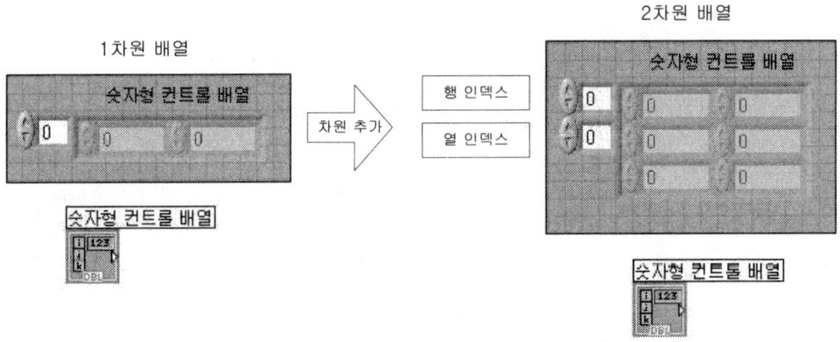

[그림 8.7] 2차원 배열의 생성 1

2차원 배열은 행과 열의 인덱스를 이용해 특정 위치에 저장된 데이터를 참조할 수 있다. 행과 열의 인덱스는 모두 0부터 시작하며 가로줄이 행을, 세로줄이 열을 의미한다. 다음 2차원 배열에서 1행 1열의 값은 3이다.

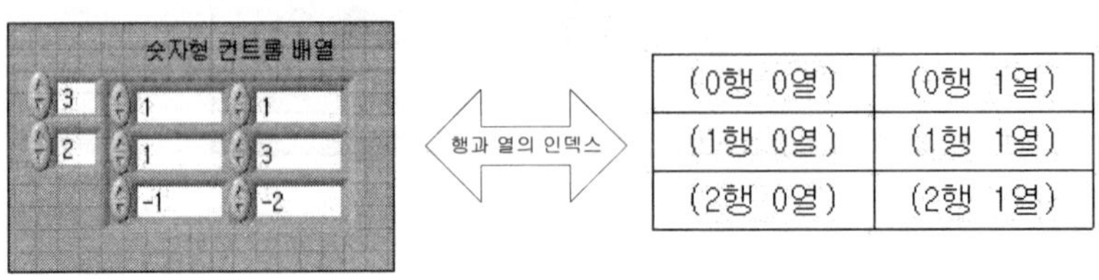

[그림 8.8] 2차원 배열의 생성 2

배열 차원의 범위를 벗어난 행과 열을 보이려고 하면 배열의 컨트롤이 흐릿하게 나타나는데 정의된 값이 없다는 의미이다. 이 경우 기본 값이 표시된다.

예제 8-3 2차원 배열 이용하기

3행 2열을 갖는 2차원 숫자형 컨트롤 배열과 인디케이터 배열을 만들고 컨트롤의 값을 그대로 인디케이터에 출력하는 VI를 작성하시오.

1. 프런트 패널에 다음과 같은 2차원 숫자형 컨트롤 배열을 만든다. 다음에 같은 방법으로 2차원 숫자형 인디케이터 배열을 생성한다.

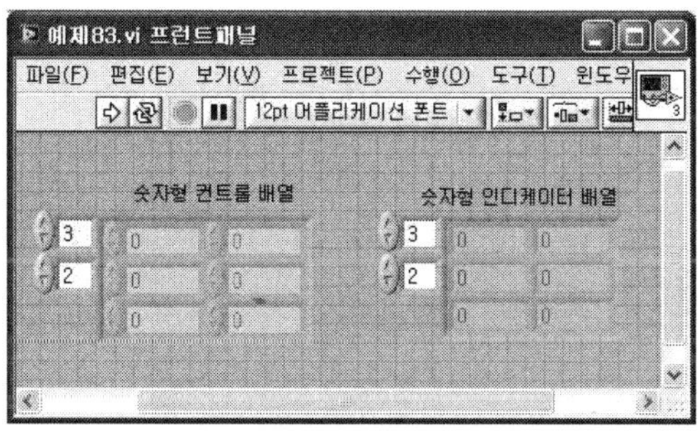

2. 블록 다이어그램에서 2차원 컨트롤 배열의 터미널과 인디케이터 터미널을 연결한다. 2차원 배열의 와이어는 이중 오렌지색으로 표시되며 배열의 원소나 차원에 관계없이 1개의 와이어로 모든 데이터를 연결할 수 있다.

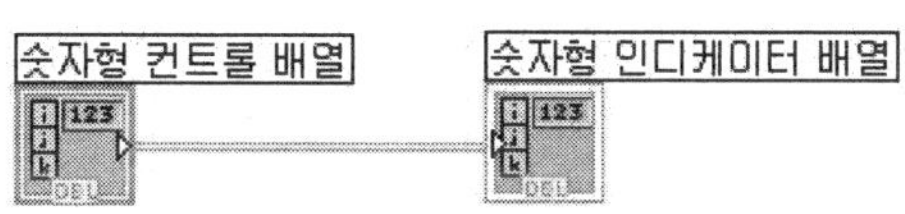

3. 연속 실행버튼을 클릭하고 특정 컨트롤 배열의 값을 변경하면 같은 인덱스에 있는 인디케이터 배열 값이 변경되는 것을 확인해 보자.

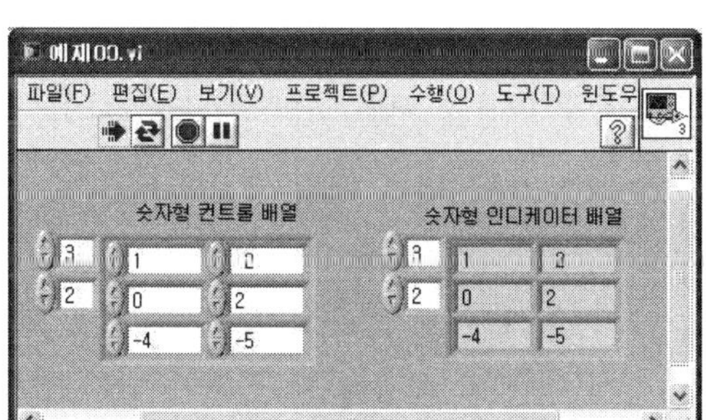

8.2 오토 인덱싱

오토 인덱싱(Auto indexing)이란 for 루프와 while 루프의 경계면에서 배열 데이터를 자동적으로 저장하는 기능을 의미한다. 배열은 루프의 입력이나 출력에 연결하여 배열의 각 원소의 값을 참조할 수 있다.

배열을 for 루프나 while 루프의 입력 터널에 연결하고 오토 인덱싱을 활성화하면 배열의 첫 번째 원소부터 한 번에 하나씩 루프로 입력된다. 반면에 오토 인덱싱을 활성화하지 않으면 배열 전체가 한꺼번에 루프로 전달된다. 배열을 루프에서 출력할 경우에도 출력 터널을 오토 인덱싱하면 출력되는 배열이 루프가 반복될 때마다 새로운 원소를 받아들인다. 따라서 오토 인덱싱된 배열의 크기는 언제나 루프의 반복횟수와 같다.

1 for 루프의 오토 인덱싱

for 루프의 입력 터미널에 연결된 배열에 오토 인덱싱을 활성화하면 사용자가 카운트 터미널의 값을 설정하지 않아도 LabVIEW가 카운트 터미널 값을 배열의 크기에 맞추어 자동으로 설정해 준다. 다음과 같이 3개의 원소를 갖고 있는 숫자형 배열을 고려해 보자.

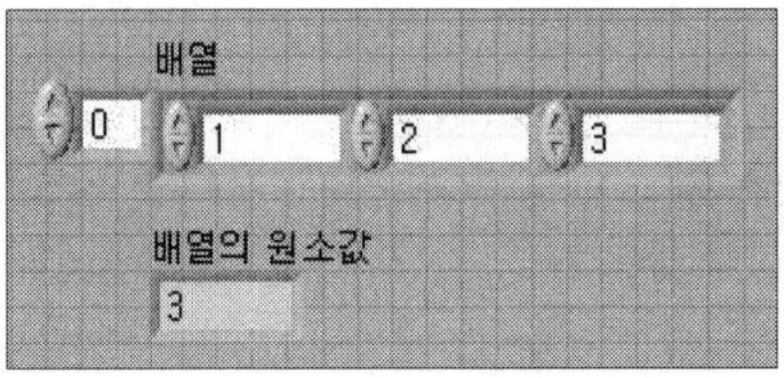

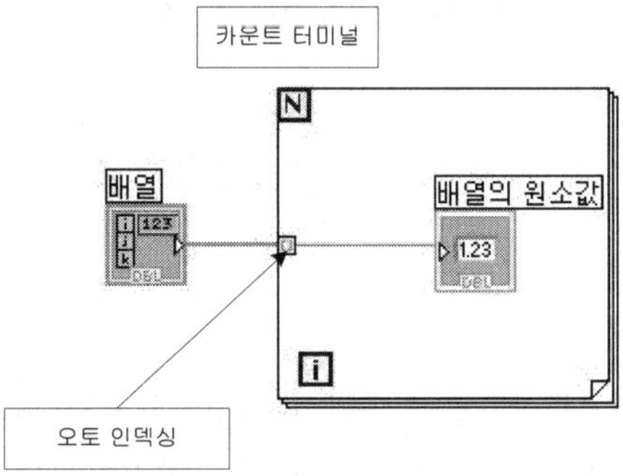

[그림 8.9] for 루프의 입력 터미널에 연결된 배열

블록 다이어그램에서 카운트 터미널에 반복횟수 3을 연결하지 않아도 배열의 크기가 자동으로 설정되므로 for 루프는 3번 반복되면서 배열 내부의 원소를 차례차례 루프 내부로 읽어온다. 따라서 배열의 원소값인 인디케이터에는 1, 2, 3이 차례로 출력된다. 이처럼 for 루프는 배열의 원소를 한 번에 하나씩 처리할 수 있도록 모든 배열에 대해 기본 값으로 오토 인덱싱을 활성화한다. 만약 한 번에 한 원소씩 처리할 필요가 없다면 오토 인덱싱을 비활성화 시켜 배열 전체가 한꺼번에 루프로 전달되도록 하면 된다.

for 루프의 출력 터미널에 연결된 배열에 오토 인덱싱을 활성화하면 루프가 반복될 때마다 루프의 경계면에 자동으로 데이터가 저장되어 있다가 루프가 완료되면 배열전체가 한꺼번에 출력된다.

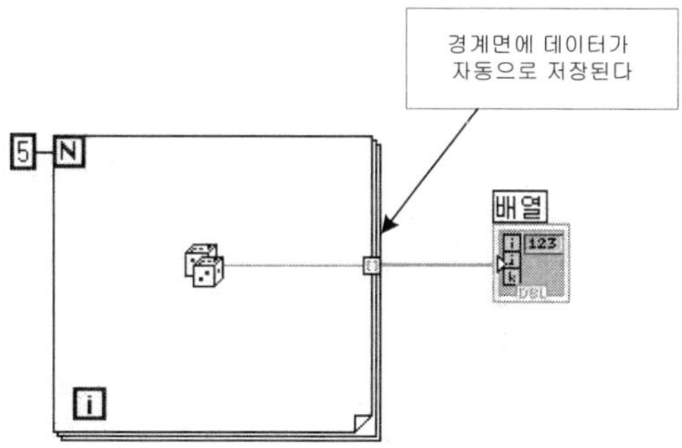

[그림 8.10] 출력 터미널에 연결된 배열

for 루프를 이용해 무작위 수 5개를 발생시키는 예를 고려해 보자. 카운트 터미널에 상수 5가 연결되어 있으므로 for 루프는 0에서 4까지를 반복하면서 무작위 수 5개를 발생시킨다. 이때 발생된 무작위 수는 경계면에 차례차례 저장되어 있다가 루프가 완료되면 숫자형 인디케이터 배열로 한꺼번에 출력된다. 따라서 출력 터미널과 연결된 인디케이터가 배열이 아니면 와이어는 깨지게 된다.

만약 오토 인덱싱을 비활성화 시키면 숫자형 인디케이터를 연결할 수는 있지만 배열의 마지막 데이터만 표시된다.

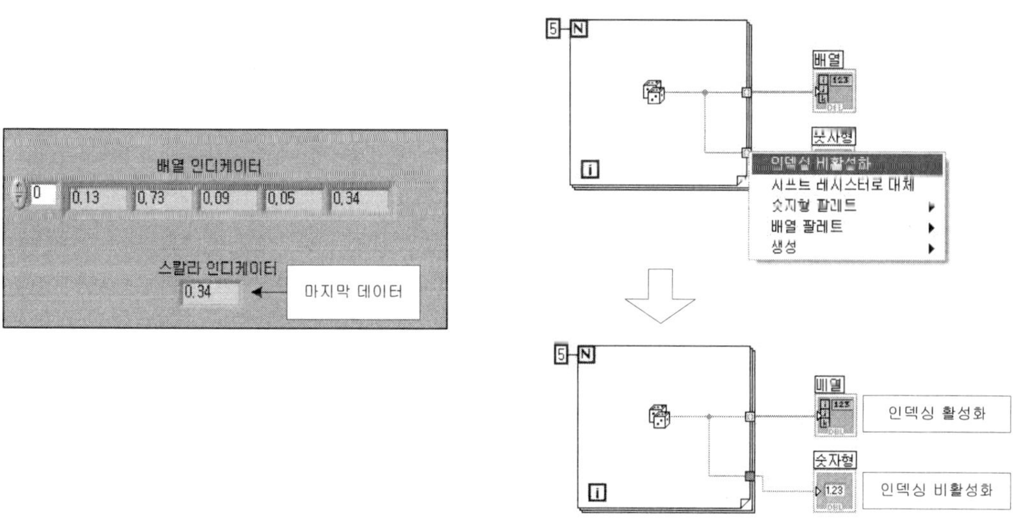

[그림 8.11] 오토 인덱싱의 활성화와 비활성화

2 while 루프의 오토 인덱싱

for 루프와 다르게 while 루프는 오토 인덱싱을 기본 값으로 사용하지 않으므로 오토 인덱싱을 사용하려면 터널의 팝업메뉴에서 인덱싱 활성화를 선택해야 한다. 사용법은 for 루프와 크게 다르지 않으므로 몇 가지 주의할 사항만 알아보자.

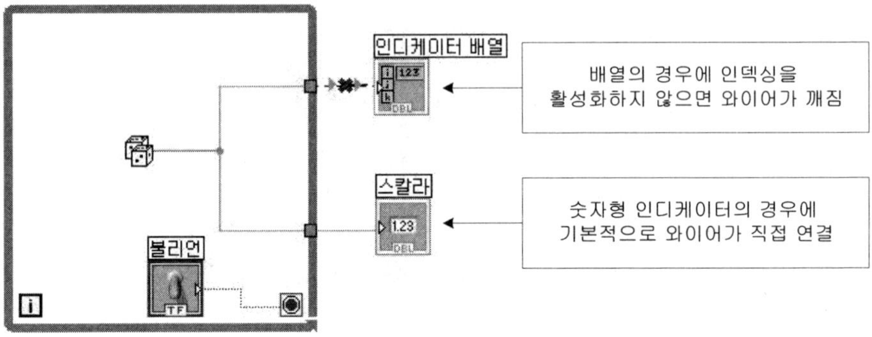

[그림 8.12] while 루프에서 인덱싱의 활성화와 비활성화

while 루프는 특정 조건이 만족될 때까지 루프를 반복 연산하므로 while 루프의 반복횟수를 입력 배열의 크기로 지정할 수 없다. 만약 while 루프의 반복횟수가 입력 배열의 크기를 넘어서면 그 배열 원소의 기본 값이 루프로 전달된다.

루프를 이용하여 배열 원소를 읽고 제어하는 작업은 for 루프와 while 루프를 모두 이용할 수 있지만 while 루프는 출력 배열의 크기를 정할 수 없기 때문에 출력 배열에서는 while 루프보다는 for 루프를 이용하는 것이 효과적이다.

예제 8-4 배열 합 구하기

5개의 정수 원소를 갖는 숫자형 인디케이터 배열에 차례로 1, 2, 3, 4, 5를 출력하고 배열의 모든 원소 합을 계산하는 VI를 작성하시오.

1. 프런트 패널에 다음과 같은 숫자형 인디케이터 배열을 만든다. 다음에 배열 원소들의 합을 출력할 숫자형 인디케이터를 만든다.

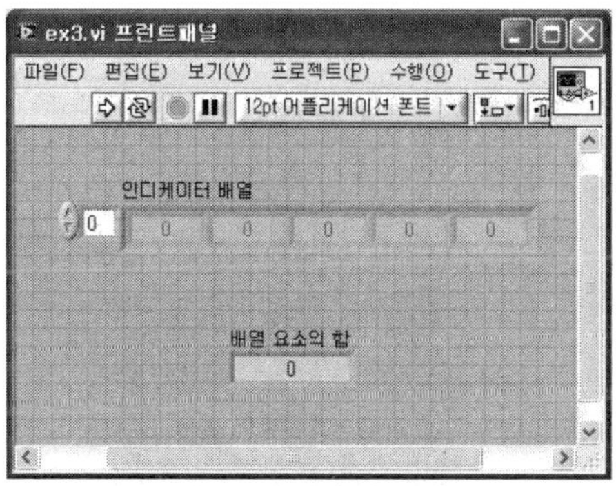

2. 다음과 같이 블록 다이어그램을 작성하고 실행시킨다.

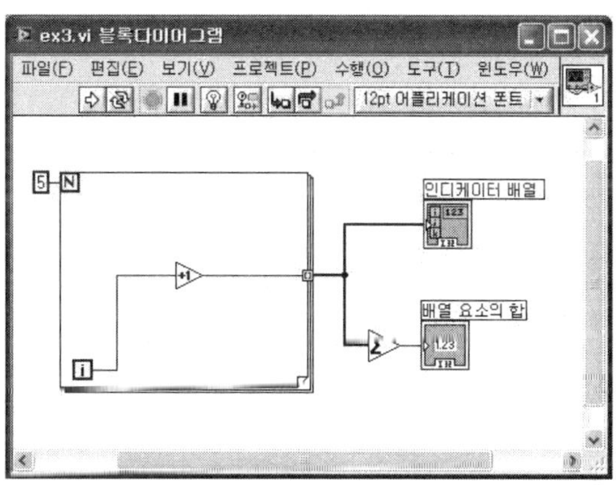

찾아보기 배열 원소 더하기 : 함수 팔레트 ⇨ 숫자형

예제 8-5	배열의 원소 값을 그래프에 출력하기

10개의 무작위 수를 발생시켜 숫자형 인디케이터 배열에 출력하고 배열의 원소 값을 Waveform Graph에 출력하는 VI를 작성하시오.

1. 프런트 패널에 다음과 같은 숫자형 인디케이터 배열을 만든다. 다음에 배열 원소의 합을 출력할 Waveform Graph를 가져다 놓는다. Waveform Graph 상단의 플롯에서 막대 그래프를 선택한다.

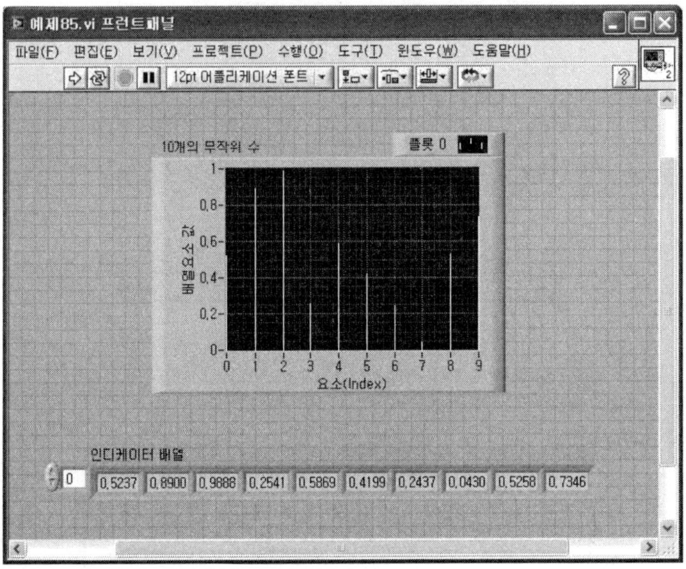

찾아보기 Waveform Graph : 컨트롤 팔레트 ⇨ 그래프

2. 블록 다이어그램은 다음과 같이 작성한다.

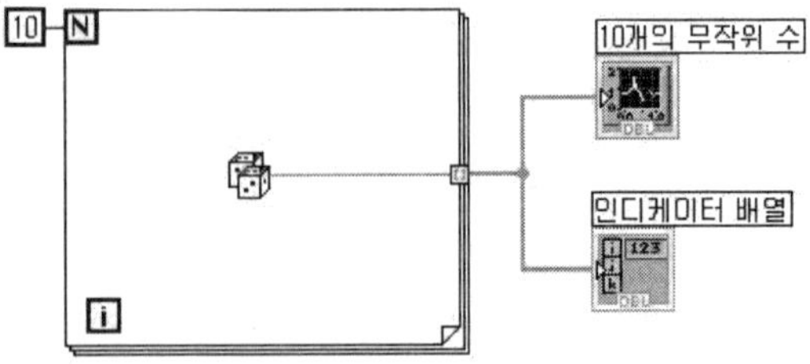

예제 8-6	2차원 배열의 참조

for 루프 2개를 이용해 5X3 배열의 행과 열의 인덱스를 곱해서 2차원 배열의 원소로 출력하는 VI를 작성하시오.

1. 프런트 패널에 다음과 같은 2차원 숫자형 인디케이터 배열을 만든다.

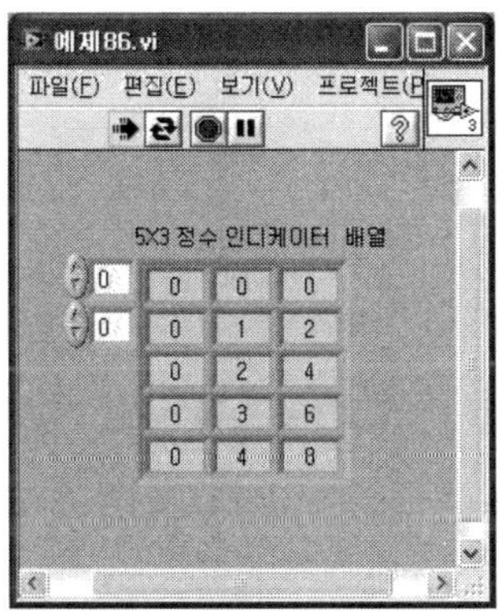

2. for 루프 2개를 이용해 다음과 같이 블록 다이어그램을 작성한다. 이때 바깥쪽의 for 루프가 행의 인덱스를 변화시키며 안쪽의 for 루프가 열의 인덱스를 변화시킨다.

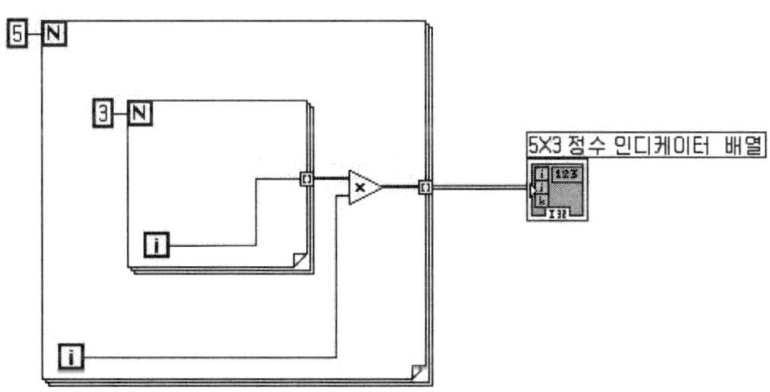

8.3 배열관련 함수들

LabVIEW에는 배열의 연산에 필요한 다양한 함수들이 내장되어 있다. 배열 함수들은 함수 팔레트의 배열 보조 팔레트에서 찾을 수 있으며 자주 사용되는 몇 가지 함수를 알아보자.

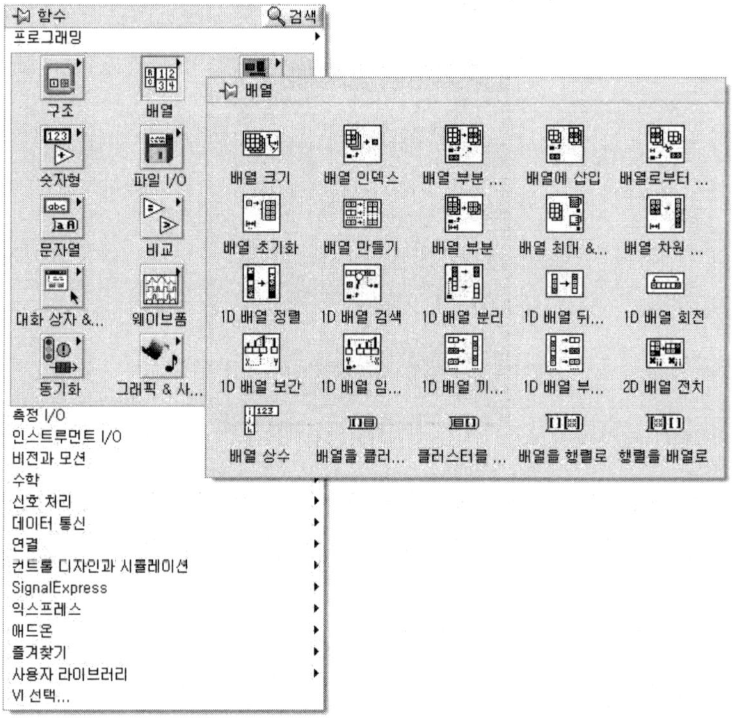

[그림 8.13] 배열의 연산에 필요한 함수

1 배열의 크기

배열의 크기(Array size) 함수는 입력된 배열 원소의 크기를 반환해 준다. 1차원 배열이나 2차원 배열에서 모두 사용할 수 있으며 1차원 배열에서는 원소의 크기, 2차원 배열에서는 행과 열의 크기를 반환한다.

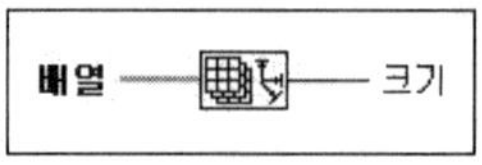

[그림 8.14] 배열 크기 함수

5개의 원소를 갖는 1차원 배열 A를 배열 크기 함수에 연결하면 배열의 크기 5가 출력된다. 배열 크기 함수의 입력 값은 배열이고 출력 값은 스칼라이다.

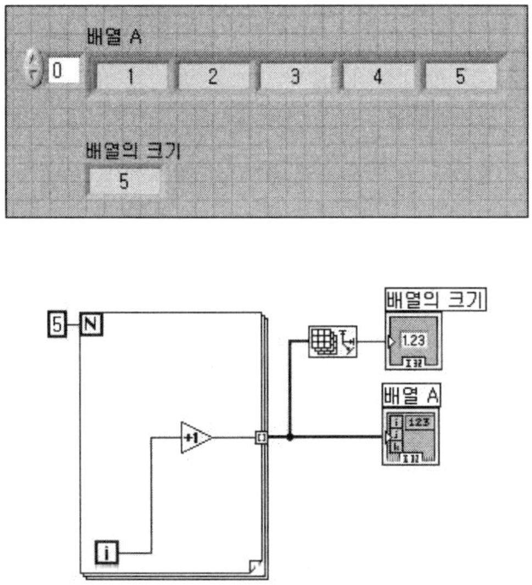

[그림 8.15] 배열 크기 함수의 사용법

2 배열 인덱스

배열 인덱스(Index Array) 함수는 n차원 배열의 원소 혹은 부분 배열을 반환한다. 만약 입력된 배열이 1차원이라면 배열에서 지정된 인덱스의 원소 값을 반환해 준다.

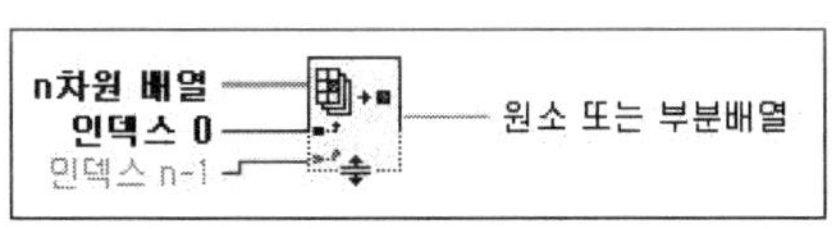

[그림 8.16] 배열 인덱스 함수

원소를 5개 갖는 정수형 배열에서 인덱스로 3을 지정하면 배열 A에서 지정된 인덱스의 원소 값을 반환한다. 인덱스는 0부터 시작되므로 4가 출력된다.

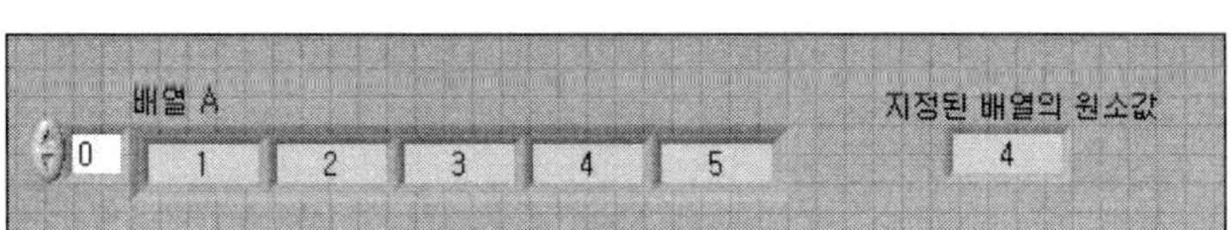

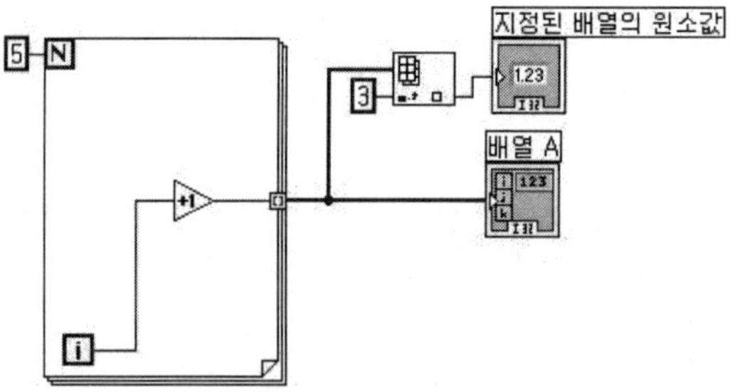

[그림 8.17] 배열 인덱스 함수의 사용법

3 배열 만들기 함수

배열 만들기(Build array) 함수를 이용하면 2개의 배열을 하나의 배열로 만들 수도 있고, 배열에 원소를 추가 할 수도 있다. 배열 만들기 함수의 아이콘은 최초에 입력 요소가 1개만 나타나지만 팝업 메뉴를 이용해 입력 추가를 선택하면 입력 요소를 추가할 수 있다.

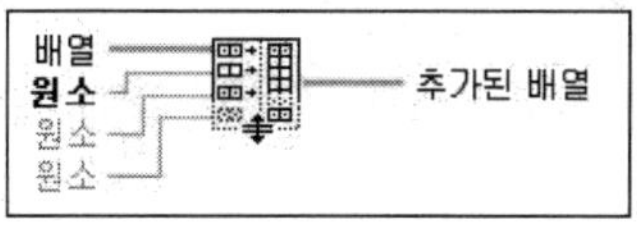

[그림 8.18] 배열 만들기 함수

배열 만들기 함수의 입력 요소가 스칼라 값이라면 입력된 값을 원소로 갖는 1차원 배열을 생성한다. π, 2π, e와 같은 3개의 실수를 입력받아 이들을 원소로 갖는 배열을 생성할 수 있다.

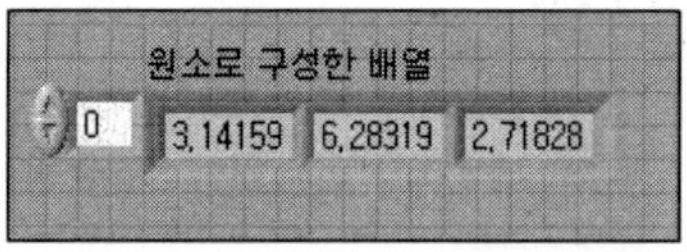

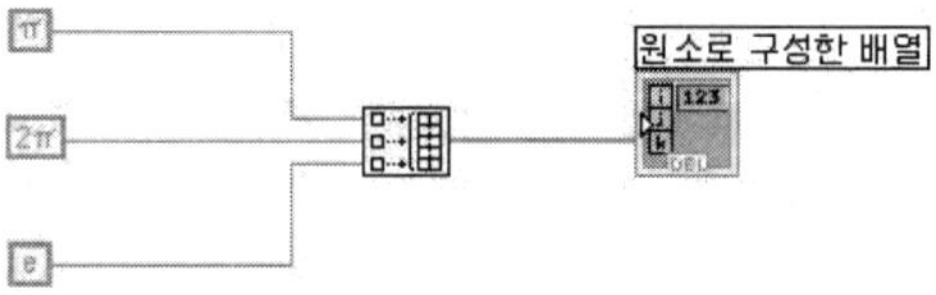

[그림 8.19] 1차원 배열 만들기 함수의 사용법

만약 배열 만들기 함수에 1차원 배열 2개를 입력하면 이들 배열을 묶어서 2차원 배열을 생성한다.

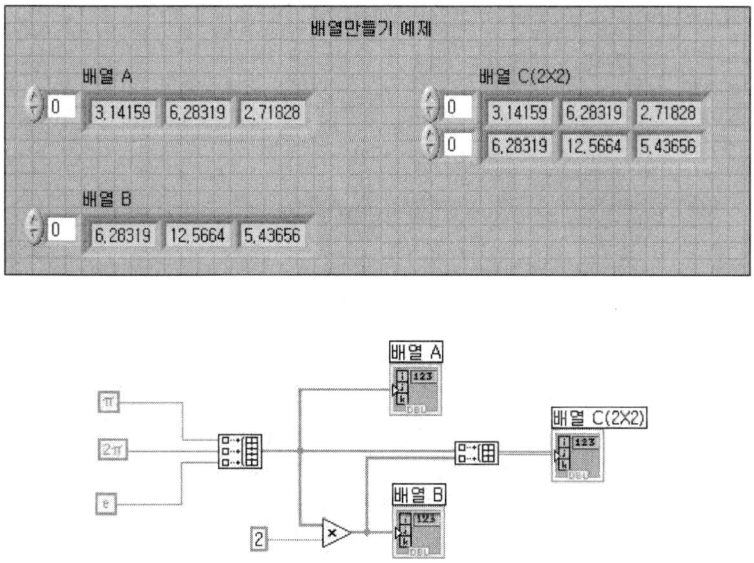

[그림 8.20] 2차원 배열 만들기 함수의 사용법

배열 A와 배열 B를 배열 만들기 함수에 입력 요소로 연결하면 배열 A의 원소를 1번째 행, 배열 B를 2번째 행으로 하는 2×3 배열을 생성한다.

예제 8-7

행렬 연산

2×2 행렬 2개를 입력받아 이들의 덧셈, 뺄셈, 곱셈을 수행하는 VI를 작성하시오.

1. 프런트 패널에 다음과 같이 2차원 배열 3개를 만든다. 다음에 리스트박스 한 개를 가져다 놓는다.

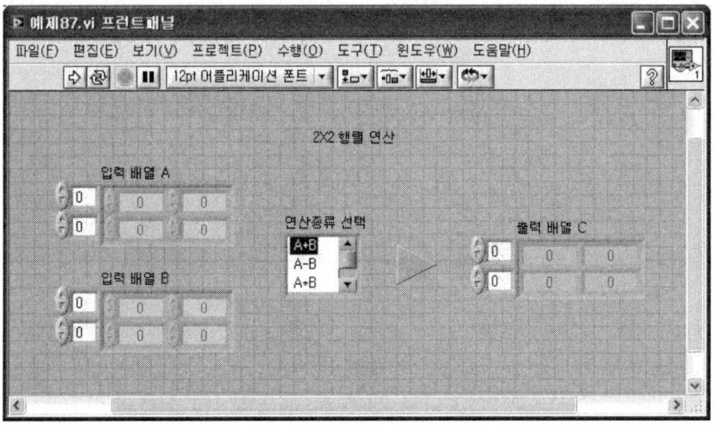

2. 리스트 박스의 입력 값이 0, 1, 2일 때 실행되는 case구조를 각각 작성한다.

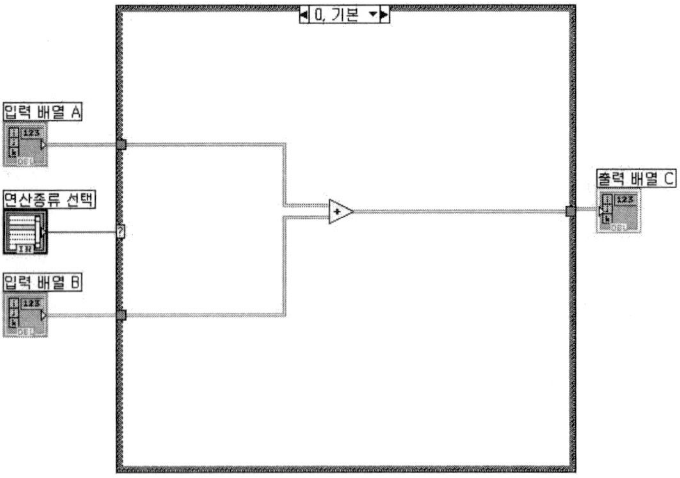

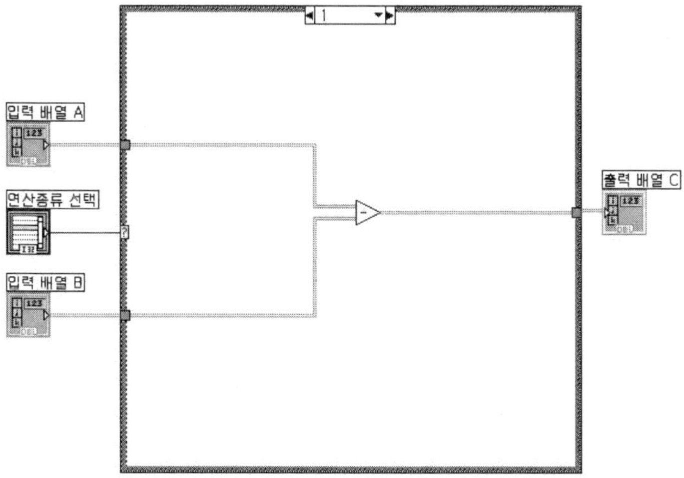

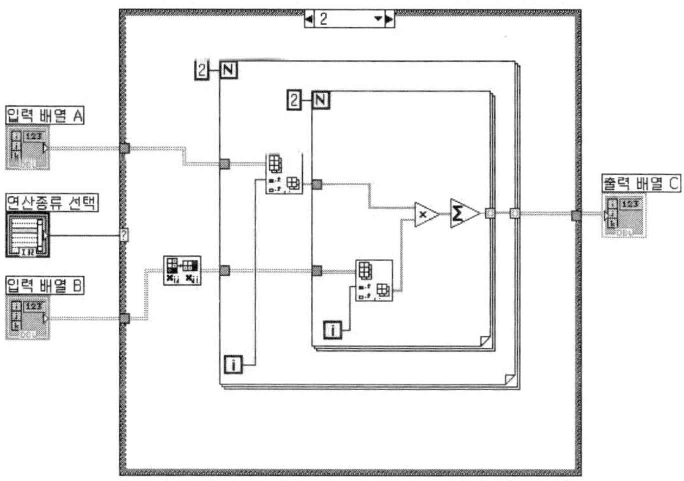

3. 입력 행렬 A와 입력 행렬 B의 값을 변경하면서 행렬 연산을 실행시키고 연산 결과를 확인해 본다.

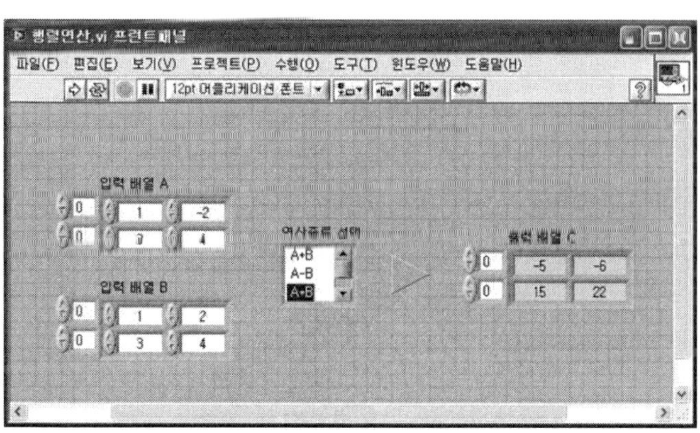

연 습 문 제

1. 10개의 난수를 발생시켜 이들을 숫자형 배열에 저장하고, 발생된 난수 중에서 최대값과 최소값을 표시하는 VI를 작성하시오. 또한, 이들의 총합과 평균을 계산하여 숫자형 인디케이터에 출력하시오.

2. 탭 컨트롤을 이용해 다음 2개의 프런트 패널과 같이 불리언 스위치와 불리언 배열의 AND연산을 수행하는 VI를 작성하시오.

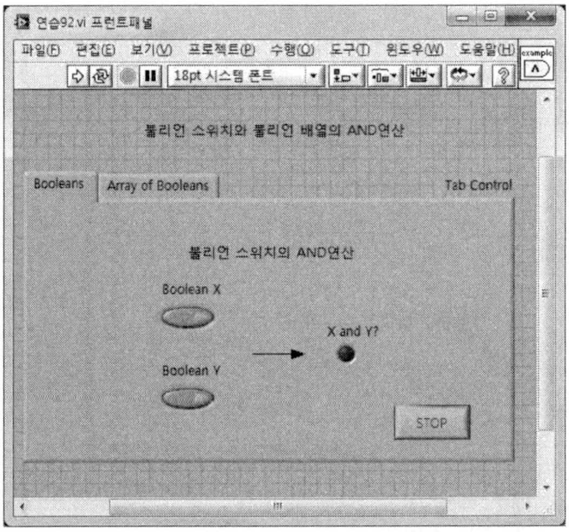

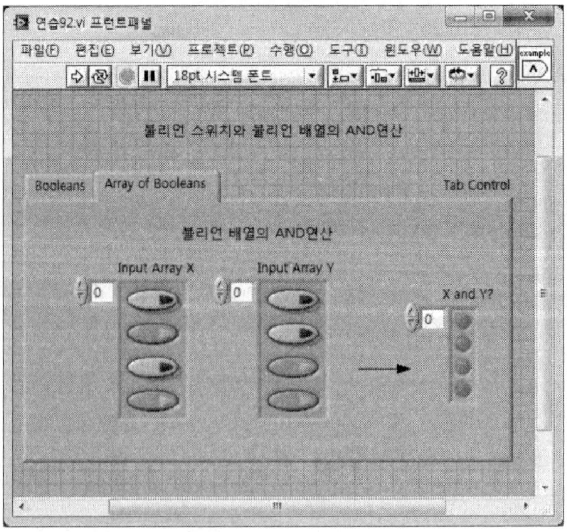

3. 다음 프런트 패널과 같이 주어진 데이터와 배열을 이용해 1차원, 2차원 배열을 생성하시오.

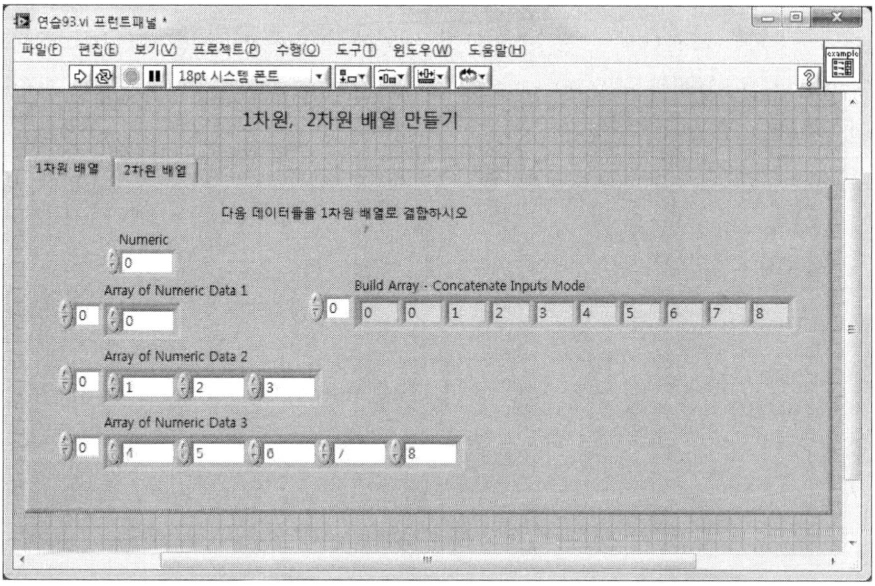

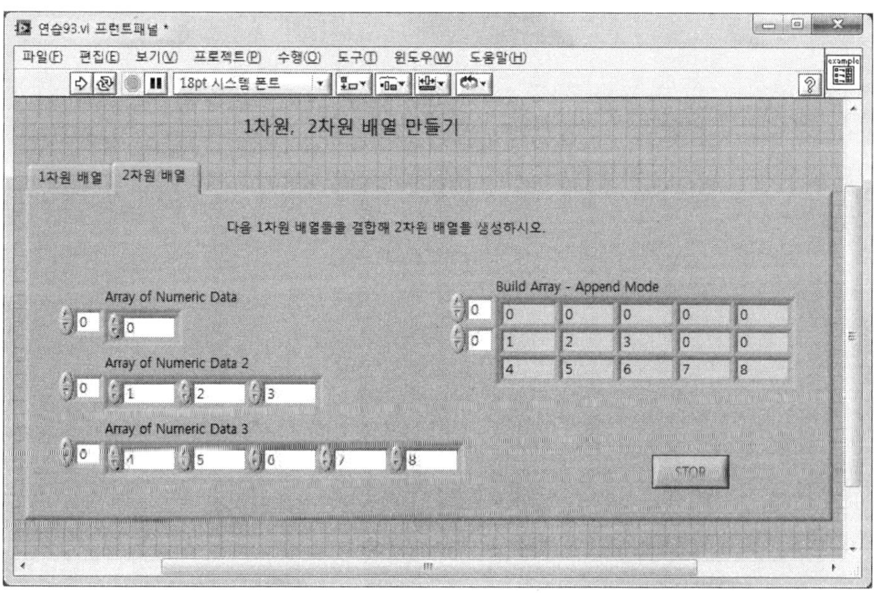

4. 문자열과 문자열 배열을 결합시켜 단일 문자열로 만드는 VI를 작성하시오.

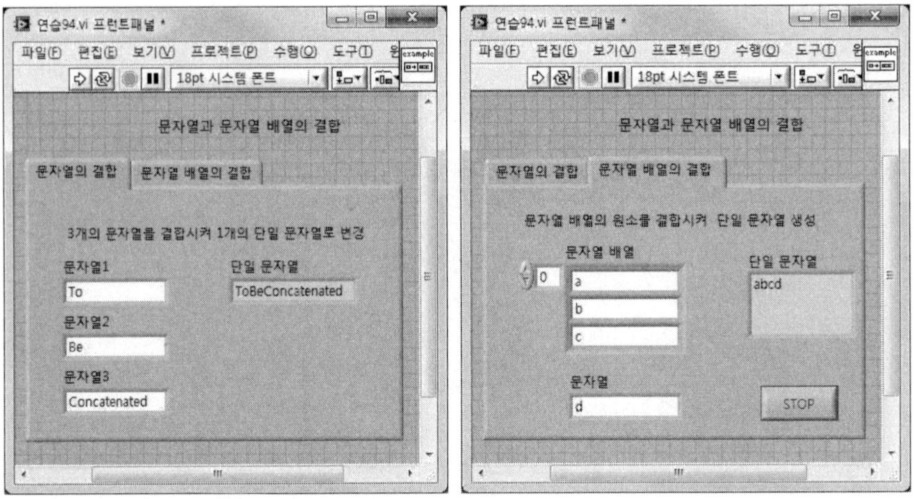

제9장 클러스터

클러스터의 개념을 이해하고 다양한 종류의 자료형을 묶어 클러스터로 만드는 방법과 해제하는 방법을 알아보자. 또한 묶기 함수와 풀기 함수의 사용법도 함께 알아보도록 하자.

학습목표

- 클러스터의 개념을 이해한다.
- 묶기 함수의 사용법을 익힌다.
- 풀기 함수의 사용법을 익힌다.
- 클러스터 배열의 사용법을 예제로 확인해 보자.

차례

9.1 클러스터의 기초

배열이 동일한 자료형의 묶음이라 한다면 클러스터(Cluster)는 다양한 자료형의 묶음이라고 할 수 있다. 예컨대 숫자형, 부울형, 문자열형을 묶어서 하나의 자료형으로 사용하면 이를 클러스터라 한다. 먼저 문자 기반의 C언어를 이용해 구조체의 개념을 이해하고 LabVIEW의 클러스터로 확대해 보자.

1 C언어의 구조체

C언어에서 구조체(struct)는 기본 자료형을 이용해 자신의 프로그램에 적합한 자료형을 직접 정의하는 자료형이다. 예를 들어 정수형 x, y와 문자형 ch를 멤버로 갖는 새로운 자료형을 정의해보자.

```
 struct sample{                    //구조제 선언
        int x;
        int y;
        char ch;
  };
struct sample grade;                //구조체 변수 선언
```

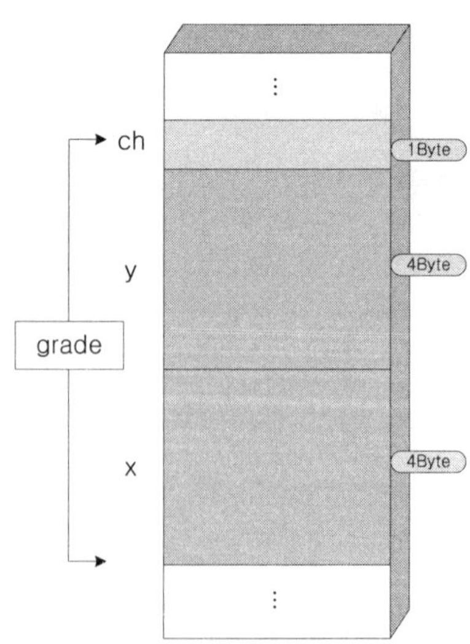

[그림 9.1] 구조체 변수 grade

sample이라는 새로운 자료형에는 x, y, ch가 모두 포함되어 있으며 sample 자료형으로 grade라는 변수를 선언하면 grade는 그림 9.1과 같이 메모리가 할당된다.

C언어에서 정수형은 4바이트, 문자형은 1바이트의 메모리가 할당되므로 구조체 변수 grade는 9바이트의 메모리가 할당된다. C언어의 구조체와 동일한 기능을 수행하는 것이 LabVIEW의 클러스터라 할 수 있다.

2 LabVIEW에서 클러스터 만들기

LabVIEW의 클러스터는 여러 자료형의 데이터를 묶어 하나의 그룹으로 만들어 준다. 숫자형, 불리언형, 문자열형 등을 하나로 묶어서 사용할 수 있다는 뜻이다. 클러스터의 와이어는 전화선과 유사하게 여러 선이 꼬인 형태로 표시되며 와이어의 묶음을 나타낸다. 여기서 케이블 속의 각 와이어는 클러스터의 각 원소에 해당된다.

배열과 동일하게 클러스터도 컨트롤이나 인디케이터 중에 하나를 선택해야 한다. 컨트롤과 인디케이터를 섞어서 사용할 수는 없다. 먼저 클러스터 컨트롤을 생성하는 방법을 알아보자.

프론트 패널의 컨트롤 팔레트에서 클러스터 셀을 끌어 놓는다.

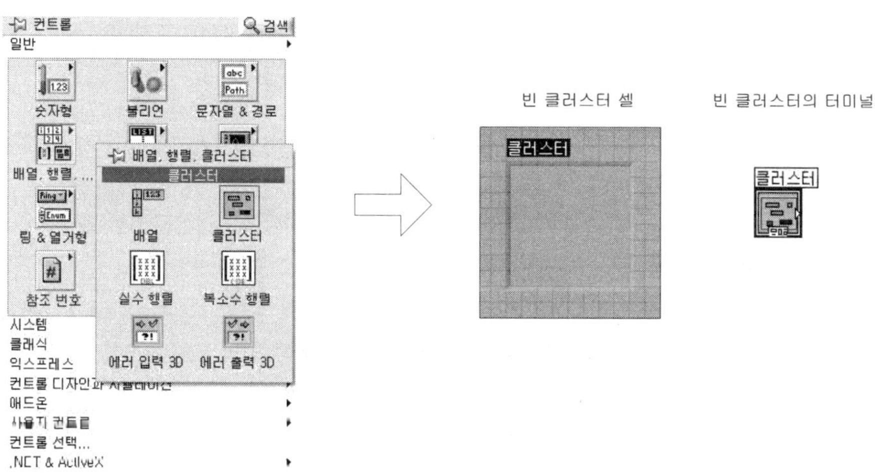

[그림 9.2] 빈 클러스터 셀과 터미널

다음에 클러스터 셀의 내부에 원하는 데이터를 넣어준다. 이때 클러스터의 요소는 셀 내부의 위치와는 관계없이 입력된 순서대로 배열된다. 예를 들어 불리언형 1개, 숫자형 1개를 요소로 갖는 컨트롤 클러스터를 만들어 보자. 빈 클러스터 셀에 불리언형과 숫자형 컨트롤을 차례로 넣는다. 컨트롤 클러스터의 터미널은 기본형 컨트롤 터미널과 유사하게 테두리가 굵게 표시된다.

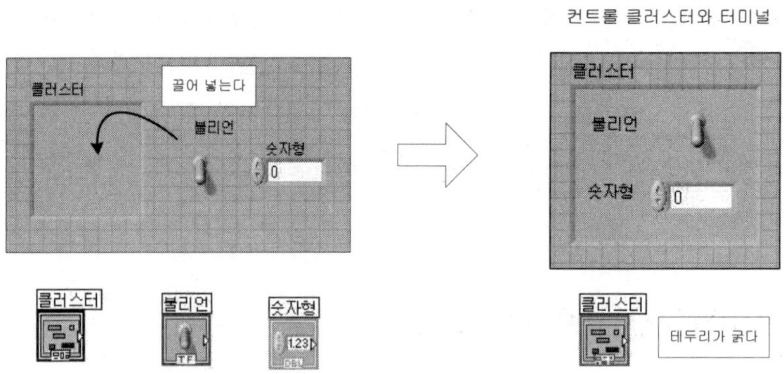

[그림 9.3] 컨트롤 클러스터의 생성 방법

인디케이터 클러스터도 컨트롤과 유사하게 만들 수 있으며 컨트롤, 인디케이터 클러스터를 결정하는 것은 최초로 입력되는 객체의 종류에 따라 결정된다. 즉, 처음에 클러스터 셀로 입력된 객체가 컨트롤이면 컨트롤 클러스터가 되고, 인디케이터가 입력되면 인디케이터 클러스터가 된다. 또한 클러스터 내부의 요소는 셀 내부의 위치에 관계없이 입력된 순서로 배열됨을 주의해야 한다.

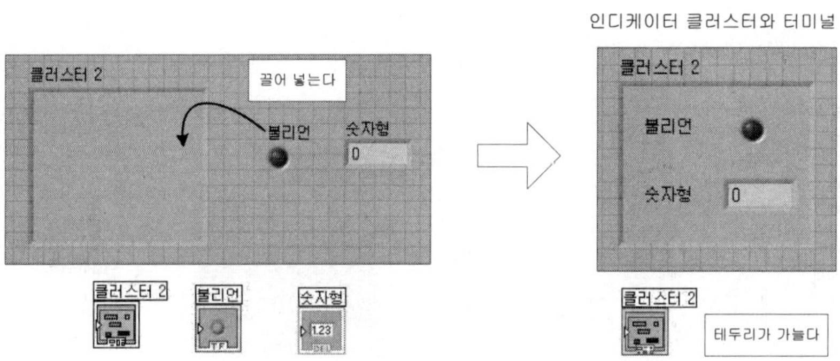

[그림 9.4] 인디케이터 클러스터의 생성 방법

클러스터는 내부에 여러 종류의 데이터를 포함하고 있어도 블록 다이어그램에서 단일 와이어로 연결되므로 연결할 커넥터의 수와 터미널의 개수를 효과적으로 줄일 수 있다.

예제 9-1 기본적인 클러스터 사용

1개의 불리언 컨트롤과 1개의 숫자형 컨트롤을 요소로 갖는 컨트롤 클러스터를 생성하고 이에 대응하는 인디케이터 클러스터를 만들어 데이터를 전송하는 VI를 작성하시오.

1. 프런트 패널에 불리언 원소 1개와 숫자형 원소 1개를 갖는 컨트롤 클러스터를 만든다. 다음에 같은 요소를 갖는 인디케이터 클러스터를 만든다.

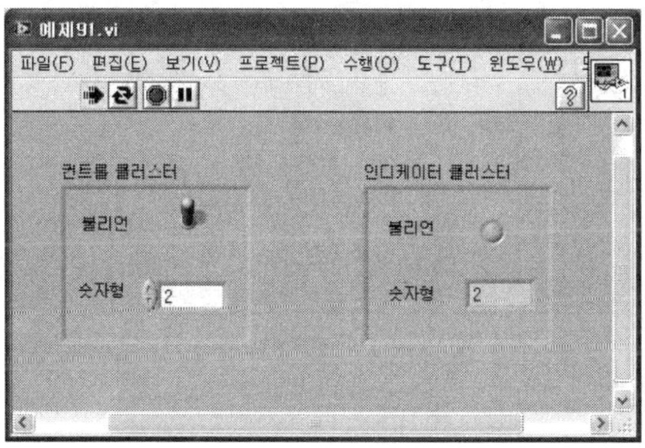

2. 블록 다이어그램에서 컨트롤 클러스터와 인디케이터 클러스터의 터미널을 단일 와이어로 연결하고 실행시킨다. 불리언과 숫자 컨트롤을 변경하면서 인디케이터 클러스터 내부의 요소 값이 바뀌는 것을 확인한다.

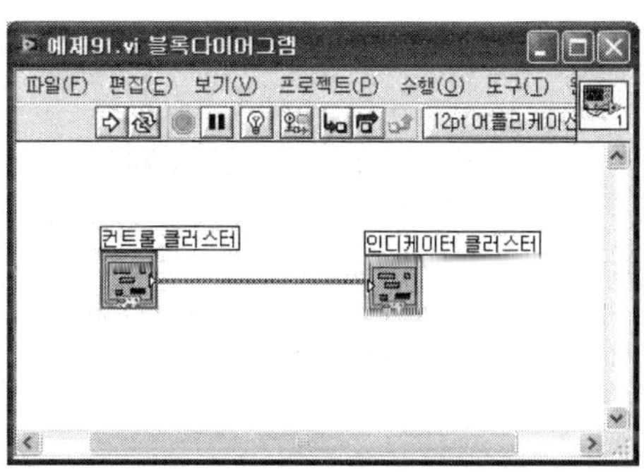

3 클러스터의 순서

클러스터 내부의 오브젝트의 순서는 기본적으로 클러스터 셀에 입력된 순서에 따라 0순위, 1순위, …, n순위로 결정된다. 만약 이 순서를 변경하고 싶으면 클러스터 경계의 팝업메뉴에서 컨트롤 순서 재설정을 선택해 변경한다.

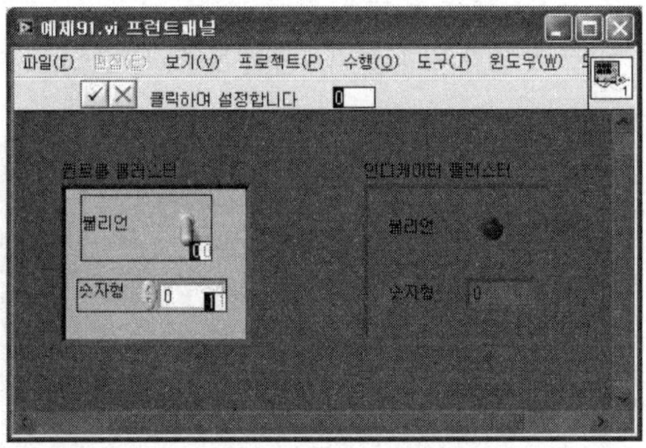

[그림 9.5] 클러스터 내부의 컨트롤 순서 재설정

클러스터 요소 우측의 흰색 박스는 현재 설정된 클러스터의 순서를 나타낸다. 불리언이 순서 0, 숫자형이 순서 1이다. 요소 우측의 흑색 박스는 새로운 클러스터의 순서를 나타낸다. 만약 숫자형 컨트롤의 순서를 0으로 바꾸고자 한다면 숫자형 우측의 흑색 박스를 클러스터 순서 커서로 클릭한다. 설정이 완료되면 툴 바의 확인 버튼을 눌러 저장한다.

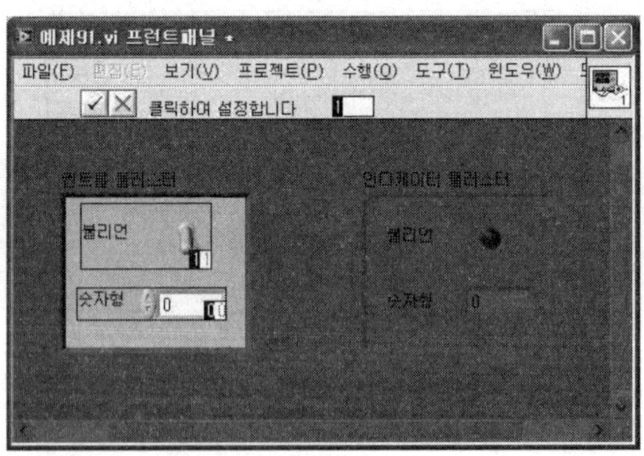

[그림 9.6] 클러스터 내부의 컨트롤 순서 변경

클러스터는 같은 데이터를 요소로 갖는다 하더라도 요소의 순서가 달라지면 서로 다른 타입의 클러스터로 간주한다. 따라서 앞의 컨트롤과 순서가 변경된 인디케이터 클러스터를 연결하면 와이어는 깨진다.

9.2 묶기 함수와 풀기 함수

1 묶기 함수

클러스터 보조팔레트에 들어있는 묶기(Bundle) 함수는 여러 요소를 단일 클러스터로 만들 때 이용한다.

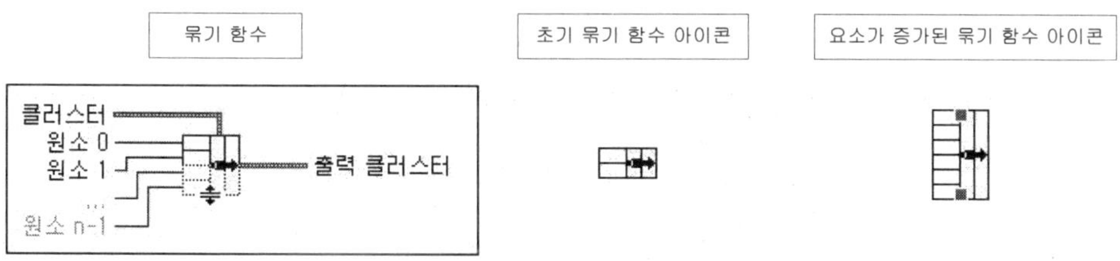

[그림 9.7] 묶기 함수와 아이콘

블록 다이어그램에 묶기 함수를 가져다 놓으면 초기에는 2개의 요소만 연결할 수 있는 아이콘이 나타난다. 입력 요소를 증가하고 싶으면 마우스를 포지셔닝 툴로 변환하고 잡아 늘리면 된다.

묶기 함수의 입력 터미널에 요소를 와이어로 연결하면 연결된 데이터 타입이 터미널에 자동으로 표시된다. 또한 묶기 함수는 입력된 요소의 순서에 맞추어서 클러스터의 순서가 설정된다.

2 풀기 함수

풀기(unbundle) 함수는 묶기 함수의 반대 과정으로 클러스터에서 각각의 요소를 분리해 낸다. 풀기 함수는 함수 팔레트의 클러스터 보조 팔레트에서 찾을 수 있으며 아이콘에 와이어가 연결되면 자동으로 요소의 개수와 데이터 형이 터미널에 표시된다.

[그림 9.8] 풀기 함수와 아이콘

예제 9-2

묶기 함수 이용하기

정수 컨트롤, 실수 컨트롤, 문자열 컨트롤을 묶기 함수를 이용해 클러스터로 만들고 이에 대응하는 인디케이터 클러스터로 출력하는 VI를 작성하시오.

1. 프런트 패널에 숫자형 컨트롤 2개, 문자열형 1개를 위치시킨다. 숫자형 컨트롤은 형을 변환해 정수형과 실수형으로 만든다. 다음은 인디케이터 클러스터를 만들어 다음과 같이 정렬한다.

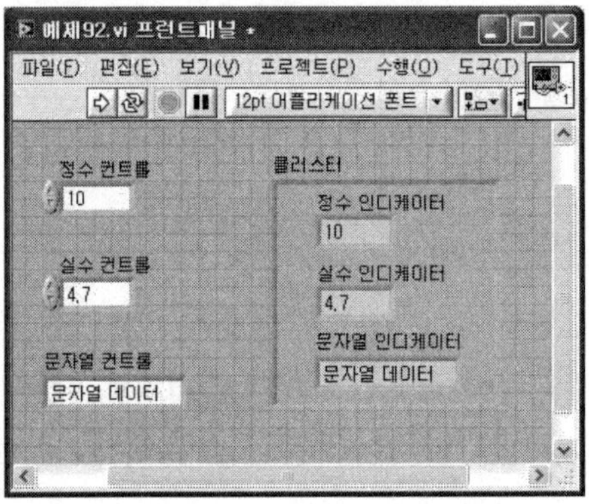

2. 블록 다이어그램에서 묶기 함수를 이용해 각각 데이터를 클러스터로 만들어 인디케이터 클러스터로 연결한다.

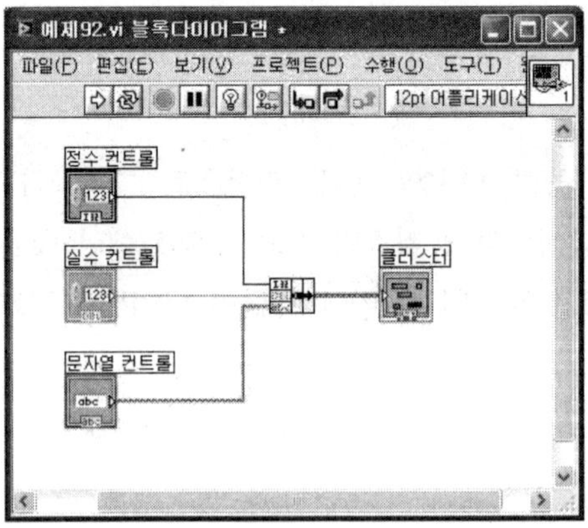

예제 9-3 풀기 함수 이용하기

다음 클러스터의 국어, 수학, 영어 점수의 합과 평균을 계산하는 VI를 작성하시오.

1. 프런트 패널을 다음과 같이 작성한다.

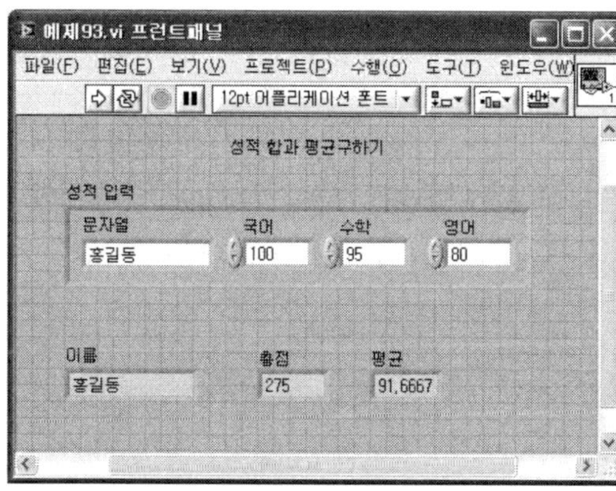

2. 성적 입력 클러스터의 각각의 요소를 풀기 함수로 분리한 후에 총점과 평균을 구한다.

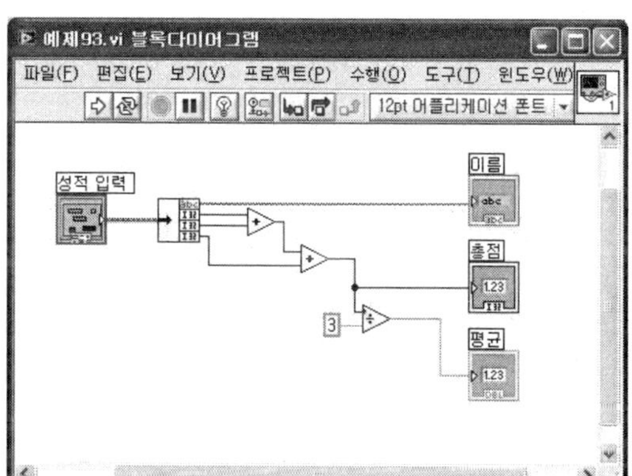

예제 9-4 클러스터 배열 이용하기

다음 3명의 성적을 입력받아 국어, 수학, 영어 점수의 합과 평균을 계산하는 VI를 작성하시오.

1. 배열은 같은 원소를 모아 놓은 데이터 형이므로 클러스터도 원소로 가질 수 있다. 먼저 국어, 수학, 영어를 요소로 갖는 클러스터를 만들고 이를 배열 셀에 넣어 클러스터 배열을 만든다.

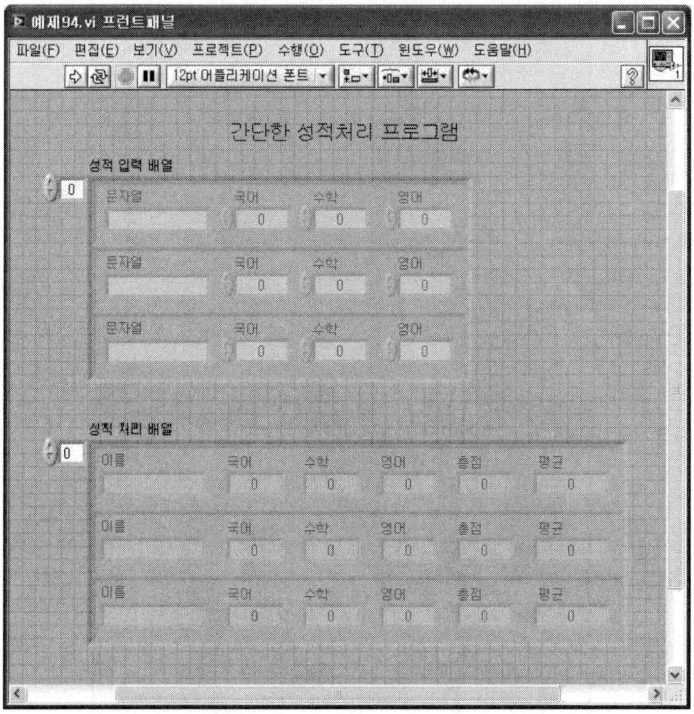

2. 다음과 같이 블록 다이어그램을 작성한다. 배열의 원소는 3개의 클러스터이므로 for 루프의 카운트 터미널에는 3을 연결한다.

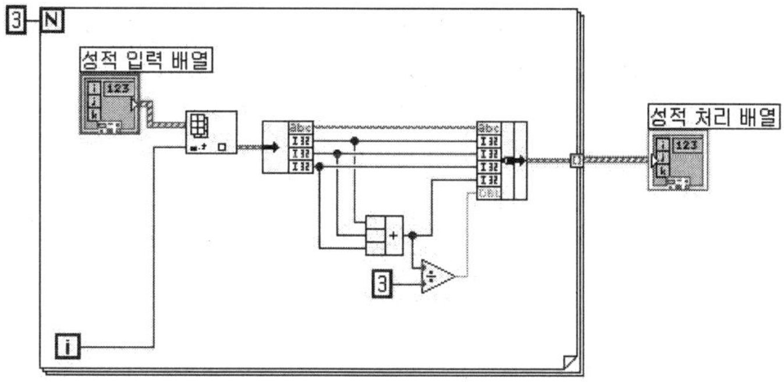

3. 성적 입력 배열에 데이터를 입력하고 실행시키면 성적 처리 배열에 연산된 결과가 출력된다.

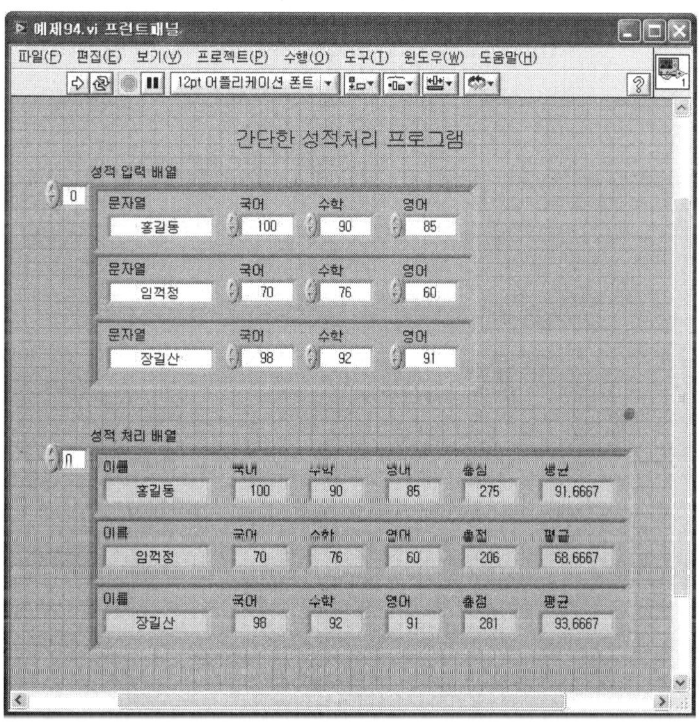

연 습 문 제

1. 숫자형 컨트롤 2개, 불리언 컨트롤 2개를 클러스터로 만든 이후에 풀기 함수를 이용해 각각의 컨트롤 값들을 프런트 패널에 표시하는 VI를 작성하시오.

2. 복소수 클러스터를 생성한 이후에 복소수의 덧셈과 뺄셈을 수행하는 VI를 작성하시오.

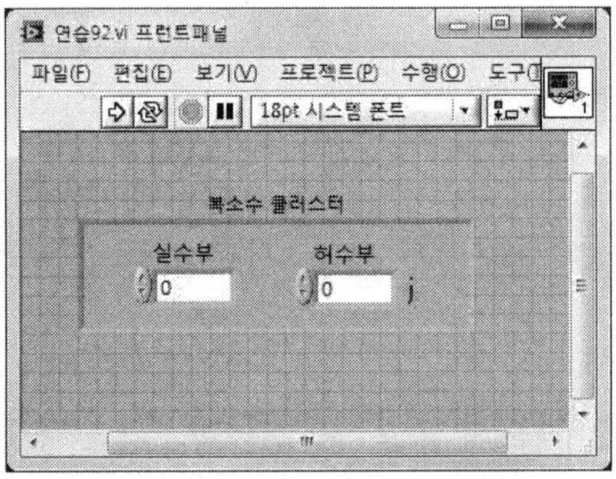

3. 다음은 어느 전자회사의 IC 가격표의 일부이다. 주어진 자료를 이용해 클러스터를 생성하고, 가격표의 내용을 프런트 패널에 출력하는 VI를 작성하시오.

번호	IC이름	가격	재고
1	LM324	1,600	Yes
2	AT89C51	8,000	Yes
3	ATmega128	9,000	No

제10장 로컬 변수와 글로벌 변수

로컬 변수와 글로벌 변수의 차이점을 이해하고 단일 VI에서 로컬 변수로 데이터를 읽고 쓰는 방법을 알아보자. 또한 여러 개의 VI에서 글로벌 변수를 이용해 데이터를 교환하는 방법도 함께 알아보자.

학습목표

- 로컬 변수와 글로벌 변수의 차이점을 이해한다.
- 로컬 변수를 만드는 방법을 학습한다.
- 로컬 변수로 데이터를 읽고 쓰는 방법을 익힌다.
- 글로벌 변수를 만드는 방법을 학습한다.
- 글로벌 변수로 데이터를 읽고 쓰는 방법을 익힌다.

차례

10.1 변수의 영역

문자 기반의 C언어에서 사용되는 변수는 태어나는 시점과 소멸되는 시점을 갖는다. 어떤 변수는 짧게 살고 어떤 변수는 길게 산다. 변수의 영역(scope)이란 변수가 어느 영역에서 유효하고 언제 소멸되는지를 결정하는 것을 의미한다.

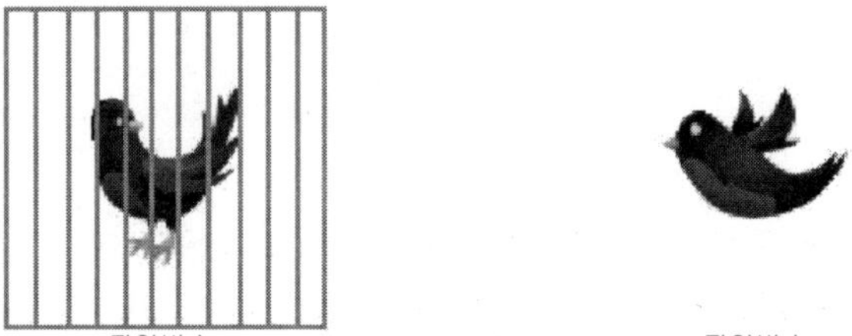

[그림 10.1] 지역 변수와 전역 변수의 개념

새장에 들어 있는 새는 새장 내에서만 움직일 수 있다. 하지만 새장 밖의 새는 어디든 자유롭게 움직일 수 있다. 새장 안에 갇혀있는 새를 지역변수, 새장 밖의 새를 전역변수의 개념으로 이해하면 변수의 영역이 쉽게 이해될 것이다.

지역변수(local variable)는 함수 내부에서 선언되어 해당 함수의 블록 내부에서만 사용할 수 있다. 따라서 사용 영역이 좁고 빨리 소멸된다. 반면에 전역변수(global variable)는 함수 외부에서 선언되어 소스 파일내의 모든 함수에서 마음대로 사용할 수 있다. 따라서 사용 영역이 넓고 천천히 소멸된다.

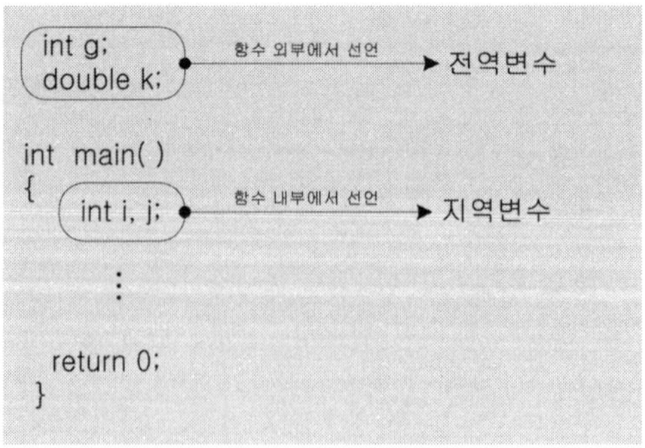

[그림 10.2] 전역 변수와 지역 변수

10.2 로컬 변수

문자 기반의 C 언어는 함수가 변수의 유효 영역을 결정하는 중요한 기준이 된다. 이와 유사하게 LabVIEW에서는 VI를 기준으로 프런트 패널상의 컨트롤이나 인디케이터의 사용 영역이 정해지게 된다.

LabVIEW는 프런트 패널의 데이터를 읽거나 쓰기 위해서 블록 다이어그램에 생성된 터미널을 이용하게 된다. 그런데 프런트 패널의 오브젝트에 대응하는 블록 다이어그램의 터미널은 한 개만 생성되기 때문에 여러 위치에서 이 터미널의 값을 읽거나 쓰기에는 불편한 경우가 자주 발생한다. 이런 경우에 로컬 변수나 글로벌 변수를 이용하면 와이어를 연결하지 않고도 여러 위치에 데이터를 전달할 수 있다.

1 로컬 변수 만들기

로컬 변수와 글로벌 변수는 함수 팔레트의 구조 보조 필레드에 들어 있다. 처음에 로컬 변수와 글로벌 변수를 블록 다이어그램에 놓으면 다음과 같이 정의되지 않은 로컬 변수와 글로벌 변수의 아이콘이 생성된다.

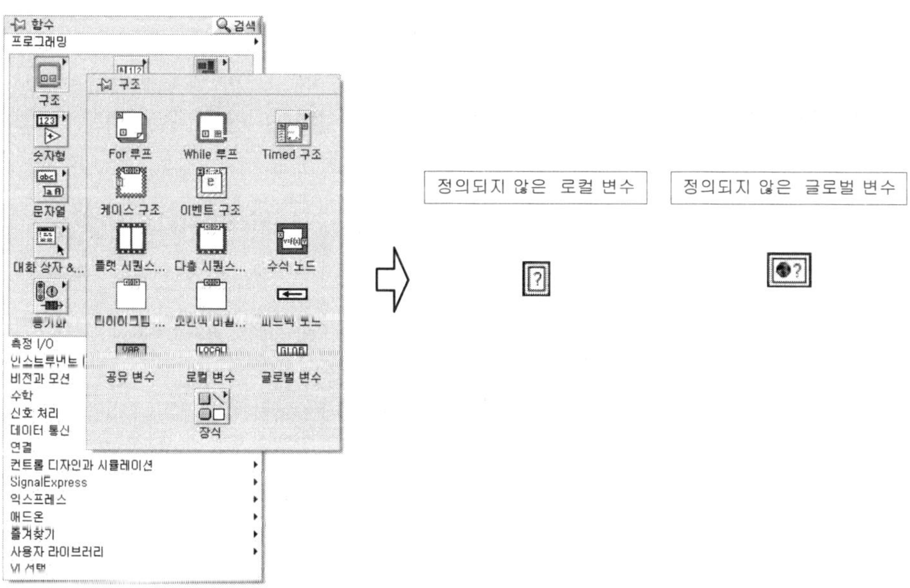

[그림 10.3] 초기의 로컬 변수와 글로벌 변수

정의되지 않은 로컬 변수의 아이콘은 아직 컨트롤이나 인디케이터가 연결되지 않았음을 나타낸다. 로컬 변수에 프런트 패널의 객체나 블록 다이어그램의 터미널을 연결하는 방법에는 두 가지가 있다.

첫 번째는 정의되지 않는 로컬 변수의 아이콘에서 마우스 오른쪽 버튼을 클릭하여 팝업메뉴에서 연결하는 방법이다. 예를 들어 프런트 패널에 숫자형, 불리언형, 문자열형 컨트롤 1개씩과 불리언형 인디케이터가 1개 있다고 하자. 이때 로컬 변수를 생성하고 팝업 메뉴를 보면 프런트 패널에 있는 객체의 고유 라벨이 자동으로 생성되어 있음을 알 수 있다. 메뉴의 항목 중에 로컬 변수를 생성하고 싶은 객체의 항목을 선택하면 해당 객체의 고유 라벨을 갖는 로컬 변수가 만들어 진다.

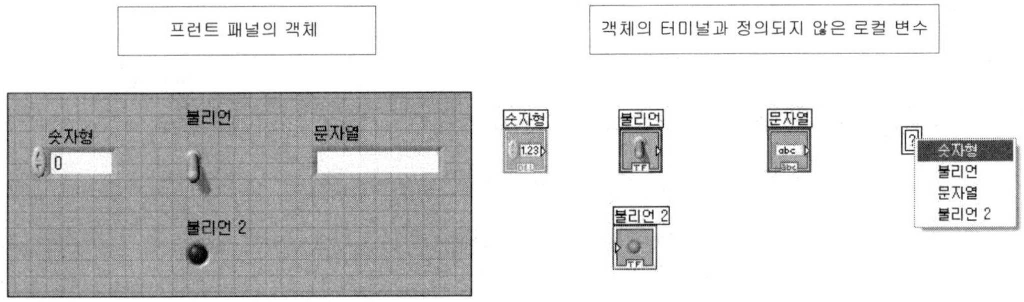

[그림 10.4] 로컬 변수의 생성 방법 1

만약 위의 프런트 패널에서 숫자형을 선택했다면 숫자형을 고유 라벨로 갖는 로컬 변수가 만들어진다. 또한 불리언형과 문자열형도 동일하게 로컬 변수를 만들 수 있다.

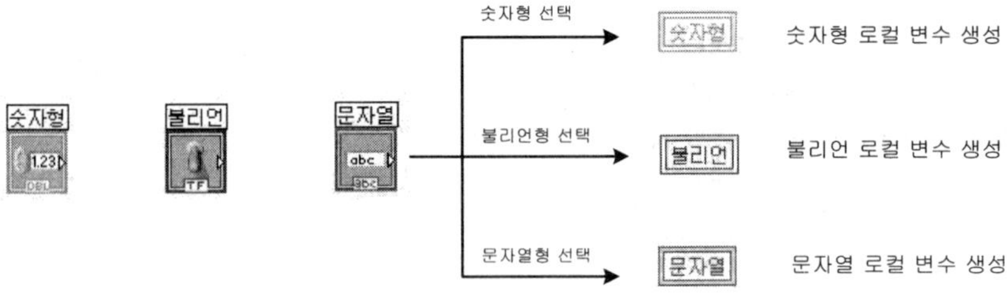

[그림 10.5] 다양한 로컬 변수의 생성

로컬 변수는 기본적으로 인디케이터로 생성된다. 즉, 데이터를 받을 수 있는 상태로 만들어 진다. 만약 로컬 변수에서 데이터를 읽고 싶다면 로컬 변수를 팝업하여 읽기로 변경하면 읽기 로컬 변수가 된다. 블록 다이어그램의 일반 터미널과 동일하게 쓰기 로컬 변수는 테두리가 가늘고 읽기 로컬 변수는 테두리가 진하게 표시된다.

[그림 10.6] 로컬 변수의 종류

로컬 변수를 연결하는 두 번째 방법은 프런트 패널에서 객체를 직접 팝업하여 메뉴 중에 로컬 변수를 선택하는 것이다. 이 경우에도 생성되는 로컬 변수는 자동으로 선택한 객체의 고유라벨이 붙는다.

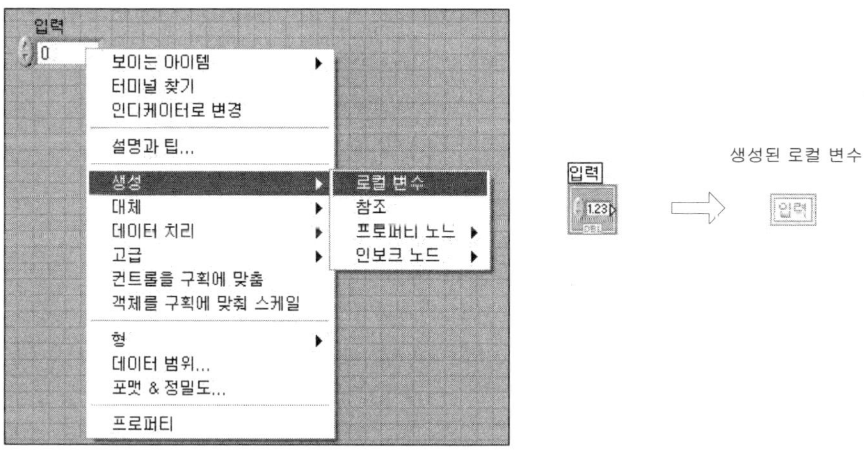

[그림 10.7] 로컬 변수의 생성 방법 2

2 로컬 변수의 응용

로컬 변수는 태생적으로 LabVIEW의 데이터 흐름 원리에 어긋난다. 로컬 변수는 오용할 경우에 블록 다이어그램을 이해하기 어렵게 만들고 프로그램의 실행 속도를 떨어뜨리게 된다. 하지만 다음과 같이 2개의 독립적인 while 루프를 한 개의 불리언 스위치로 ON/OFF할 경우에는 유용하게 사용할 수 있다.

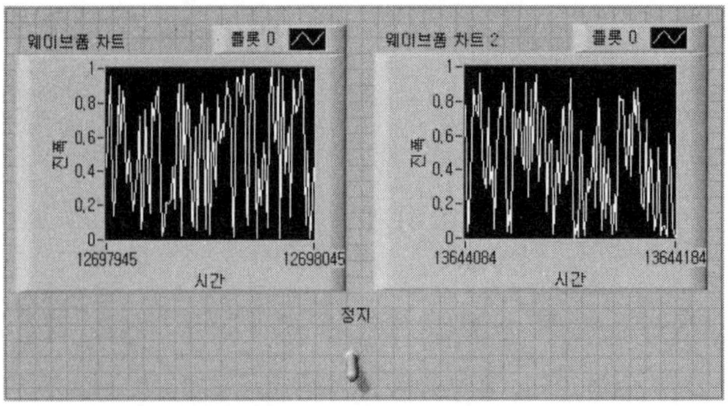

[그림 10.8] 독립적인 2개의 while 루프 제어

불리언 스위치를 while 루프 외부에 놓고 각각의 조건 터미널에 연결되도록 블록 다이어그램을 작성했다고 하자. 얼핏 보기에는 큰 문제가 없어 보이지만 곰곰이 생각해 보면 문제가 있다는 것을 알 수 있다.

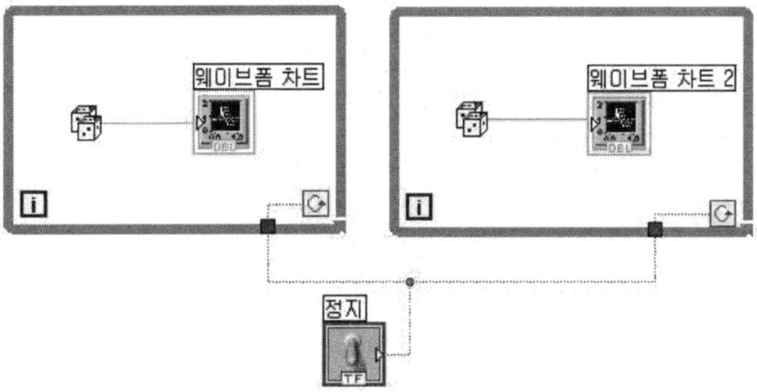

[그림 10.9] 잘못된 제어 방법 1

while 루프에 데이터가 입력될 때는 루프가 실행되기 전에 한 번만 입력된다. 따라서 불리언 스위치가 ON이면 2개의 루프는 동시에 실행된다. 하지만 일단 루프가 실행되고 나면 불리언 스위치로 루프를 종료시킬 수가 없다. 왜냐하면 루프가 실행되면 루프 내부로 데이터를 입력할 수 없기 때문이다. 또한 스위치가 OFF이면 2개의 루프는 1회만 실행되고 종료된다.

이번에는 불리언 스위치를 루프 내부에 위치시키면 어떤 결과를 얻을 수 있을까?

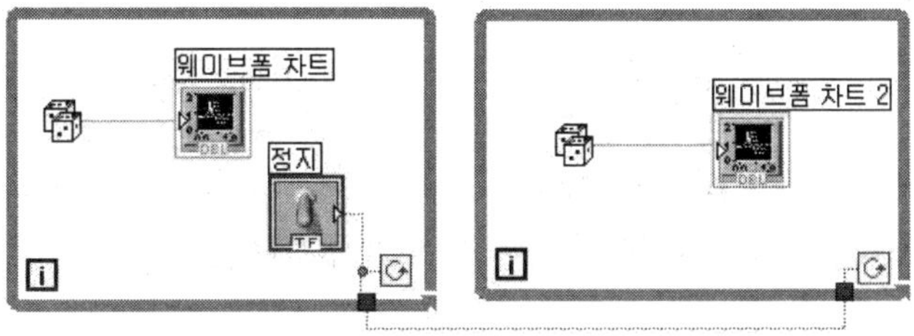

[그림 10.10] 잘못된 제어 방법 2

첫 번째 while 루프는 루프 내부에 있는 스위치가 ON/OFF됨에 따라 정상적으로 동작할 것이다. 하지만 루프 밖으로 출력되는 데이터는 루프가 종료되어야 출력되므로 두 번째 루프는 첫 번째 루프가 종료되기 전까지는 동작하지 않는다. 따라서 이 방법으로도 2개의 루프를 동시에 제어할 수는 없다.

로컬 변수를 사용하면 이런 문제점을 쉽게 해결할 수 있다. 로컬 변수는 블록 다이어그램 내부에 있는 터미널의 데이터를 복사해서 항상 최근의 데이터를 갖고 있다.

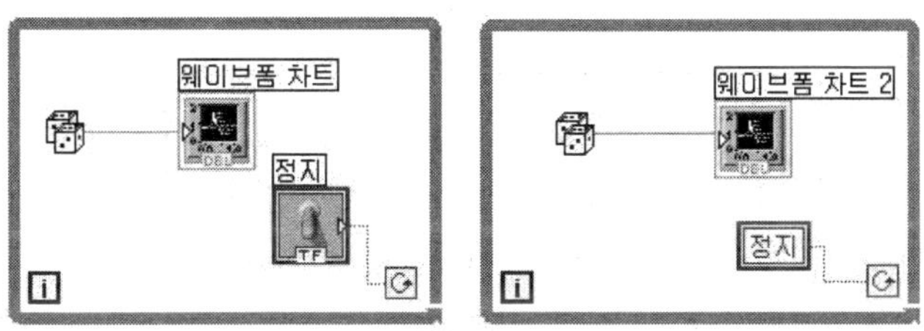

[그림 10.11] 올바른 방법

첫 번째 루프의 내부에는 불리언 스위치의 터미널을 조건 터미널에 연결하고, 두 번째 루프의 내부에는 불리언 스위치의 로컬 변수를 생성해서 조건 터미널에 연결한다. 로컬 변수는 터미널과 일대일로 연결되어 있지는 않지만 VI 내부에서 항상 같은 데이터를 공유하므로 이 경우는 2개의 while 루프를 동시에 제어할 수 있다.

예제 10-1 여러 개의 로컬 변수 만들기

프런트 패널에 숫자형 컨트롤 1개, 숫자형 인디케이터 3개를 위치시키고 전송데이터를 3개의 수신데이터에 출력하는 VI를 작성하시오. 단, 와이어를 연결하지 말고 작성하시오.

1. 프런트 패널을 다음과 같이 만든다.

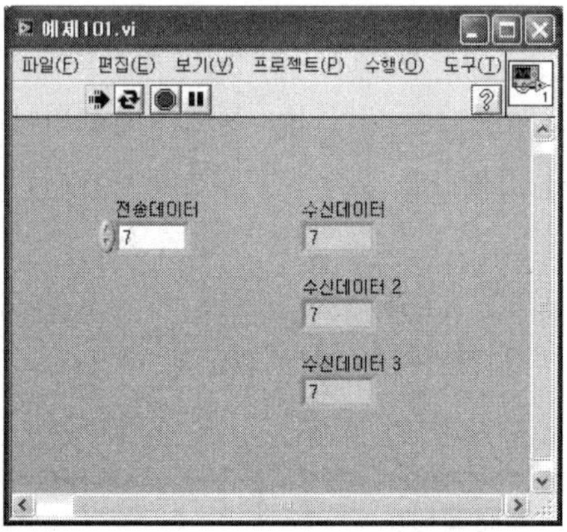

2. 전송데이터의 로컬 변수를 3개 생성하고 숫자형 인디케이터와 연결한다. 일반적인 컨트롤이나 인디케이터와 다르게 로컬 변수는 데이터를 동시에 입출력할 수 있다. 또한 필요하면 2차, 3차 터미널도 생성할 수 있다.

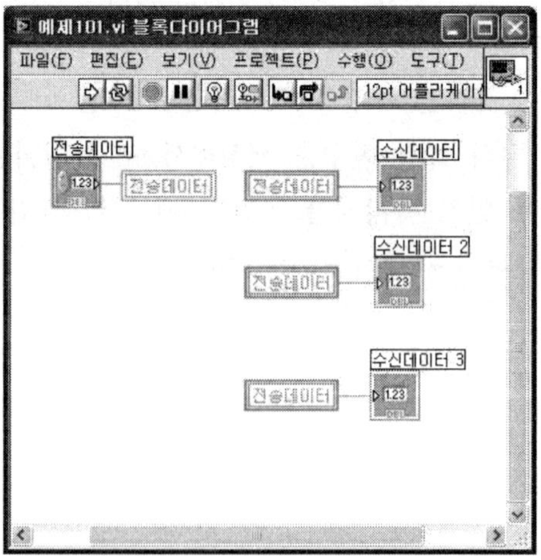

예제 10-2 두 개의 루프 제어하기

한 개의 부울 스위치로 2개의 while 루프를 제어하고 스위치를 초기 상태로 되돌리는 VI를 작성하시오.

1. 프런트 패널에 다음과 같은 2개의 차트와 1개의 불리언 스위치를 생성한다. 불리언 스위치의 팝업메뉴 중 기계적 동작의 부메뉴에서 누를 때 스위치를 선택한다. 누를 때 스위치는 로컬 변수에 이용할 수 있으며 초기 상태로 복원되게 할 수 있다.

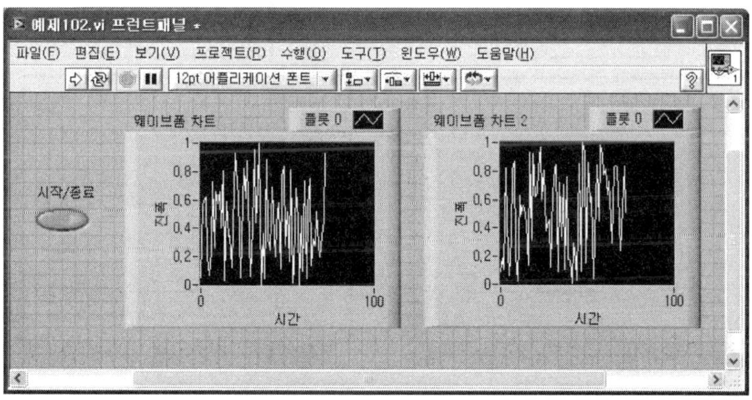

2. 시작/종료 스위치의 읽기 로컬 변수와 쓰기 로컬변수를 생성하고 다음과 같이 블록 다이어그램을 연결한다. 불리언 스위치를 ON 상태로 만들고 VI를 실행시킨다.

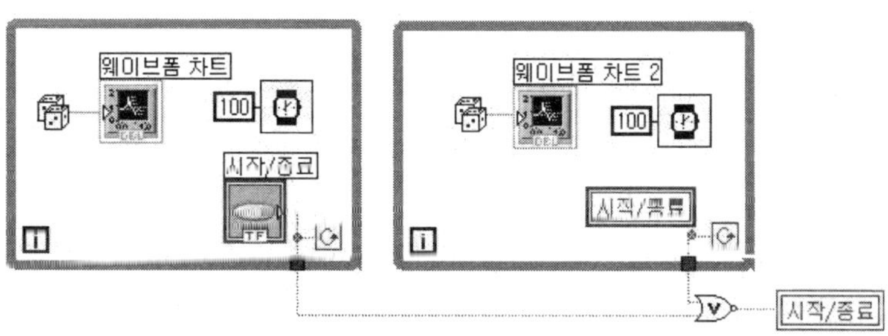

스위치를 OFF하면 두 개의 차트가 동시에 종료되며 시작/종료 스위치는 종료와 동시에 참으로 바뀌는 것을 볼 수 있다. NOR(Not Or) 함수는 함수 팔레트의 불리언에 들어 있으며 두 입력이 모두 거짓이면 참을 출력해 시작/종료 스위치를 참으로 변경한다.

10.3 글로벌 변수

1 글로벌 변수의 개념

로컬 변수를 사용하면 단일 VI의 블록 다이어그램의 여러 위치에서 프런트 패널의 객체에 접근할 수 있었다. 만약 여러 개의 VI가 동시에 실행될 때 이들 VI 사이에 데이터를 교환할 수도 있을까? 글로벌 변수를 사용하면 가능하다.

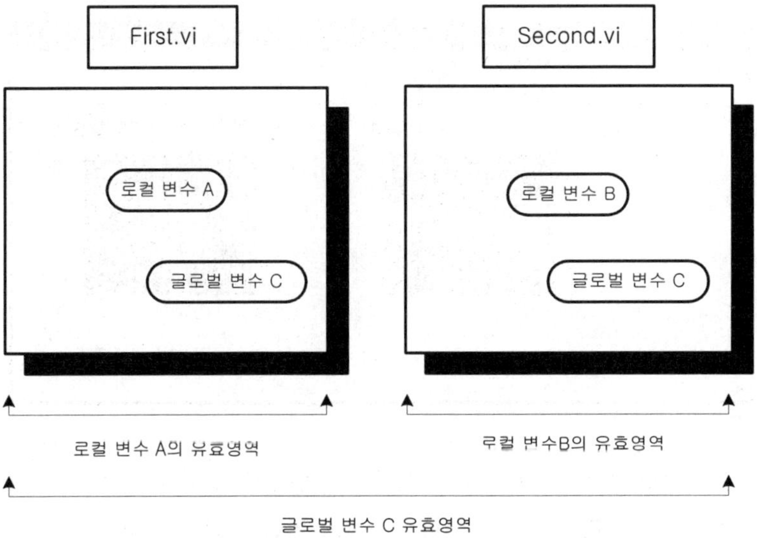

[그림 10.12] 로컬 변수와 글로벌 변수의 유효영역

First.vi와 Second.vi가 동시에 실행되고 있다고 하자. 만약 First.vi에 있는 데이터를 Second.vi로 보내야 할 필요가 있다고 한다면 로컬 변수 A와 로컬 변수 B를 이용해 해결할 수 없다. 로컬 변수 A는 First.vi 내부에서만 이용할 수 있고 로컬 변수 B는 Second.vi 내부에서만 이용할 수 있기 때문이다. 이런 경우에는 새로운 글로벌 변수 C를 정의해서 문제를 해결해야 한다. 글로벌 변수는 말뜻 그대로 여러 VI 사이에 데이터를 교환할 때 사용되는 변수를 말한다.

2 글로벌 변수의 생성 방법

함수 팔레트의 구조 보조 팔레트에서 글로벌 변수를 선택해 블록 다이어그램에 위치시킨다. 아직 정의되지 않은 글로벌 변수의 아이콘은 다음과 같다.

[그림 10.13] 정의되지 않은 글로벌 변수

글로벌 변수의 아이콘을 더블 클릭하면 일반 VI와 유사한 글로벌 프런트 패널이 나타난다. 글로벌 프런트 패널은 프로그램이 필요 없으므로 블록 다이어그램이 존재하지 않는다.

[그림 10.14] 글로벌 프런트 패널의 모양

글로벌 프런트 패널에 데이터 교환에 필요한 컨트롤을 정의한다. 예를 들어 숫자형 컨트롤을 1개 위치시키고 라벨을 전송데이터로 만들어보자. 여기서는 글로벌 변수의 개념을 간단히 설명하기 위해 숫자형 데이터 1개를 이용했지만 필요하다면 다양한 형태의 데이터를 여러 개 이용할 수도 있다.

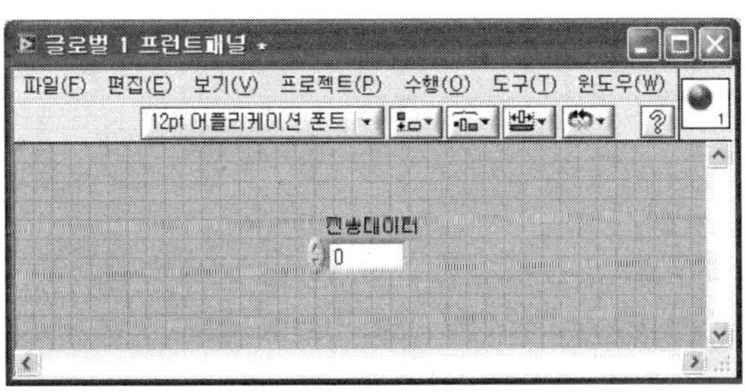

[그림 10.15] 글로벌 변수의 정의

이제 글로벌 프런트 패널을 일반 VI와 동일하게 저장한다. 이때 글로벌 변수임을 쉽게 확인할 수 있도록 확장자는 "*.gbl"로 저장하는 것이 좋다. 여기서는 전송데이터.gbl로 저장한다. 마지막으로 블록다이어그램에 있는 정의되지 않은 글로벌 변수의 아이콘을 삭제하면 글로벌 변수의 정의가 끝난다.

3 글로벌 변수의 사용법

새로운 프런트 패널을 열고 숫자형 컨트롤을 한 개 위치시킨다.

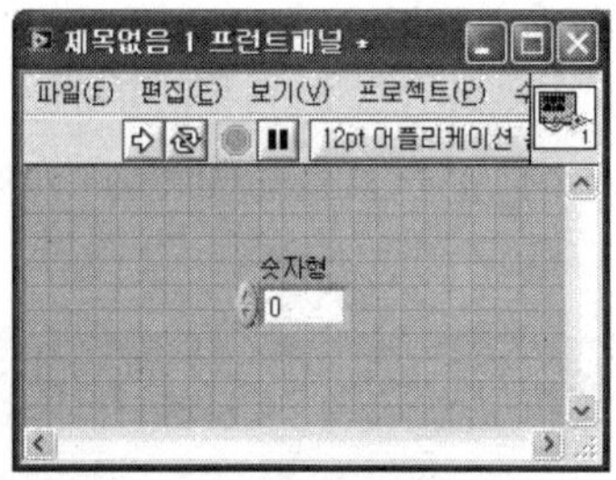

[그림 10.16] 첫 번째 프런트 패널 작성

블록 다이어그램을 열고 함수 팔레트에서 VI선택을 실행시켜 앞서 작성한 전송데이터.gbl 글로벌 변수를 선택한다.

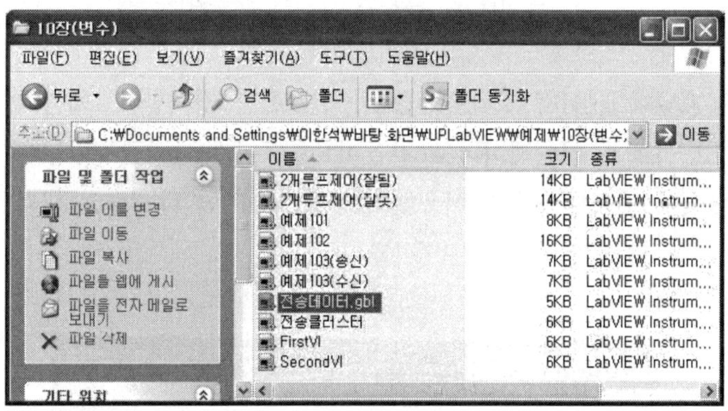

[그림 10.17] 불러올 글로벌 변수 선택

블록 다이어그램에 글로벌 변수 아이콘이 생성되면 숫자형 컨트롤과 아이콘을 와이어로 연결한다. 여기까지 작성된 프런트 패널을 First.vi로 저장한다. 다시 새로운 프런트 패널을 열고 숫자형 인디케이터를 한 개 위치시킨다.

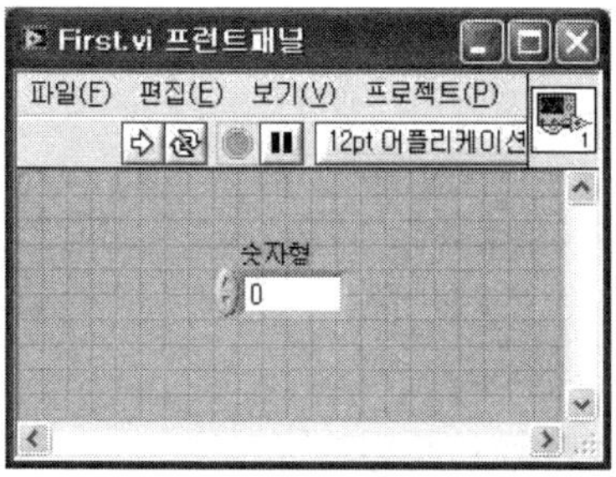

[그림 10.18] Fist의 프런트 패널

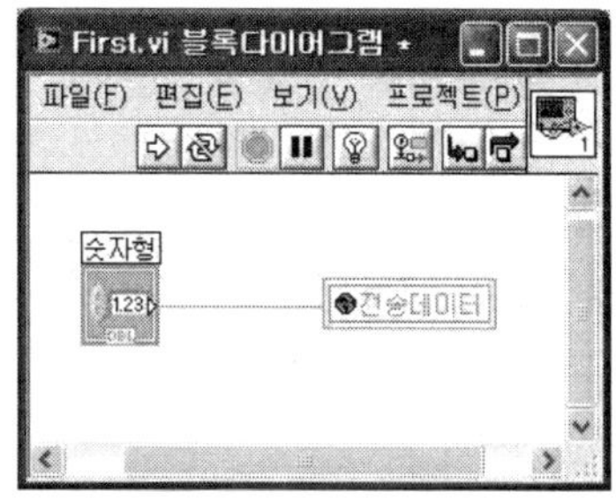

[그림 10.19] Fist의 블록 다이어그램

다음에 글로벌 변수 전송데이터.gbl을 블록 다이어그램에 생성하고 글로벌 변수를 팝업해 읽기로 변경한다. 글로벌 변수인 전송데이터 숫자형 인디케이터를 와이어로 연결하고 Second.vi로 저장한다.

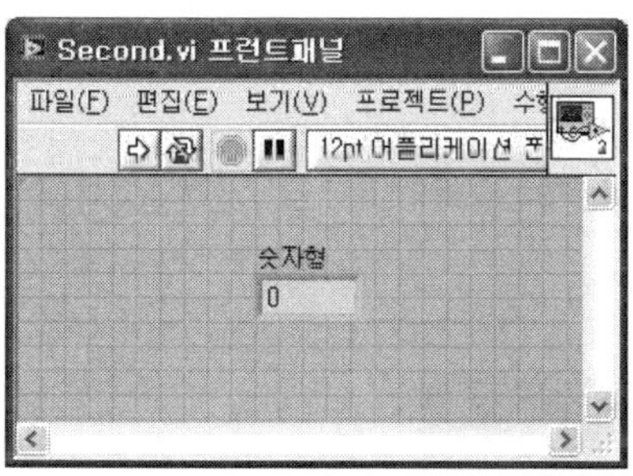

[그림 10.20] Second의 프런트 패널

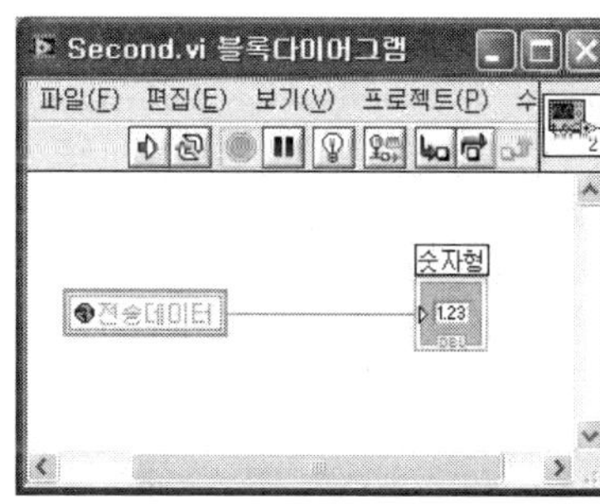

[그림 10.21] Second의 블록 다이어그램

First.vi와 Second.vi를 동시에 실행시켜 서로 다른 VI에서 데이터가 전달되는 것을 확인해 본다. 두 VI는 전송데이터라는 글로벌 변수로 연결되어 있다.

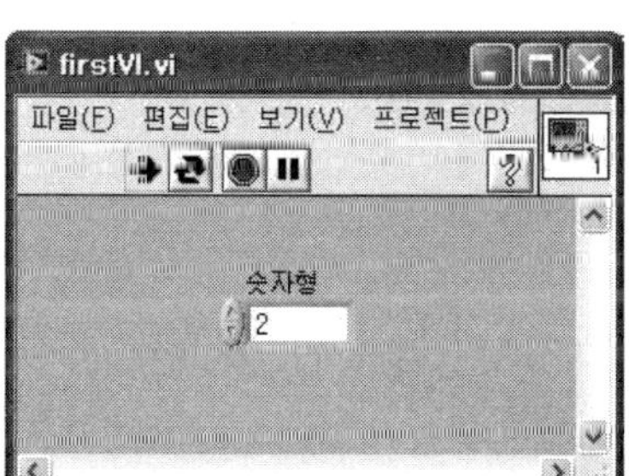

[그림 10.22] First의 프런트 패널

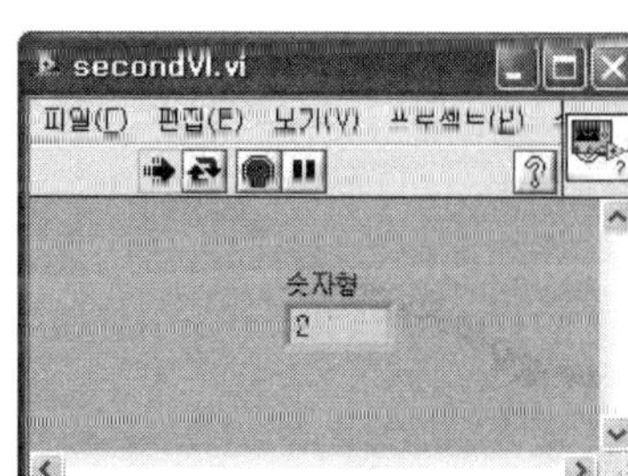

[그림 10.23] Second의 프런트 패널

예제 10-3	클러스터를 글로벌 변수로 만들기

글로벌 변수를 이용해 송신.vi의 데이터를 수신.vi로 전송하는 VI를 작성하시오. 단, 글로벌 변수는 클러스터를 이용한다.

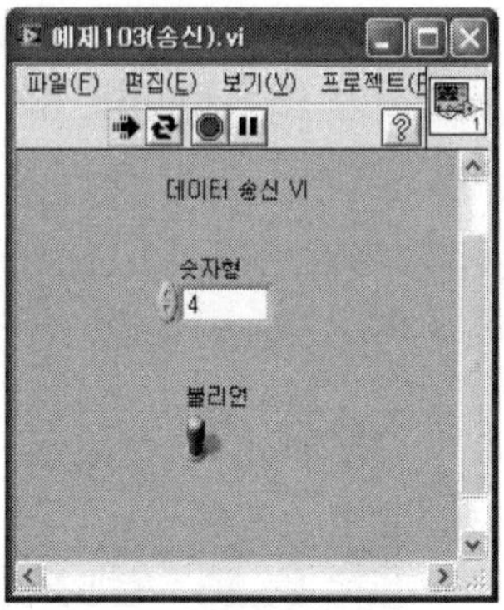

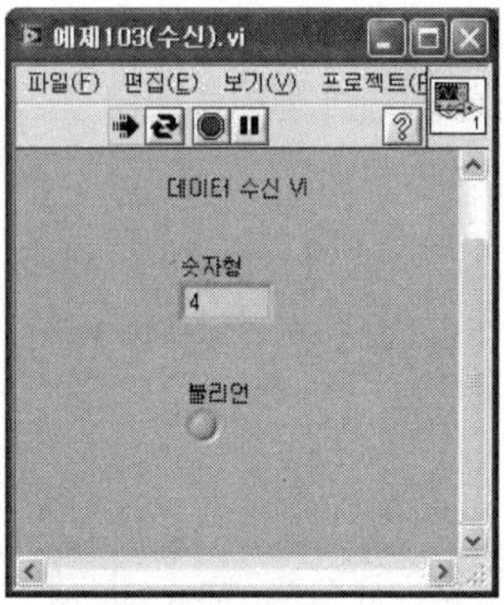

1. 글로벌 프런트 패널을 열고 숫자형 1개와 불리언형 1개를 요소로 갖는 클러스터를 작성한 후에 글로벌 변수를 전송클러스터로 저장한다. 확장명 gbl은 붙이지 않아도 무관하다.

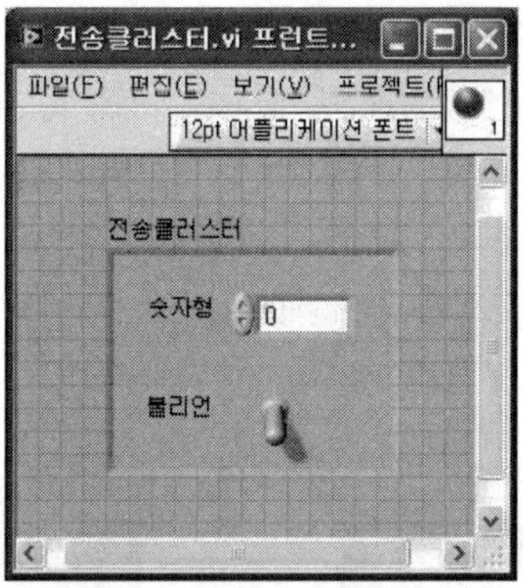

2. 송신.vi의 프런트 패널과 블록 다이어그램을 다음과 같이 작성한다.

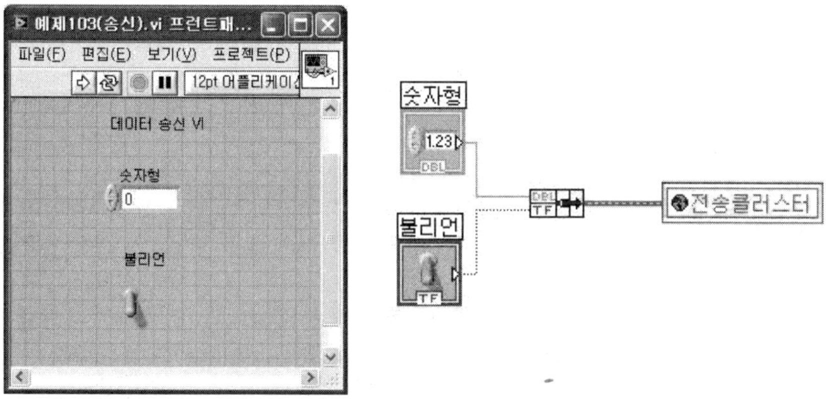

3. 수신.vi의 프런트 패널과 블록 다이어그램을 다음과 같이 작성한다.

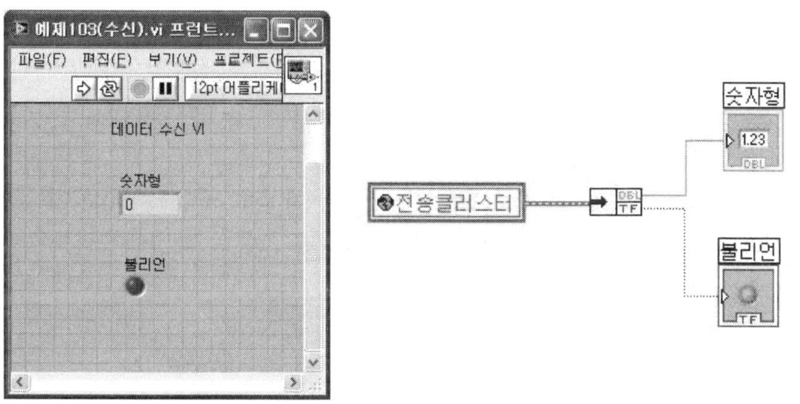

4. 송신.vi와 수신.vi를 동시에 실행시켜 숫자형 데이터와 불리언 데이터가 전송되는 것을 확인해 본다. 글로벌 변수에 클러스터를 이용하면 하나의 전역변수로 다양한 데이터 형을 여러 VI에서 공유할 수 있다.

연 습 문 제

1. 1개의 불리언 스위치로 3개의 차트를 동시에 제어하고, 루프가 종료되면 스위치를 초기화 상태로 만드는 VI를 작성하시오.

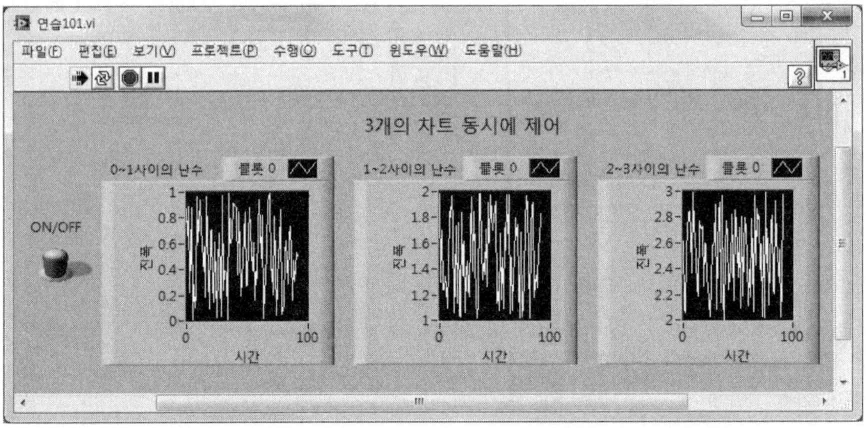

2. 클러스터가 불리언 컨트롤, 문자열 컨트롤, 숫자형 배열로 구성되어 있다고 하자. 이 클러스터 컨트롤을 다른 VI로 전달하여 각각의 값들을 프런트 패널에 표시하는 VI를 작성하시오.

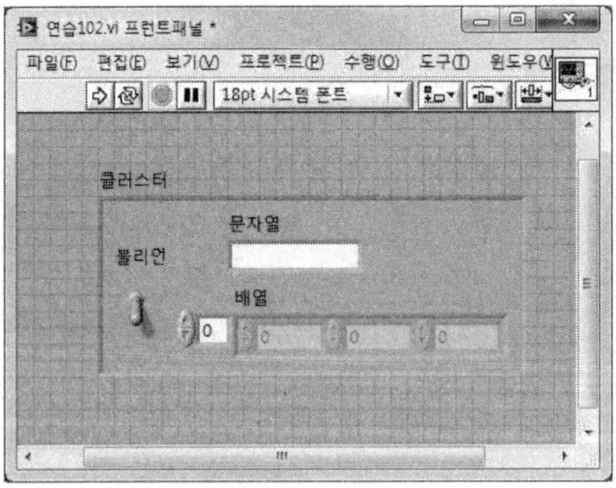

제11장 차트와 그래프

차트는 과거에 얻어진 데이터와 현재 입력중인 데이터를 연속적으로 볼 수 있는 특별한 종류의 숫자형 인디케이터라 할 수 있다. 반면에 그래프는 배열에 저장되어 있는 값들을 저장된 순서에 따라 보여주는 인디케이터를 말한다.

학습목표

- 웨이브폼 차트의 기능을 학습한다.
- 웨이브폼 차트의 세 가지 모드와 팝업메뉴의 기능을 익힌다.
- 웨이브폼 그래프의 기능을 학습한다.
- XY그래프의 기능을 학습한다.
- 차트와 그래프의 구성요소들을 이해한다.

차례

11.1 웨이브폼 차트

웨이브폼(waveform) 차트(chart)는 과거에 입력된 데이터와 현재 입력중인 데이터를 연속적으로 한 화면에 표시하는 숫자형 인디케이터로 컨트롤팔레트의 그래프 보조팔레트에서 찾아볼 수 있다.

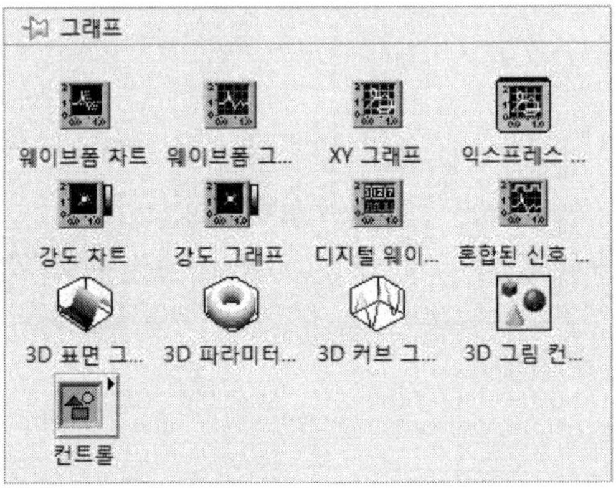

[그림 11.1] 그래프 보조 팔레트

1 차트의 기초 개념

웨이브폼 차트는 일반적으로 X축은 시간, Y축은 특정시간에 출력을 원하는 데이터에 할당되며 대부분 루프와 함께 사용된다. 차트는 시간의 흐름에 따라 이전에 수집된 데이터에 새로운 데이터를 추가해서 그래프를 그린다.

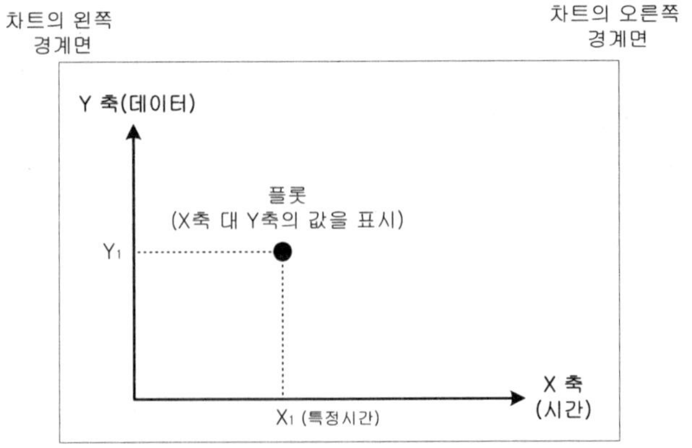

[그림 11.2] 차트에서 X축과 Y축의 의미

플롯(plot)이란 X축 값에 대응하는 Y축 값을 점으로 찍어서 선으로 연결하는 것을 말하며 플롯 영역은 웨이브폼 차트에서 그래프가 그려지는 검은 바탕 영역을 말한다.

2 단일 플롯 웨이브폼 차트

단일 플롯은 스칼라 출력을 웨이브폼 차트에 바로 연결하면 얻을 수 있다. 0에서 10사이의 난수를 발생시켜 웨이브폼 차트에 표시하는 간단한 예제를 통해 단일 플롯 차트의 기초적인 사용법을 알아보도록 하자. 먼저 프런트 패널에 그래프 보조 팔레트에 있는 웨이브폼 차트를 위치시킨다. 블록 다이어그램을 열어 난수 발생기에 10을 곱해 0에서 10까지의 난수를 발생시켜 웨이브폼 차트에 연결한다. 차트의 데이터 표현 방법을 자세히 살피기 위해 0.5초마다 데이터가 표시되도록 500mSec의 시간지연을 추가한다.

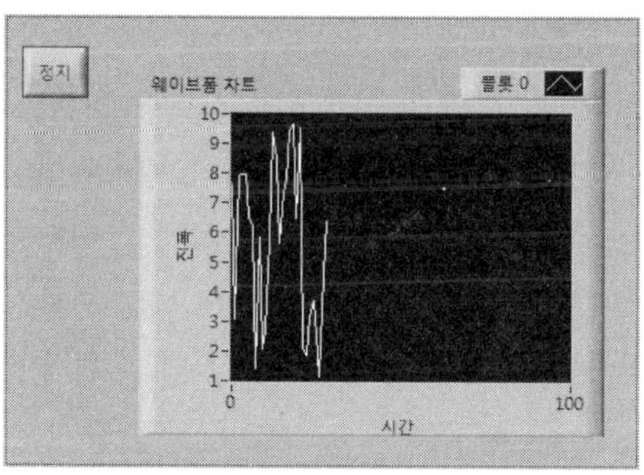

[그림 11.3] 0에서 10까지 난수발생

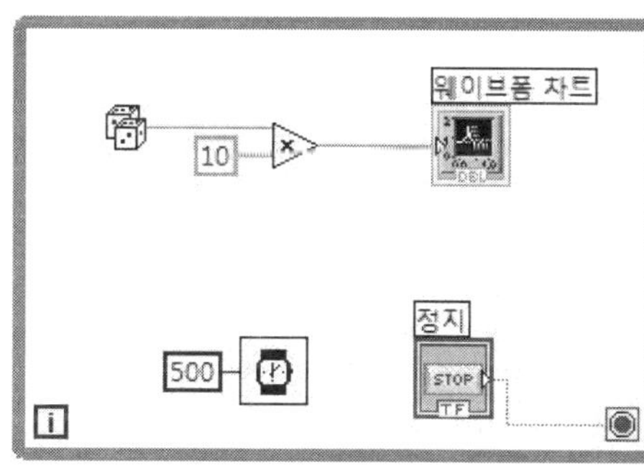

[그림 11.4] 난수발생 블록 다이어그램

출력되는 데이터는 차트의 왼쪽 경계면에서 시작되고 시간의 흐름에 따라 오른쪽으로 이동한다. 따라서 가장 나중에 수집된 데이터가 가장 오른쪽에 표시된다. 또한 Y축의 값의 크기를 데이터 크기로 보고 진폭이라 하며 최대값에 따라 자동으로 스케일링된다.

3 웨이브폼 차트의 세 가지 모드

그래프 보조 팔레트의 부메뉴들을 보면 차트는 한가지의 형태지만 데이터를 갱신하는 방법에 따라 세 가지 표현 모드를 갖고 있다.

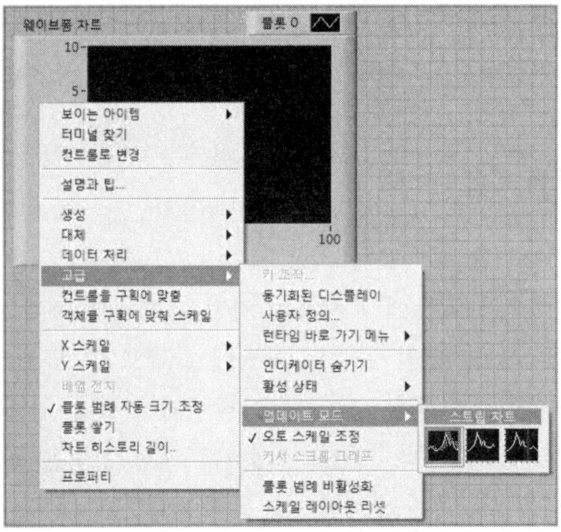

[그림 11.5] 차트의 세 가지 모드

차트의 경계면을 팝업하고 고급 메뉴 중에 업데이트 모드를 선택하면 스트립 차트, 스코프 차트, 스윕 차트의 세 가지 모드를 볼 수 있다. 차트의 모드는 새로운 데이터를 어떤 방식으로 갱신하는 가에 따라 결정된다. 스트립 차트는 원통 모양의 종이 롤(roll)에 그래프를 그리는 것과 유사하게 처음에 왼쪽 경계면부터 데이터가 표시된 이후에 오른쪽 경계면까지 데이터가 모두 그려지면, 차트 전체가 왼쪽으로 이동하면서 최신의 데이터가 가장 오른쪽에 추가된다.

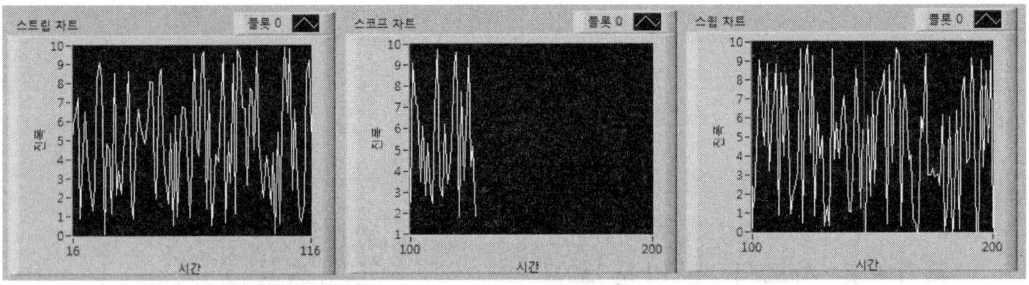

[그림 11.6] 차트의 모드에 따른 데이터 갱신 방법

스코프 차트 모드는 데이터가 우측 경계면에 도달하면 전체 플롯팅 영역을 지우고 왼쪽 경계면부터 다시 데이터를 표시한다. 반면에 스윕 차트 모드는 스코프 모드와 비슷하지만 데이터가 우측 경계면에 도달했을 때 전체 플롯팅 영역을 지우는 것이 아니라 수직선을 이용해 새로운 데이터가 추가되는 것을 알려준다. 스윕 차트 모드도 새로운 데이터가 추가되면 플롯 영역은 오른쪽으로 이동한다.

4 다중 플롯 웨이브폼 차트

웨이브폼 차트는 1개의 차트에 1개의 데이터만을 표시하는 단일 플롯(single plot)으로 이용할 수도 있고, 여러 개의 데이터를 동시에 표시하는 다중 플롯(multi plot)으로 사용할 수도 있다. 다중 플롯은 2개 혹은 그 이상의 데이터를 한 차트에 표시하는 방법으로 웨이브폼 차트에 입력되는 데이터를 클러스터로 묶어서 연결하면 된다.

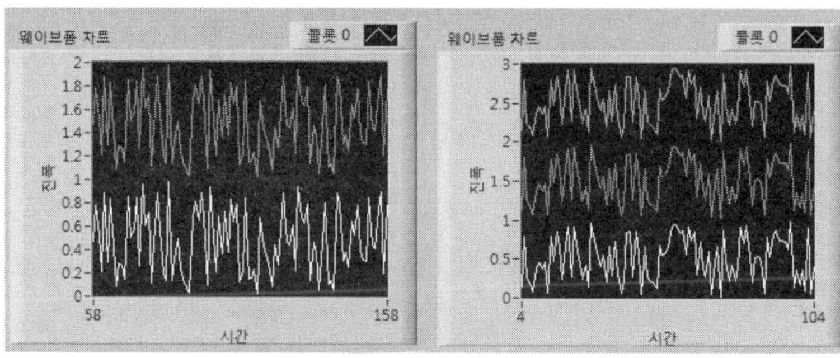

[그림 11.7] 2개와 3개의 데이터를 표시하는 멀티 플롯 웨이브폼 차트

5 플롯 오버레이와 플롯 쌓기 차트

다중 플롯에서는 오버레이(overlaid) 차트와 쌓기(stacked) 차트를 이용할 수 있다. 오버레이 차트는 모든 플롯을 동일한 Y축에 표시하는 방법으로 차트를 팝업하고 플롯 오버레이 옵션을 선택하면 된다. 플롯 오버레이 옵션이 선택되어 있는 경우에 플롯 쌓기를 선택하면 플롯 쌓기로 변경된다. 플롯 쌓기는 여러 개의 플롯을 각각 독립적인 Y축을 이용해 그래프를 그리는 방식으로 Y축의 값의 변화가 서로 상이한 경우에 매우 유용하다.

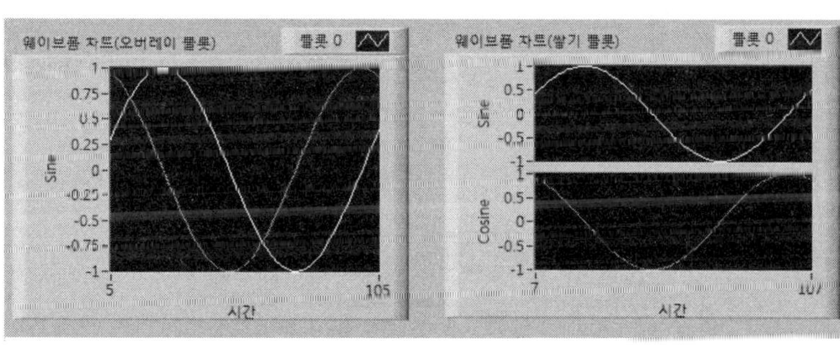

[그림 11.8] 오버레이 플롯과 쌓기 플롯

예제 11-1	2개의 데이터를 동시에 표시하는 웨이브폼 차트

0에서 1까지의 난수와 1에서 2까지의 난수를 동시에 표시하는 웨이브폼 차트를 작성하시오.

1. 프런트 패널을 다음과 같이 작성한다.

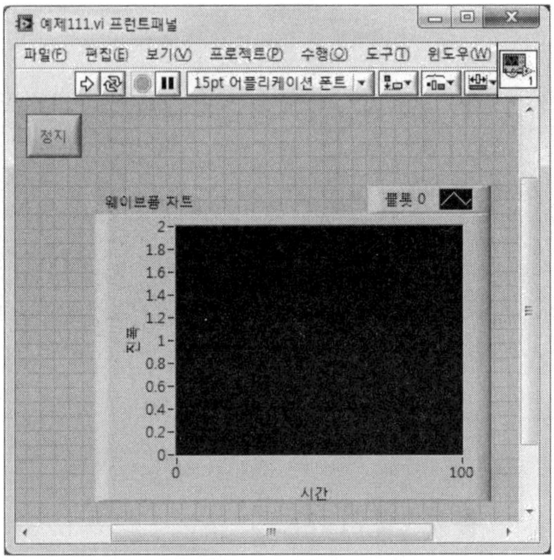

2. 블록 다이어그램에서 while루프를 만들고 조건 터미널에 정지버튼을 연결한다. 난수 발생기는 기본적으로 0에서 1까지의 난수가 발생하므로 그대로 클러스터 보조 팔레트에 있는 묶기 함수에 연결한다. 1에서 2까지의 난수는 난수 발생기의 출력에 1을 더해서 묶기 함수에 연결한다. 묶기 함수로 생성된 클러스터를 웨이브폼 차트에 연결한다.

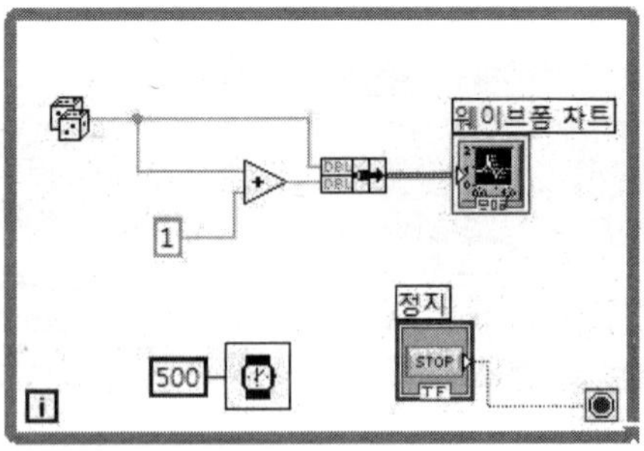

3. VI를 실행시켜 웨이브폼 차트를 확인한다. VI가 실행 중에 차트의 내용을 지우려면 마우스 오른쪽 버튼을 이용해 팝업메뉴를 활성화시키고 차트 지우기를 선택하면 된다. 만약 VI가 편집 모드라면 팝업 메뉴에서 데이터 처리 부메뉴에서 차트지우기를 선택한다.

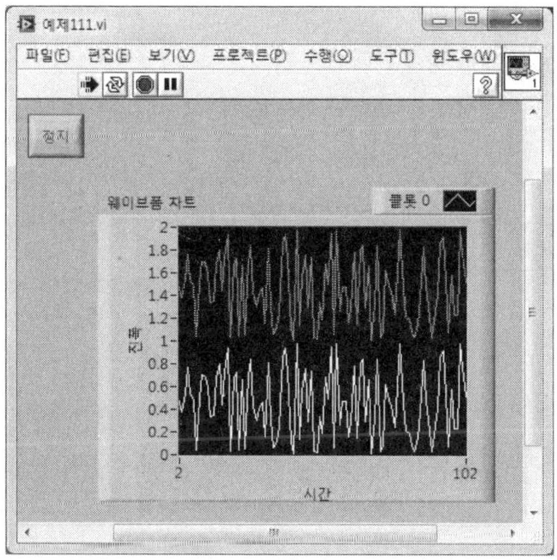

예제 11-2

쌓기 플롯을 이용하는 웨이브폼 차트

sine함수와 cosine함수를 동시에 그리는 쌓기 플롯 웨이브폼 차트를 작성하시오.

1. 프런트 패널을 다음과 같이 작성한다.

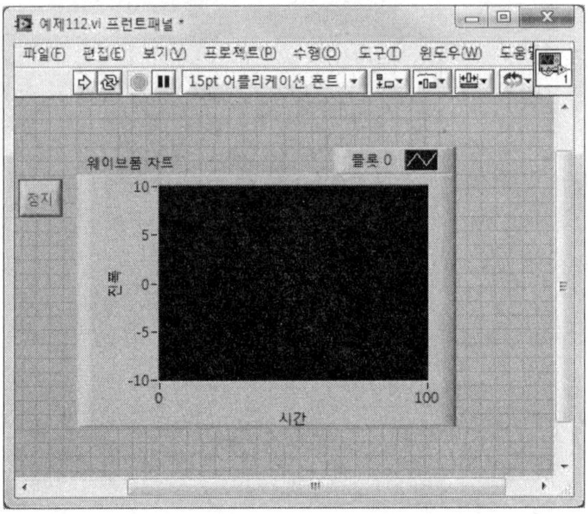

2. 블록 다이어그램에서 while 루프를 만들고 조건 터미널에 정지버튼을 연결한다. 블록 다이어그램의 함수의 수학 메뉴 중에 sine함수와 cosine함수를 위치시킨다. 묶기 함수를 이용해 sine함수의 출력과 cosine함수의 출력을 묶어서 클러스터로 만든다. 생성된 클러스터를 웨이브폼 차트에 연결한다.

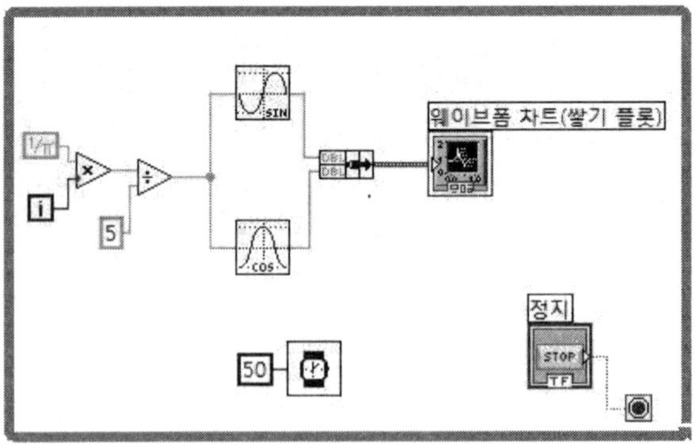

찾아보기 $1/\pi$은 숫자형 내에 수학&과학 상수 안에 있다.

3. VI를 실행시켜 웨이브폼 차트를 확인한다. 오버레이 플롯으로 변경하려면 VI를 편집모드로 변경한 후에 차트 팝업메뉴에서 플롯 오버레이를 선택한다.

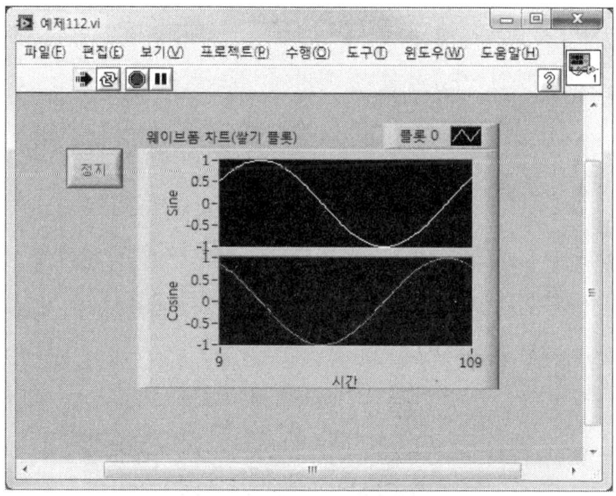

11.2 웨이브폼 그래프

웨이브폼 차트는 시간에 따라 입력된 데이터를 순서대로 표시한다. 하지만 웨이브폼 그래프는 미리 저장되어 있는 배열 자료들을 한꺼번에 입력받아 그래프를 그린다.

1 단일 플롯 웨이브폼 그래프

웨이브폼 그래프는 컨트롤 팔레트의 그래프 보조 팔레트에서 찾아볼 수 있다. 웨이브폼 그래프는 일정한 시간 간격으로 증가하는 가로(X)축 값에 대응하는 세로(Y)축 값을 그래프로 그리며 초기 형태는 다음과 같다.

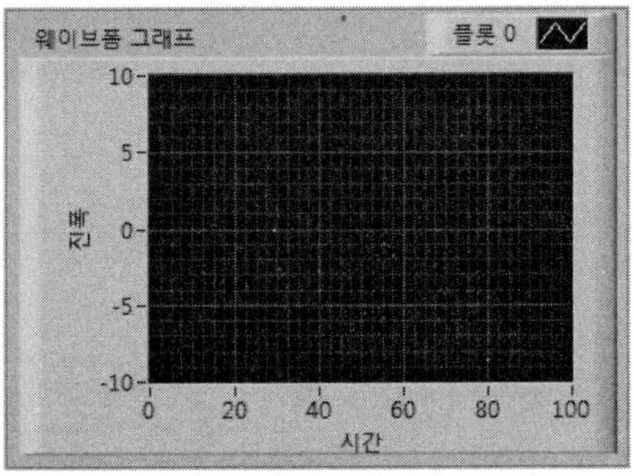

[그림 11.9] 웨이브폼 그래프의 초기 모양

웨이브폼 차트와 그래프는 외관은 거의 비슷하지만 입력되는 데이터 형은 전혀 다르므로 주의해야 한다. 0에서 1까지의 난수 10개를 발생시켜 웨이브폼 그래프에 표시해 보자. for 루프의 최종 값이 10이므로 i는 0에서 1씩 증가해 9가 되면 반복 연산을 종료한다. for 루프의 경계면은 오토인덱싱 기능이 있으므로 10개의 원소가 루프 경계면에 쌓여 있다가 루프가 종료되면 한꺼번에 웨이브폼 그래프로 출력된다.

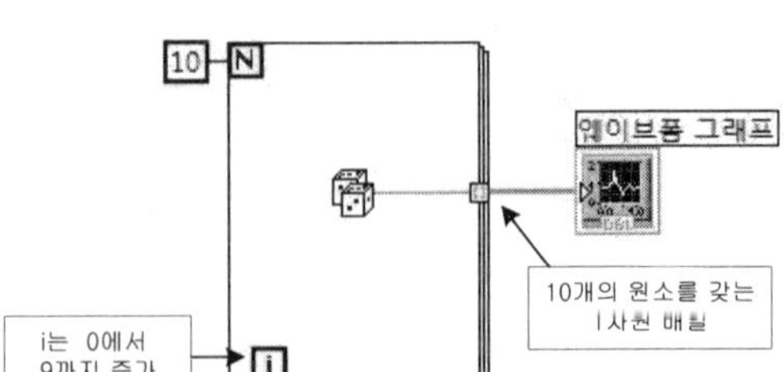

[그림 11.10] 난수 발생 웨이브폼 그래프

웨이브폼 차트는 기본적으로 스칼라 값을 입력 받을 수 있지만 웨이브폼 그래프는 스칼라는 연결할 수 없고 반드시 배열을 연결해야 한다.

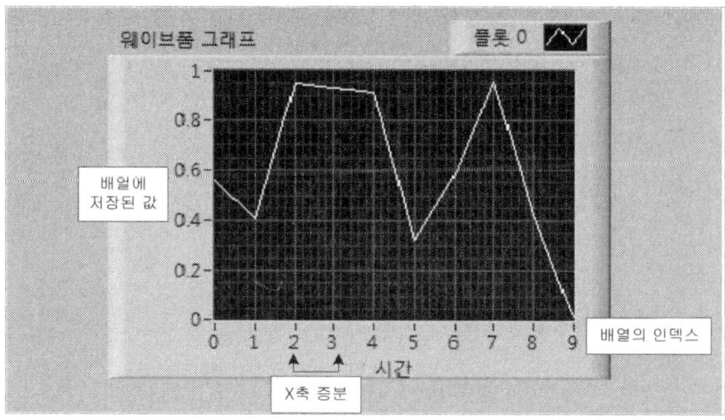

[그림 11.11] 웨이브폼 그래프의 출력

단일 플롯 웨이브폼 그래프에서 보통 X축은 배열의 인덱스를 의미하며, 0에서 1씩 증가해 9까지의 인덱스를 표시하고 있다. 또한 Y축은 해당 인덱스에 저장되어 있는 배열의 값을 의미한다. 예를 들면 인덱스가 0인 배열에 저장된 값은 약 0.58이고 인덱스가 1인 경우는 약 0.40이 된다는 뜻이다.

기본적으로 X축은 배열의 인덱스를 나타내지만 때에 따라서는 시간을 표현할 수도 있다. 만약 X축의 초기 값을 1로 하고 X축의 증분을 0.1씩 증가시키려면, 초기 값과 증분, 출력배열을 클러스터로 만들어서 웨이브폼 그래프에 입력하면 된다.

0에서 1까지의 난수를 10개의 배열에 저장하고 x축의 초기값은 1, 증분을 0.1로 했을 때 웨이브폼 그래프를 그려보자. 먼저 블록 다이어그램을 다음과 같이 작성한다.

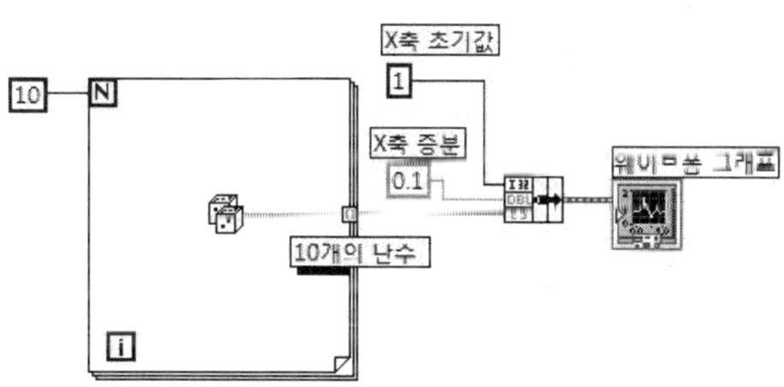

[그림 11.12] 초기값과 증분을 지정한 웨이브폼 그래프

VI를 실행시킨 후에 프런트 패널을 살펴보자. X축의 초기 값은 1, 증분은 0.1로 지정했으므로 X축은 1부터 시작해 0.1씩 증가하는 그래프가 그려짐을 알 수 있다. 또한 배열의 원소가 10개이므로 X축의 마지막 값은 1.9가 된다.

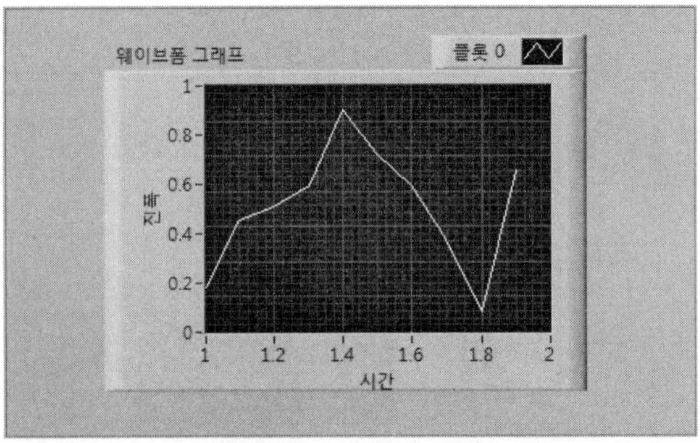

[그림 11.13] 초기값과 증분이 지정된 웨이브폼 그래프

2 멀티 플롯 웨이브폼 그래프

단일 플롯 웨이브폼 그래프의 입력이 1차원 배열이라면 멀티 플롯 웨이브폼 그래프는 2차원 배열이 입력되어야 함을 쉽게 알 수 있다. 0에서 1까지의 난수와 2에서 3까지의 난수를 각각 10개씩 발생시켜 웨이브폼 그래프에 동시에 표시해 보자. 먼저 블록 다이어그램을 다음과 같이 작성한다.

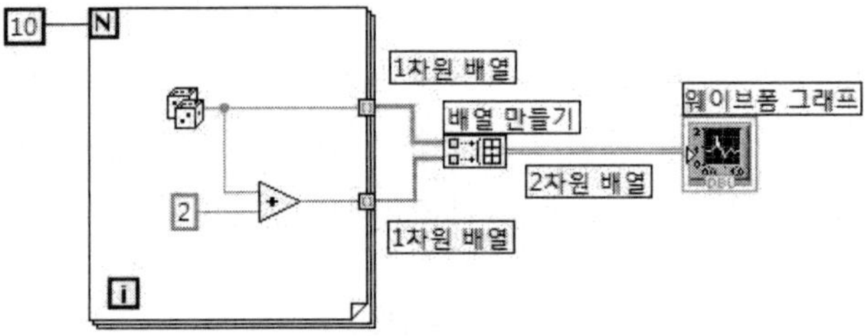

[그림 11.14] 멀티플롯 웨이브폼 그래프

0에서 1까지의 난수가 저장되어 있는 첫 번째 배열은 1행 10열의 원소를 갖고 있는 1차원 배열이다. 또한 2에서 3까지의 난수가 저장된 두 번째 배열도 1행 10열의 원소를 갖고 있는 1차원 배열이다. 따라서 배열 만들기 함수를 이용해 2차원 배열로 만든 이후에 웨이브폼 그래프에 연결하면 멀티 플롯 웨이브폼 그래프를 얻을 수 있다.

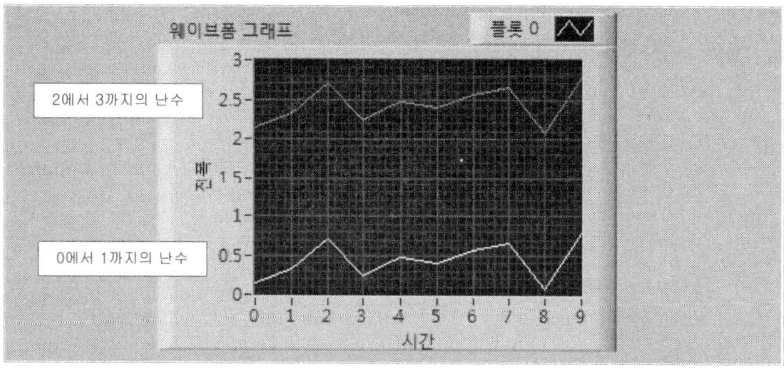

[그림 11.15] 멀티 플롯 웨이브폼 그래프의 프런트 패널

만약 하나는 1차원 배열이 1행 10열의 원소를 갖고 있고, 다른 하나는 10행 1열의 원소를 갖고 있다면 배열 만들기 함수로 바로 2차원 배열을 만들 수 없다. 이런 경우에는 행과 열을 교환시켜 주는 전치(transpose) 배열 함수로 행과 열의 개수를 동일하게 맞춘 이후에 2차원 배열로 묶어야 한다.

예제 11-3 단일 플롯 웨이브폼 그래프

웨이브폼 그래프를 이용해 sine함수를 출력하시오.

1. 프런트 패널에 웨이브폼 그래프를 위치시킨다.

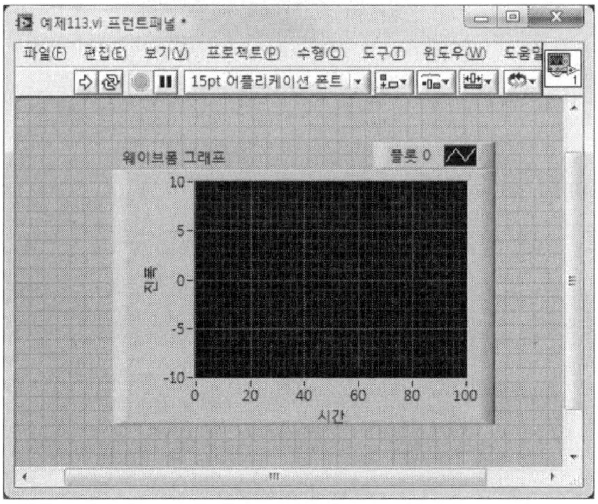

2. 블록 다이어그램에 for루프를 만들고 최종 값은 100으로 한다. 함수의 수학 메뉴에서 sine 함수를 위치시킨다. sine함수의 입력 값은 스칼라 숫자나 배열을 이용할 수 있고 단위는 라디안이다.

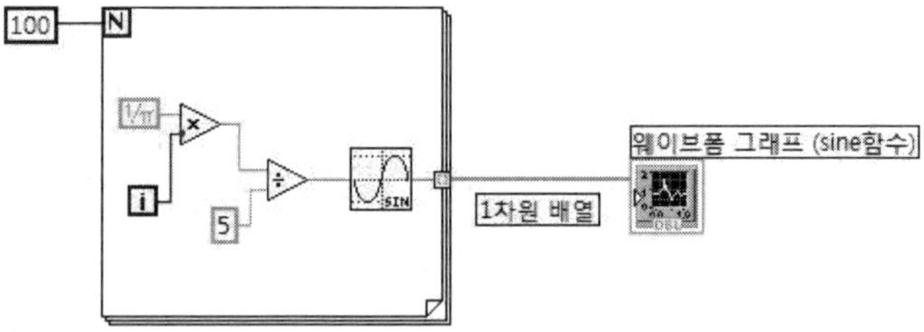

찾아보기 $1/\pi$은 숫자형 내에 수학&과학 상수 안에 있다.

3. VI를 실행시켜 웨이브폼 그래프의 sine함수 파형을 확인한다.

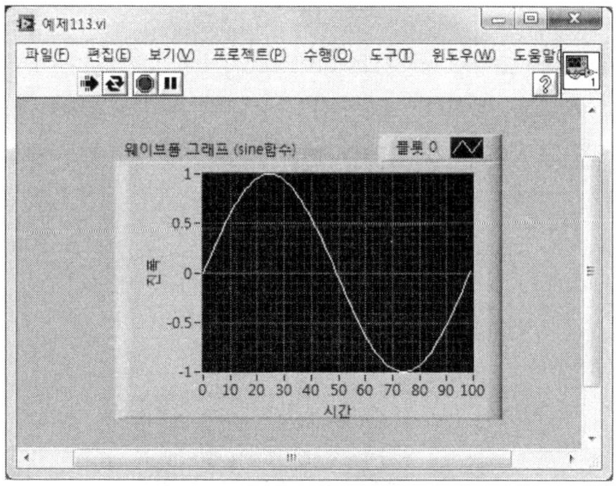

예제 11-4 멀티 플롯 웨이브폼 그래프

sine함수와 cosine함수를 동시에 그리는 웨이브폼 그래프를 작성하시오.

1. 프런트 패널에 웨이브폼 그래프를 위치시킨다.

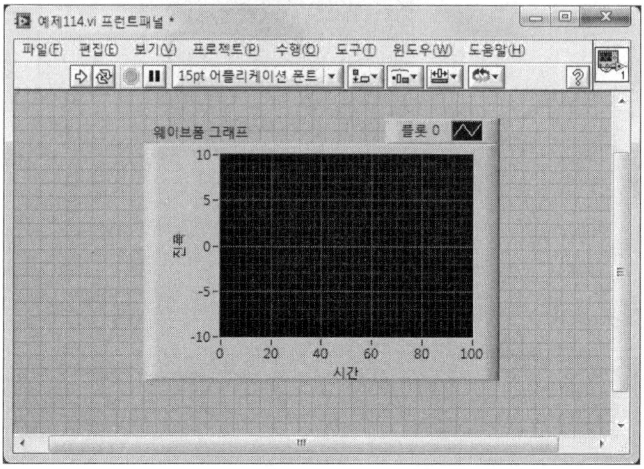

2. 블록 다이어그램에 for루프를 만들고 최종 값은 100으로 한다. 함수의 수학 메뉴에서 sine 함수와 cosine함수를 위치시킨다. sine과 cosine 함수의 출력 값은 1차원 배열이므로 배열 만들기 함수를 이용해 2차원 배열을 만들고 웨이브폼 그래프에 연결한다.

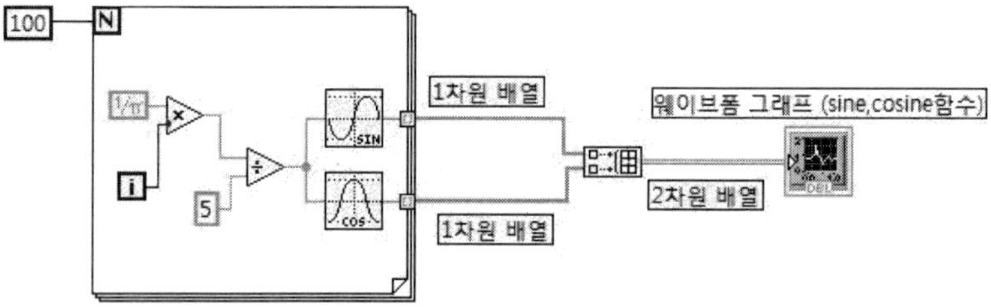

3. VI를 실행시켜 sine함수와 cosine함수의 파형을 확인한다.

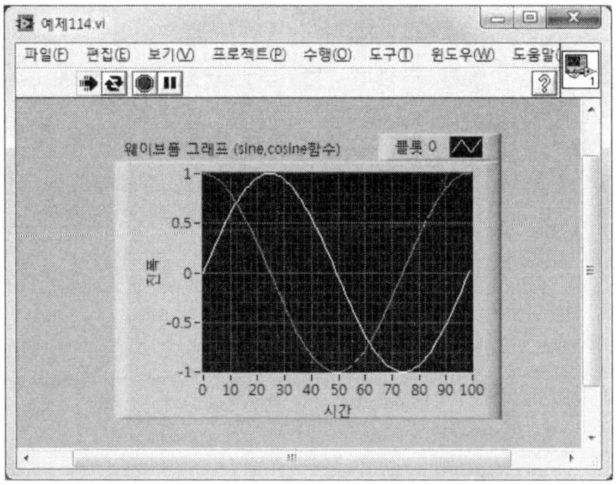

11.3 XY 그래프

웨이브폼 차트나 그래프는 X값을 순차적으로 증가시키기 때문에 한 개의 X축 값에 대응하는 여러 개의 Y축 값을 표시할 수 없다. 즉, 항상 X축과 Y축이 일대일 대응으로 그래프를 그린다. 하지만 XY 그래프는 하나의 X축 값에 여러 개의 Y축 값을 표시할 수 있으므로 X축과 Y축이 일대다 대응일 때 유용하게 사용할 수 있다. 또한 데이터가 불규칙한 간격으로 나열되어 있는 경우에도 XY 그래프는 매우 유용하다.

1 XY 그래프

XY 그래프는 컨트롤 팔레트의 그래프 보조 팔레트에서 찾아볼 수 있다. XY 그래프는 항상 2개의 배열을 입력받으며 이들을 클러스터로 변환한 후에 XY 그래프로 연결해야 한다.

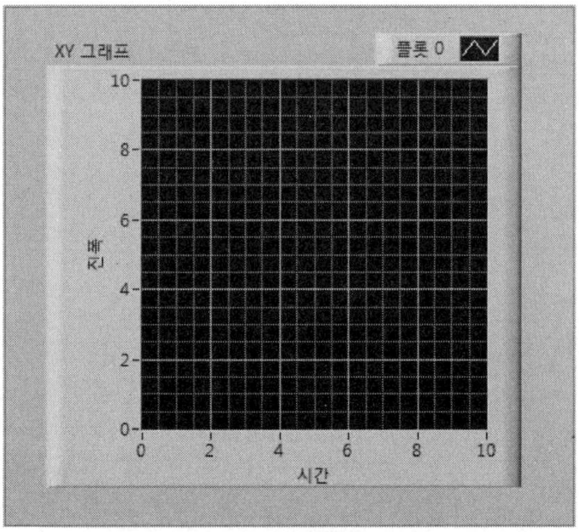

[그림 11.16] XY 그래프의 초기 모습

X축 데이터와 Y축 데이터를 각각 5개씩 갖는 다음의 경우를 생각해 보자.

[표 11.1]

X축 데이터	1.0	2.0	1.0	2.0	1.0
Y축 데이터	1.5	2.8	1.9	3.5	4.1

X축의 변화는 1.0에서 2.0으로 다시 1.0에서 2.0의 순서로 바뀌고 있다. 또한 X축 1.0에 대응되는 Y축의 값은 1.5, 1.9, 4.1로 3개를 갖고 있다. 따라서 이런 경우에는 X축이 증분이 일정하게 증가하는 웨이브폼 그래프로는 플롯을 작성할 수 없고 XY 그래프를 이용해야 한다. XY 그래프는 X축 데이터와 Y축 데이터를 반드시 클러스터로 만든 이후에 XY 그래프로 연결해야 한다. 만약 웨이브폼 그래프처럼 배열 만들기를 이용해 2차원 배열을 연결하면 와이어가 깨진다.

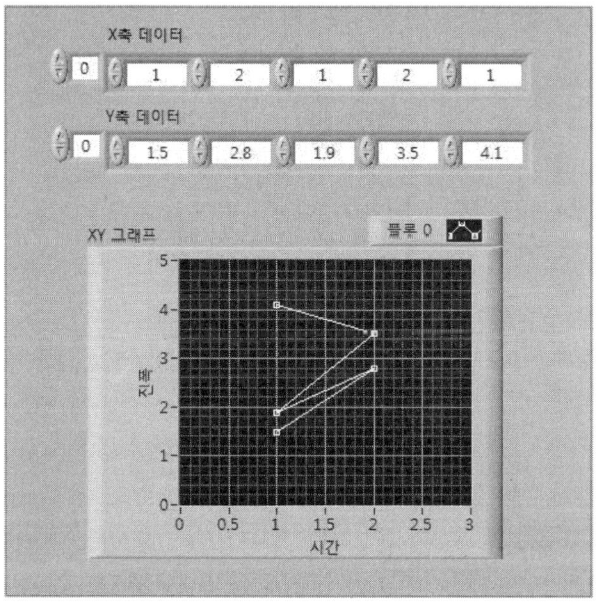

[그림 11.17] XY 그래프의 프런트 패널

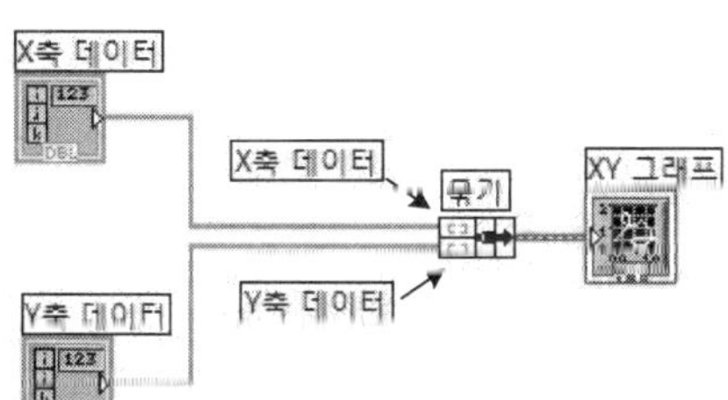

[그림 11.18] XY 그래프의 블록 다이어그램

블록 다이어그램에서 묶기 함수에 배열이 연결되는 경우에는 자동으로 위쪽 데이터는 X축 데이터, 아래쪽 데이터는 Y축에 할당된다. 프런트 패널의 플롯은 점(1.0, 1.5), (2.0, 2.8), (1.0, 1.9), (2.0, 3.5), (1.0, 4.1)이 차례로 연결된 그래프임을 알 수 있다.

예제 11-5 XY 그래프

sine함수와 cosine함수를 이용해 원을 그리는 VI를 작성하시오.

1. 프런트 패널에 XY 그래프를 위치시킨다.

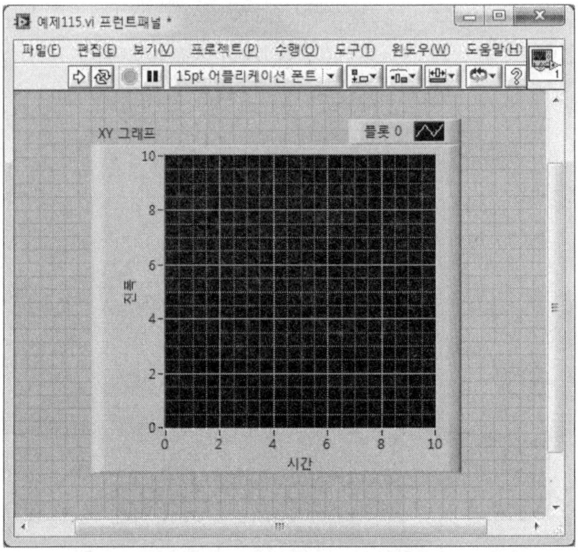

2. 블록 다이어그램에 for 루프를 만들고 최종 값은 101로 한다. 함수의 수학 메뉴 중 기본 함수에서 sin · cos함수를 위치시킨다. sin · cos함수의 출력 값은 각각 1차원 배열이므로 묶기 함수를 이용해 클러스터를 생성한 후에 XY 그래프에 연결한다.

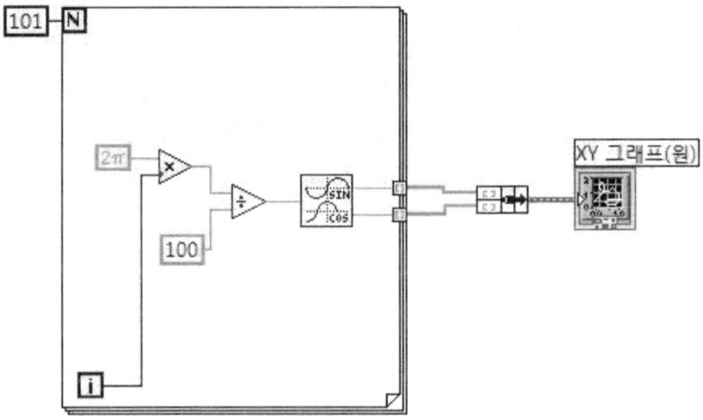

3. VI를 실행시켜 프런트 패널에 원이 그려지는지 확인한다.

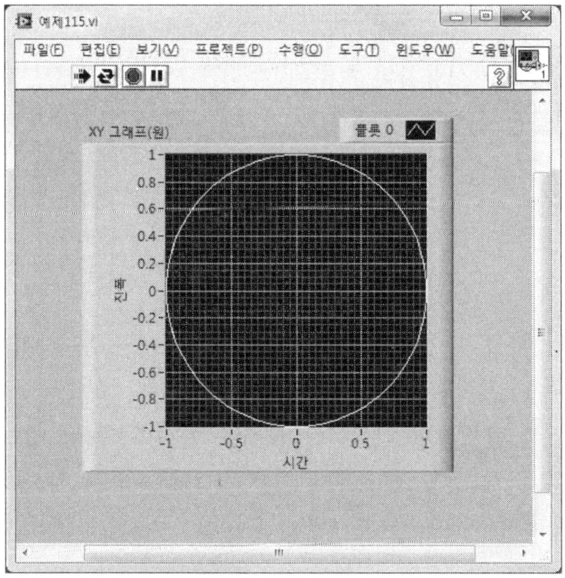

11.4 차트와 그래프의 구성요소

차트와 그래프에는 플롯을 사용자의 요구에 맞출 수 있는 다양한 기능들이 내장되어 있다. 여기서는 차트의 옵션들을 위주로 설명하겠지만 이 내용들은 그래프에서도 공통으로 사용할 수 있다.

1 팝업메뉴

차트의 팝업메뉴에는 차트 팝업메뉴와 플롯 범례 팝업메뉴 두 가지가 있다. 차트 팝업메뉴는 차트 위에서 마우스 오른쪽 버튼을 클릭하면 나타나는 메뉴를 의미하고 플롯 범례 팝업메뉴는 플롯 범례 박스를 클릭하면 나타나는 메뉴를 말한다. 이들 팝업메뉴에는 차트의 형태를 설정하는 기능, 플롯의 형태를 설정하는 기능, 차트의 데이터를 삭제하는 기능, 스크롤바를 이용해 데이터를 저장하는 기능들이 내장되어 있다.

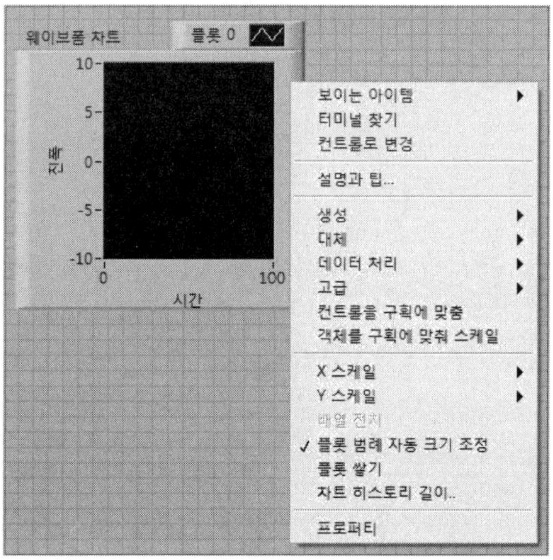

[그림 11.19] 차트 팝업 메뉴의 종류

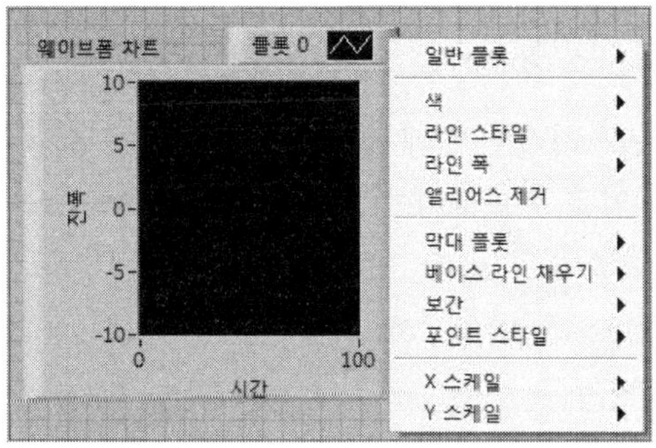

[그림 11.20] 플롯 범례 팝업 메뉴의 종류

2 보이는 아이템 메뉴

편집모드에서 차트를 팝업하고 보이는 아이템을 선택하면 차트에서 사용할 수 있는 다양한 옵션들을 볼 수 있다.

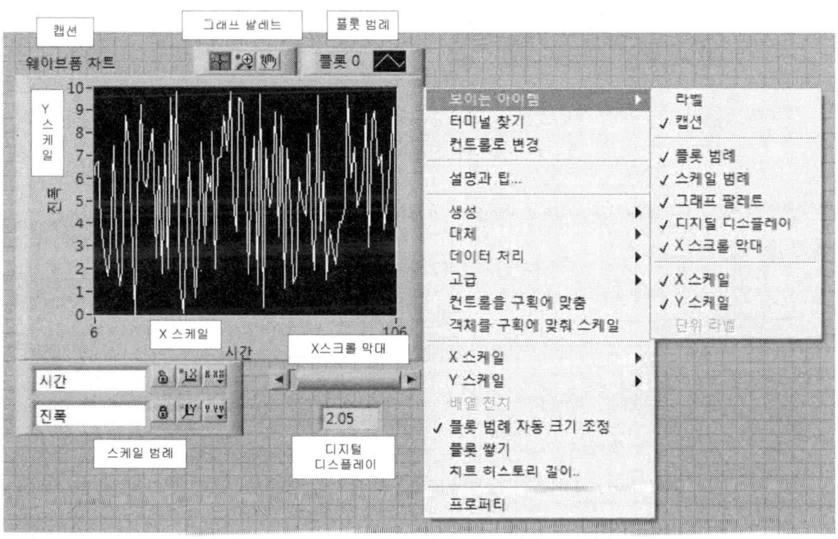

[그림 11.21] 보이는 아이템 메뉴의 보조메뉴들

보이는 아이템 메뉴에는 라벨, 캡션, 플롯 범례, 스케일 범례, 그래프 팔레트, 디지털 디스플레이, X 스크롤 막대, X 스케일, Y 스케일 항목이 포함되어 있다. 이 항목들이 체크되어 있으면 화면에 표시하고 체크를 해제하면 화면에 표시되지 않는다. 또한 이들 항목은 차트에 귀속되어 있으므로 위치를 이동할 수는 있지만 개별적으로 삭제할 수는 없다.

3 X, Y 스케일

차트와 그래프에는 플롯을 최적의 상태로 표현할 수 있는 X, Y 스케일 메뉴를 갖고 있다. X 스케일은 수평축의 스케일을 의미하며, Y스케일은 수직축의 스케일을 말한다. 여기서 스케일이란 사용자가 보기 좋도록 X, Y축의 크기를 변화시키는 것을 의미한다. LabVIEW는 사용자가 X, Y축의 초기값과 최종값을 지정하지 않아도 입력되는 데이터를 이용해 자동으로 X, Y축의 크기 및 증분을 지정하는 오토스케일 기능을 갖고 있다. 한 가지 기억해 둘 것은 그래프는 기본값으로 오토스케일을 사용하지만 차트는 오토스케일을 사용하지 않는다는 것이다. X, Y 스케일은 차트를 팝업하면 나타나며 X축과 Y축을 각각 별도로 지정할 수 있다.

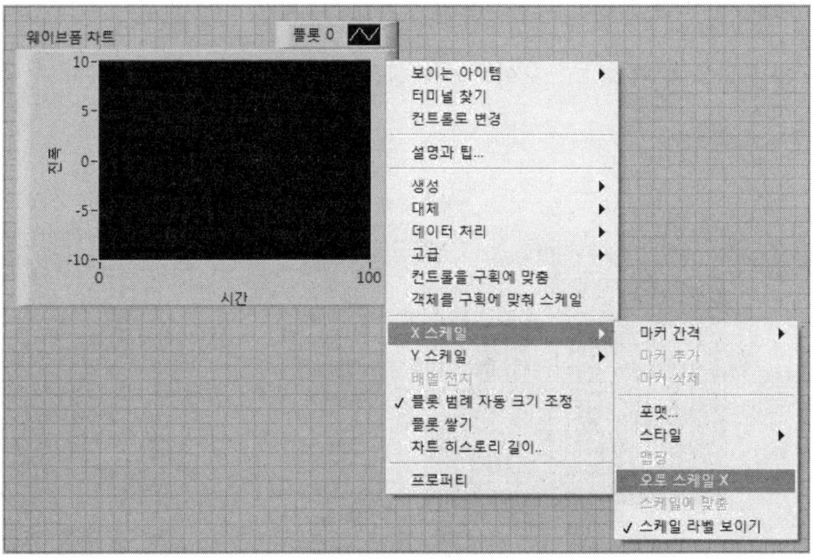

[그림 11.22] 차트의 X 스케일 메뉴와 보조메뉴들

차트는 기본적으로 오토스케일이 설정되어 있지 않기 때문에 오토스케일 X 항목을 체크표시(√)하면 오토스케일이 설정된다. 하지만 차트에서 오토스케일을 설정하면 새로운 플롯이 그려질 때마다 새로운 스케일을 반복해서 계산해야하므로 실행속도가 약간 느려지게 된다. 만약 오토스케일을 해제하려면 체크표시(√)를 다시 한 번 선택하면 된다. 다음은 X, Y 스케일에 포함되어 있는 보조메뉴들의 사용법을 알아보자.

■ 포맷 옵션

포맷 옵션을 선택하면 차트 프로퍼티 대화상자가 나타나며 여기서 스케일에 관계된 여러 값들을 설정할 수 있다. 포맷과 정밀도 탭의 첫 번째 항목은 X축과 Y축의 이름을 표시하는 기능으로 차트에 붙여진 이름이 그대로 나타난다. 축 이름은 여기서는 변경할 수 없고 차트에서 라벨링 툴을 이용해 이름을 변경해야 한다.

타입 항목은 표시되는 숫자의 형식을 지정하는 기능으로 부동소수는 소수점을 갖고 있는 실수를 의미하며 소수점 밑의 자릿수를 지정할 수도 있다. 또한 과학적 숫자는 10의 거듭제곱 형태로 표현되는 숫자를 의미한다. 예를 들어 과학적 숫자 1E+2는 $1 \times 10^{+2}$을 의미한다.

포맷 옵션은 기본 편집모드와 고급 편집모드 두 가지 모드가 있는데 고급 편집모드를 이용하면 %f, %d와 같은 포맷 문자열을 숫자에 추가할 수도 있다.

[그림 11.23] 차트 프로퍼티의 포맷과 정밀도 옵션

■ 스타일 옵션

스타일 옵션은 주 눈금 혹은 보조 눈금의 표시 여부를 선택하는 항목으로 주 눈금은 스케일된 숫자가 표시되는 곳이고, 보조 눈금은 주 눈금 내부의 작은 눈금들을 의미한다. 만약 축의 눈금을 감추고 싶다면 6번째 스타일을 선택하면 된다.

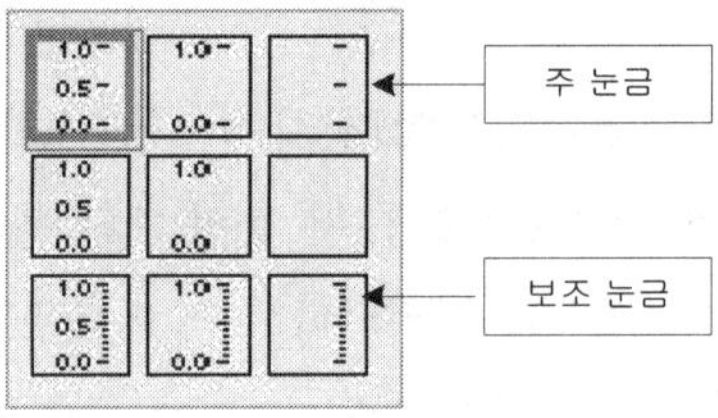

[그림 11.24] 스타일 옵션의 항목

4 플롯 범례 메뉴

범례(legend)란 차트 내의 선들이 무엇을 나타내고 있는지 간단히 보여주는 목록을 말한다. 플롯 범례 상자에서 마우스 오른쪽 버튼을 클릭하면 플롯 설정에 필요한 다양한 옵션들을 볼 수 있다. 주로 플롯의 스타일, 색상, 라인 스타일과 폭에 관계되는 항목들이다.

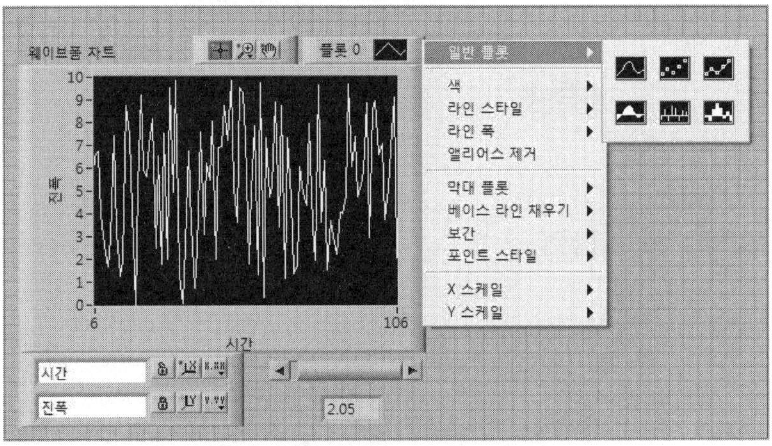

[그림 11.25] 플롯 범례의 부메뉴들

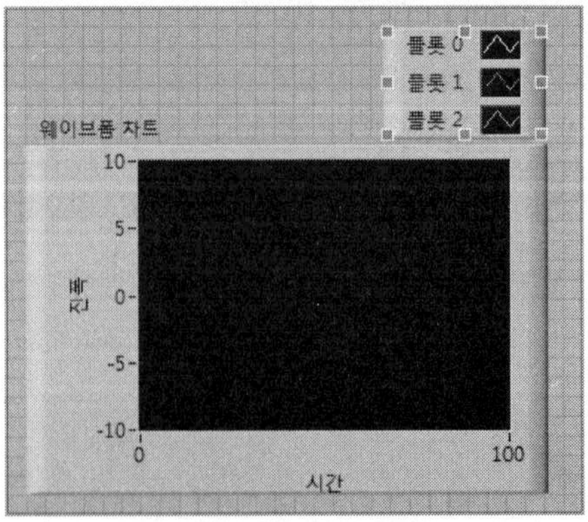

[그림 11.26] 3개의 플롯 샘플을 갖는 차트

차트는 사용자가 지정하지 않으면 기본 플롯으로 그래프가 그려진다. 최초에 플롯 범례는 한 개만 플롯 박스에 나타나지만 마우스를 포지셔닝툴 변환한 후에 모서리를 잡고 늘리면 여러 개의 플롯 샘플을 표시할 수 있다. 플롯 범례는 차트에 종속적이므로 차트를 이동하면 따라서 움직이지만 플롯 범례만을 삭제할 수는 없다.

[그림 11.27] 플롯 범례 부메뉴

■ 일반 플롯 옵션

플롯을 그리는 형식을 지정하는 메뉴로 선을 이용하는 차트, 바를 이용하는 차트, 0을 기준으로 하는 차트 등의 6가지 차트를 선택할 수 있다.

■ 색, 라인스타일, 라인 폭 옵션

차트에 그려지는 라인의 색상과 실선, 점선과 같은 라인의 종류, 라인의 폭을 설정할 수 있다.

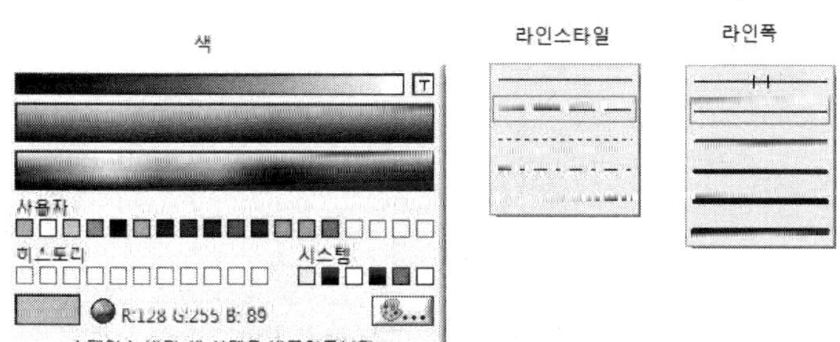

[그림 11.28] 라인의 색상, 스타일, 폭을 지정

■ 막대 플롯 옵션

세로 막대형 차트와 가로 막대형 차트를 지정할 수 있는 항목으로 막대의 폭에 따라 10가지 종류의 막대그래프를 선택할 수 있다.

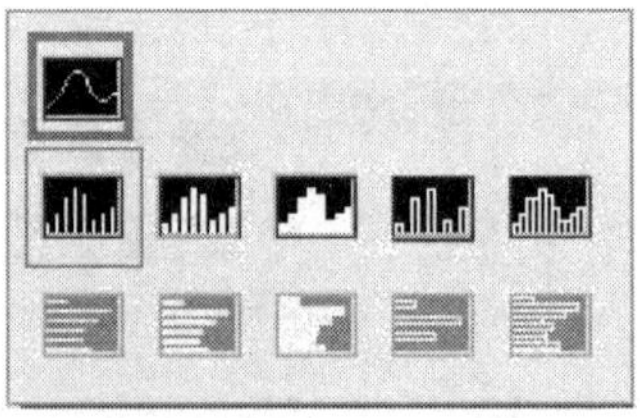

[그림 11.29] 막대 플롯 메뉴

■ 베이스 라인 채우기 옵션

그래프의 기준선을 설정하는 항목이다.

■ 보간(interpolation) 부메뉴

점과 점 사이를 어떤 방식으로 연결할지를 설정하는 메뉴로 6가지 방식을 선택할 수 있다.

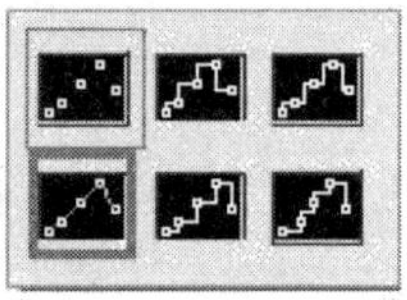

[그림 11.30] 보간 옵션

■ 포인트 스타일 부메뉴

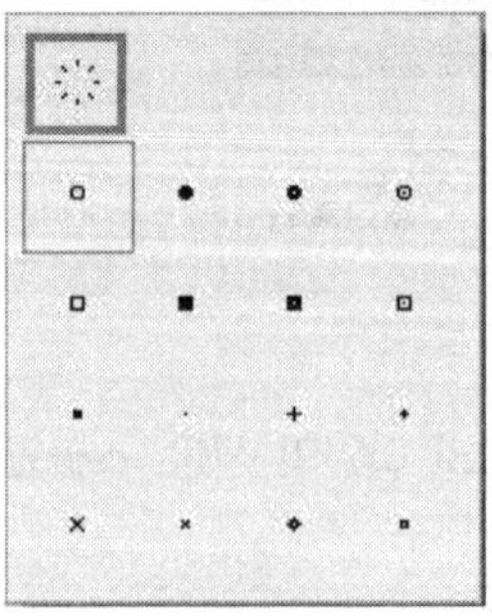

[그림 11.31] 포인트 스타일 메뉴

X축 값에 대응되는 Y축 값을 표시하는 점들을 지정할 수 있는 메뉴로 총 16가지 기호의 점들을 지정할 수 있다.

5 프로퍼티 메뉴

LabVIEW 7.0 이상에서는 사용자의 편의를 위해 차트 팝업메뉴와 플롯 범례 팝업메뉴를 프로퍼티 메뉴에 모두 내장시켜 놓았다. 따라서 차트의 구성요소 대부분을 프로퍼티에서 설정할 수 있다. 프로퍼티에는 모양, 포맷과 정밀도, 플롯, 스케일, 문서, 데이터 연결과 같은 탭을 갖고 있으며 설정하는 방법은 팝업 메뉴와 동일하므로 자세한 설명은 생략하기로 한다.

[그림 11.32] 차트의 프로퍼티(속성) 대화상자

예제 11-6 차트의 옵션 설정

0～1, 1～2, 2～3까지의 난수를 발생시켜 다중 플롯 차트에 표시하시오. 단, 플롯 범례를 모두 표시하고, 0번 플롯은 막대 플롯, 1번은 가는 선 플롯, 2번은 굵은 선 플롯으로 표시하시오. 또한 현재의 출력 값을 디지털로 나타내시오.

1. 프런트 패널을 다음과 같이 작성한다. 디지털 디스플레이는 차트를 팝업하면 보이는 아이템 메뉴에 포함되어 있다. 또한 플롯 범례상자는 마우스로 상자의 모서리를 잡고 늘려서 3개의 플롯 범례가 나타나게 한다.

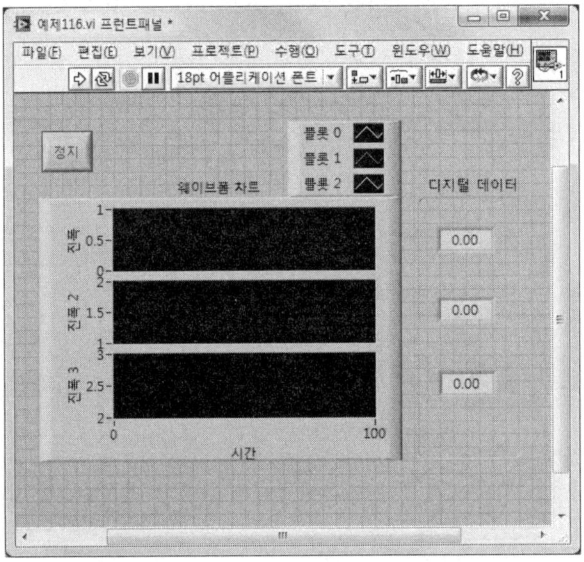

2. 블록 다이어그램에 다음과 같이 작성한다. 시간 지연은 500ms로 설정한다.

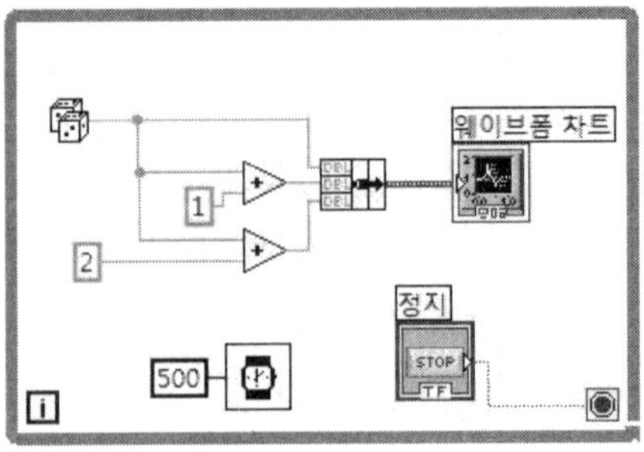

3. 플롯 0의 범례상자를 팝업하여 막대 플롯 옵션에서 4번째 모양을 선택한다. 다음에 플롯 2의 범례상자를 팝업하여 라인 폭을 변경한다. VI를 실행시켜 다양한 형식의 플롯을 확인한다.

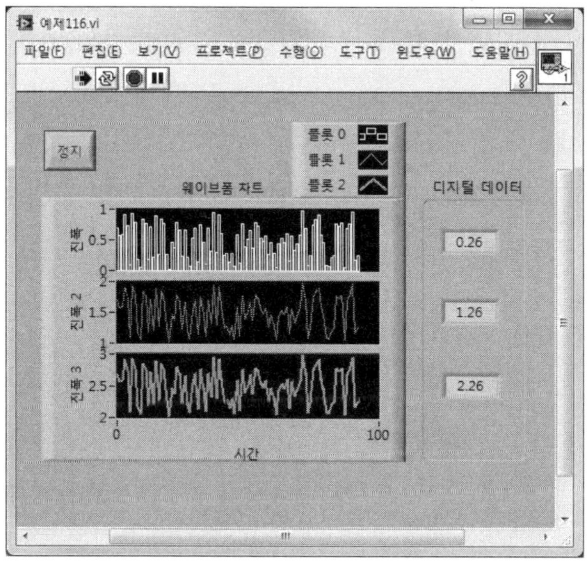

연습문제

1. 불리언 스위치가 ON일 때는 정수 1을 출력하고, 불리언 스위치가 OFF일 때는 정수 0을 출력하는 VI를 작성하시오. 또한, 출력 값이 1일 경우에는 LED에 불이 켜지도록 하시오.

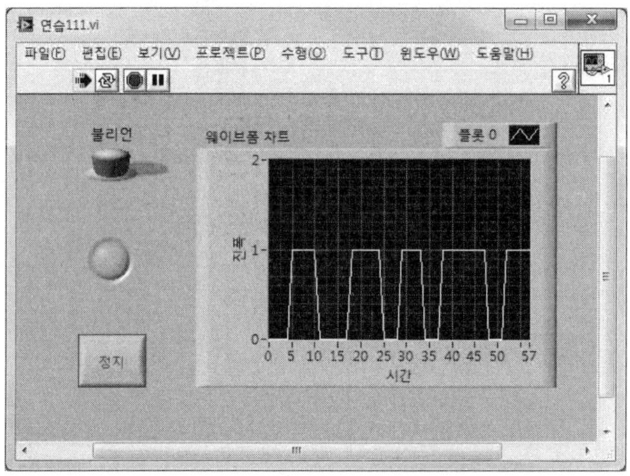

2. 노브 컨트롤을 이용해 사인 함수의 주기를 변경시키는 VI를 작성하시오.

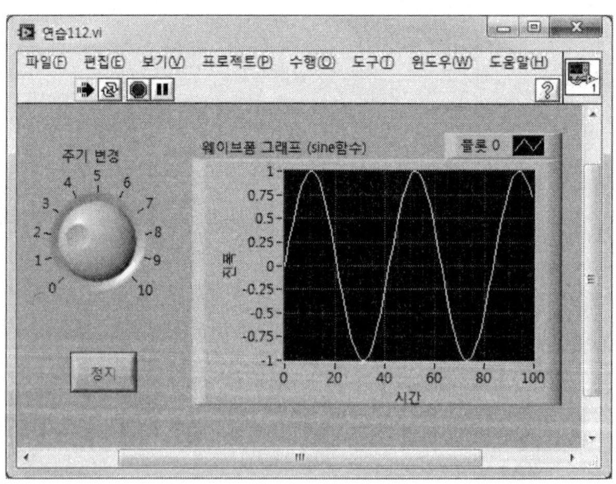

3. 무작위수 발생확인 버튼을 누르면 난수가 발생되고, 차트 지우기 버튼을 누르면 웨이브폼 차트의 데이터를 모두 지우는 VI를 작성하시오.

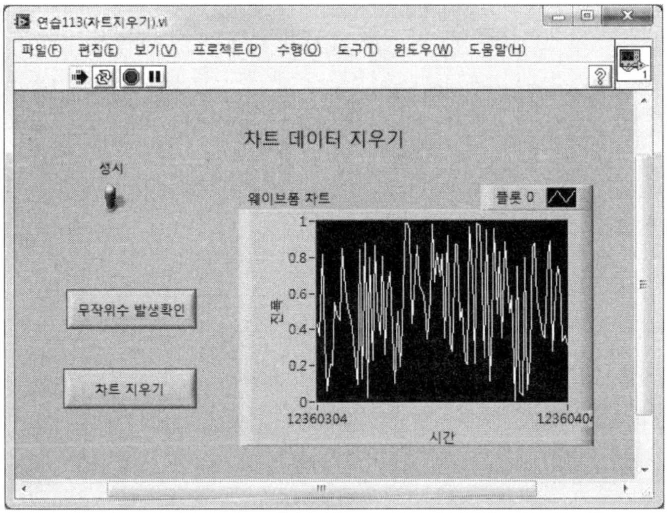

HINT 차트의 프로퍼티 노드를 이용해 삭제한다. 16장의 고급 기능을 참고한다.

memo for LabVIEW

제12장 문자열

문자열이란 문자들을 나열해 놓은 것을 말하며 영문자와 한글, 특수문자를 모두 사용할 수 있다. 보통 계측기들 간의 정보를 주고받는 통신은 문자열이 기본이 되므로 사용 방법을 자세히 알아두자.

학습목표

- 문자열의 의미를 이해한다.
- 문자열 컨트롤과 인디케이터의 사용법을 학습한다.
- 문자열 관련 함수들의 사용법을 익힌다.
- 문자열과 숫자를 상호 변환하는 함수의 사용법을 익힌다.

차례

12.1 문자열 컨트롤과 인디케이터

문자열이란 문자들을 나열해 놓은 문자들의 모임을 말한다. 보통 문자는 아스키 코드(ASCII)로 표시되며 컴퓨터 키보드에 있는 모든 문자와 특수 기호들이 문자열에 삽입될 수 있다. 또한 눈에 보이지 않는 공백이나 단락기호(enter)도 하나의 문자로 간주한다.

1 문자열 컨트롤과 인디케이터

문자열은 LabVIEW에서 숫자형, 불리언 형과 같은 중요한 데이터 형 중에 하나이다. 문자열 컨트롤과 인디케이터는 컨트롤 팔레트의 문자열 & 경로 보조 팔레트에서 찾아볼 수 있다.

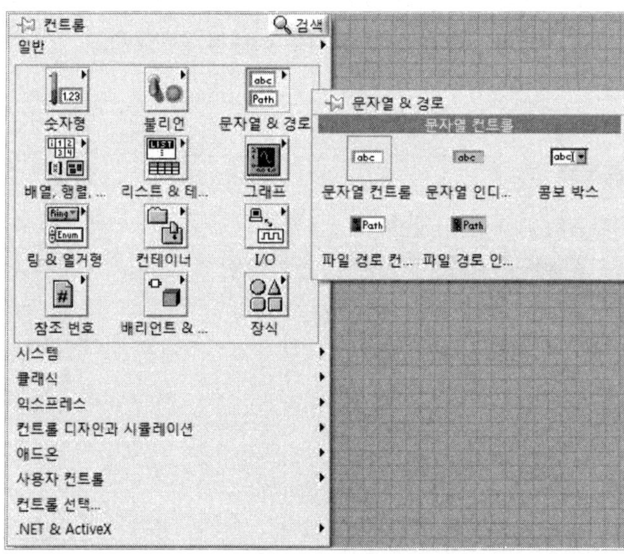

[그림 12.1] 문자열 컨트롤과 인디케이터

문자열 컨트롤과 인디케이터의 간단한 사용법을 알아보자.

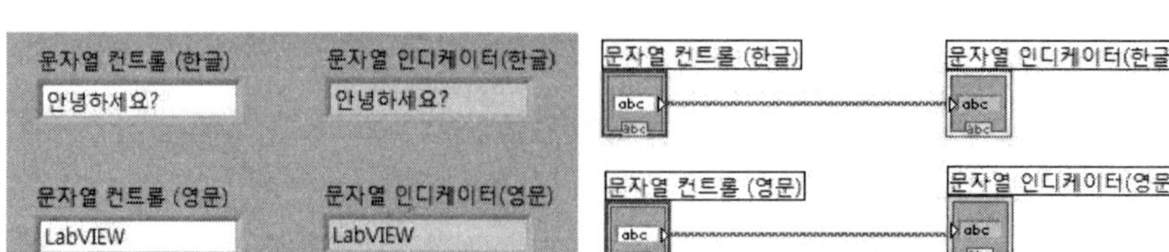

[그림 12.2] 한글과 영문 문자열

LabVIEW의 문자열은 한글과 영문 문자열 모두를 이용할 수 있으며 터미널과 와이어는 모두 분홍색으로 표시된다. 문자열 컨트롤과 인디케이터를 팝업하면 스크롤 막대의 이용유무, 디스플레이 모드변경, 줄 바꿈 옵션 등을 설정할 수 있다. 옵션들의 사용법을 차례차례 알아보자.

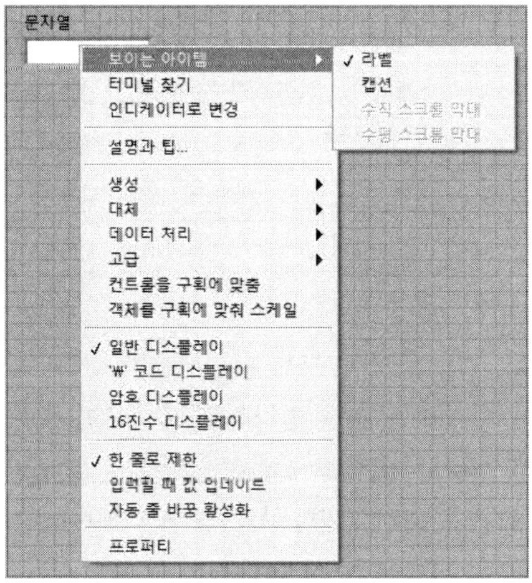

[그림 12.3] 문자열 팝업 메뉴

2 디스플레이 모드

■ 일반 디스플레이

문자열 컨트롤에 입력된 문자열을 그대로 문자열 인디케이터로 출력하는 모드로 가장 일반적인 문자열 출력 모드이다.

■ '₩'코드 디스플레이

일반적으로 화면에 표시할 수 없는 특수 문자를 입력할 수 있는 모드로 space(공백), tab(칸 띄기), Carriage return(왼쪽 끝으로 이동) 등의 문자를 사용할 수 있다.

[표 12.1] LabVIEW의 '₩' 코드

코드	LabVIEW에서 표현
\00 ~ \FF	8비트 문자의 16진수 값으로 대문자만 가능
\b	백스페이스(아스키 코드=BS) : 커서 왼쪽으로 이동
\f	폼 피드(아스키코드=FF) : 다음 페이지 시작
\n	라인피드(아스키코드=LF) : 한줄 아래로 이동
\r	캐리지리턴(아스키코드=CR) : 왼쪽 끝으로 이동
\t	탭(아스키코드=HT) : 탭문자 사용
\s	스페이스 : 공백 넣기
\\	백슬레시(아스키코드=\) : 역슬레시

간단한 예를 통해 \ 코드 디스플레이 모드를 알아보자. 처음에 소문자 a를 입력하고 2칸의 공백을 추가한다. 다음에 소문자 b를 입력하고 줄바꾸기(enter)를 실행한다. 마지막으로 소문자 c, d를 입력 했다고 하자. 일반 모드에서는 공백과 줄바꾸기는 눈으로 확인할 수 없으므로 문자열 컨트롤은 다음과 같다. 만약 문자열 인디케이터의 디스플레이 모드를 \코드 디스플레이로 변경하면 입력된 공백과 엔터키의 \코드를 확인할 수 있다.

[표 12.2] ₩ 코드의 사용 예

일반모드	a	Space Bar	Space Bar	b	Enter↵	c	d
₩코드 모드	a	\s	\s	b	\n	c	d

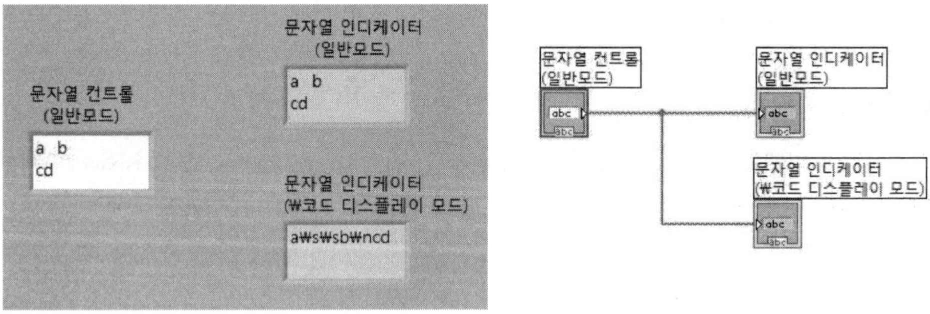

[그림 12.4] 일반모드와 ₩코드 디스플레이 모드

\코드 디스플레이 방법은 뒤에서 배울 직렬 통신이나 계측장비와의 통신에서 표시할 수 없는 문자를 전송할 때 반드시 필요하므로 이번에 자세히 살펴보자.

■ 암호 디스플레이

암호 디스플레이 옵션은 특수기호 *를 이용해 문자열 컨트롤이나 인디케이터에 입력되는 문자를 알아볼 수 없도록 하는 문자열 숨김 기능이다. 비록 프런트 패널에는 *******로 표시되지만 블록 다이어그램에서는 실제 입력된 문자열이 전달된다. 이 옵션은 주로 패스워드 문자열을 입력 받을 때 사용된다.

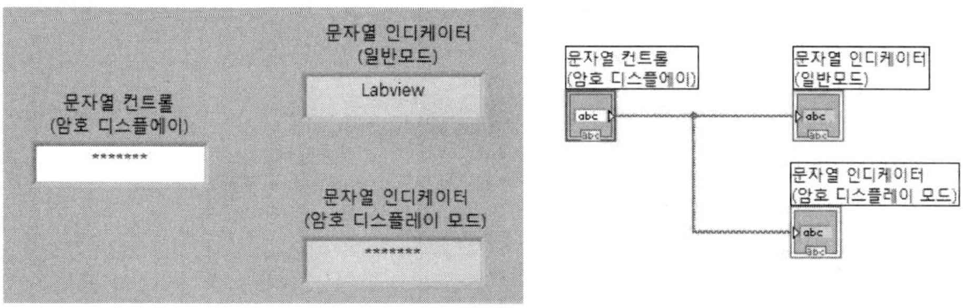

[그림 12.5] 일반모드와 암호 디스플레이 모드

■ 16진수 디스플레이

16진수 디스플레이 모드는 문자열을 영문자 대신에 16진수 코드로 입출력하는 모드로 특수 코드를 입력할 때 주로 사용된다. 예를 들어 'Han 21'이 입력되는 경우를 고려해 보자. 대문자 H의 아스키 코드는 16진수로 48이다. 따라서 16진수 디스플레이 모드를 활성화시키면 48이 출력된다.

[표 12.3] 16진수 디스플레이 모드의 사용 예

입력 문자	H	a	n	Space Bar	2	1
아스키코드(16진수)	48	61	6E	20	32	31

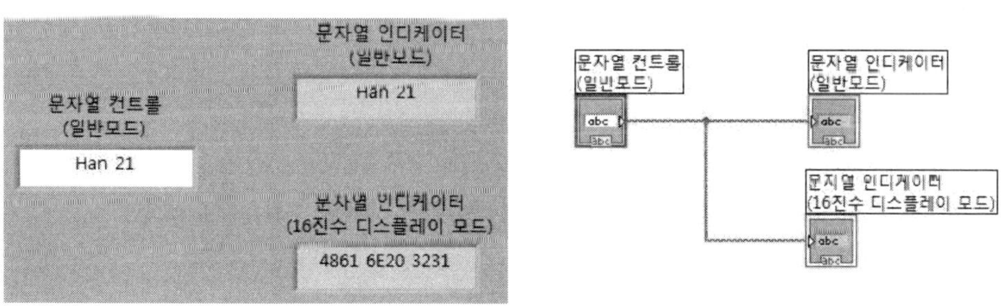

[그림 12.6] 일반모드와 16진수 디스플레이 모드

3 한 줄로 제한 및 자동 줄 바꿈 활성화

■ 한 줄로 제한

문자열 팝업 메뉴에서 한 줄로 제한 옵션을 선택하면 한 줄 이상의 문자열을 입력할 수 없고 엔터키를 누르면 문자열 입력이 자동으로 중단된다. 만약 이 옵션을 해제하고 싶으면 체크표시(√)를 다시 선택하면 된다. 한 줄로 제한 옵션이 활성화되어 있지 않은 경우는 엔터키를 누르면 커서가 새로운 줄로 이동한다.

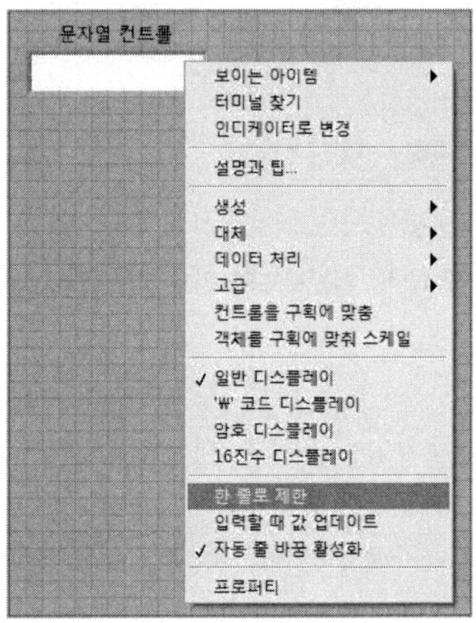

[그림 12.7] 한 줄로 제한 옵션

■ 자동 줄 바꿈 활성화

자동 줄 바꿈 기능이 선택되어 있으면 프런트 패널 상의 문자열 컨트롤에 입력되는 문자열을 모두 표시할 수 없으면 자동으로 줄을 바꾸어 준다. 만약 이 옵션이 활성화되어 있지 않으면 엔터키를 이용해서 줄을 바꿔야 한다.

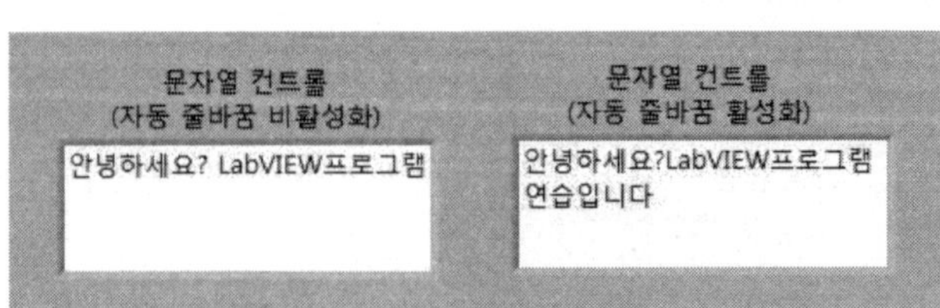

[그림 12.8] 자동 줄 바꿈 옵션

■ 입력할 때 값 업데이트

입력할 때 값 업데이트 옵션이 설정되어 있으면 문자열 컨트롤에 문자를 입력하는 순간에 실시간으로 인디케이터로 데이터가 전달된다. 만약 이 옵션이 설정되어 있지 않으면 문자열을 입력한 후에 프런트 패널 좌측 상단에 ☑ 버튼을 클릭해야만 데이터가 전달된다.

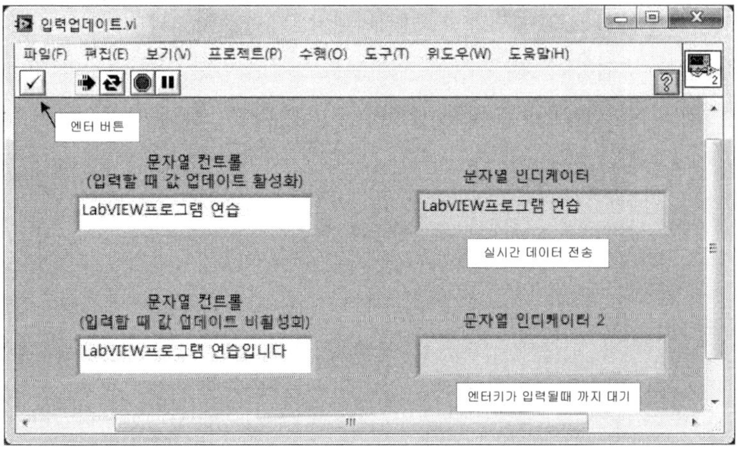

[그림 12.9] 입력할 때 값 업데이트 옵션의 사용법

4 스크롤 막대

스크롤 막대는 문자열을 팝업한 후에 보이는 아이템 메뉴에서 설정할 수 있다. 스크롤 막대는 문자열 컨트롤이나 인디케이터의 표시공간을 최소화할 때 주로 이용되며 수직, 수평 두 개를 필요에 의해 선택적으로 사용할 수 있다. 이 옵션은 문자열의 길이가 컨트롤이나 인디케이터 보다 길어야 활성화된다.

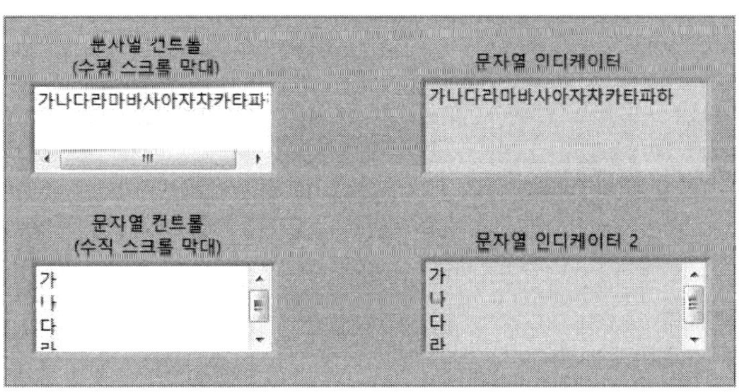

[그림 12.10] 스크롤 막대의 사용법

예제 12-1

문자열 디스플레이 모드

"LabVIEW Program"이라는 문자열을 입력받아 일반모드, ₩코드 디스플레이모드, 16진수 디스플레이 모드로 각각 출력하시오.

1. 프런트 패널에 문자열 컨트롤 1개와 인디케이터 3개를 적절히 위치시킨다. 첫 번째 문자열 인디케이터를 팝업하여 기본 값인 일반모드로 설정한다. 두 번째와 세 번째 인디케이터는 각각 \코드 디스플레이 모드와 16진수 디스플레이 모드로 변환한다.

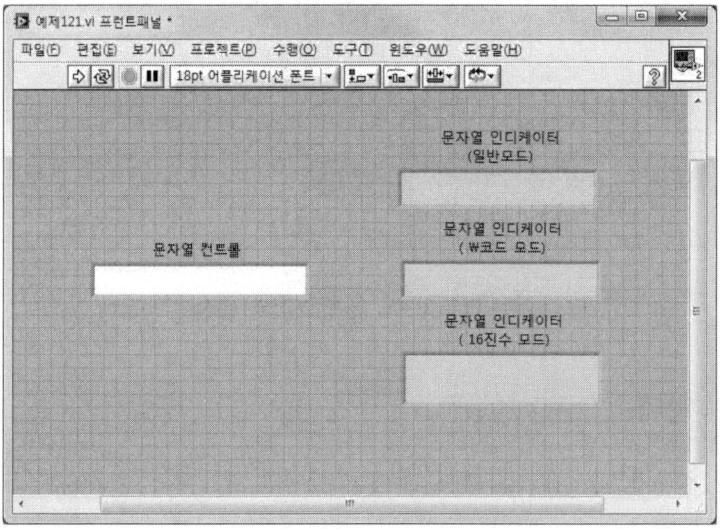

2. 블록 다이어그램을 다음과 같이 차례로 연결한다.

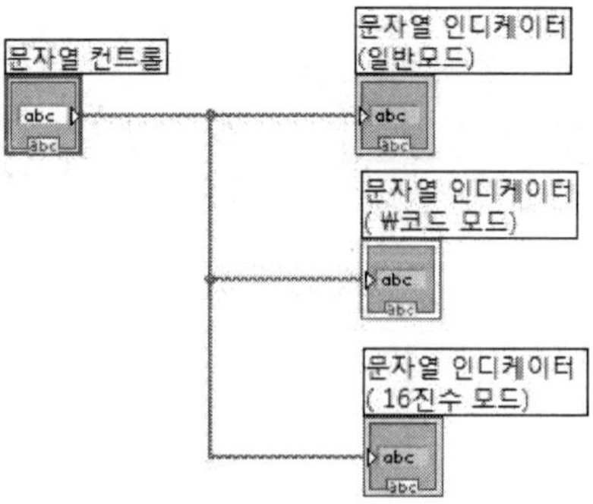

3. VI를 실행시켜 일반모드, \코드 모드, 16진수 모드로 출력되는 문자열을 비교해 본다.

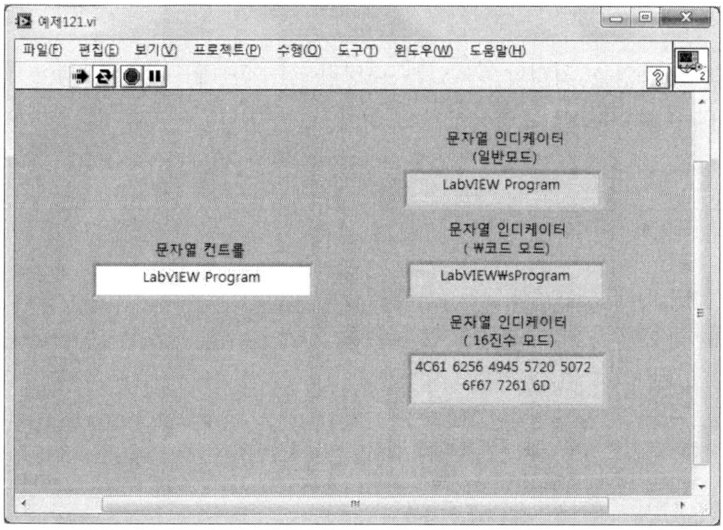

12.2 문자열 관련 함수들

LabVIEW에는 문자열을 처리할 수 있는 다양한 함수와 상수가 내장되어 있다. 자주 사용되는 문자열 함수들의 사용법을 알아보도록 하자.

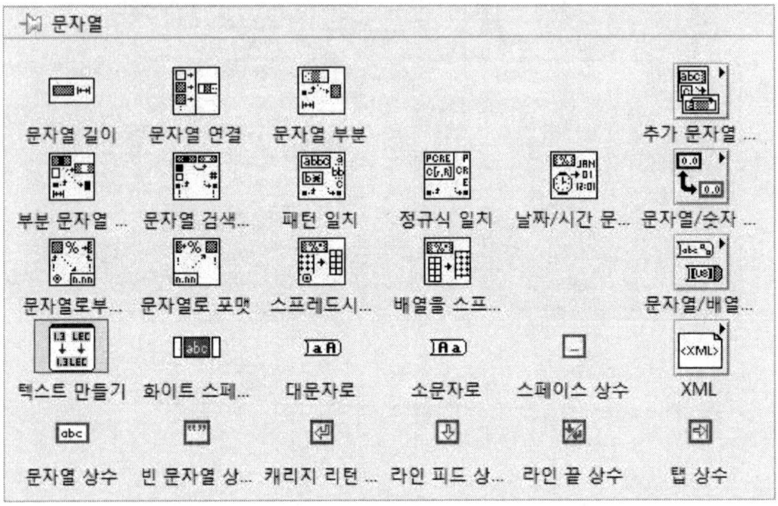

[그림 12.11] 문자열 관련 함수와 상수

1 문자열 길이 함수

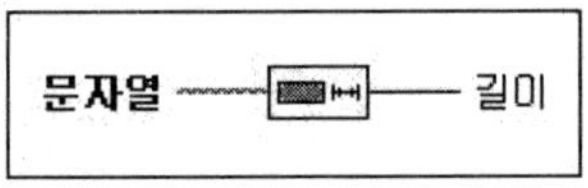

[그림 12.12] 문자열 길이 함수

문자열 길이 함수는 문자열을 입력받아 입력된 문자열의 길이를 바이트로 환산하여 정수(I32)로 출력해 주는 함수이다. 입력 값인 문자열에는 문자열, 문자열 클러스터, 문자열 클러스터 배열이 모두 올 수 있다.

[그림 12.13] 영문 문자열의 길이

문자열의 길이를 계산할 때 영문자 한 글자는 1바이트이고, 한글은 2바이트로 간주된다. 또한 공백(space)도 하나의 문자로 1바이트를 차지하는 것에 유의해야 한다. 따라서 "NI LabVIEW"는 공백을 포함해서 10바이트가 된다.

[그림 12.14] 한글 문자열의 길이

한글로 "안녕하세요?"를 입력했다면 한글은 한 글자가 2바이트이므로 한글부분은 10바이트가 되고, 물음표는 1바이트이므로 전체 11바이트가 된다.

2 문자열 연결 함수

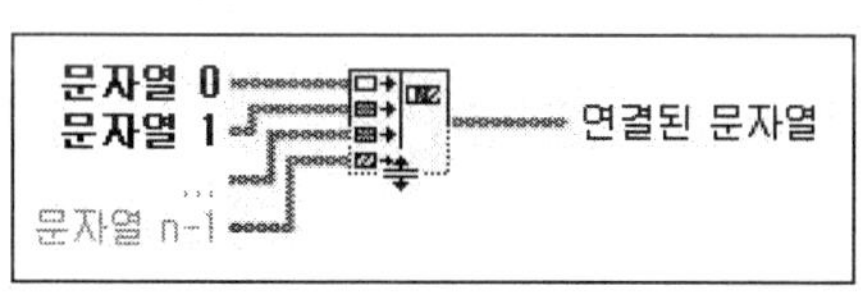

[그림 12.15] 문자열 연결함수

문자열 연결함수는 여러 개의 문자열을 입력받아서 이들을 하나로 묶어 단일 문자열로 출력한다. 출력되는 문자열은 위에서부터 차례차례 노드에 연결된 순서대로 연결되며 1차원 문자열 배열도 입력으로 사용할 수 있다.

[그림 12.16] 문자열 연결함수의 사용 예

문자열 연결함수는 초기에 2개의 문자열만 연결할 수 있는 모습으로 나타난다. 만약 2개 이상의 문자열을 연결하고 싶으면 마우스를 포지셔닝 툴로 변환한 이후에 모서리를 잡고 늘리면 여러 개의 문자열을 연결할 수 있는 노드가 생성된다.

문자열 연결함수를 이용해 1차원 문자열 배열의 원소를 단일 문자열로 묶어 보자.

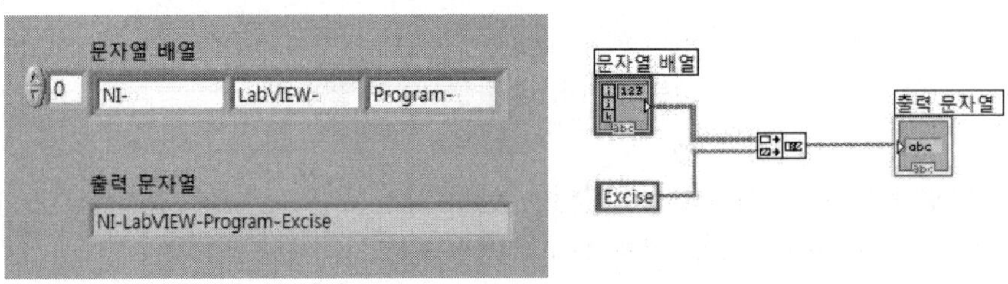

[그림 12.17] 문자열 배열과 문자열 상수의 연결 예

1차원 문자열 배열을 문자열 연결함수에 연결하면 배열의 0번째 원소부터 차례차례 단일 문자열로 묶이게 된다. 또한 “Excise”와 같은 문자열 상수를 이용해 원하는 문자열을 다시 연결할 수도 있다.

3 문자열 부분 함수

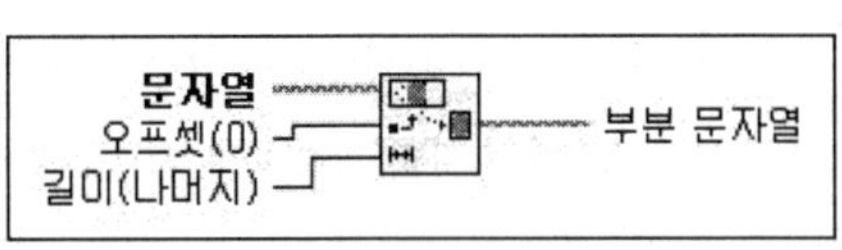

[그림 12.18] 문자열 부분 함수

문자열 부분 함수는 주어진 문자열에서 특정부분을 선택해서 부분적으로 출력할 때 사용되는 함수이다. 입력 인자 중에 문자열 옵션에는 입력 문자열이 연결된다. 오프셋(offset)은 사전적 의미로 출발 혹은 시초라는 뜻이다. 따라서 오프셋 항목은 문자열의 시작위치를 나타내

며 반드시 숫자여야 한다. 길이 옵션은 부분적으로 출력하고자 하는 문자열의 길이를 나타내며, 이 항목도 반드시 숫자를 입력해야 한다. 만약 길이 항목에 아무것도 연결되어 있지 않으면 문자열의 길이에서 오프셋을 뺀 값을 기본 값으로 사용한다.

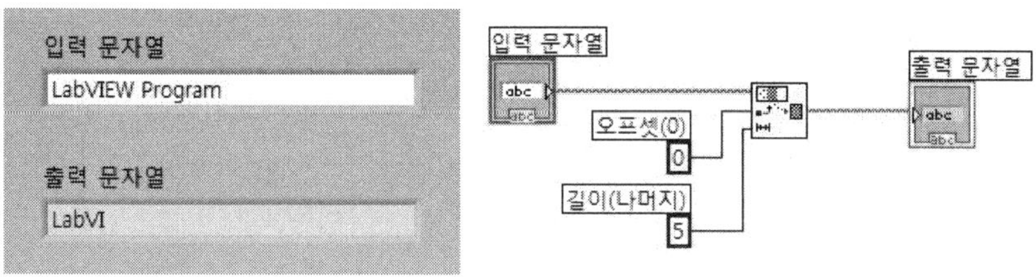

[그림 12.19] 오프셋이 0인 경우 문자열 부분 함수의 출력

"LabVIEW Program"이라는 문자열을 입력받아 오프셋은 0, 길이는 5로 설정했다면 첫 번째 문자부터 5개의 문자를 선택해서 출력하라는 뜻이므로 "LabVI"가 출력된다. 만약, 오프셋을 5로 설정했다면 6번째 문자부터 5개의 문자를 선택해서 출력하므로 "EW Pr"이 출력된다.

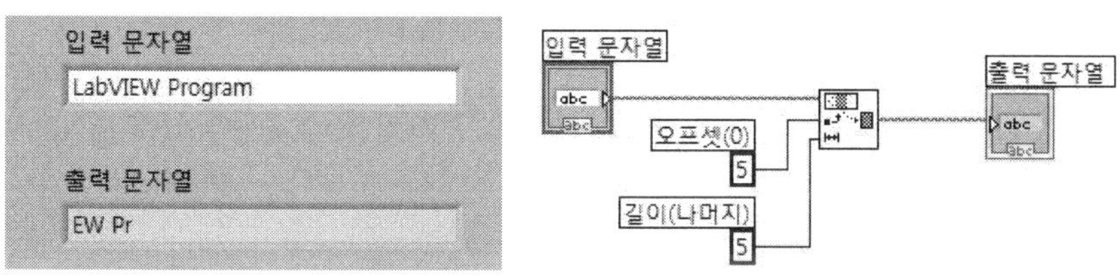

[그림 12.20] 오프셋이 5인 경우 문자열 부분 함수의 출력

4 부분 문자열 대체 함수

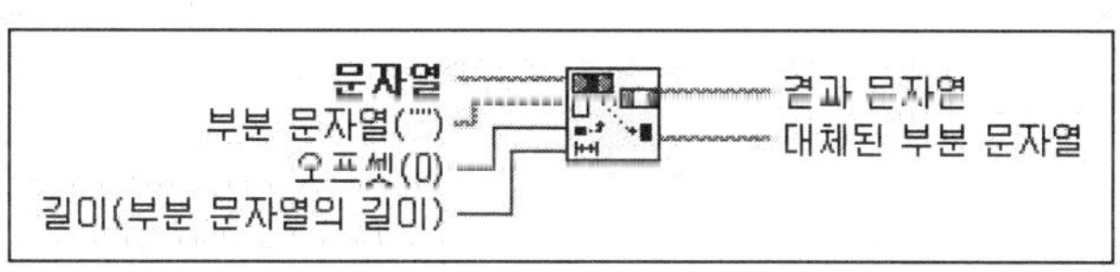

[그림 12.21] 부분 문자열 대체 함수

부분 문자열 대체 함수는 문자열의 오프셋에서 시작하여 길이에 설정된 숫자만큼의 문자를 삭제하고, 삭제된 부분에 바꾸고자 하는 부분 문자열을 삽입한다. 만약, 길이가 0으로 설정되어 있으면 오프셋 위치에 부분 문자열을 삽입한다.

입력 옵션 중에 문자열은 부분적으로 문자를 변경하고자 하는 원래 문자열이고, 부분 문자열은 원래 문자열에서 바꾸고자 하는 문자열을 말한다. 오프셋 항목은 원래 문자열에서 부분 문자열로 바꾸고자 하는 곳의 시작위치를 말한다. 또한, 길이는 부분 문자열로 대체하고자 하는 문자의 개수를 의미한다.

출력 값인 결과 문자열은 원래 문자열의 오프셋 위치부터 주어진 길이만큼의 문자열이 부분 분자열로 변경된 새로운 문자열을 말한다. 그리고 대체된 부분 문자열은 원래 문자열에서 대체되어 사라진 부분을 문자열로 출력한다.

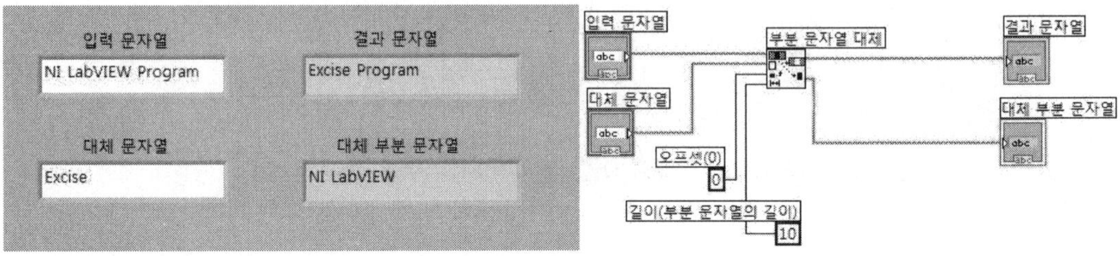

[그림 12.22] 부분 문자열 대체 함수의 사용 예

입력 문자열에 "NI LabVIEW Program"을 입력했다고 하자. 그런데 어떤 이유에 의해서 원래 문자열에서 "NI LabVIEW" 부분을 삭제하고, 이 부분에 "Excise"라는 문자열을 삽입한다고 하자. 이 경우는 문자열의 앞에서부터 10개의 문자를 지우고 대체 문자열을 넣어주면 된다. 따라서 오프셋은 0, 길이는 10을 주면 대체된 문자열을 얻을 수 있다.

5 패턴 일치 함수

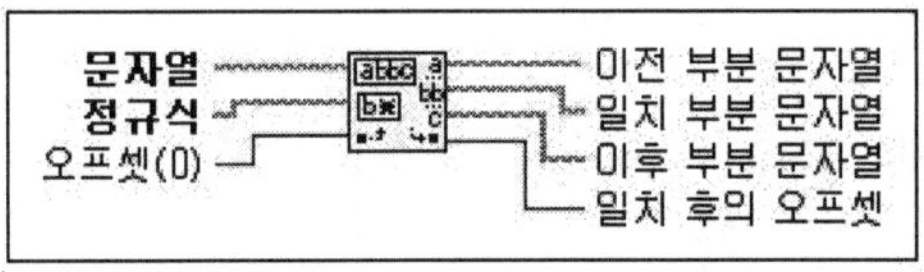

[그림 12.23] 패턴 일치 함수

패턴일치 함수는 주어진 문자열에서 정규식을 검색하고, 일치하는 것이 있으면 문자열을 세 개의 부분 문자열로 분리한다. 패턴 일치 함수에서 정규식이란 주어진 문자열에서 찾고자 하는 문자 패턴을 말하며, 정규식을 찾지 못하면 일치 부분 문자열은 비어있게 된다. 또한 오프셋은 문자열의 시작위치로 반드시 숫자여야 한다.

패턴일치 함수는 네 개의 출력 값이 있다. 첫 번째로 이전 부분 문자열은 일치 이전의 모든 문자를 포함하는 문자열을 반환하는 출력이다. 두 번째로 일치 부분 문자열은 일치한 문자열을 출력한다. 세 번째로 이후 부분 문자열은 일치한 패턴 이후의 모든 문자를 출력한다. 마지막으로 일치 후의 오프셋은 이후 부분 문자열의 첫 번째 문자가 문자열에서 가지는 인덱스를 말한다. 만약, 패턴 일치 함수가 일치하는 문자 패턴을 찾지 못한 경우에는 일치 후의 오프셋은 -1이 된다.

"This is good program"이라는 문자열을 입력받아 "good"이라는 정규식을 찾는 경우를 생각해보자.

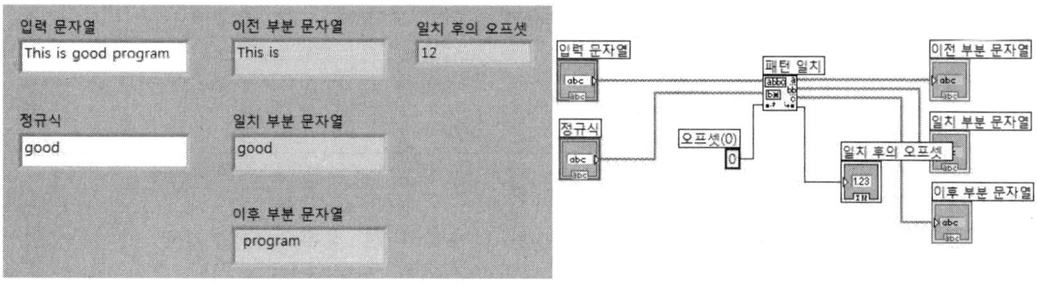

[그림 12.24] 패턴 일치 함수의 사용 예

주어진 문자열은 전체 20개의 문자를 갖고 있다. 정규식을 "good"으로 주었으므로 9번째 문자에서 같은 패턴을 찾을 수 있고, 일치 후의 오프셋은 12가 된다.

6 날짜/시간 문자열로 포맷 함수

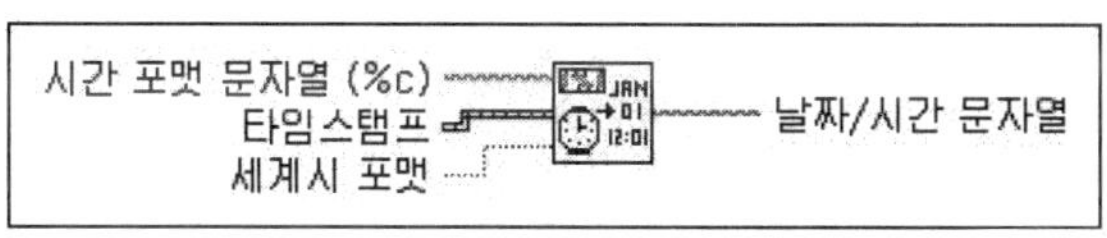

[그림 12.25] 날짜/시간 문자열로 포맷 함수

이 함수는 주어진 시간 포맷 문자열을 이용해 날짜, 시간 문자열을 출력한다. 입력 값인 시간 포맷 문자열은 항상 %로 시작하며 뒤따라오는 문자에 따라 다음 표와 같이 다양한 출력 형식을 지정할 수 있다. 기본 값은 %c로 컴퓨터에 설정된 표준 시간과 날짜를 출력한다. 만약 % 뒤의 문자가 시간 포맷코드에 없는 문자라면 입력된 문자를 그대로 출력한다.

[표 12.4] 시간 포맷 문자열과 의미

포맷문자열	의미	포맷문자열	의미
%a	축약된 요일 이름	%m	달 이름
%b	축약된 달 이름	%M	분
%c	로컬 특정시간/날짜	%p	오전/오후
%d	월 중의 일	%S	초
%H	24시로 표현된 시간	%y	한 세기의 연도
%I	12시로 표현된 시간	%Y	세기를 포함한 연도

타임스탭프 입력은 사용자가 지정할 수 있는 날짜로 기본 값은 1904년 1월 1일 금요일이다. 이 날짜를 변경하려면 마우스를 텍스트 툴로 변경한 이후에 타임스탬프 내부의 날짜와 시간을 변경하면 된다.

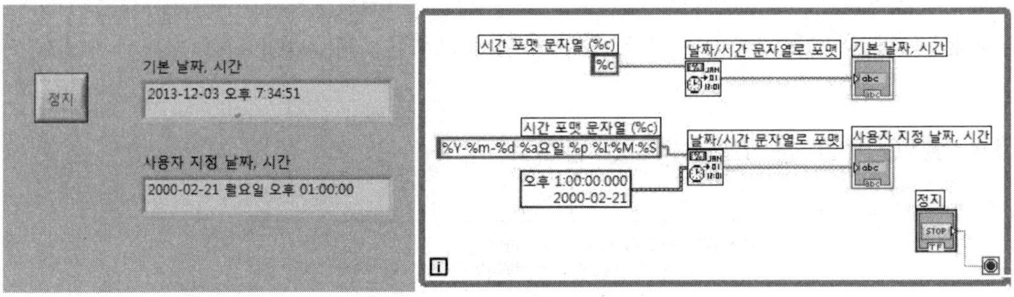

[그림 12.26] 날짜/시간 문자열로 포맷 함수의 사용법

시간 포맷 문자열에 %c를 입력하면 현재 컴퓨터에 설정되어 있는 날짜와 시간이 기본 값으로 출력된다. 만약 사용자가 특정한 날짜를 지정해서 출력하려면 타임스탬프에 원하는 날짜와 시간을 입력하고 시간 포맷 문자열을 지정해 준다.

예제 12-2	문자열 묶기

문자열, 문자열 배열, 문자열과 배열을 각각 묶어서 단일 문자열로 출력하는 VI를 작성하시오.

1. 프런트 패널의 컨테이너 보조 팔레트에서 탭 컨트롤을 위치시킨다. 페이지 2 부분을 팝업하여 다음 페이지를 추가하고 프런트 패널을 다음과 같이 작성한다.

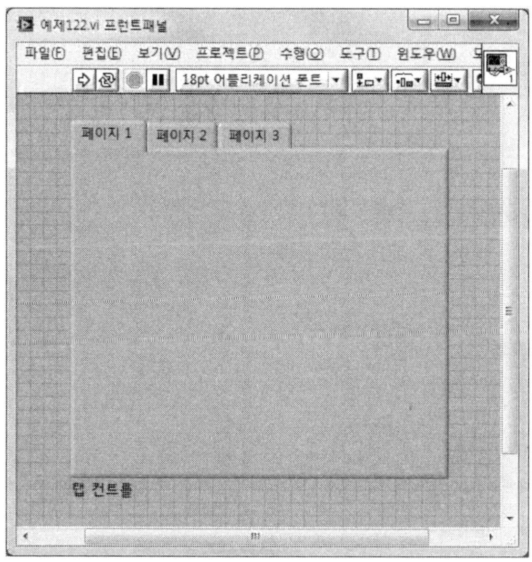

2. 페이지 1, 2, 3을 다음과 같이 변경하고 필요한 컨트롤들과 배열을 추가한다.

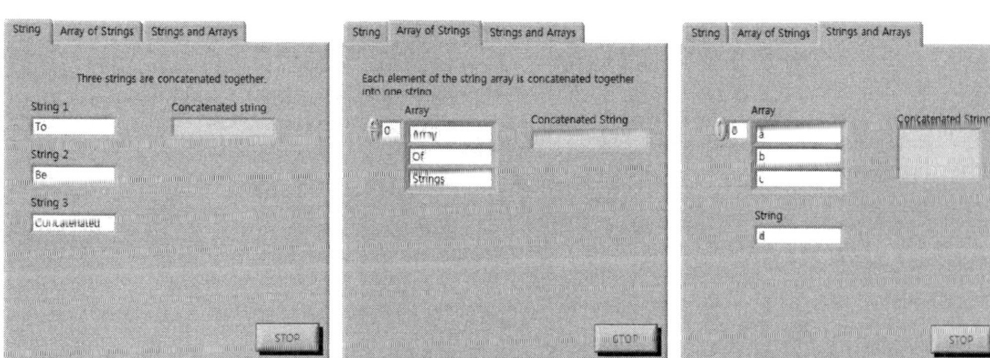

3. 블록 다이어그램에서 탭 컨트롤을 케이스 구조에 연결하고, 문자열 연결함수를 이용해 단일 문자열로 묶는다. 또한 각각의 케이스 값을 다음과 같이 작성한다.

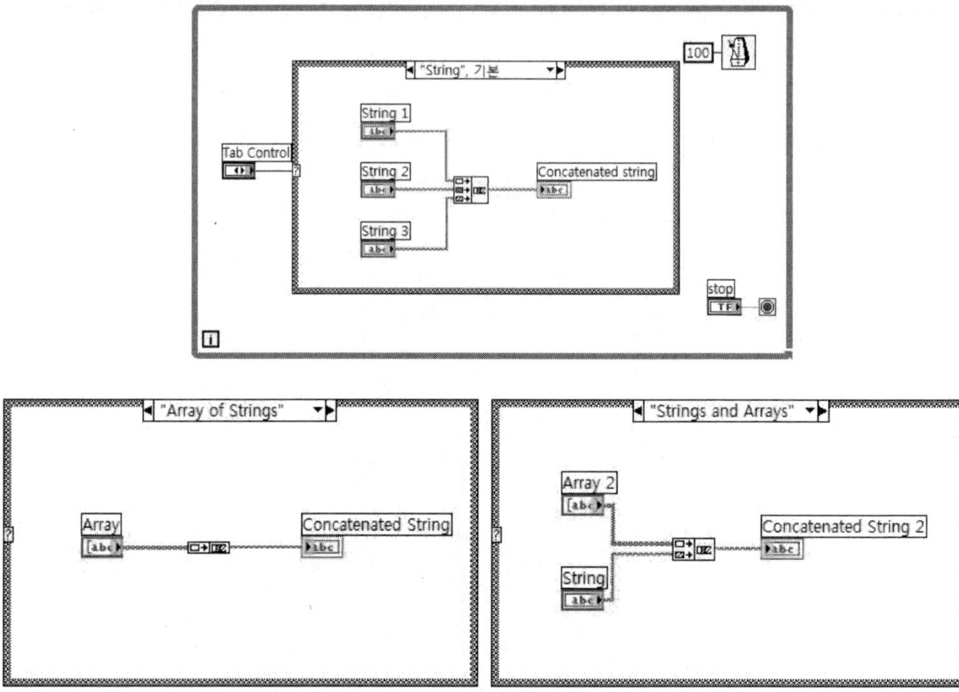

4. 문자열, 문자열 배열, 문자열과 배열의 탭들을 차례로 실행시켜 단일 문자열로 묶이는지 확인해 본다.

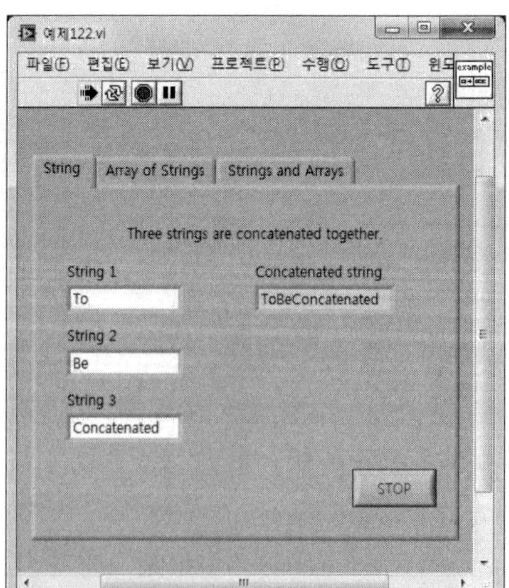

예제 12-3 패스워드 확인

패스워드 문자열을 입력 받아 저장되어 있는 문자열과 비교해서 같으면 패스워드가 일치한다는 메시지를 출력하는 VI를 작성하시오.

1. 프런트 패널을 다음과 같이 작성한다.

2. 패스워드를 "onestone"으로 설정하고 패스워드에 같은 문자열이 입력되면 패스워드가 같다는 메시지와 LED를 점등시킨다. 패턴 일치 함수는 문자열 팔레트 내에 있다. 또한, 빈 문자열/경로 함수는 비교 팔레트에서 찾을 수 있으며 빈 문자열이 입력되면 불리언 형으로 참(True)이 출력된다.

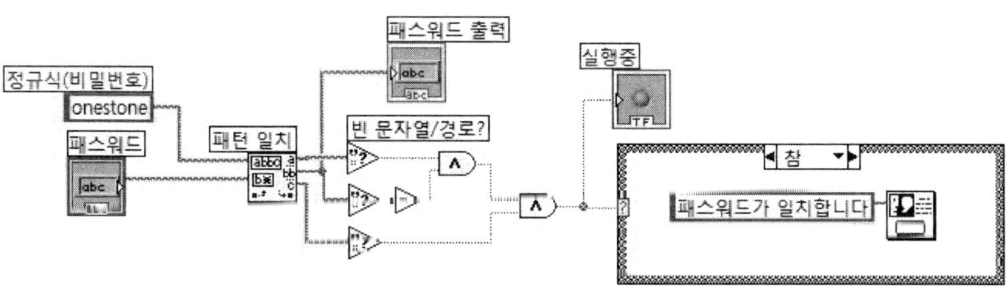

찾아보기 빈 문사열/경로 함수 : 함수 팔레트 ⇨ 비교 팔레트

주어신 패스워드와 입력된 문자열이 같으면 이전 부분, 이후 부분 문자열은 빈 문자열이 출력되고, 일치 부분 문자열에는 입력된 문자열이 그대로 출력된다. 따라서 빈 문자열/경로 함수는 위에서부터 참, 거짓, 참이 출력되며, 일치 부분 문자열의 빈 문자열/경로 함수 뒤에는 NOT이 연결되어 있으므로 결국 모든 출력은 참이 된다. AND연산은 3개의

입력이 모두 참일 때 참이 되므로 케이스 구조의 참인 경우가 실행된다. 3개의 입력 중 하나라도 거짓이면 케이스 구조의 거짓이 실행된다.

3. VI를 실행시키고 패스워드를 입력해 일치 유무를 확인한다. 이때 대, 소문자를 구별하므로 유의해야 한다.

12.3 문자열과 숫자를 상호 교환하는 함수들

문자열을 다양한 숫자로 상호 변환하는 함수들은 문자열 보조 팔레트의 문자열/숫자 변환 내부에 들어 있다.

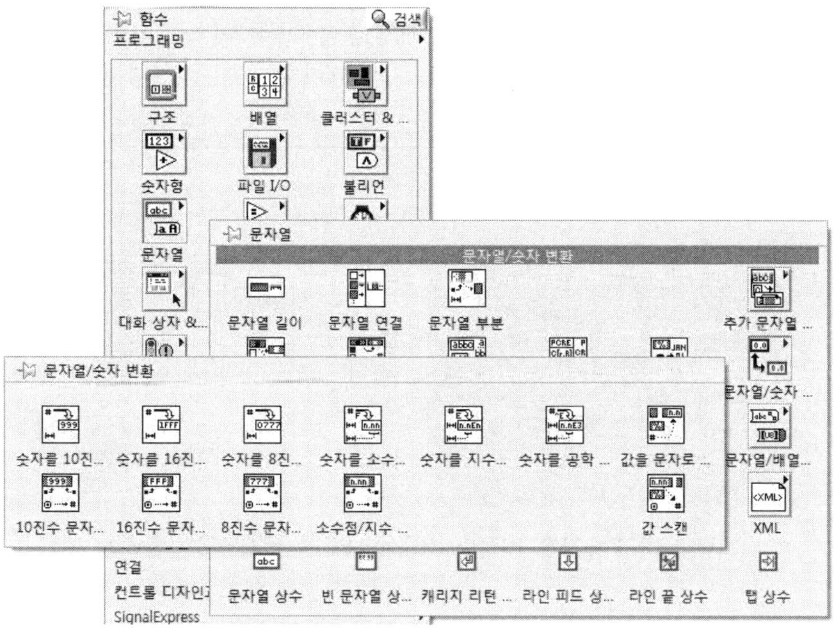

[그림 12.27] 문자열/숫자 변환 함수

1 숫자를 10진, 16진, 8진 문자열로 변환하는 함수

숫자 데이터를 10진수, 16진수, 8진수로 변환하는 함수들은 데이터 형만 다를 뿐 사용법은 거의 같다. 따라서 여기서는 숫자를 10진수 문자열로 변환하는 함수에 대해 알아보고 다른 함수들은 스스로 확인해 보자.

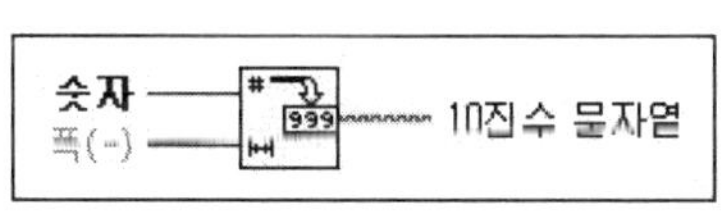

[그림 12.28] 숫자를 10진수 문자열로 함수

함수의 입력인자인 숫자는 스칼라, 숫자 배열, 숫자 클러스터, 숫자 클러스터 배열이 모두 사용될 수 있다. 만약, 숫자가 부동소수인 경우는 문자열로 변환하기 전에 정수로 반올림한다. 폭은 변환된 문자열의 전체 자릿수로 반드시 숫자를 사용해야 하며, 연결하지 않으면 숫자를 표현하는데 필요한 문자열의 크기를 공백 없이 자동으로 설정한다. 다음 표를 보고 사용법을 익혀보자.

[표 12.5] 숫자를 10진수 문자열로 바꾸는 예

숫자	폭	10진수 문자열	설명
8.7	2	□9	부동소수는 정수로 반올림
2.0	4	□□□2	폭인 큰 경우는 왼쪽에 공백이 더해짐
-311	3	-311	폭이 작은 경우 필요한 만큼 커짐

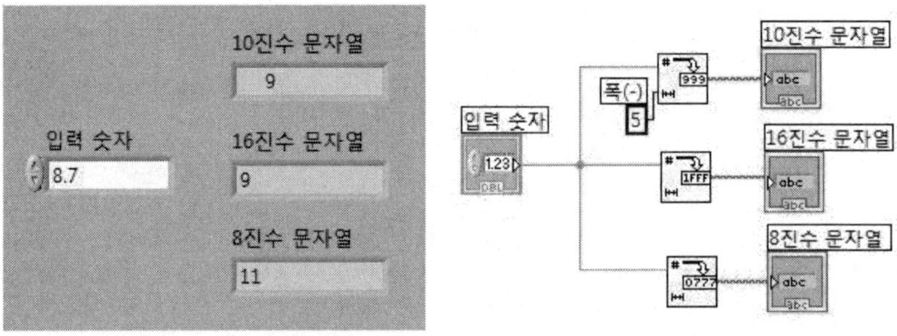

[그림 12.29] 숫자를 10진수, 16진수, 8진수 문자열로 변환하는 예

숫자 8.7을 폭 5로 설정하여 10진수 문자열로 변환하면 먼저 숫자를 반올림하여 정수 9로 변환한다. 이때 폭을 5로 설정했으므로 문자열의 전체 자릿수는 5가 된다. 그런데 출력되는 10진 문자열은 1개 밖에 없으므로 왼쪽의 나머지 공간은 공백 4개가 출력된다.

2 숫자를 소수점형, 지수형, 공학 문자열로 변환하는 함수

숫자를 소수점형, 지수형, 공학 문자열로 변환하는 함수들의 사용법도 거의 유사하다. 따라서 여기서는 숫자를 소수점형 문자열로 변환하는 함수에 대해 알아보도록 하자.

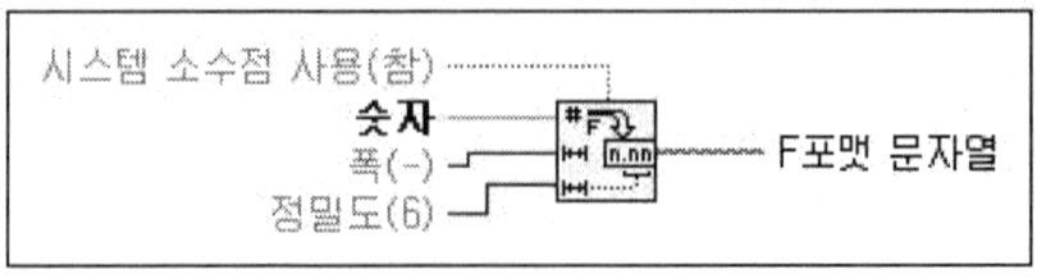

[그림 12.30] 숫자를 소수점형 문자열로 함수

함수의 입력인자인 숫자에는 스칼라, 숫자 배열, 숫자 클러스터, 숫자 클러스터 배열이 모두 올 수 있다. 폭은 (-)기호와 소수점을 포함한 전체 자릿수로 반드시 숫자를 사용해야 한다. 정밀도는 소수점 이하 자릿수를 의미하며 기본 값은 6자리이다. 간단한 VI를 만들어 사용법을 익혀보자.

[표 12.6] 숫자를 소수점형 문자열로 바꾸는 예

숫자	폭	정밀도	F포맷 문자열	설명
4.912	6	2	□□4.91	숫자는 반올림, 왼쪽 공백 추가
.003926	8	4	□□0.0039	숫자 반올림, 공백 추가
-288.3	5	0	□-288	숫자 반올림, 공백 추가

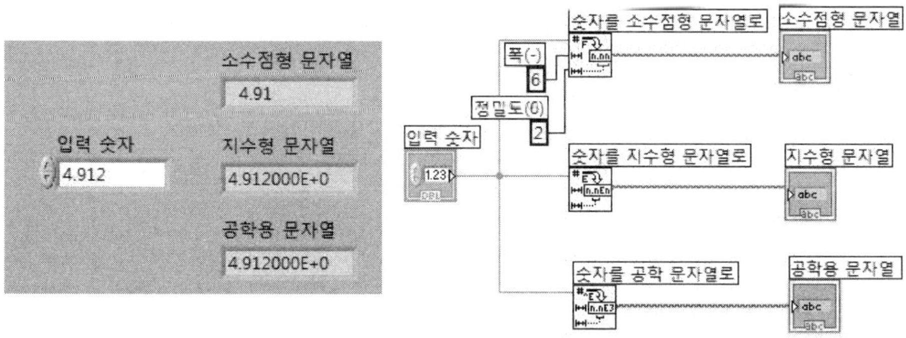

[그림 12.31] 숫자를 소수점형, 지수형, 공학 문자열로 변환하는 예

숫자 4.912를 폭 6, 정밀도 2로 설정한 이후에 소수점형 문자열로 변환하면 소수점 3번째 자리에서 반올림하여 4.91이 된다. 그런데 폭을 6으로 설정했으므로 변환된 문자열의 전체 자릿수는 6이 되고 남는 자리는 왼쪽부터 공백으로 채워진다. 또한, 정밀도를 2로 설정했으므로 소수점 2번째 자리까지만 출력된다.

지수형 문자열은 10의 거듭제곱 형태의 문자열로 변환하는 방법으로 4.912000E+0는 4.912000×10^0을 의미한다. 공학 문자열은 지수형과 표현 방법은 거의 같지만 지수가 언제나 3의 배수 형태로 표현된다는 것이 다른 점이다. 따라서 공학 문자열의 지수는 …, -3, 0, 3, 6, …과 같이 변경된다.

3 10진수, 16진수, 8진수 문자열을 숫자로 변환하는 함수

이 함수들은 앞에서 알아본 숫자데이터를 10진수, 16진수, 8진수로 변환하는 함수들의 반대 기능을 수행하는 함수들이다. 10진수 문자열을 숫자로 변환하는 함수에 대해 알아보도록 하자.

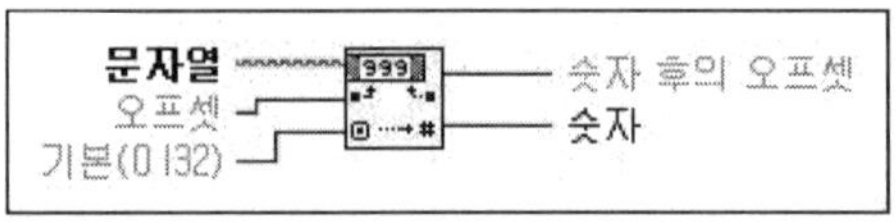

[그림 12.32] 10진수 문자열을 숫자로 변환하는 함수

10진수 문자열을 숫자로 변환하는 함수는 3개의 입력값을 갖는데 하나씩 알아보자. 문자열 입력에는 문자열, 문자열 클러스터, 문자열 배열, 문자열 클러스터 배열이 모두 올 수 있다. 오프셋 입력은 시작위치를 나타내며, 문자열의 첫 번째 문자가 오프셋 0이고 반드시 숫자여야 한다. 기본 입력은 변환될 숫자에 대한 숫자형을 지정하는 입력으로 기본 0은 32비트 부호 있는 정수(I32)를 의미한다. 하지만 16진수, 8진수 변환 함수에서는 기본 0은 32비트 부호 없는 정수형(U32)이 설정된다.

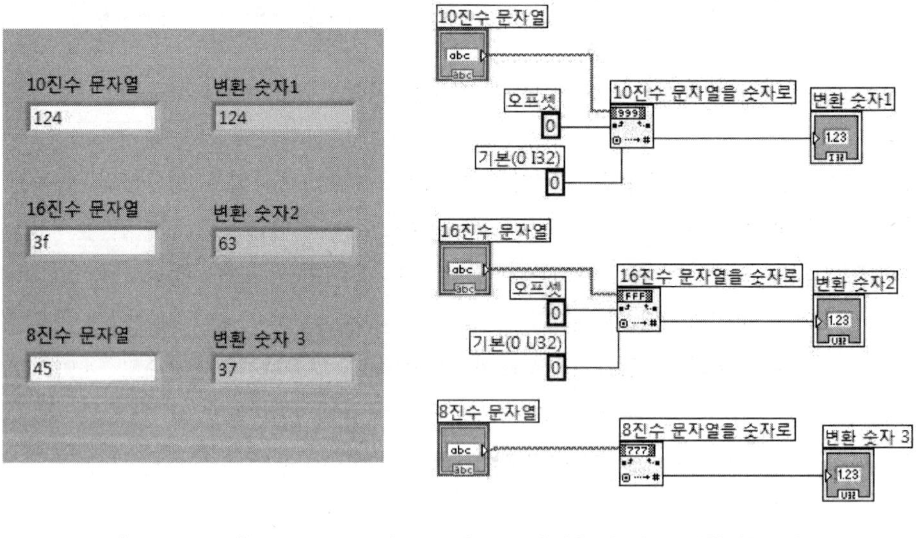

[그림 12.33] 10진수, 16진수, 8진수 문자열을 숫자로 변환하는 예

예제 12-4 문자열 숫자로 상호변환

문자와 숫자가 조합되어 있는 문자열을 입력받아 숫자만을 찾아서 수치로 변환하는 VI를 작성하시오.

1. 프런트 패널에 문자열 컨트롤 1개와 인디케이터 2개를 가져다 놓는다. 다음에 숫자형 인디케이터 2개를 적절한 위치에 놓는다. 입력 문자열에는 "Temperature is 67.8 Deg"를 입력한다.

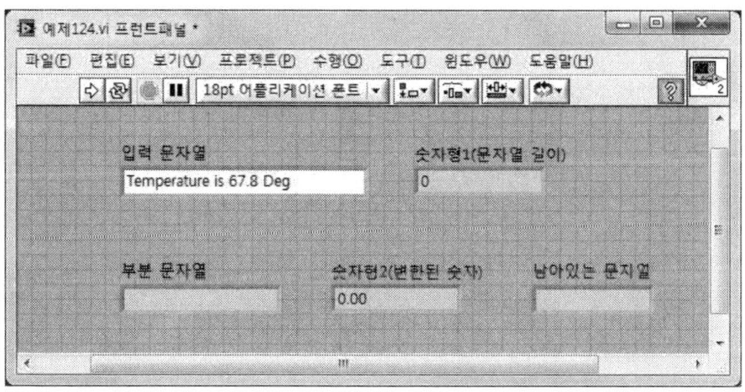

2. 블록 다이어그램에서 문자열 길이, 부문 문자열 대체, 문자열로부터 스캔 함수를 끌어다 놓는다. 문자열로부터 스캔 함수는 입력된 문자열을 조사해서 포맷 문자열에 지정된 형식으로 출력하며 주로 입력의 정확한 형식을 아는 경우에 사용한다. 포맷 문자열을 %f로 지정하면 소수점이 있는 실수로 변환한다.

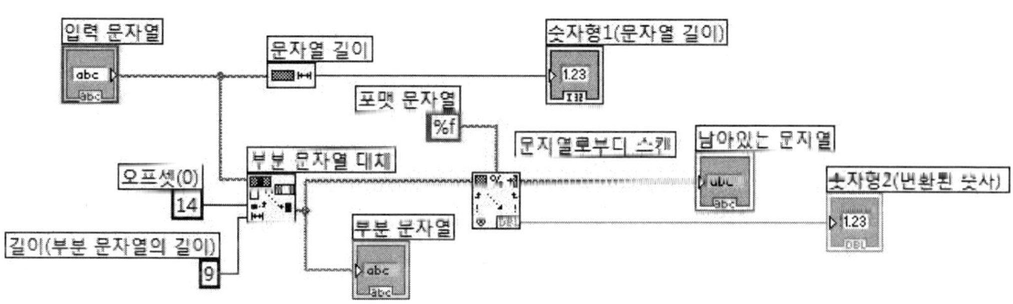

부분 문자열 대제 함수는 입력 문자열에서 숫자부분을 골라내는 역할을 수행하며 14번째 자리에서 숫자가 시작되므로 오프셋은 14로 한다. 또한 길이는 오프셋에서부터 문자의 개수를 나타낸다. 만약, 숫자 부분만 출력하려면 길이는 5로 설정하면 된다. 여기서는 남아 있는 문자열을 확인하기 위해 길이를 9로 설정했다.

3. VI를 실행시켜 부분 문자열과 변환된 숫자를 확인해 보자. 부분 문자열은 문자열 인디케이터이므로 오프셋 이후의 주어진 길이 만큼의 문자가 출력된다. 변환된 숫자는 숫자형 인디케이터로 문자열을 숫자로 변환하여 출력한다. 소수점 뒤의 자리수는 숫자형 인디케이터를 팝업하여 포맷과 정밀도 옵션에서 자리수를 2로 설정하면 된다.

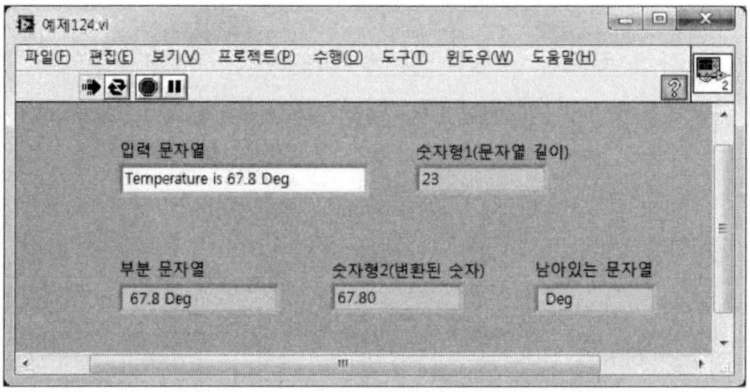

연습문제

1. 패스워드 문자열을 입력받아 미리 저장되어 있는 문자열과 비교해서 같으면 패스워드를 출력하고 현재의 날짜와 시간을 출력하는 VI를 작성하시오.

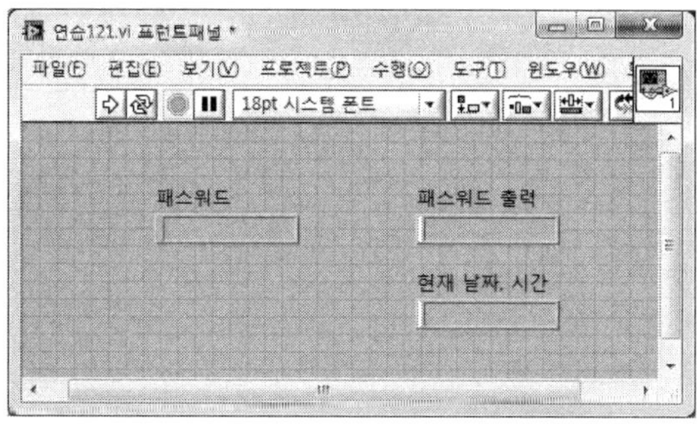

2. 문자열을 입력받아 미리 지정된 단어와 숫자가 포함되어 있으면 이들을 분리하여 문자열 인디케이터와 숫자형 인디케이터에 표시하는 VI를 작성하시오.

3. Header, Value, Trailer로 주어진 문자열과 숫자를 입력받아 단일 문자열로 출력하고 단일 문자열의 크기를 표시하는 VI를 작성하시오.

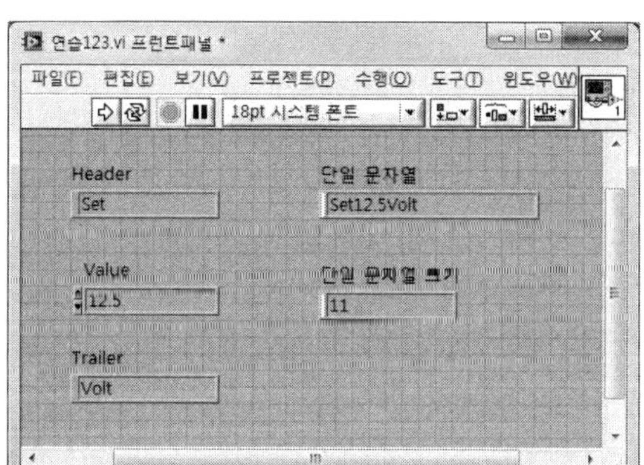

memo for LabVIEW

제13장 파일 입출력

파일이란 문서, 소리, 그림, 동영상 등의 데이터가 보조 기억장치에 저장되어 있는 것을 말한다. LabVIEW에는 파일을 처리하는 하위, 중간, 고급 레벨 함수들이 준비되어 있다. 여기서는 파일 처리에서 자주 사용되는 중간 레벨, 고급 파일 입출력 함수를 알아보자.

학습목표

- 파일 입출력의 기본개념을 익힌다.
- LabVIEW의 중간 레벨 파일 입출력 함수를 학습한다.
- LabVIEW의 고급 파일 입출력 함수를 학습한다.

차례

13.1 파일 입출력의 기초

지금까지는 데이터를 저장할 때 주로 메모리를 이용했다. 하지만 메모리는 전원이 없으면 내부에 저장된 데이터가 모두 사라지는 휘발성 메모리이다. 따라서 데이터를 영구 보존하기 위해서는 파일 형태로 하드 디스크나 USB와 같은 보조 기억장치에 저장해야 한다. 이번 장에서는 파일의 개념과 종류에 대해 먼저 알아보고 LabVIEW에서 파일에 데이터를 입출력하는 방법을 알아보자.

1 파일이란?

하드웨어적으로 정보를 표현할 때 비트(Bit)와 바이트(Byte)라는 용어를 많이 사용한다. 비트는 정보 표현의 최소단위로 2진수 한자리를 의미한다. 바이트는 문자 표현의 최소단위로 2진수 8자리를 의미하며 메모리의 주소를 부여하는 최소단위라고도 한다. 이와 유사하게 소프트웨어적으로 정보를 표현할 때는 필드, 레코드, 파일이란 용어를 많이 사용한다.

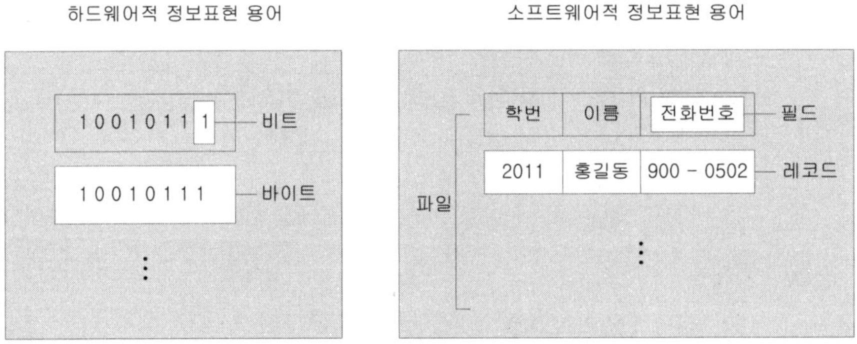

[그림 13.1] 정보 표현 용어의 비교

필드(field)란 의미 있는 정보 표현의 최소단위로 전화번호부의 학번, 이름, 전화번호와 같은 각각의 항목을 의미한다. 레코드(record)는 서로 연관된 필드의 집합을 말하며 전화번호부의 가로선 한 줄을 생각하면 된다. 파일은 관련된 레코드의 모임으로 보조 기억장치에 저장해 놓은 자료를 말한다.

2 파일의 종류

파일은 눈으로 직접 내용을 볼 수 있느냐 없느냐에 따라 텍스트 파일과 이진 파일로 나눌 수 있다. 텍스트(text) 파일은 문자나 숫자를 포함하는 문자열로 이루어진 파일로 아스키 파일이라고도 한다. 텍스트 파일의 대표적인 확장명은 *.txt이다. 또한 *.c, *.cpp, *.html 등과 같은 각종 프로그래밍 소스들과 웹 문서도 텍스트 파일의 일종이다.

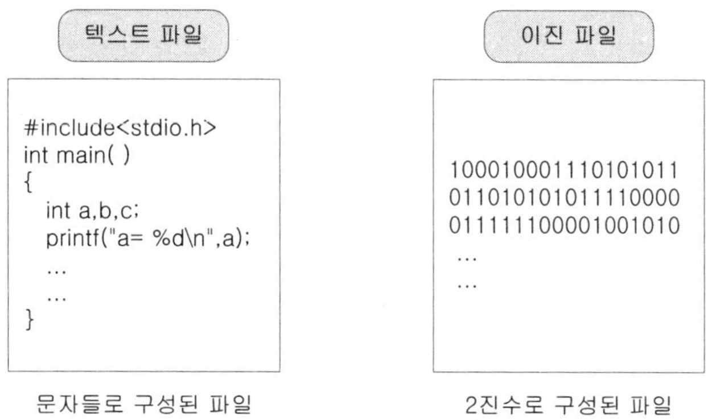

[그림 13.2] 텍스트 파일과 이진파일

이진(binary) 파일은 0과 1의 2진수로만 구성된 파일로 사람이 직접 읽을 수는 없고 특정한 프로그램에 의해서만 판독할 수 있는 파일이다. 대부분의 실행 파일은 이진 파일이고 확장명은 *.exe를 사용한다. 또한 확장명이 *.zip인 압축 파일과 확장명이 *.mp3, *.mpg, *.jpg인 멀티미디어 파일들도 이진 파일이다. 이진 파일은 메모장이나 한글과 같은 일반 문서 프로그램으로는 내용을 확인할 수 없다.

3 파일 처리의 순서

키보드와 모니터와 같은 표준 입출력 장치는 항상 표준 스트림이 자동으로 준비되어 있기 때문에 입출력 함수를 바로 사용할 수 있다. 하지만 파일 입출력의 경우는 프로그래머가 파일 스트림을 생성해야 한다.

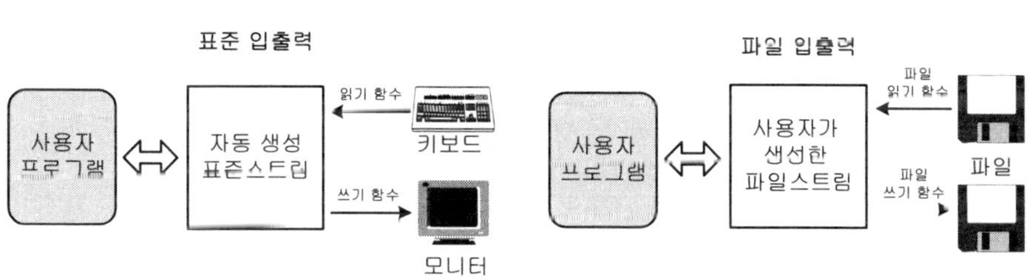

[그림 13.3] 표준 입출력과 파일 입출력

파일 입출력은 반드시 파일 열기, 파일 입출력, 파일 닫기의 3단계를 순서대로 처리해야 한다. 파일 열기는 파일에 데이터를 읽거나 쓸 수 있도록 준비하는 과정으로 파일과 연결된 스트림을 생성하는 과정을 의미한다.

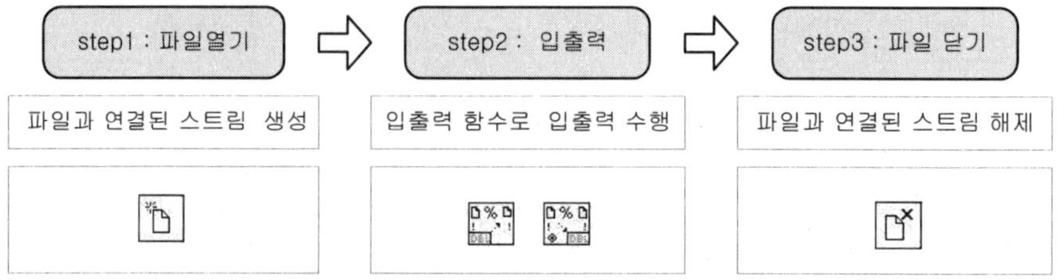

[그림 13.4] 파일 입출력의 처리 순서

4 파일의 끝을 나타내는 기호

보통 텍스트 파일에는 문자들이 바이트 단위로 나열되어 있으므로 데이터를 추가하거나 읽을 때를 대비해서 데이터의 끝을 나타내는 기호를 사용한다. 이런 용도의 특수 기호가 EOF(end of file)이며 실제 값은 시스템에 따라 다르다. 보통 EOF의 값은 다른 문자들이 사용하지 않는 -1 값을 주로 사용한다.

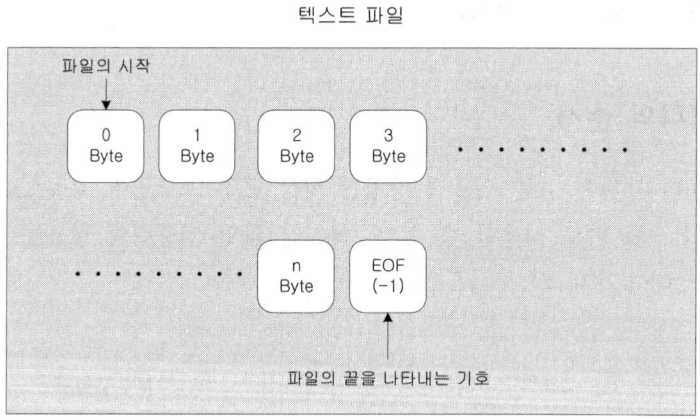

[그림 13.5] 파일의 종료 기호

13.2 LabVIEW의 중간 레벨 파일 입출력 함수

LabVIEW에는 하나의 아이콘만으로 파일 입출력 작업을 수행할 수 있는 고급 파일 입출력 함수와 파일열기, 파일에 쓰기 혹은 읽기, 파일 닫기를 통해 파일 입출력을 수행하는 중간 레벨 파일 입출력 함수를 갖고 있다.

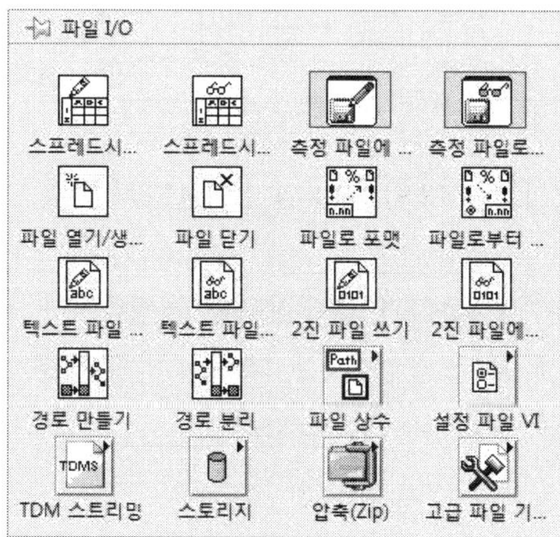

[그림 13.6] 파일 관련 함수들

■ 경로(Path) 컨트롤

파일을 읽기(혹은 쓰기)위해서는 파일이 저장될 위치를 지정해야 하는데 LabVIEW에서는 경로(path)라는 특별한 데이터 구조를 사용한다. 경로 컨트롤은 컨트롤 팔레트의 시스템 내부에 들어 있다.

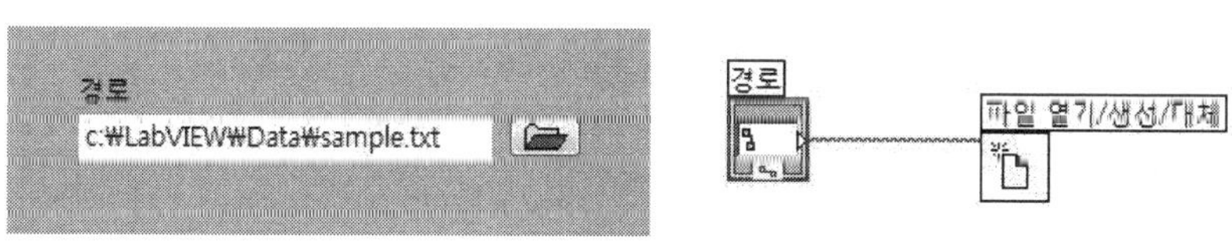

[그림 13.7] 경로 컨트롤의 사용 예

경로 컨트롤은 문자열 컨트롤과 매우 유사하며 경로 컨트롤을 이용하면 절대 경로나 상대 경로를 파일 입출력 작업에 명시할 수 있다. 예를 들어 하드디스크 내부에 있는 sample.txt 라는 파일을 지정한다고 하자. 이 파일이 LabVIEW폴더 내의 Data폴더에 저장되어 있다면 문자열로 c:\LabVIEW\Data\sample.txt와 같이 절대 경로를 지정해 파일 입출력 함수에 전달할 수 있다.

파일을 새로 만들거나 열 때는 파일의 경로를 지정해야 한다. 만약, 파일 함수에 경로를 연결하지 않으면 현재 실행중인 VI가 저장되어 있는 폴더를 기본 값으로 파일 대화상자가 나타나게 된다.

1 파일 열기/생성/대체 함수

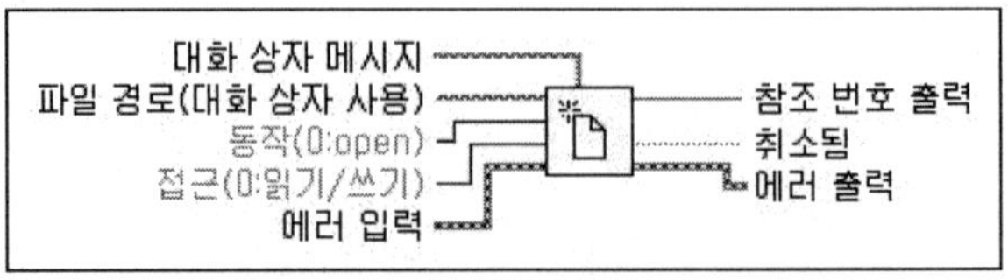

[그림 13.8] 파일 열기/생성/대체 함수

파일 열기/생성/대체 함수는 사용자가 절대경로를 지정하거나 파일 대화상자를 이용해 대화식으로 기존 파일 열기, 새 파일 생성, 기존 파일을 대체할 수 있는 기능을 갖고 있다. 이 함수에서 지정할 수 있는 옵션들을 하나씩 알아보자.

■ 대화상자 메시지

대화 상자 메시지는 파일 대화 상자 상단에 나타나는 메시지를 말한다. 사용자에게 알리고 싶은 메시지를 한글과 영문 문자열로 지정해 주면 된다. 만약, 아무것도 연결되어 있지 않으면 "열 파일의 경로를 선택하거나 입력"이라는 메시지를 출력한다.

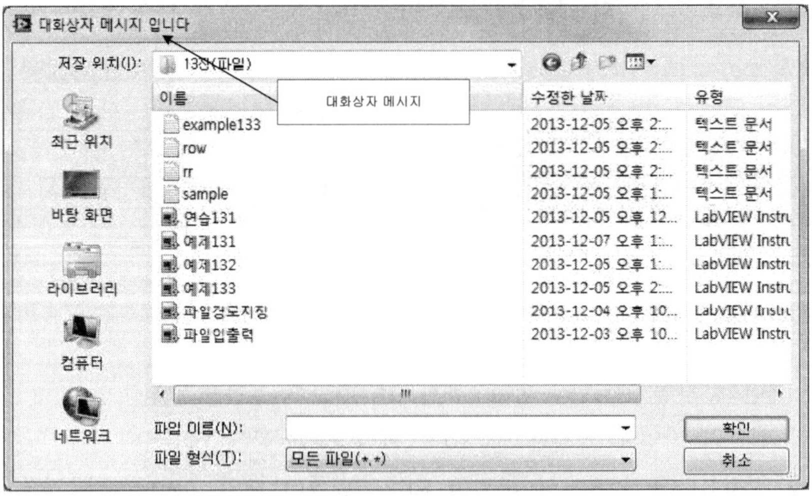

[그림 13.9] 대화상자 메시지의 예

■ 파일 경로

파일 경로는 파일에 대한 절대 경로를 의미하며 아무것도 연결하지 않으면 파일을 선택할 수 있는 대화 상자를 디스플레이 한다. 만약, 빈 경로 또는 상대 경로를 지정할 경우는 에러를 발생시킨다.

■ 동작

동작 옵션은 파일에서 하고자 하는 작업의 종류를 지정하는 항목으로 6가지의 기본 작업이 있다. 만약, 아무것도 연결하지 않으면 0(open)이 기본 값이 된다.

[표 13.1] 동작 옵션의 기능 설명

번호	동작	의미
0	open	기존 파일을 연다. 파일이 없으면 에러발생
1	replace	파일을 열고 파일 끝을 0으로 설정하여 기존 파일을 대체
2	create	새 파일을 생성합니다. 파일이 이미 존재하면 에러 발생
3	open or create	기존의 파일을 열거나 존재하지 않으면 새 파일을 생성
4	replace or create	새 파일을 생성하거나 파일이 존재하면 파일을 대체
5	replace or create with confirmation	새 파일을 생성하거나 파일이 존재하고 권한이 주어진 경우 기존 파일을 대체

■ 접근

접근 옵션은 파일을 읽거나 쓰는 방식을 지정하며, 기본 값은 0으로 읽기/쓰기이다.

[표 13.2] 접근 설명

번호	동작	설명
0	Read/write	읽고 쓰기 모두 가능
1	Read-only	읽기만 가능
2	Write-only	쓰기만 가능

■ 에러 입력

에러 입력은 파일 열기 함수를 실행하기 전에 발생된 에러를 의미하며 기본 값은 에러 없음이다. 만약, 이 함수를 실행하기 전에 에러가 발생되었다면 에러 입력 값을 그대로 에러 출력에 전달한다. 따라서 이 함수가 실행되기 전에 에러가 발생하지 않아야만 정상적으로 실행된다. 또한, 이 함수가 실행되는 동안 에러가 발생하면 출력에 고유한 에러 상태를 표시한다.

■ 참조번호 출력

참조 번호 출력은 열린 파일의 참조 번호로 파일이 열리지 않았을 때는 "참조 번호 아님" 값을 갖는다.

■ 취소됨

취소됨은 파일 대화 상자를 취소하거나 조언 대화상자에서 대체를 선택하지 않은 경우에 불리언 값으로 참이 된다.

■ 에러 출력

에러 출력은 발생된 에러의 정보를 표시한다. 파일 열기/생성/대체 함수를 실행하기 이전에 에러가 발생한 경우는 동일한 에러 정보를 에러 출력에 그대로 출력한다. 그렇지 않으면 이 함수가 수행 중에 발생된 에러의 상태를 나타낸다.

2 파일로 포맷 함수

이 함수는 문자열, 숫자, 불리언 데이터를 입력받아 텍스트 형태로 변경하고 파일에 쓰는 함수이다. 이 함수의 옵션들을 알아보자.

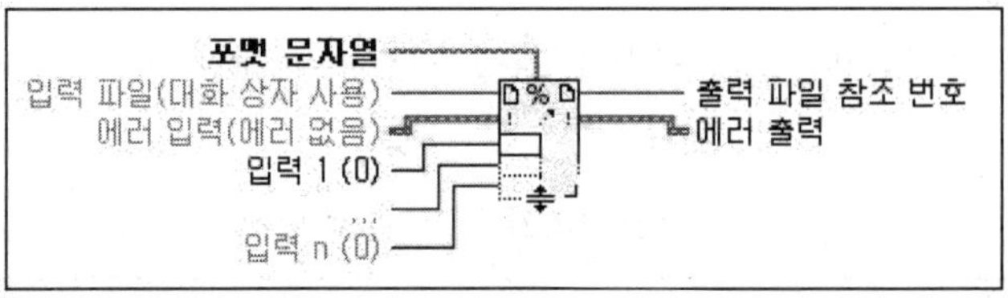

[그림 13.10] 파일로 포맷 함수

■ 포맷 문자열

포맷 문자열은 입력된 데이터를 어떤 형식으로 변환할 것인지를 지정하는 노드로 포맷 지정자에는 C언어와 유사한 구문 원소들이 사용된다. 여기서 길이는 반드시 0보다 커야하고, 정밀도와 유효숫자는 0과 같거나 커야한다. 그리고 대괄호([])는 옵션으로 사용해도 되고 생략해도 무관하다.

[표 13.3] 포맷 지정자의 구문 원소

%$[-][+][#][^][0][길이][.정밀도 || _유효숫자]

■ 입력 파일

입력 파일은 참조 번호 혹은 절대 파일 경로를 지정하는 노드로 참조 번호를 연결하면 참조 번호에 의해 지정된 파일을 연다. 기본 값은 파일 대화 상자를 열고 파일을 선택하도록 요청한다. 만약, 지정된 파일이 존재하지 않을 경우는 새로운 파일을 만들고, 빈 경로를 지정하면 에러를 발생시킨다.

■ 입력 1 ~ n

입력 1 ~ n은 변환할 입력 파라미터로 모든 숫자 데이터 형을 사용할 수 있지만 배열과 클러스터는 사용할 수 없다. 초기에 이 함수의 입력 파라미터는 1개이지만 마우스로 크기를 조정하면 입력의 개수를 추가할 수 있다.

3 파일로부터 스캔 함수

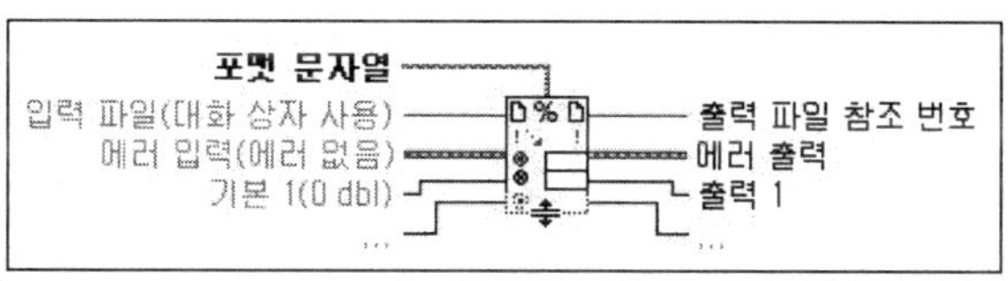

[그림 13.11] 파일로부터 스캔 함수

문자열, 숫자, 불리언 데이터에서 텍스트를 찾은 이후에 포맷 문자열에서 지정한 데이터 형식으로 변환하여 스캔된 순서대로 반환한다. 이 함수를 사용하여 파일의 모든 텍스트를 읽을 수 있지만 스캔되는 시작점을 설정할 수는 없다.

■ 포맷 문자열

포맷 문자열은 입력된 문자열을 어떤 형식으로 변환할 것인지를 지정하며, 기본 값은 출력에 연결된 데이터 형의 기본 성질에 따라서 문자열을 스캔한다. 이 함수에서 마우스 오른쪽 버튼을 클릭한 후에 바로 가기 메뉴에서 스캔 문자열 편집을 선택하면 포맷 문자열을 생성하고 편집할 수 있다.

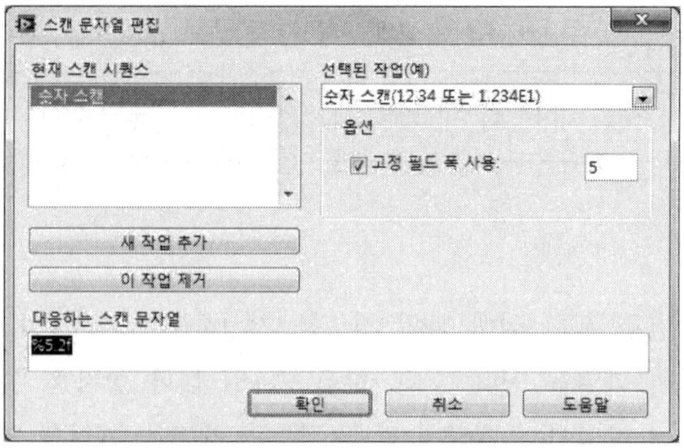

[그림 13.12] 스캔 문자열 편집

■ 기본 1 ~ n

기본 1 ~ n은 출력 파라미터에 대한 타입과 기본 값을 지정합니다. 만약, 이 함수가 포맷 문자열로부터 입력 값을 스캔할 수 없을 경우에는 기본 값을 사용한다. 기본 1을 연결하지 않고 상수를 포맷 문자열에 연결할 경우에는 이 함수는 포맷 문자열을 사용하여 출력 형식을 결정한다. 그렇지 않은 경우, 기본 데이터 타입은 배정도 부동소수이다. 출력 데이터 타입에 따라서 기본 값은 0 또는 빈 문자열이다.

■ 출력 1 ~ n

출력 1 ~ n은 출력 파라미터를 지정하며 출력에는 모든 숫자 데이터 형을 사용할 수 있다. 지정한 숫자 데이터 형식과 맞지 않는 문자열을 스캔할 경우 이 함수는 데이터 형에 맞는 가장 큰 숫자를 반환한다. 이 함수에서도 배열과 클러스터는 사용할 수 없다.

4 파일 닫기 함수

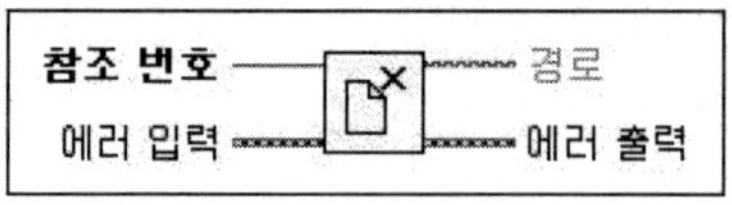

[그림 13.13] 파일 닫기 함수

파일 닫기 함수는 지정된 참조 번호로 열려있는 파일을 닫고 참조 번호와 관련되어 있는 파일 경로를 반환한다. 파일 열기/생성/대체 함수로 파일을 열었다면 반드시 이 함수를 실행시켜 열려진 파일을 닫아야 한다.

예제 13-1	파일에 쓰기

난수를 10개 발생시켜 숫자형 배열과 텍스트 파일에 저장하는 VI를 작성하시오. 단, 파일 생성, 쓰기, 닫기 함수를 모두 사용하시오.

1. 프런트 패널에 다음과 같이 원소가 10개인 숫자형 인디케이터 배열을 만든다.

2. 파일 열기/생성/대체 함수, 파일로 포맷 함수, 파일 닫기 함수를 블록 다이어그램에 놓는다. 파일 열기 함수에서 동작에서 오른쪽 마우스 버튼을 클릭해 상수를 생성한다. 동작을 open or create로 변경한다. 같은 방법으로 접근도 read/write로 변경한다.

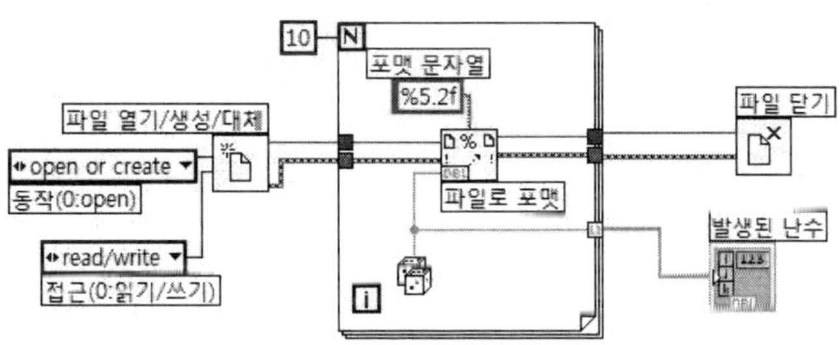

for문을 이용해 10개의 난수를 발생시키고 파일로 포맷 함수를 이용해 파일에 데이터를 쓴다. 이때 포맷 문자열은 %5.2f로 설정해 전체자릿수는 5개로 하고 소수점 이하 자릿수는 2개로 설정한다.

발생된 난수를 for 루프의 오토인덱싱 기능을 이용해 숫자형 인디케이터 배열에 연결한다. 마지막으로 파일 닫기 함수를 이용해 파일을 닫는다.

3. VI를 실행시키면 파일 경로를 지정하지 않았으므로 작업 중인 VI가 저장되어 있는 폴더를 기준으로 대화상자가 열린다. 파일이름에 sample.txt를 입력하자.

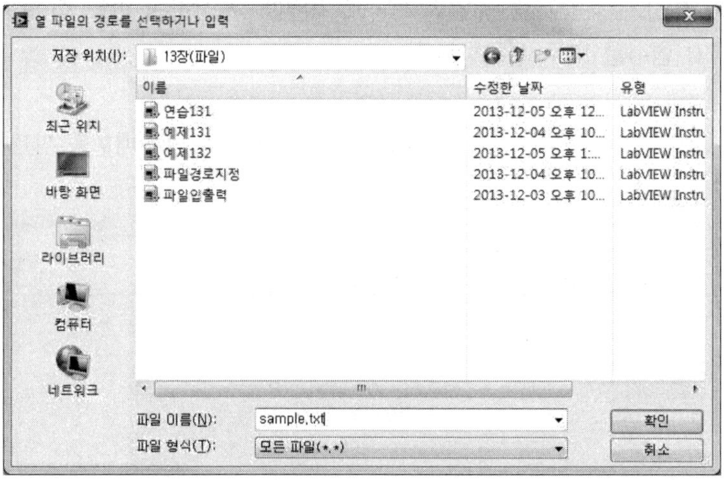

프런트 패널의 배열에 저장된 데이터는 다음과 같다.

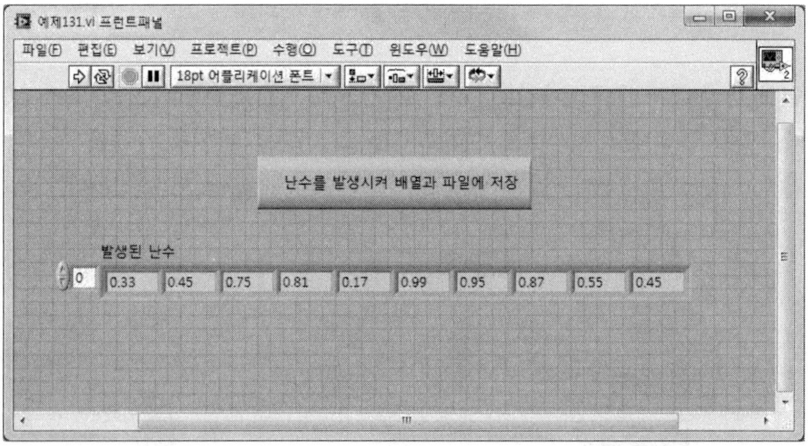

메모장을 열어 sample.txt 파일에 저장된 데이터와 배열에 저장된 데이터가 서로 같음을 확인한다.

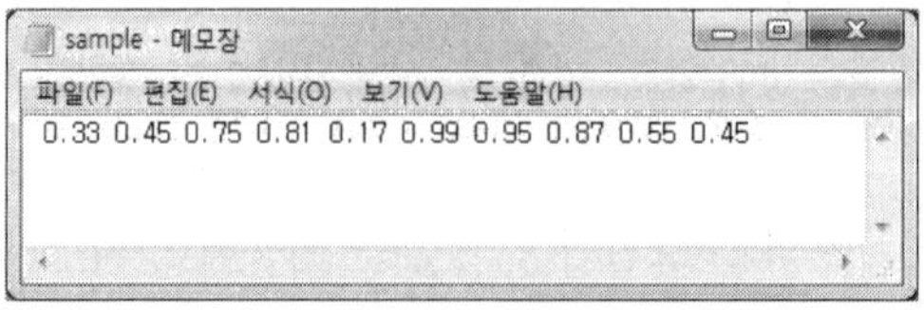

예제 13-2 파일 읽기

예제 13-1에서 작성된 파일을 읽어서 숫자형 배열에 저장하는 VI를 작성하시오. 단, 파일 생성, 스캔, 닫기 함수를 모두 사용하시오.

1. 프런트 패널에 다음과 같이 원소가 10개인 숫자형 인디케이터 배열을 만든다.

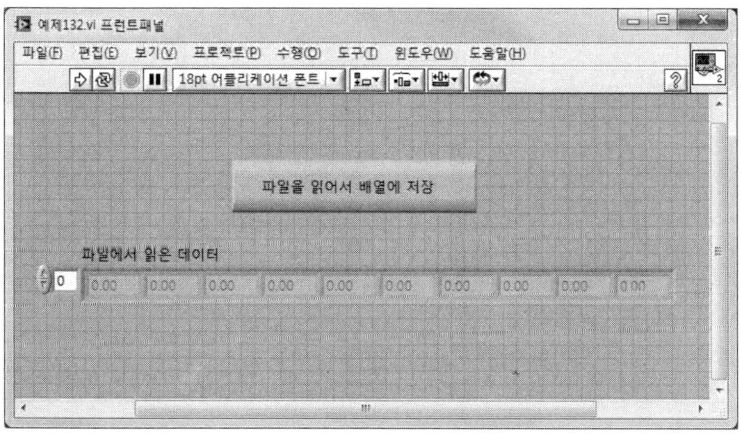

2. 파일 열기/생성/대체 함수, 파일로부터 스캔 함수, 파일 닫기 함수를 블록 다이어그램에 놓는다. 파일로부터 스캔 함수에서 포맷 문자열은 앞의 예제와 같이 %5.2f로 설정한다. 또한 파일에서 읽은 문자열을 숫자형 데이터로 변환하여 배열에 저장한다. 전체 블록 다이어그램은 다음과 같이 연결한다.

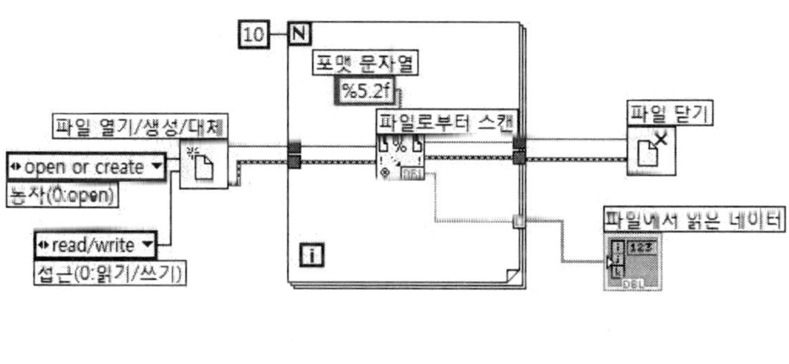

3. VI를 실행시켜 sample.txt파일을 선택하고, 예제 13-1의 파일 데이터가 인디케이터 배열에 저장되어 있는지 확인한다.

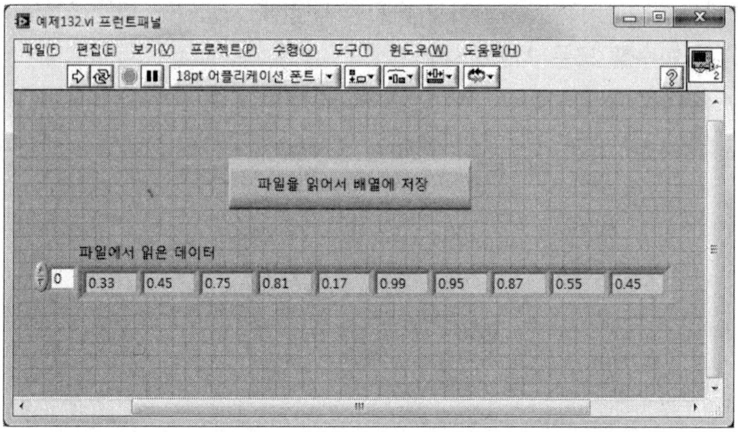

예제 13-3 2종류의 데이터를 파일에 쓰기

10개의 난수를 발생시켜 파일에 쓰는 VI를 작성하시오. 단, 하나의 데이터가 출력될 때마다 줄바꾸기를 실행시켜 10행 1열의 문자열을 만든다.

1. 프런트 패널에 다음과 같이 원소가 10개인 숫자형 인디케이터 배열을 만든다.

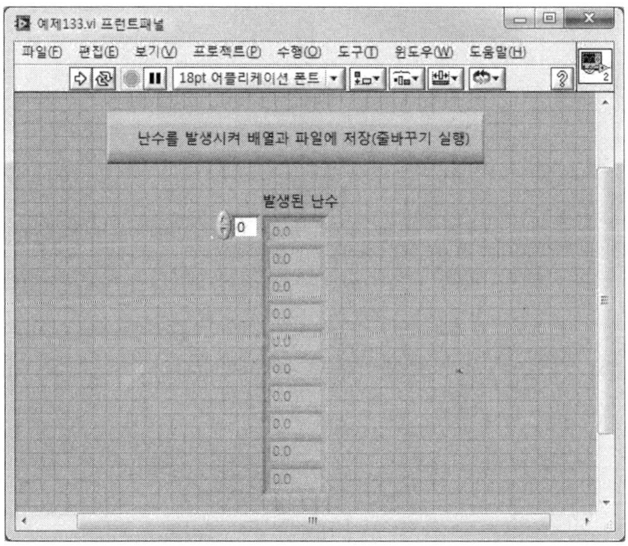

2. 파일로 포맷 함수는 파일의 왼쪽 첫 번째 칸부터 오른쪽으로 이동하면서 데이터를 기록한다. 그런데 주어진 문제에서는 1개의 데이터를 쓴 이후에 줄을 바꿔야 하므로 숫자 데이터 다음에 줄 바꿈(캐리지 리턴)문자를 추가해서 파일로 보내야 한다.

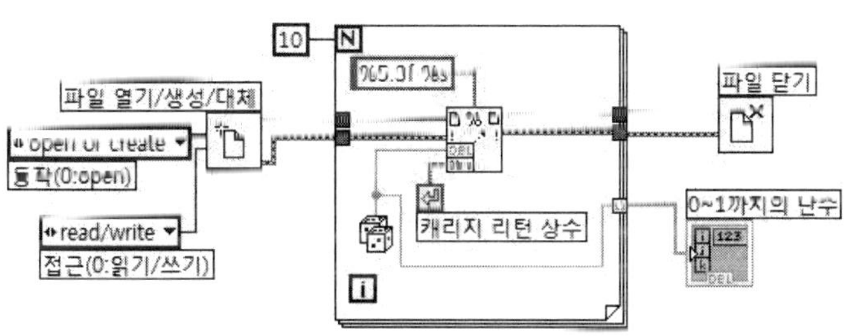

파일로 포맷 함수의 입력 노드를 마우스로 늘려 입력을 추가하고, 2번째 입력에 캐리지 리턴(↵)상수를 연결한다. 또한 입력 항이 2개이므로 포맷 문자열도 2개를 지정해야 한다. %5.3f %s의 의미는 첫 번째 출력 형식은 전체 5자리 중에 소수점 이하 3자리를 출력하고, 두 번째 출력 형식은 문자열 형으로 출력하라는 뜻이다.

3. VI를 실행시켜 배열 인디케이터에 저장된 값과 파일의 기록 내용이 일치하는지 확인한다.

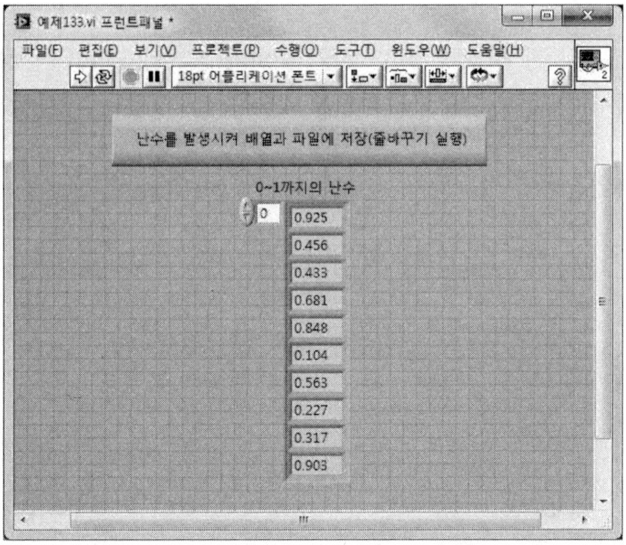

example133.txt 파일에 저장된 데이터는 1개의 데이터가 출력된 이후에 줄 바꿈이 실행되었음을 알 수 있다.

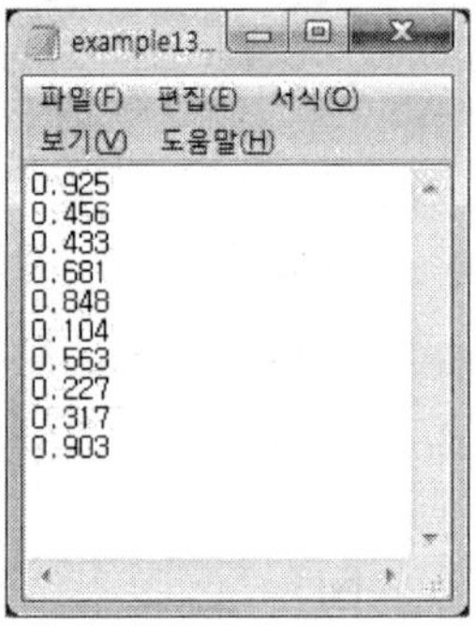

13.3 LabVIEW의 고급 함수를 이용한 파일 입출력

LabVIEW에는 1개의 함수만을 이용해 파일 입출력을 수행할 수 있는 고급 파일 입출력 함수들을 갖고 있다. 이 함수들은 사용하기는 편리하지만, 정밀한 파일 입출력용으로는 적합하지 않다.

데이터를 파일로 저장할 때 가장 일반적인 방법은 아스키코드로 변환된 텍스트로 저장하는 방식이다. LabVIEW에는 데이터를 텍스트 형식으로 곧바로 저장하는 함수와 약간의 특수 문자를 추가해 스프레드시트 형식으로 저장하는 고급 함수가 준비되어 있다.

1 텍스트 파일 쓰기 함수

이 함수는 문자열, 문자열 배열을 새로운 파일에 라인 형식으로 쓰거나 기존 파일에 문자열을 추가한다. 이 함수는 먼저 파일을 생성하거나 열고, 데이터를 파일에 쓰고, 마지막으로 파일을 닫는 세 가지 작업을 자동으로 실행한다.

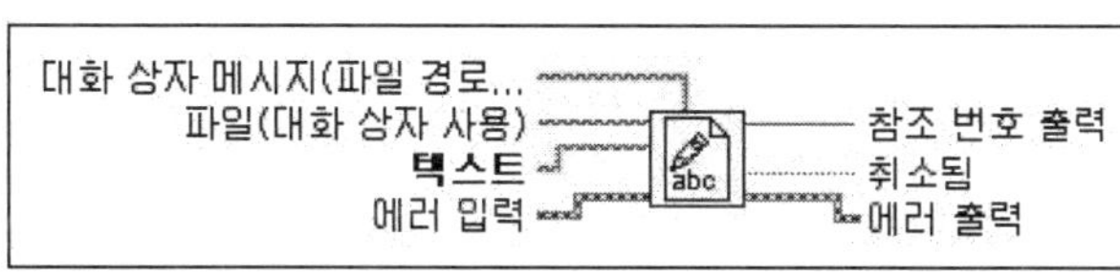

[그림 13.14] 텍스트 파일 쓰기 함수

파일 옵션에 경로가 설정된 경우에는 지정된 파일에 데이터를 쓰고, 기존 파일의 내용을 대체하기 전에 파일을 열거나 생성한다. 만약, 파일(대화 상자 사용)옵션에 파일 참조 번호가 연결되어 있으면 현재 파일 위치에서 쓰기가 시작된다.

2 텍스트 파일 읽기 함수

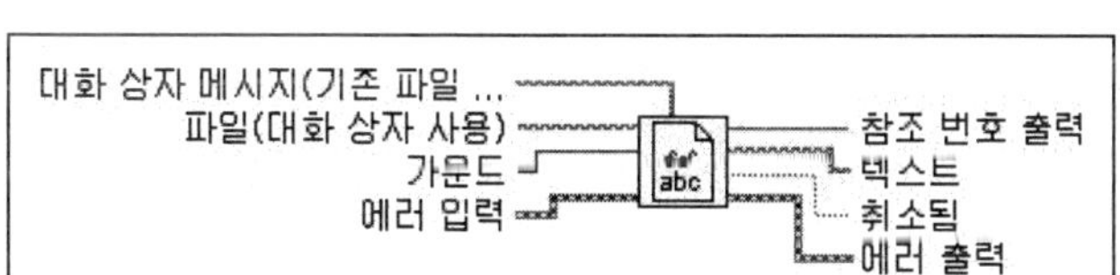

[그림 13.15] 텍스트 파일 읽기 함수

지정된 수만큼의 문자를 지정된 파일의 오프셋으로부터 읽는다. 만약, 카운트에 정수값을 연결하면 파일의 첫번째 문자에서부터 얼마나 많은 개별 문자를 읽을지를 지정할 수도 있다. 이 함수도 먼저 파일을 열고, 데이터를 파일에서 읽고, 마지막 단계에서 자동으로 파일을 닫는다.

3 스프레드시트 파일에 쓰기 함수

이 함수는 1차원, 2차원 배열을 입력받아 텍스트 형식의 문자열로 변환하고, 새로운 파일이나 기존 파일에 입력 받은 문자열을 쓴다. 입력은 1차원 배열이나 2차원 배열을 동시에 연결할 수는 없고 한 개만을 선택해서 연결해야 한다. 만약, 2차원 배열을 입력으로 사용하는 경우에는 데이터를 전치(transpose)시키는 옵션을 사용할 수 있다. 이 함수도 먼저 파일을 열거나 생성하고, 파일에 데이터를 저장한 이후에 마지막으로 파일을 닫는 작업을 자동으로 수행한다.

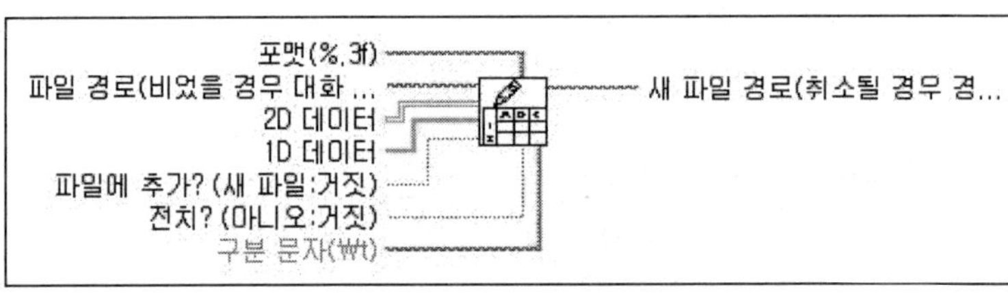

[그림 13.16] 스프레드시트 파일에 쓰기 함수

보통 스프레드시트는 탭()기호를 이용해 열을 구분하고, EOL(:End of Line) 문자로 행을 분리한다. 따라서 이 함수에 의해 작성된 파일은 엑셀과 같은 대부분의 스프레드시트 프로그램에서 읽을 수 있다.

4 스프레드시트 파일로부터 읽기 함수

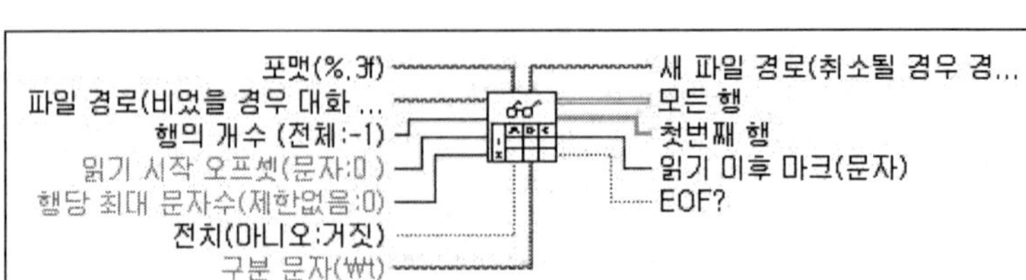

[그림 13.17] 스프레드시트 파일로부터 읽기 함수

지정된 라인이나 행의 개수를 텍스트 파일에서 읽어 데이터를 2차원 단정도(single precision) 배열로 변환한다. 또한, 2차원 배열의 경우는 전치 작업을 선택적으로 수행할 수 있다. 이 함수를 이용하면 엑셀과 같은 스프레드시트 프로그램으로 저장한 파일들을 읽을 수 있다. 파일 열기, 데이터 읽기, 파일 닫기 기능이 함수 안에 모두 내장되어 있다.

예제 13-4

텍스트 파일에 저장

cosine함수의 데이터를 100개 발생시켜 웨이브폼 차트에 표시하고 텍스트 파일로 저장하는 VI를 작성하시오. 단, 파일경로와 이름은 d:₩sample.txt로 지정한다.

1. 프런트 패널을 다음과 같이 작성한다.

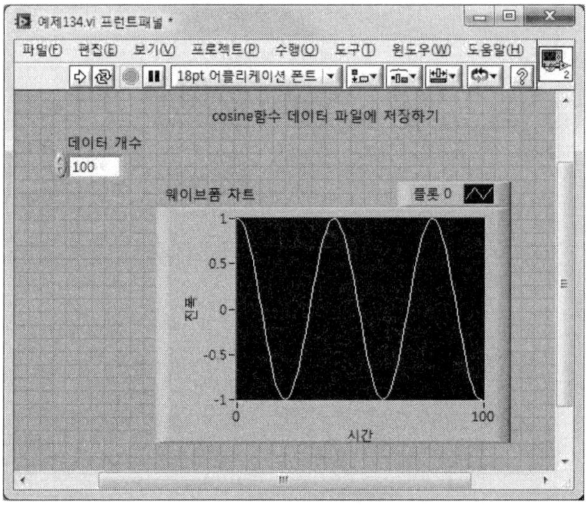

2. 블록다이어그램에서 텍스트 파일 쓰기함수에 변환된 문자열 배열을 연결한다. 이 함수는 파일 열기, 쓰기, 닫기 작업을 한꺼번에 자동으로 수행한다.

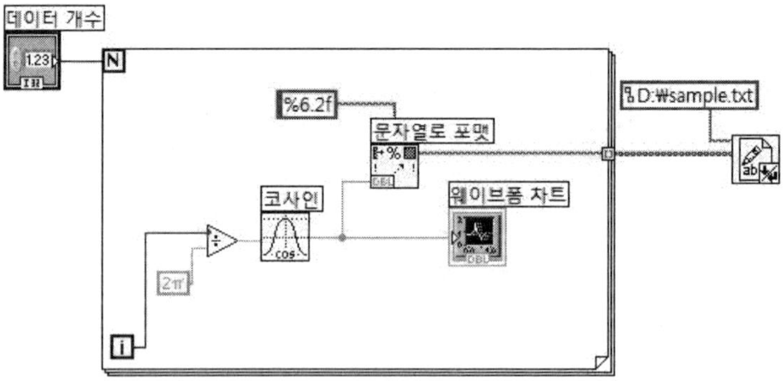

3. 메모장을 이용해 d:\sample.txt파일을 열어 100개의 데이터를 확인한다. 문자열 포맷을 %6.2f로 설정했으므로 전체자리는 6자리, 소수점 이하 2자리까지 나타난다.

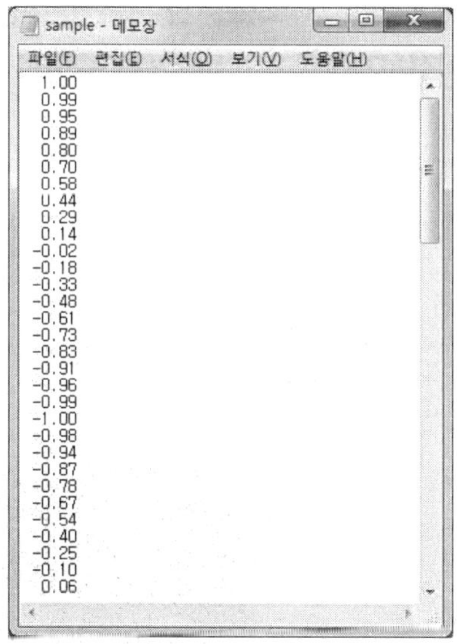

예제 13-5 텍스트 파일에서 읽기

예제 13-4에서 작성된 sample.txt라는 파일을 읽어서 문자열 인디케이터와 웨이브폼 차트에 데이터를 표시하는 VI를 작성하시오. 단, 파일경로와 이름은 d:₩sample.txt로 한다.

1. 프런트 패널을 다음과 같이 작성한다.

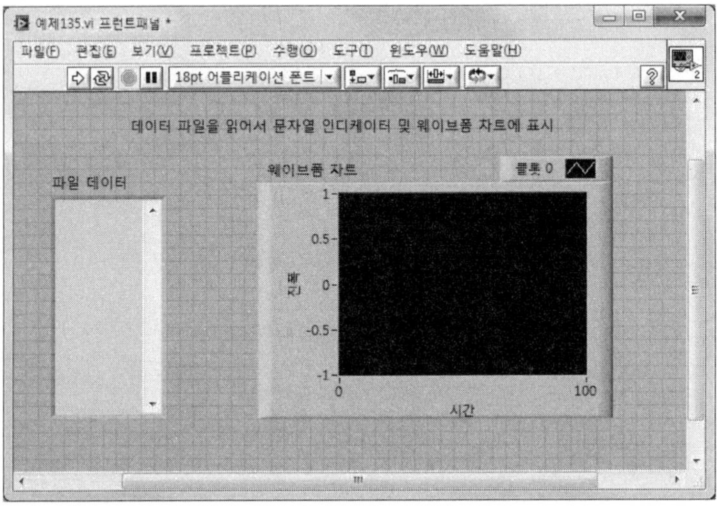

2. 텍스트 파일에서 읽기함수를 문자열 인디케이터 연결한다. 파일에 저장된 문자열을 숫자 배열로 변경하기 위해 Extract Number.vi를 선택하여 블록다이어그램에 위치시킨다. 이 VI는 콤마, 라인피드, 숫자가 아닌 문자들로 구성된 아스키 문자열을 입력받아 숫자 배열로 변경해 준다.

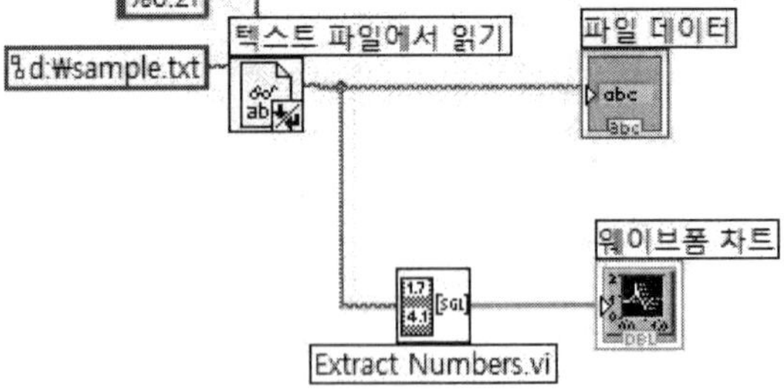

찾아보기 Extract Nubber.vi :함수 팔레트 ⇨ VI선택 ⇨ 파일 대화상자
c:₩Program Files₩National Instrument₩LabVIEW8.2₩example general ₩strings.llb

3. VI를 실행시켜 파일에 저장된 데이터와 인디케이터에 표시된 데이터가 같은지 확인한다.

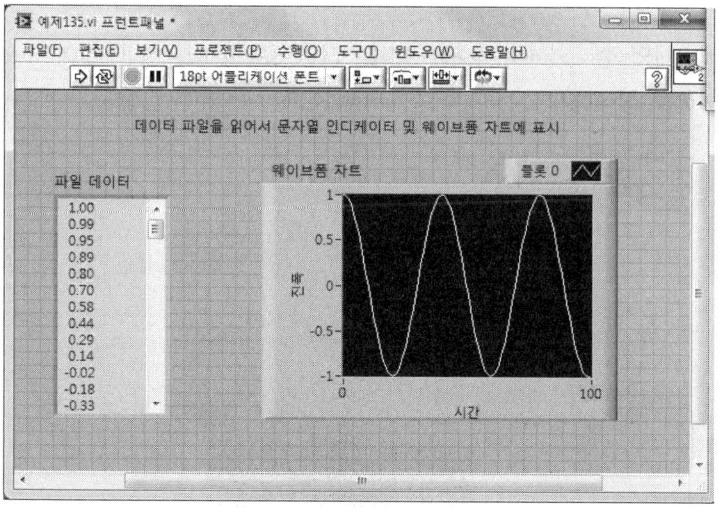

예제 13-6 스프레트시트 파일 형식으로 쓰기

1에서 5까지 5개의 정수와 이 정수에 1.5를 더한 5개의 실수를 만들어 스프레드시트 형식으로 저장하는 VI를 작성하시오. 단, 파일 대화상자를 이용해 저장한다.

1. 프런트 패널에 웨이브폼 그래프를 위치시킨다.

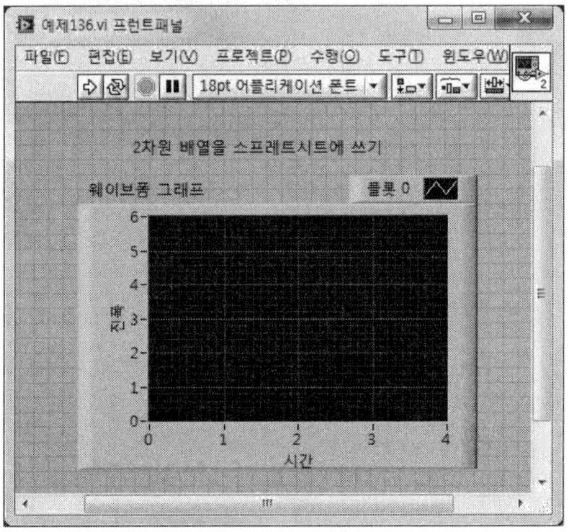

2. 블록 다이어그램에서 배열 만들기 함수를 이용해 2차원 배열을 만든다. 2차원 배열을 웨이브폼 그래프와 스프레드시트에 쓰기 함수와 연결한다. 파일 대화상자가 열리면 파일이름을 test.xls로 저장한다.

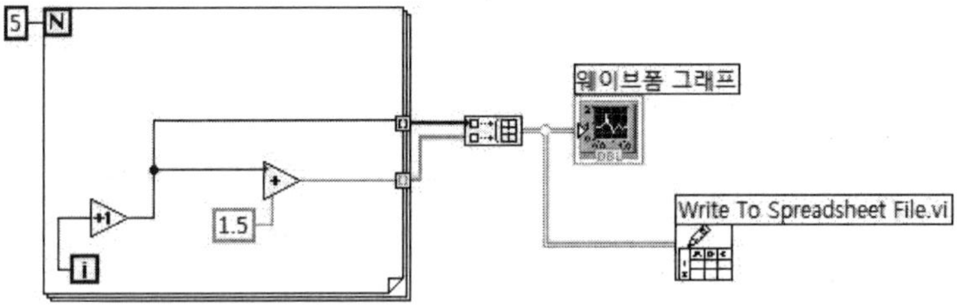

3. VI를 실행시켜 웨이브폼 그래프와 test.xls 파일의 내용을 비교해 본다.

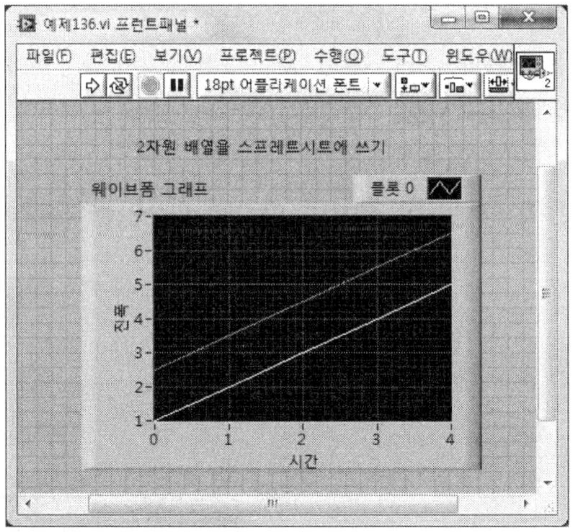

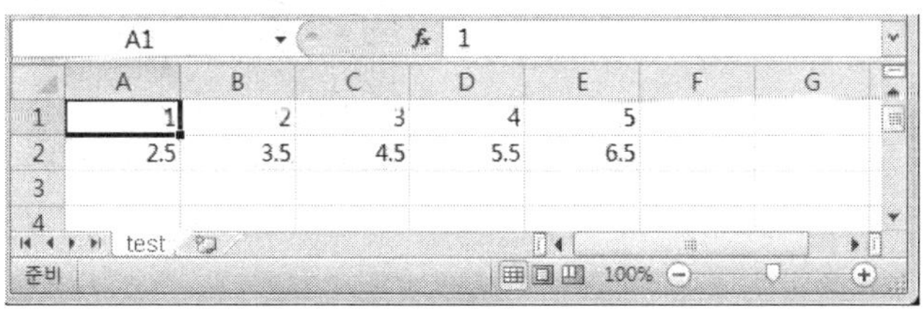

예제 13-7 숫자와 문자열이 혼용된 데이터 파일에 쓰기

현재의 날짜와 시간 문자열과 0 ~ 1까지, 1 ~ 2까지 2개의 난수 데이터를 결합시켜 텍스트 파일로 저장하는 VI를 작성하시오.

1. 프런트 패널에 웨이브폼 그래프와 문자열 인디케이터를 위치시킨다.

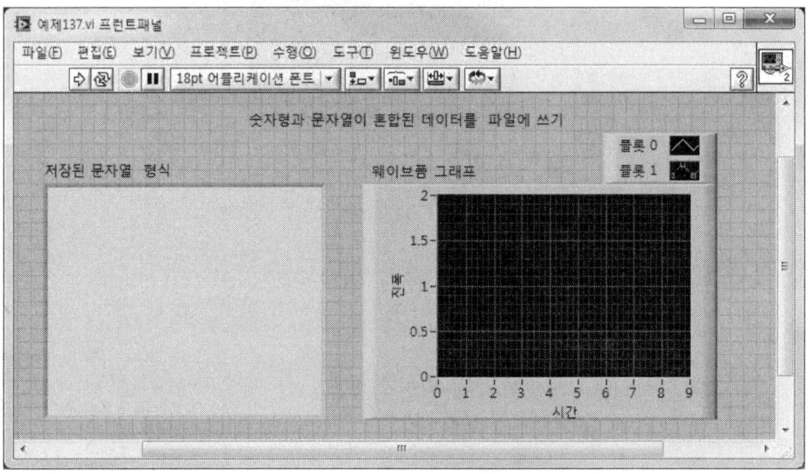

2. 날짜/시간 문자열로 포맷함수를 이용해 현재의 날짜와 시간을 얻고, 안쪽의 for 루프를 이용해 2개의 난수를 발생시킨다. 문자열 연결함수를 이용해 두 문자열을 단일 문자열로 묶는다. 이때 탭 문자를 연결하지 않으면 날짜 데이터와 난수 데이터가 붙어서 출력된다.

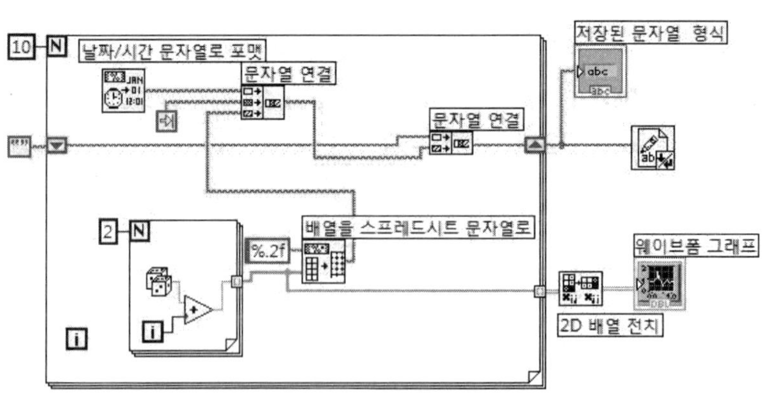

시프트 레지스터와 연결된 또 하나의 문자열 연결함수는 for 루프를 10회 반복한 결과를 단일 문자열로 묶기 위해 사용하였다.

3. VI를 실행시켜 파일이름을 "ex.txt"로 저장하고, 웨이브폼 그래프와 파일에 저장된 데이터를 비교한다.

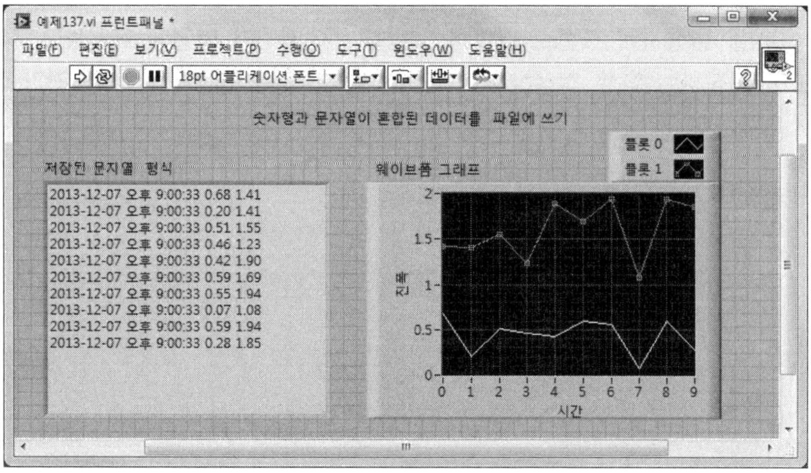

연 습 문 제

1. 난수 10개를 발생시켜 프런트 패널의 숫자형 인디케이터 배열에 표시하고, 텍스트 파일 형식으로 저장하는 VI를 작성하시오. 단, 파일에 데이터를 저장할 때 각각의 데이터는 행으로 분리한다.

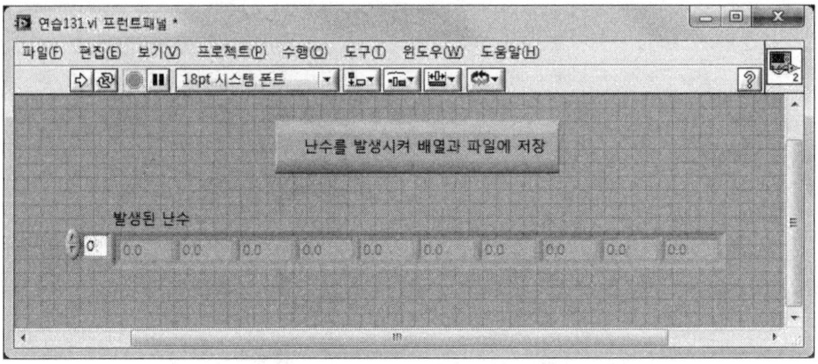

2. 웨이브폼 그래프를 이용하여 사인과 코사인 함수의 그래프를 그리고, 스프레드 시트 파일 저장버튼을 누르면 얻어진 데이터를 스프레드시트 데이터 형식으로 저장하는 VI를 작성하시오.

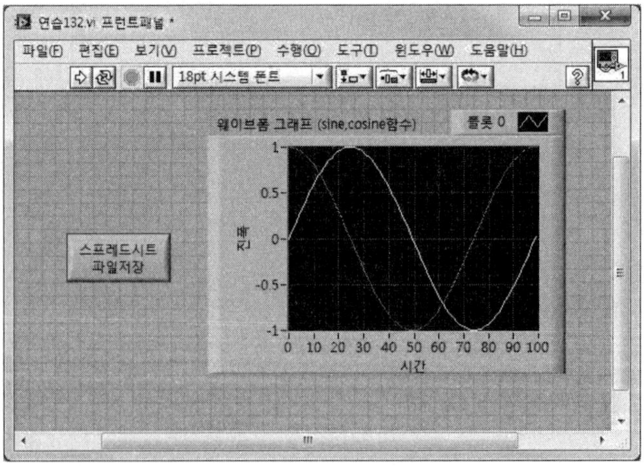

제14장 이벤트 구조

이벤트란 윈도우즈가 움직이는 기초 원리로 무언가에 주어지는 어떤 사건을 의미한다. 이벤트 중심의 프로그램은 사용자와 프런트 패널이 대화식으로 정보를 교환하고, 얻어진 정보를 이용해 블록 다이어그램의 실행 순서를 결정하게 된다.

학습목표

- 이벤트의 기초 개념을 이해한다.
- LaVIEW에서 사용할 수 있는 이벤트의 종류를 학습한다.
- 사용자 인터페이스 이벤트를 학습한다.
- 동적 이벤트의 사용 방법을 학습한다.

차례

14.1 이벤트의 기초

이벤트(event)는 윈도우즈가 움직이는 기초 원리로 무언가에 주어지는 어떤 사건을 의미한다. LabVIEW에는 윈도우즈에서 발생하는 다양한 이벤트를 처리할 수 있는 이벤트 구조를 갖고 있다.

1 도스와 윈도우즈

흔히 도스와 윈도우즈의 차이를 한자와 한글의 차이로 비유된다. 윈도우즈가 도스에 비해 직관적이라는 뜻이다. 윈도우즈는 이벤트 중심의 운영체제로 다음과 같은 특징들을 갖고 있다.

[표 14.1] 도스와 윈도우즈의 특징

도스(DOS)	윈도우즈(Windows)
1. CUI방식 2. 순차적인 흐름 3. H/W 장치에 소프트웨어가 영향을 받는다.	1. GUI방식 2. 이벤트 중심 3. H/W장치에 소프트웨어가 영향을 받지 않는다. 4. 멀티태스킹이 가능하다. 5. 리소스가 분리되어 있다.

그래픽 사용자 인터페이스(GUI, Graphic User Interface)는 과거에 많이 사용되었던 도스(Disk Operating system)와 같은 텍스트 기반의 운영체제와 비교했을 때 가장 눈에 띄는 외형적인 특징이라 할 수 있다. GUI환경은 사용자 인터페이스에 사용되는 윈도우, 버튼, 대화상자와 같은 구성요소를 새롭게 익혀야 하는 단점은 있지만 일단 익혀두고 나면 모든 프로그램에 동일하게 적용할 수 있다는 장점이 있다. 일반적으로 CPU가 하나인 시스템에서 여러 개의 응용 프로그램을 동시에 실행시키는 것은 사실상 불가능하다. 멀티태스킹(Multitasking)이란 운영체제가 CPU시간을 적절히 분할하여 여러 프로그램이 동시에 실행되는 것처럼 보이게 하는 기법으로 다양한 작업을 손쉽게 처리할 수 있다.

도스 환경에서는 프로그래머가 정해준 순서에 따라 프로그램이 순차적으로 실행되었다. 하지만 윈도우즈 환경에서는 프로그램을 실행시키면 사용자와 정보를 주고받기 위한 윈도우가 생성되고 초기화를 거친 이후에 사용자가 전달하는 이벤트를 기다리게 된다.

2 이벤트의 개념

이벤트는 시스템 내부나 외부에서 발생하는 움직이는 동작을 말하며, 보통 적절한 메시지로 변환되어 응용 프로그램으로 전달된다.

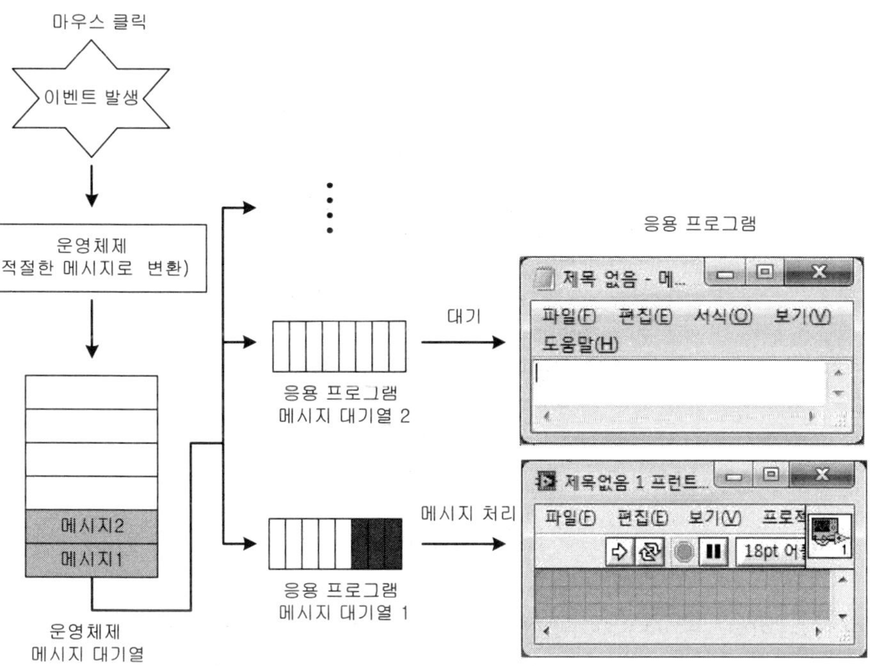

[그림 14.1] 이벤트 처리구조

응용 프로그램 중에 메모장의 예를 들어보자. 파일 메뉴에서 마우스 왼쪽 버튼을 클릭하면 이벤트가 발생한다. 발생된 이벤트는 운영체제에 의해 적절한 메시지로 변환되고, 운영체제가 관리하는 메시지 대기열에 저장된다. 메모장과 같은 응용 프로그램들은 자신이 관리하는 메시지 대기열을 갖고 있으며 운영체제는 시스템 대기열에 저장되어 있는 메시지를 메모장의 메시지 대기열로 전송한다. 메모장 프로그램은 자신이 관리하고 있는 메시지 대기열에 메시지가 들어오면 하나씩 꺼내서 분석한 이후에 적절하게 처리한다. 만약, 들어온 메시지가 없으면 대기한다.

이처럼 이벤트는 윈도우즈가 구동되는 기본원리로 사용자가 특정한 조작을 했을 때, 프로그램이 그에 대응하는 동작을 수행하도록 할 수 있다. 따라서 이벤트 중심의 프로그램은 어떤 이벤트가 발생되는가에 따라 실행순서가 달라진다.

14.2 LabVIEW의 이벤트 구조

이벤트 구조는 함수 팔레트의 구조 보조 팔레트에 포함되어 있다.

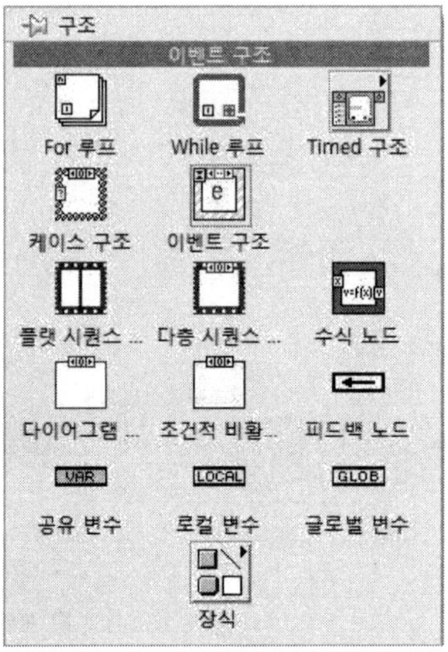

[그림 14.2] 이벤트 구조

LabVIEW의 이벤트는 사용자가 프런트 패널에서 마우스 클릭, 키보드 입력, 메뉴 선택 등을 실행할 때 발생된다. 사용자 이벤트가 발생되면 이에 대응하는 이벤트 케이스가 실행되어 블록 다이어그램의 실행 순서를 변경한다.

1 이벤트가 필요한 이유

while 루프를 이용해 프런트 패널의 상태가 바뀌는지를 감시하는 프로그램을 생각해 보자.

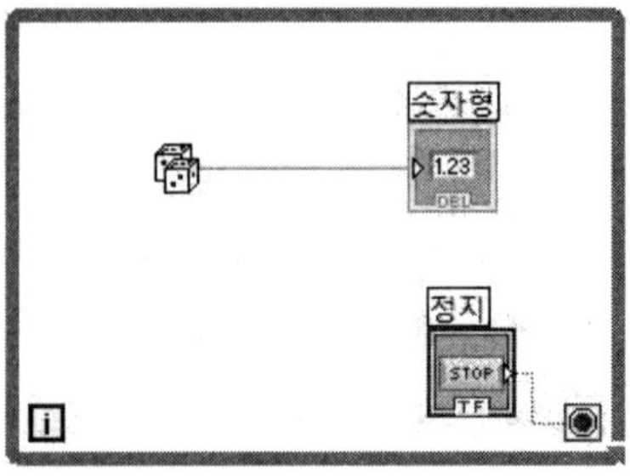

[그림 14.3] while 루프의 문제점

만약, while 루프가 없으면 난수가 1번 발생되고 VI가 종료된다. 따라서 프런트 패널을 계속 감시하기 위해서는 while 루프를 계속 돌려야 한다. 그런데 while 루프는 동작 속도가 매우 빠르기 때문에 CPU에 부담을 주고, 때에 따라서는 프런트 패널의 변화를 제대로 감지하지 못할 수도 있다.

LabVIEW는 이런 문제점을 해결하기 위해 이벤트 구조를 가지고 있다. 이벤트 구조는 지정된 이벤트가 발생하면 그에 대응하는 동작을 블록 다이어그램에 정확히 전달하고, 다음 번 이벤트가 발생할 때까지 대기한다. 따라서 while 루프와는 다르게 대기 상태에서 CPU는 다른 작업을 할 수 있으므로 CPU의 부담을 줄일 수 있다. 또한 지정된 이벤트에 블록 다이어그램이 정확히 반응하므로 프로그램의 신뢰도를 향상시킬 수 있다.

2 LabVIEW 이벤트의 종류

LabVIEW에는 이벤트가 발생되는 주체에 따라 사용자 인터페이스 이벤트, 하드웨어 이벤트, 프로그램(동적) 이벤트로 나눌 수 있다. 여기서는 가장 기본이 되는 사용자 인터페이스 이벤트를 먼저 알아보고, 동적 이벤트를 등록하고 사용하는 방법을 알아보도록 하자.

[표 14.2] LabVIEW 이벤트의 종류

이벤트 종류	설명
사용자 인터페이스 이벤트	프런트 패널에서 마우스 클릭, 키보드 입력 시에 발생
외부 하드웨어 이벤트	이벤트를 발생시키는 하드웨어가 발생
동적 이벤트	VI가 실행 중에 이벤트를 등록하고 실행

14.3 사용자 인터페이스 이벤트

마우스 버튼 클릭, 키보드 입력, 메뉴 선택, 패널 닫기 등의 사용자 조작에 의해 발생하는 이벤트를 사용자 인터페이스 이벤트라 한다. 마우스 왼쪽 버튼을 1번 클릭하면 이벤트가 발생되는 간단한 VI를 작성하면서 사용자 인터페이스 이벤트의 개념을 잡아보자.

먼저 프런트 패널을 다음과 같이 구성한다. 불리언 버튼에는 각각 Mouse Event, 정지 라벨을 붙여주고, 숫자형 인디케이터는 이벤트 발생이라는 라벨을 부여한다.

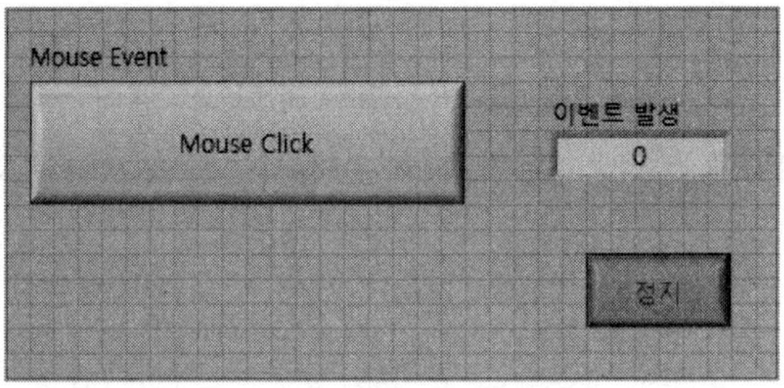

[그림 14.4] 마우스 클릭 이벤트의 VI

블록 다이어그램에서 이벤트 구조와 While 루프를 가져다 놓는다. 이벤트 구조는 항상 while 루프와 함께 사용해야 한다. 최초 이벤트 구조는 기본 값으로 타임아웃 이벤트 케이스만을 갖고 있고 좌측에는 이벤트 옵션들이 나열되어 있다. 이벤트 옵션들 중에서 시간 터미널은 특정한 시간을 입력받아 그 시간 내에 이벤트가 발생하지 않으면 타임아웃 이벤트를 한 번 발생시킨다. 이제 새로운 이벤트를 추가해 보자. 이벤트 구조의 경계면에서 마우스 오른쪽 버튼을 클릭하고 이벤트 케이스 추가를 선택한다.

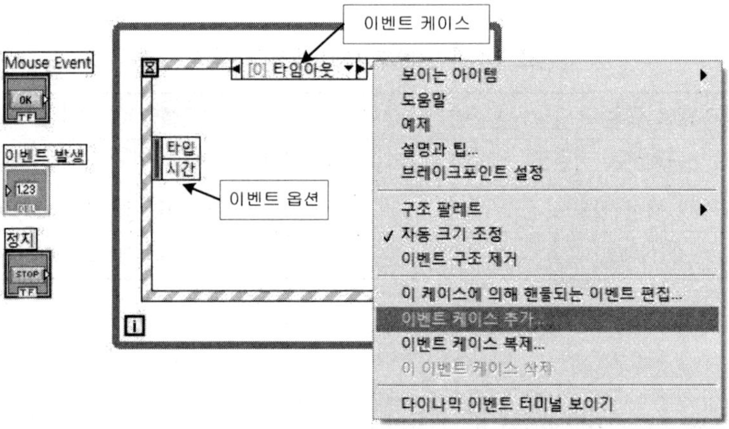

[그림 14.5] 이벤트 케이스 추가

이벤트 편집창은 이벤트 지정자, 이벤트 소스, 이벤트 항목으로 구성되어 있다. 먼저 이벤트 편집창 왼쪽에 있는 이벤트 소스를 선택하고 해당 소스에서 사용할 이벤트를 오른쪽에 있는 이벤트 중에서 선택한다.

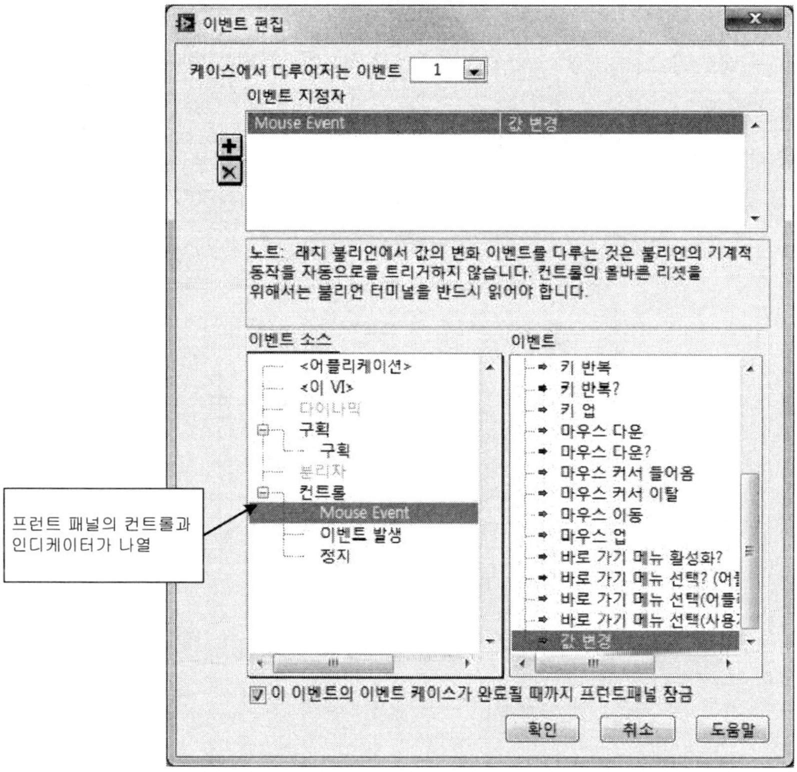

[그림 14.6] 이벤트 편집 창

예를 들어 Mouse Event 버튼이 클릭되어 값이 변경되면 이벤트를 발생시키고 싶다면 이벤트 소스에서 Mouse Event를 선택한 후에 이벤트 중에 "값 변경" 이벤트를 선택한다.

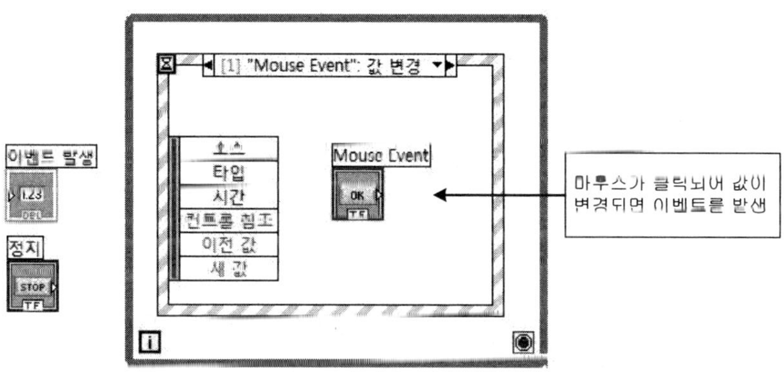

[그림 14.7] Mouse Event가 추가된 모습

이벤트 케이스가 추가되어 "Mouse Event:값 변경" 케이스가 만들어지면, Mouse Event 내부에 마우스 이벤트의 터미널을 넣는다. 이는 마우스가 클릭되어 값이 변경되면 이벤트를 한 번 발생시키라는 뜻이다.

정지 버튼의 경우도 같은 방법으로 이벤트 케이스를 만들고, 이벤트 발생 인디케이터를 while 루프의 루프 카운터에 연결시켜 블록 다이어그램을 완성시킨다.

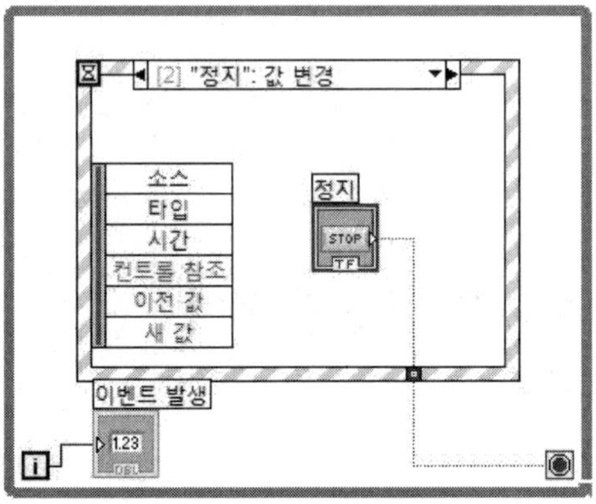

[그림 14.8] 정지 이벤트 추가

VI를 실행시켜 Mouse Click(확인버튼) 위에서 마우스 왼쪽 버튼을 클릭하면 이벤트가 한 개씩 발생되어 이벤트 발생 인디케이터에 표시된다.

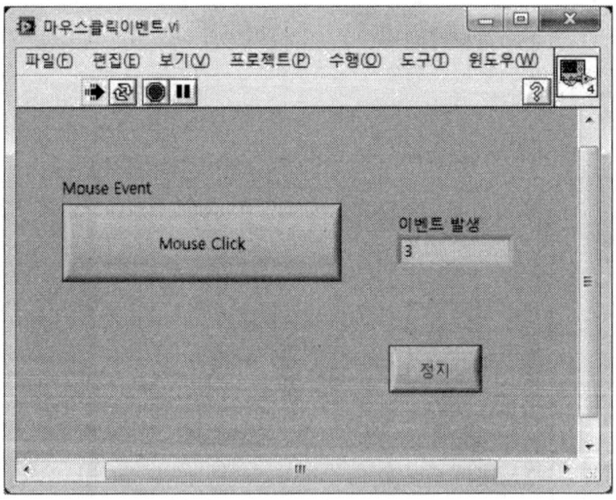

[그림 14.9] 마우스클릭 이벤트의 실행 모습

예제 14-1

문자코드와 이벤트 횟수 출력

문자를 한 개 입력받을 때마다 이벤트를 발생시키고 입력된 문자의 아스키 코드를 표시하는 VI를 작성하시오.

1. 프런트 패널을 다음과 같이 구성한다.

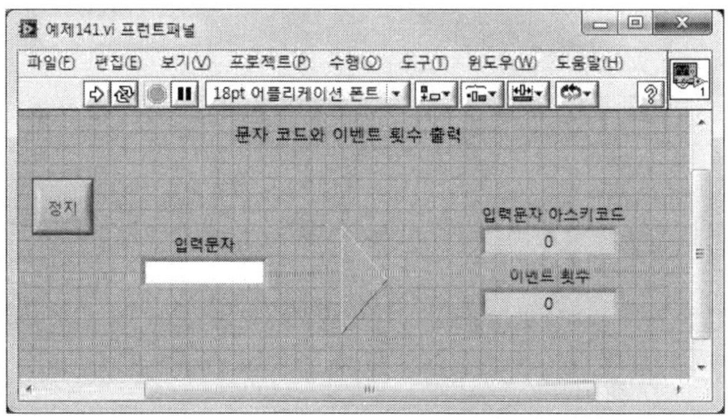

2. 블록 다이어그램에서 입력문자와 정지 버튼에 대한 이벤트 케이스를 각각 만들고 다음과 같이 연결한다. 또한 VI가 실행되기 전에 입력 문자를 지울 수 있도록 빈 문자열을 입력 문자의 로컬 변수에 연결한다.

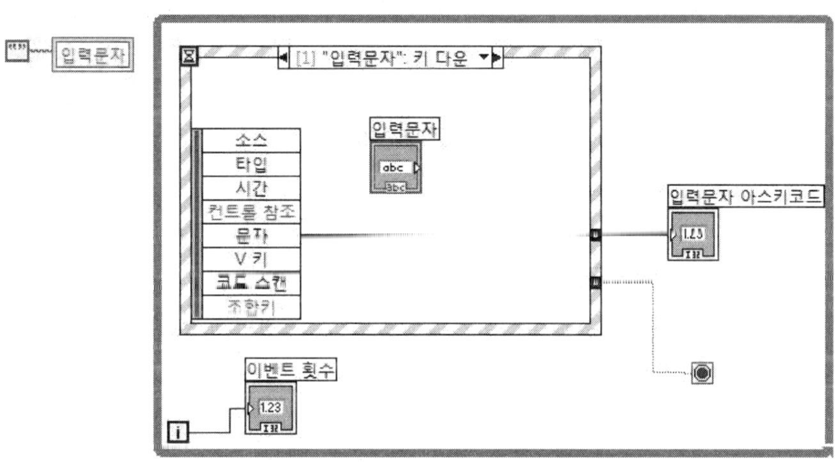

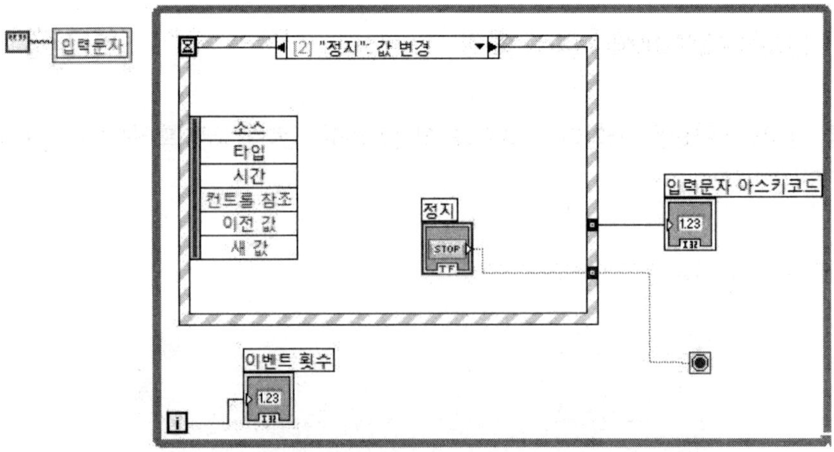

3. VI를 실행시켜 다양한 문자를 입력해 보고 이벤트 횟수와 아스키 코드를 확인해 본다.

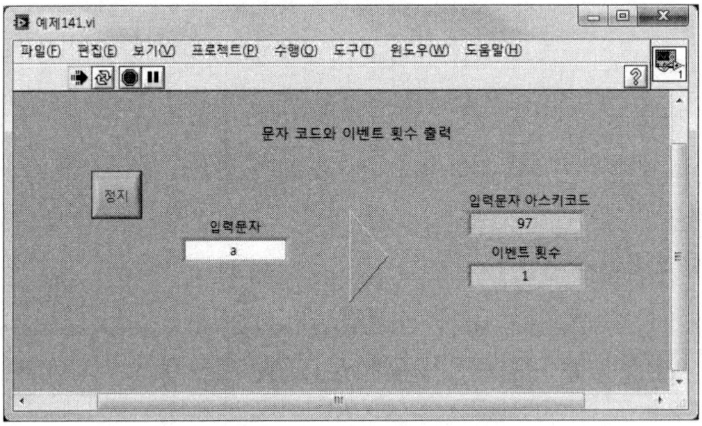

예제 14-2

이벤트 방식으로 SubVI 열기

이벤트 구조를 이용해 무작위 수를 발생시키는 차트 보이기, 대화상자 보이기가 실행되는 VI를 작성하시오.

1. Main 프런트 패널을 다음과 같이 작성한다. 차트와 대화상자 보이기는 불리언 확인 버튼을 이용하고, 정지는 불리언 정지버튼을 이용한다.

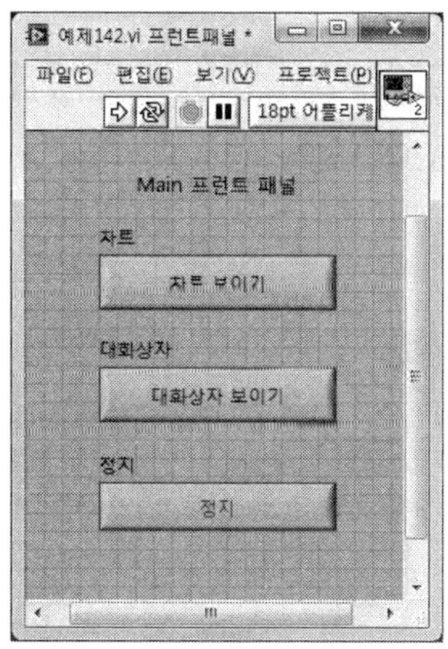

차트와 대화상자 보이기 버튼의 기계적 동작을 "놓을 때 래치" 혹은 "누를 때 래치"로 설정한다.

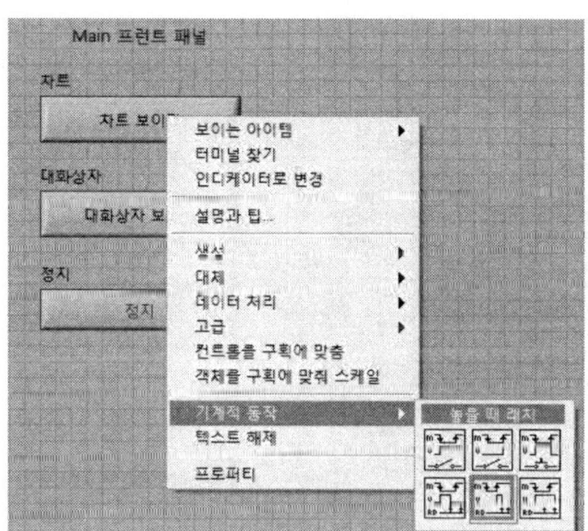

기계적 동작은 실제 스위치가 어느 시점에서 동작하는가를 나타내며 불리언 확인버튼의 팝업 메뉴에서 기계적 동작을 선택해서 설정할 수 있다.

2. Main 프런트 패널의 블록 다이어그램에 이벤트 구조를 위치시키고, 각각의 이벤트 케이스를 작성한다. Sub아이콘은 호출되는 SubVI로 무작위 수를 차트에 표시하는 VI이다.

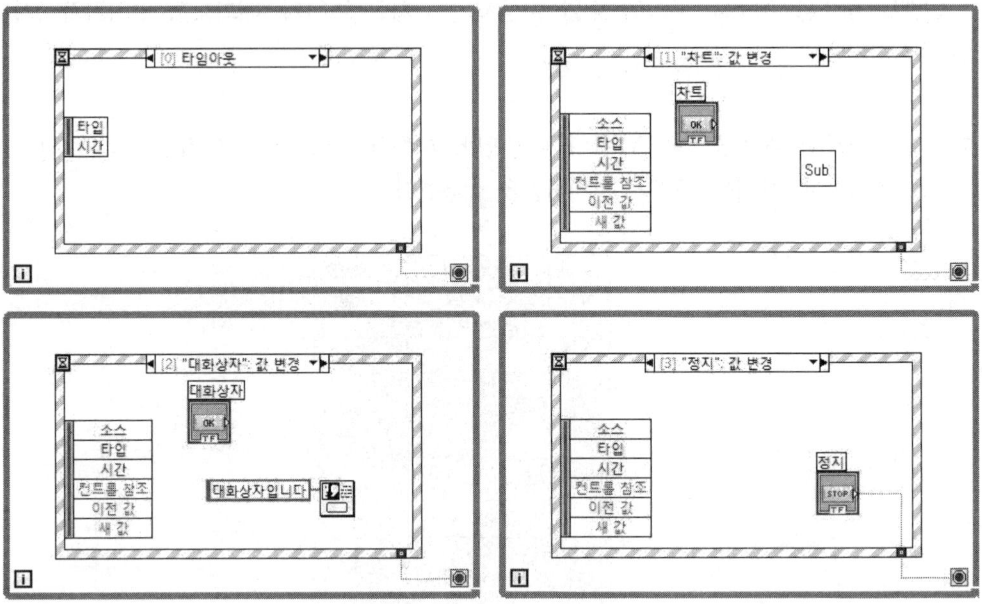

3. 무작위 수를 웨이브폼 차트에 표시하는 VI를 만들고 아이콘 편집기로 Sub를 디자인한 후에 저장한다.

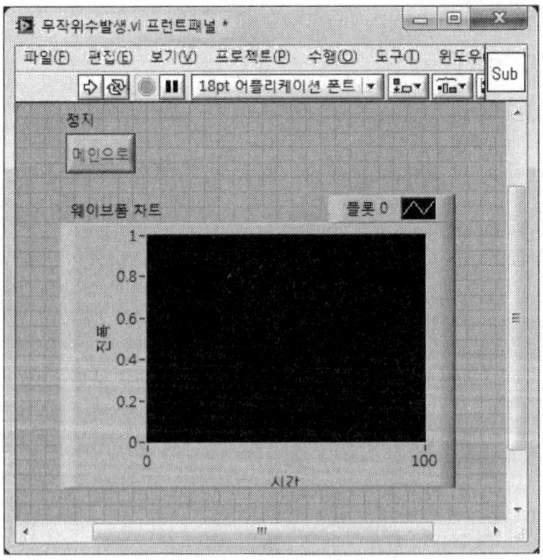

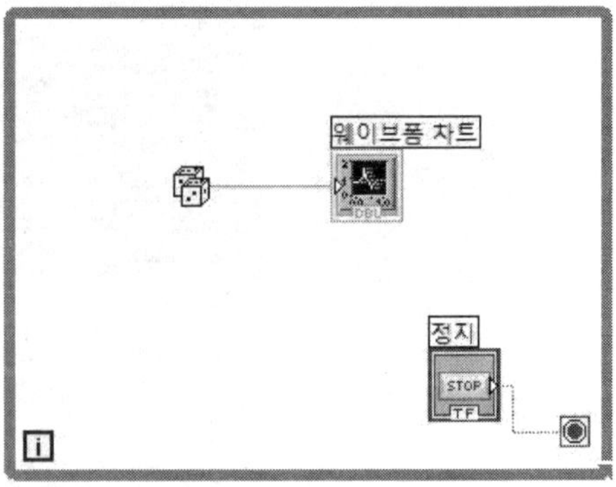

4. Main 프런트 패널을 실행시키고, 차트 보이기와 대화상자 보이기를 클릭해 차트 보이기와 대화상자 보이기가 실행되는지 확인한다.

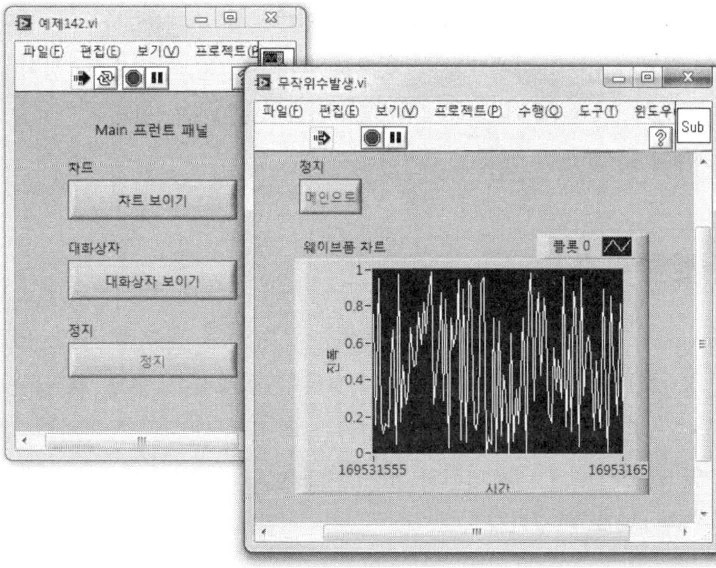

14.4 동적 이벤트

LabVIEW의 이벤트는 크게 두 가지로 나눌 수 있다. 첫 번째는 사용자 인터페이스 이벤트와 같이 VI가 실행되기 전에 이벤트를 설정하고 실행시키는 방법으로 정적(static) 이벤트라 한다. 두 번째는 VI가 실행 중에 이벤트를 등록하고 사용하는 방법이 있다. 이런 이벤트를 동적(dynamic) 이벤트라 한다.

1 동적 이벤트의 등록

동적 이벤트는 VI가 실행 중에 사용하고자 하는 이벤트를 등록할 수도 있고 실행시킬 수도 있다. 또한 필요하다면 등록된 이벤트를 수정하여 실행시킬 수도 있다. 숫자형 인디케이터에 마우스 커서가 진입하면 이벤트를 발생시키는 동적 이벤트를 등록하고 실행시켜 보자.

새로운 VI를 열고 숫자형 인디케이터와 정지 버튼을 프런트 패널에 놓는다. 숫자형 인디케이터의 데이터 형을 I32로 변경한다.

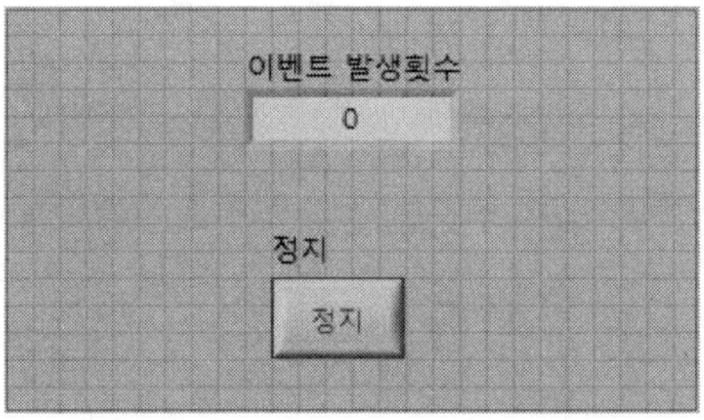

[그림 14.10] 간단한 프런트 패널

블록 다이어그램에서 while 루프와 이벤트 구조를 적절히 위치시킨다.

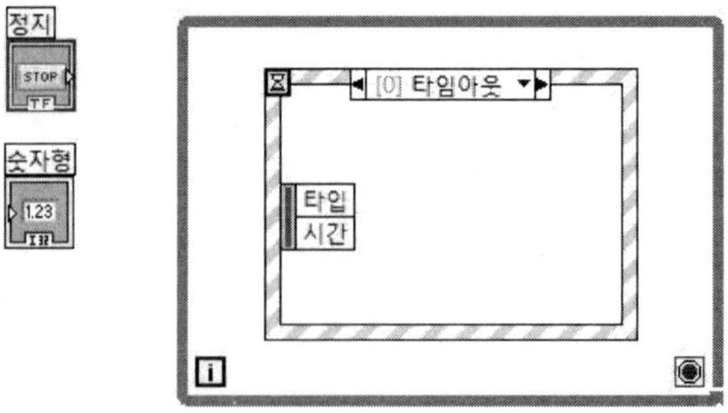

[그림 14.11] 이벤트 구조 추가

숫자형 인디케이터의 팝업 메뉴에서 생성 ⇨ 참조를 실행시켜 숫자형 인디케이터의 프로퍼티에 접근할 수 있는 VI참조를 생성한다.

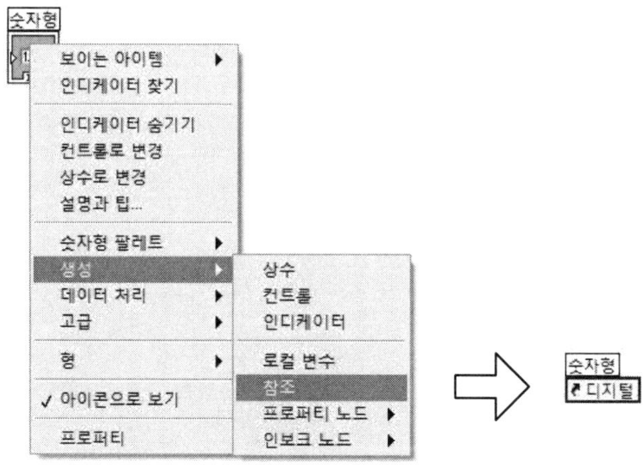

[그림 14.12] 숫자형 인디케이터의 참조 생성

함수 팔레트 ⇨ 대화상자&사용자 인터페이스 ⇨ 이벤트에서 이벤트 등록과 이벤트 등록 해제를 위치시킨다.

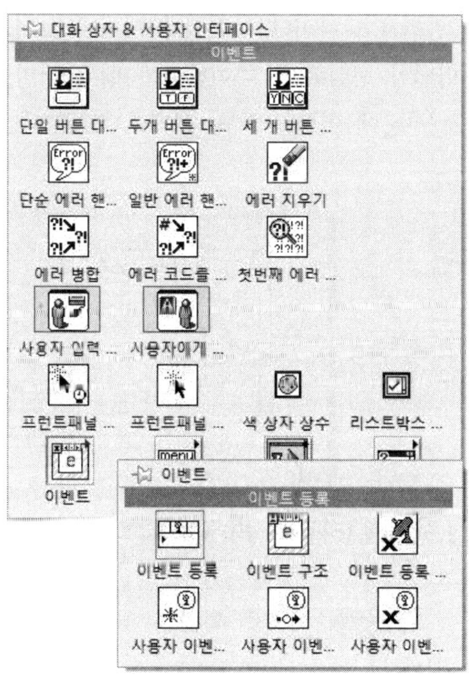

[그림 14.13] 이벤트 등록, 해제

숫자형 인디케이터 참조에 이벤트 등록을 연결하면 사용할 수 있는 이벤트 소스가 나타난다. 소스 목록 중에 "마우스 커서 들어옴"을 선택한다.

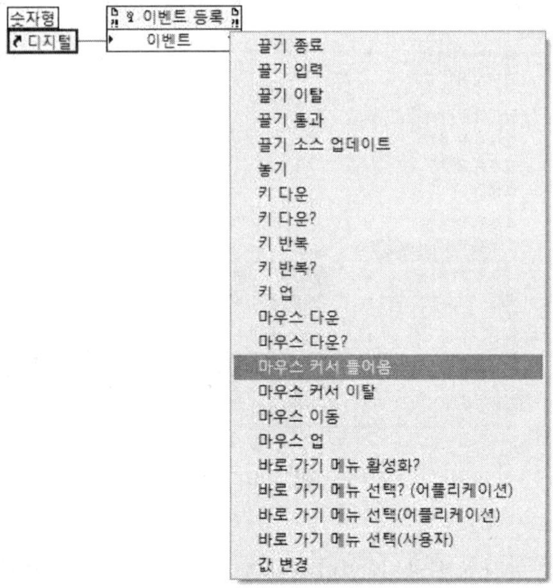

[그림 14.14] 숫자형 인디케이터의 이벤트 소스

이벤트 구조의 경계면을 팝업하고 다이나믹 이벤트 터미널 보이기를 선택하면 다이나믹 이벤트를 연결할 수 있는 터미널이 생성된다. 다이나믹 이벤트 터미널의 입력부분에 이벤트 등록 참조번호를 연결하고 출력부분에 이벤트 등록 해제를 연결한다.

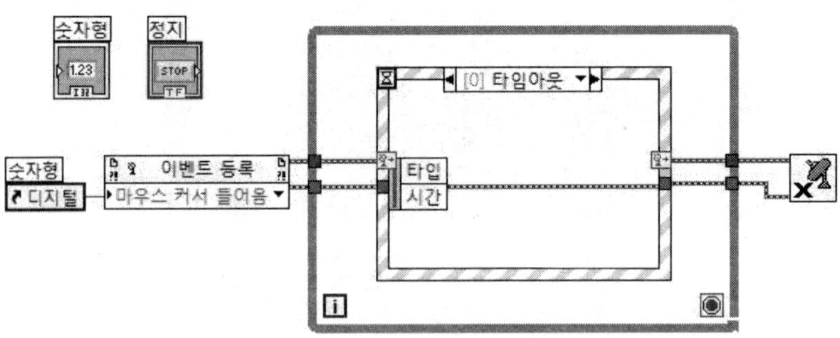

[그림 14.15] 다이나믹 이벤트 터미널 연결

이벤트 케이스의 경계면을 팝업하여 이벤트 편집을 열면 방금 연결한 동적 이벤트 소스가 설정되어 있는 것을 볼 수 있다.

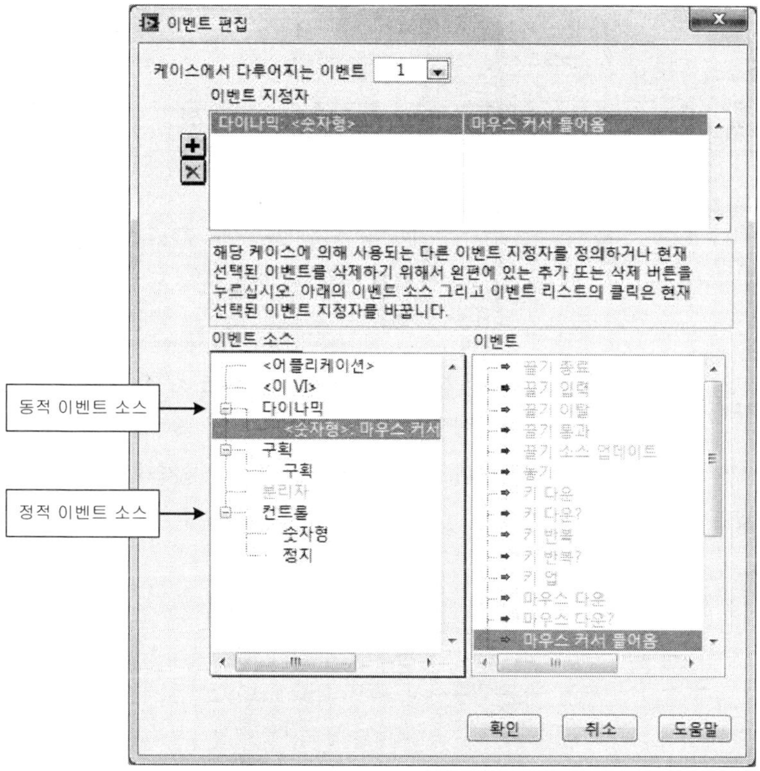

[그림 14.16] 다이나믹 이벤트 케이스 설정

숫자형 인디케이터의 다이나믹 이벤트를 1번째 케이스로 설정된 모습은 다음과 같다.

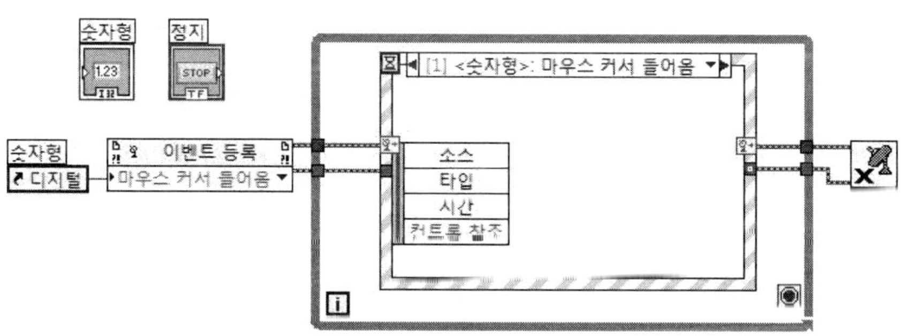

[그림 14.17] 숫자형 다이나믹 이벤트 케이스

앞에서 공부한 정적 이벤트 등록방법을 이용해 정지버튼을 "값 변경" 이벤트로 설정하고 2번째 이벤트 케이스로 만든다. 마지막으로 숫자형 인디케이터를 while 루프 카운터에 연결하여 이벤트가 발생되는 횟수를 표시한다.

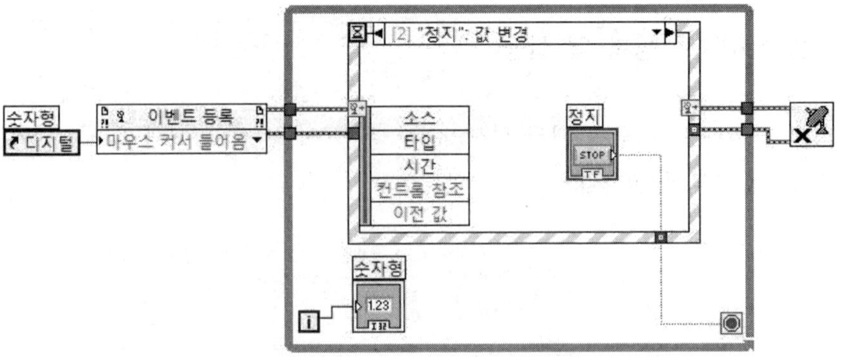

[그림 14.18] 정지 버튼의 정적 이벤트 설정

VI를 실행시켜 마우스 커서를 숫자형 인디케이터 내부로 가져가면 "마우스 커서 들어옴" 이벤트가 발생하여 이벤트 발생횟수가 1씩 증가한다.

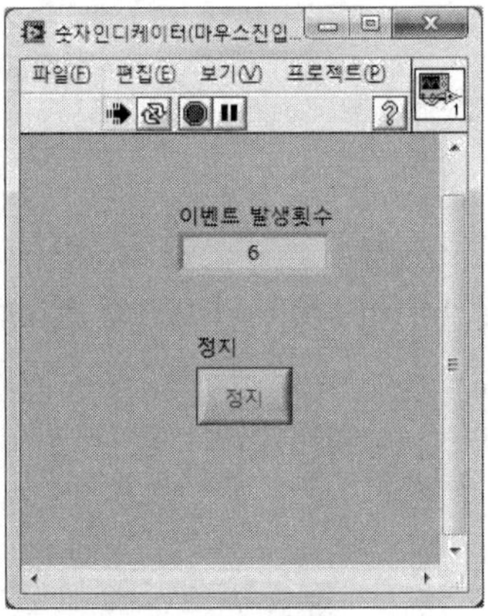

[그림 14.19] VI의 실행 모습

예제 14-3

동적 이벤트 등록 및 실행

문자열 인디케이터에 마우스 커서가 진입하면 동적 이벤트를 발생시키고, 발생된 이벤트의 횟수를 표시하는 VI를 작성하시오.

1. 프런트 패널을 다음과 같이 작성한다.

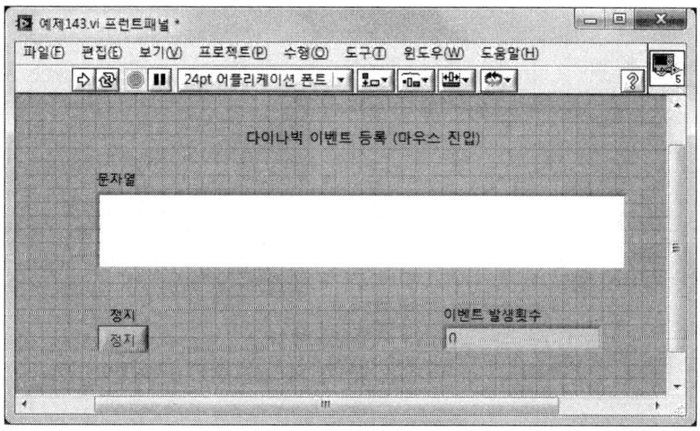

2. 블록 다이어그램에서 문자열 인디케이터와 정지 버튼에 대한 정적 이벤트 케이스를 작성한다. 다음에 문자열 인디케이터는 동적 이벤트 등록을 이용해 "마우스 커서 들어옴" 이벤트 케이스를 작성한다.

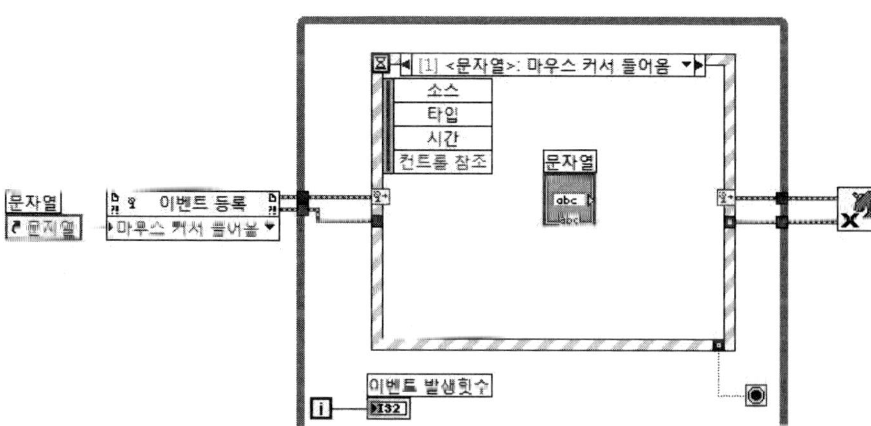

3. VI를 실행시켜 문자열 인디케이터에 마우스 커서가 들어올 때마다 이벤트가 발생되는지를 확인한다. 만약, 문자열 인디케이터 내부로 마우스 커서를 5번 움직였다면 5번의 이벤트가 발생된다.

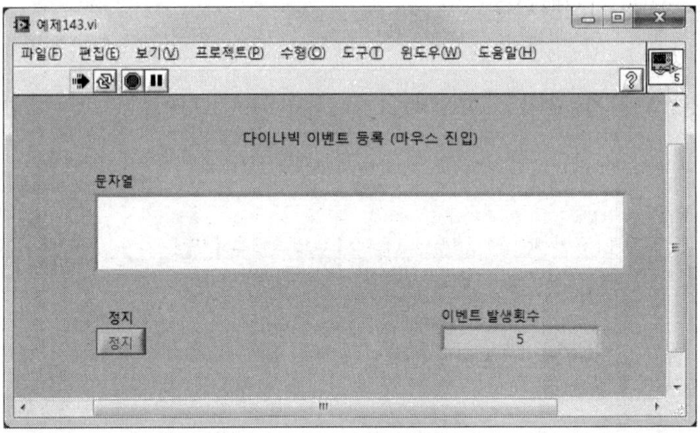

연습문제

1. 사용자 인터페이스 이벤트를 이용해 노브 컨트롤에서 마우스 왼쪽 버튼이 클릭되면 이벤트 횟수를 1씩 증가시키는 VI를 작성하시오.

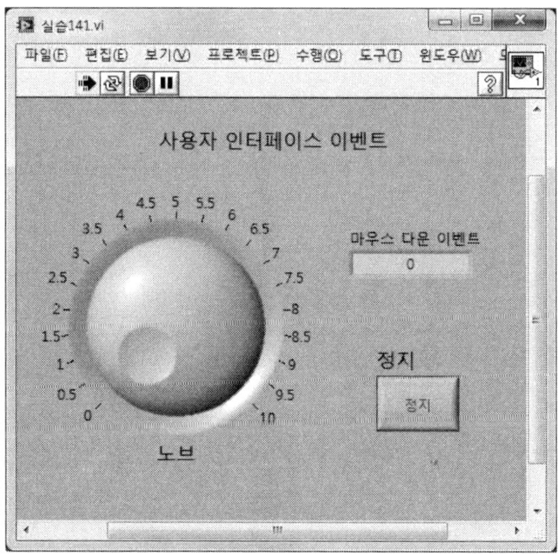

2. 다이나믹 이벤트를 이용해 문자열 컨트롤에 마우스 커서가 들어갈 때와 나올 때 모두 이벤트를 발생시키는 VI를 작성하시오.

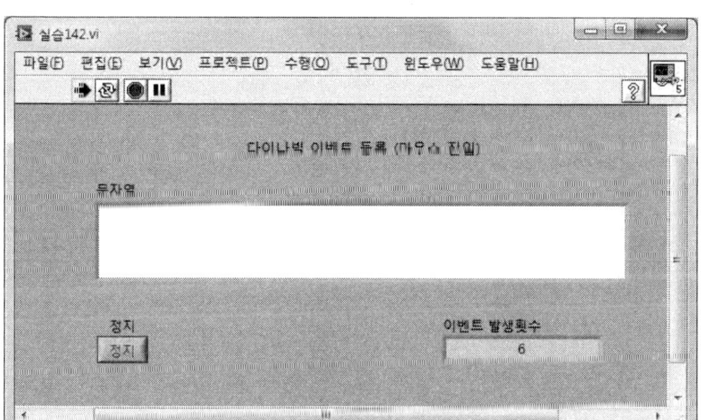

HINT 이벤트 등록 아이콘을 늘려 2개의 이벤트 케이스를 이용한다.

memo for LabVIEW

제15장 메뉴와 고급기능

LabVIEW에는 사용자가 원하는 메뉴를 손쉽게 작성해 주는 메뉴 편집기가 내장되어 있다. 메뉴 편집기를 이용해 간단한 메뉴를 작성해 보고, LabVIEW에서 자주 사용되는 고급 기능들을 살펴보자.

학습목표

- 런타임 메뉴의 기능을 학습한다.
- 메뉴 편집기를 이용해 간단한 메뉴를 작성해 본다.
- 자주 사용되는 LabVIEW의 고급 기능들을 익힌다.

차례

15.1 런타임 메뉴

1 런타임 메뉴

런타임(Run-time) 메뉴는 VI를 실행시켰을 때 사용자가 선택할 수 있는 메뉴를 말한다. VI의 표준 메뉴는 편집모드에서 나타나는 메뉴들로 다음과 같은 주 메뉴들로 구성되어 있다.

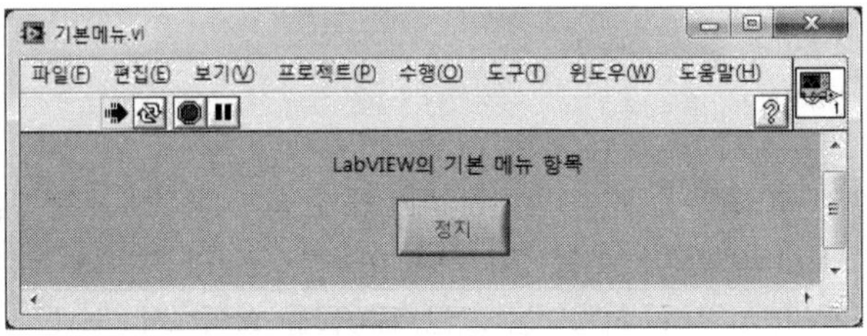

[그림 15.1] LabVIEW의 표준 메뉴

2 메뉴 편집기

LabVIEW에는 주 메뉴 및 부 메뉴를 손쉽게 작성할 수 있는 메뉴 편집기를 갖고 있으며 편집 메뉴의 부 메뉴에서 찾아볼 수 있다.

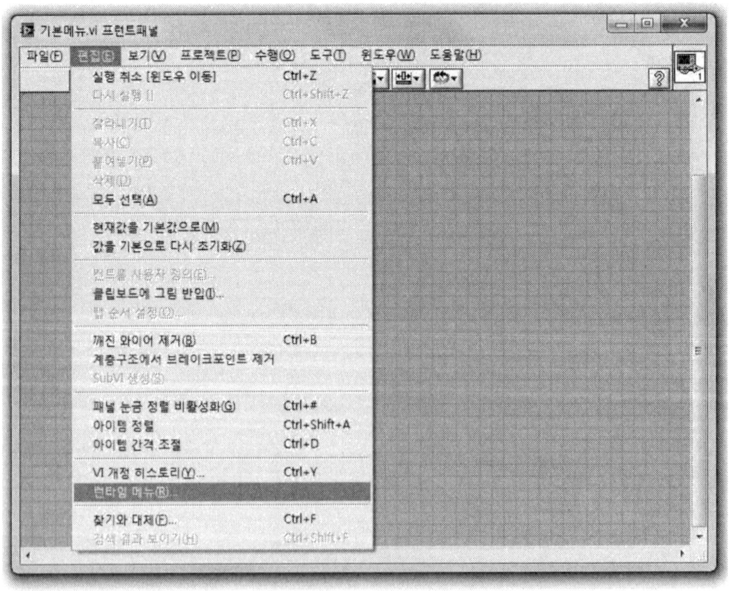

[그림 15.2] LabVIEW의 런타임 메뉴

■ 메뉴 타입

메뉴 편집기에는 "기본", "최소", "사용자"의 세 가지 메뉴 타입이 있다.

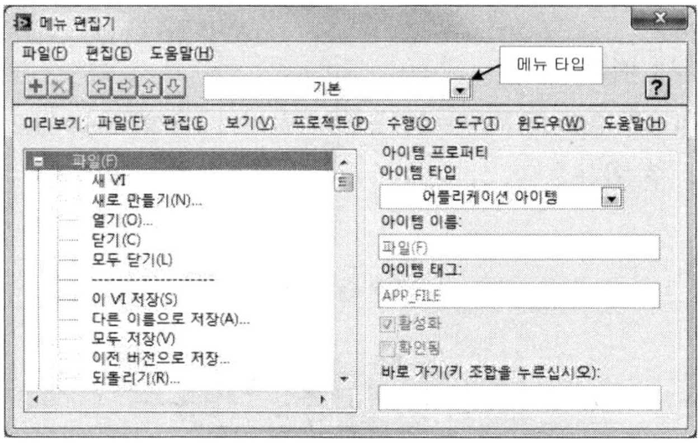

[그림 15.3] LabVIEW의 메뉴 타입

메뉴 타입에서 "기본"을 선택하면 프런트 패널에 편집모드에서 볼 수 있는 표준 메뉴가 나타난다. "최소"는 표준 메뉴에서 자주 사용되지 않는 메뉴를 제외한 메뉴를 나타낸다. "사용자"는 사용자가 직접 작성하는 메뉴로 파일 형식으로 생성하고, 편집, 저장할 수 있다.

■ 아이템 프로퍼티의 구성 항목

아이템 프로퍼티의 항목 중에 아이템 타입에는 사용자 아이템, 분리자, 어플리케이션 아이템이 있으며 의미는 다음 표와 같다.

[표 15.1] 아이템 타입과 설명

아이템 타입	설명
사용자 아이템	사용자가 만드는 메뉴
분리자	메뉴에 분리선 추가
어플리케이션 아이템	기본으로 제공하는 메뉴

아이템 이름은 메뉴에 나타내고자 하는 문자열을 말하며 원하는 문자열을 입력하면 그대로 표시된다. 아이템 태그 항목은 입력된 메뉴 아이템이 갖는 유일한 식별자로 대소문자 구분 없이 영문자 혹은 한글을 이용해 사용자가 지정해 준다.

활성화 항목은 메뉴에서 선택된 메뉴 아이템을 활성화할 것인지 혹은 비활성화 할 것인지를 지정한다. 확인된 항목은 메뉴 아이템 옆에 확인 표시를 나타낼지를 결정한다. 마지막으로 바로가기 항목은 메뉴를 실행시키기 위해서 누르는 키 조합을 의미하며 보통 〈Ctrl〉키와 함께 사용한다. 메뉴 편집기는 영문자만 입력하면 〈Ctrl〉키가 자동으로 추가된 키 조합으로 입력된다.

■ 아이템 추가 삭제 버튼

아이템 추가 삭제 버튼을 이용해 아이템을 추가하거나 삭제할 수 있으며 상하좌우 버튼으로 아이템을 이동할 수 있다.

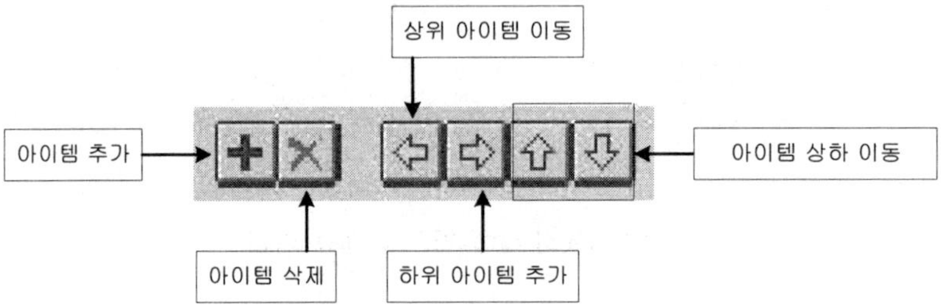

[그림 15.4] 아이템 추가 삭제 버튼의 사용 방법

15.2 간단한 메뉴 만들기

간단한 메뉴를 만들어 보면서 메뉴 편집기의 기능을 익혀보자. 주 메뉴는 “파일”, “종료” 2개를 갖고, 파일 메뉴의 부 메뉴로는 “불러오기”가 있는 런타임 메뉴를 작성해 보자.

[그림 15.5] 간단한 메뉴를 갖는 프런트 패널

메뉴 편집기를 열고 파일 메뉴에 필요한 아이템 이름과 태그를 입력한다. 바로가기 항목은 영문자 f키를 입력하면 자동으로 〈Ctrl〉키가 추가되어 〈Ctrl+F〉가 된다. 같은 방법으로 종료 메뉴에 필요한 항목들을 입력한다.

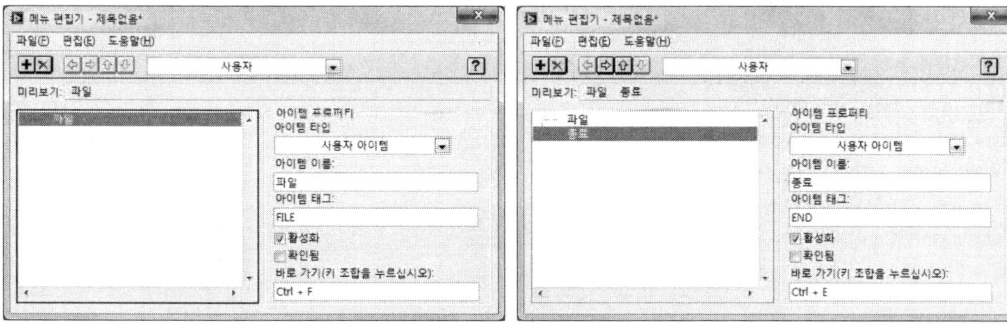

[그림 15.6]

파일의 부 메뉴는 파일에서 메뉴 아이템을 추가하고, 하위 아이템 추가 버튼을 누른다. 하위메뉴가 추가되면 불러오기 메뉴의 아이템과 태그를 입력한다.

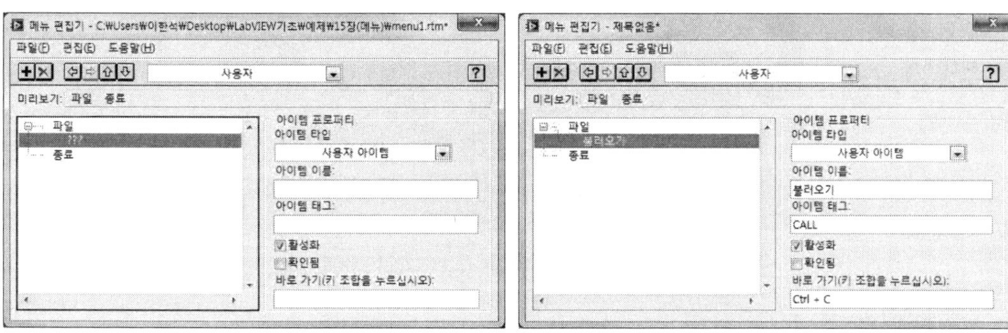

[그림 15.7]

작성한 메뉴를 menuex1.rtm 파일로 저장한다.

[그림 15.8] 런타임 메뉴 저장 대화상자

VI를 실행시켜 작성된 메뉴의 동작 여부를 확인한다. 이때 바로가기 키는 〈Ctrl〉키와 입력된 영문자의 조합으로 나타난다.

[그림 15.9] 간단한 메뉴를 갖는 VI의 실행모습

예제 15-1 선택된 메뉴 출력하기

주 메뉴는 "불러오기", "보기", "종료"를 갖고, 특정한 메뉴를 선택하면 해당 메뉴의 문자열이 인디케이터와 대화상자에 표시되는 VI를 작성하시오.

1. 프런트 패널을 다음과 같이 구성한다.

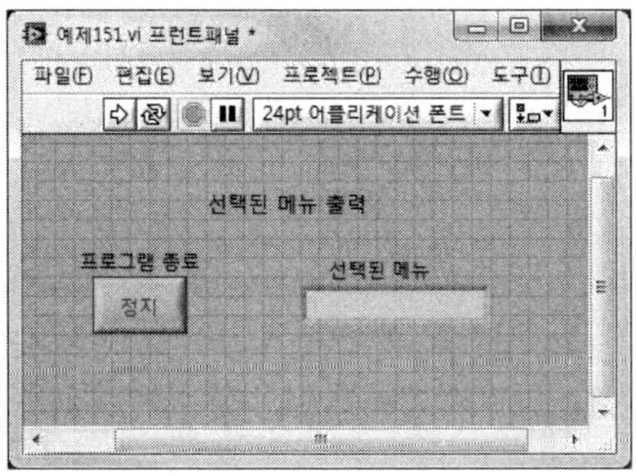

2. 메뉴 편집기를 이용해 3개의 주 메뉴를 작성하고 아이템 이름과 태그를 각각 입력한다. 아이템 이름과 태그는 같은 문자열이라도 관계없다.

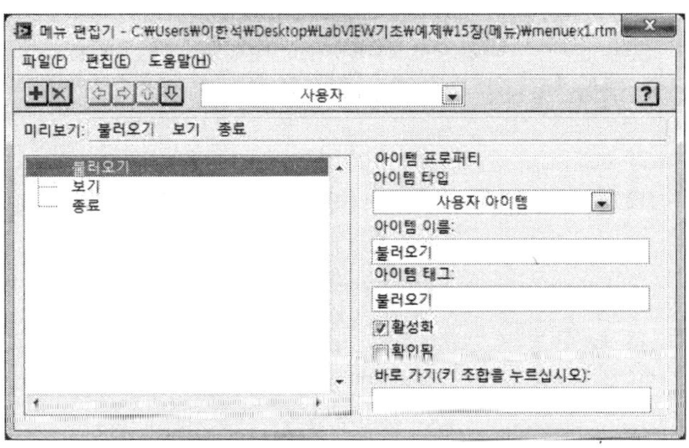

3. 블록 다이어그램에서 현재 VI의 메뉴 모음과 메뉴 선택 얻기를 위치시킨 다음에 while 루프와 케이스 구조를 이용해 블록 다이어그램을 완성한다. 메뉴 선택 얻기 함수는 메뉴 모음에서 선택된 아이템 태그를 반환한다. STOP 컨트롤은 실행 중인 VI를 종료시킨다.

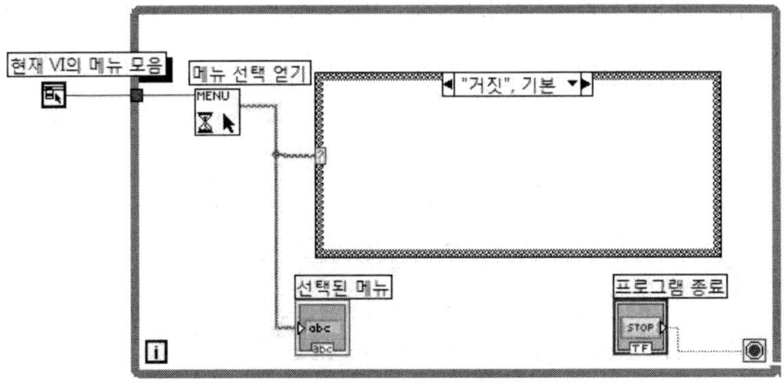

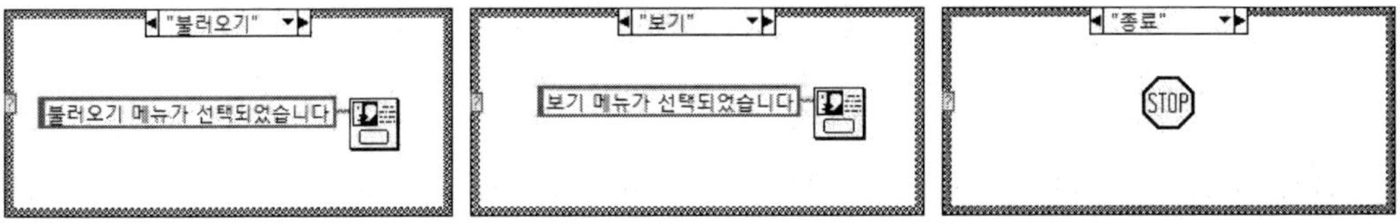

찾아보기 현재의 VI메뉴모음 : 대화상자 & 사용자 인터페이스 ⇨ 메뉴
메뉴 선택 얻기 : 대화상자 & 사용자 인터페이스 ⇨ 메뉴
STOP : 함수 팔레트 ⇨ 어플리케이션 컨트롤

4. VI를 실행시켜 실행된 메뉴가 문자열 인디케이터에 표시되는지 확인해 본다.

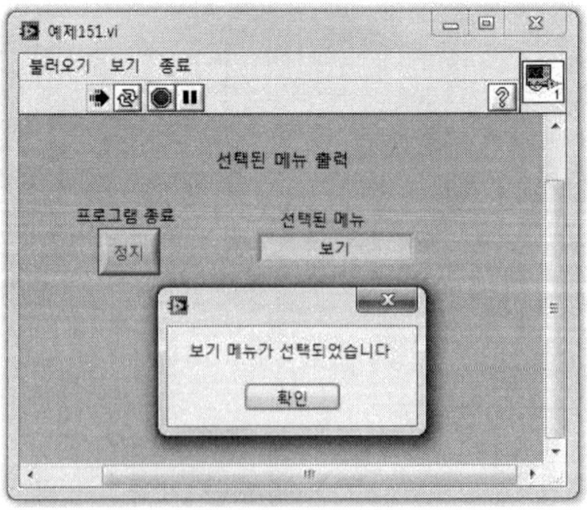

예제 15-2

텍스트 파일 읽고, 쓰기 메뉴

파일, 종료 2개의 주 메뉴를 갖고, 파일 메뉴의 부 메뉴로 텍스트 파일 쓰기, 텍스트 파일 읽기를 갖고 있는 런타임 메뉴를 작성하시오. 또한 텍스트 파일 읽기와 쓰기가 파일로 처리되도록 VI를 작성하시오.

1. 프런트 패널을 다음과 같이 구성한다.

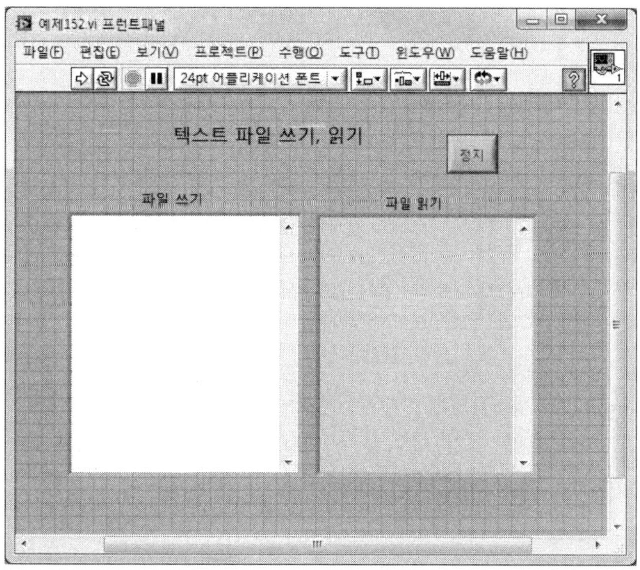

2. 메뉴 편집기를 이용해 주 메뉴와 부 메뉴들을 작성하고, menuex2.rtm 파일로 저장한다.

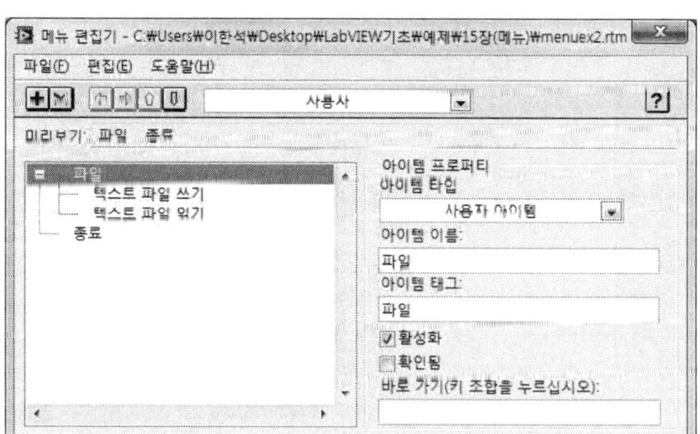

3. 블록 다이어그램의 각각의 케이스를 다음과 같이 작성한다. 텍스트 파일 읽기와 쓰기 함수는 함수 팔레트의 파일I/O 안에 있다.

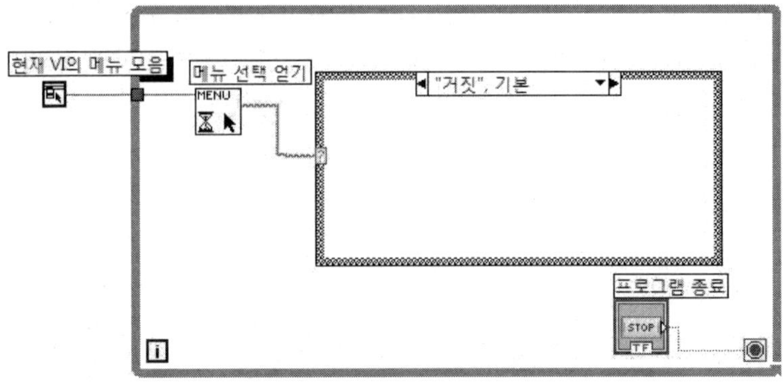

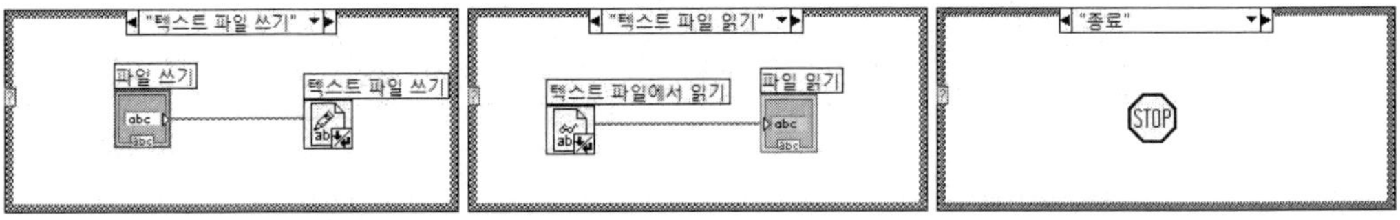

4. VI를 실행시키고 문자열을 입력한 후에 텍스트 파일 쓰기 메뉴를 선택해 텍스트 파일로 저장한다. 다시 텍스트 파일 읽기 메뉴를 선택해 저장된 파일의 내용을 읽어 온다. 같은 파일 이름으로 저장하고 읽어 왔으므로 파일 쓰기 창과 파일 읽기 창의 내용은 서로 같다.

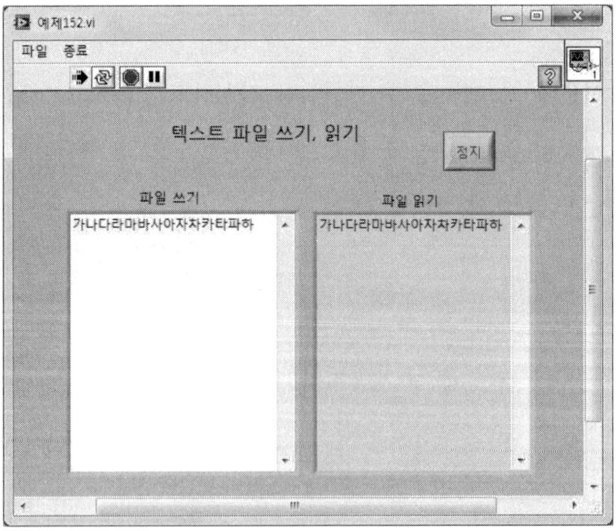

15.3 LabVIEW의 고급기능

1 프로퍼티 노드

프로퍼티(Property) 노드는 컨트롤, 인디케이터, 차트와 같은 프런트 패널의 구성 요소들을 블록 다이어그램에서 프로그램으로 제어할 때 사용된다. 즉, 프런트 패널의 오브젝트의 속성을 블록 다이어그램에서 변경할 수 있다는 뜻이다. 숫자형 컨트롤을 예로 들어 프로퍼티 노드의 사용법을 익혀보자.

프로퍼티 노드는 프런트 패널에서 오브젝트나 블록 다이어그램에서 터미널을 팝업하고 "생성 ⇨ 프로퍼티 노드"를 선택하면 얻을 수 있다.

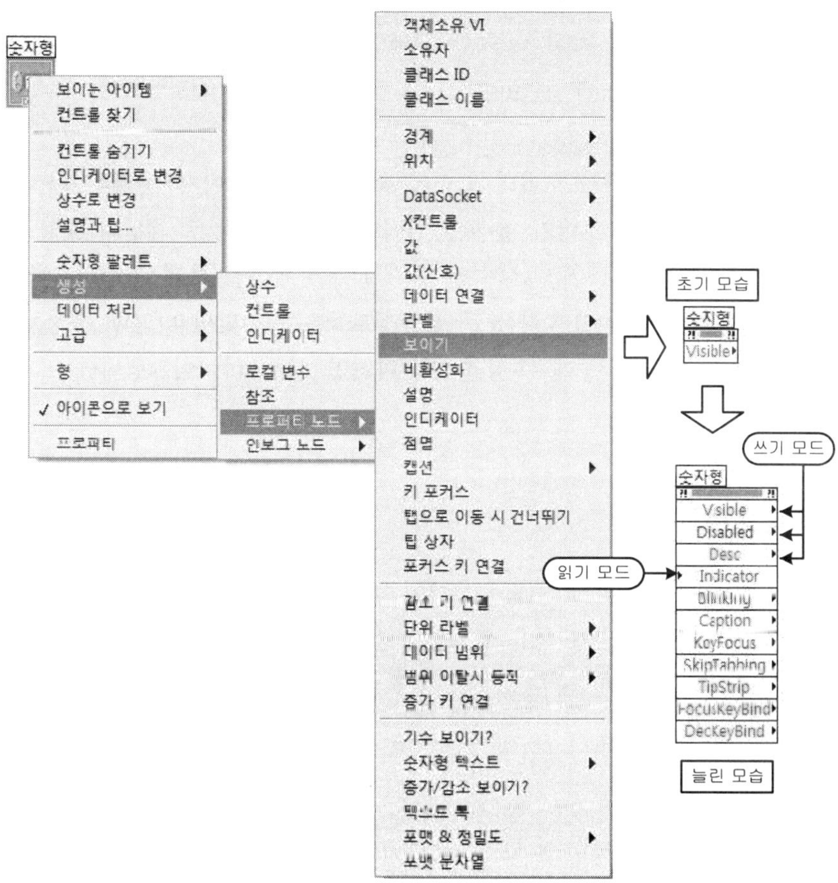

[그림 15.10] 숫자형 컨트롤의 프로퍼티 노드

숫자형 컨트롤의 프로퍼티 노드에는 오브젝트르 제어할 수 있는 많은 옵션들이 포함되어 있다. 이들 옵션은 쓰기나 읽기로 변경할 수 있고, 1개의 오브젝트에 여러 개의 프로퍼티 노드를 생성할 수도 있다. 숫자형 컨트롤을 프런트 패널에서 사라지게 하는 VI를 작성해 보자.

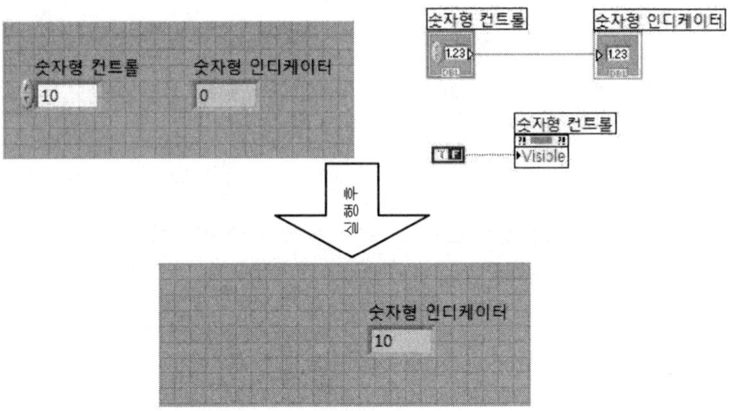

[그림 15.11] 프로퍼티 노드를 이용한 숫자형 컨트롤 감추기

숫자형 컨트롤을 팝업하여 프로퍼티 노드의 옵션 중에서 보이기를 선택한다. 기본 값은 쓰기이지만 읽기로 변경한다. 보이기 옵션은 입력이 참이면 프런트 패널의 오브젝트를 표시하고 거짓이면 감춘다. 따라서 거짓 상수를 보이기 옵션에 연결하면 프런트 패널에서 숫자형 컨트롤을 감출 수 있다. LabVIEW의 모든 오브젝트들은 자신만의 다양한 속성들을 가지고 있으며, 프로그램이 실행되는 중에 속성을 변경하려면 블록 다이어그램에서 프로퍼티 노드의 속성을 변경해 주면 된다.

2 VI 프로퍼티

VI 프로퍼티에는 작성된 VI의 윈도우 모양, 실행 옵션, 인쇄 옵션들과 같은 기본적인 속성들을 저장되어 있으며 VI의 아이콘을 팝업하면 볼 수 있다.

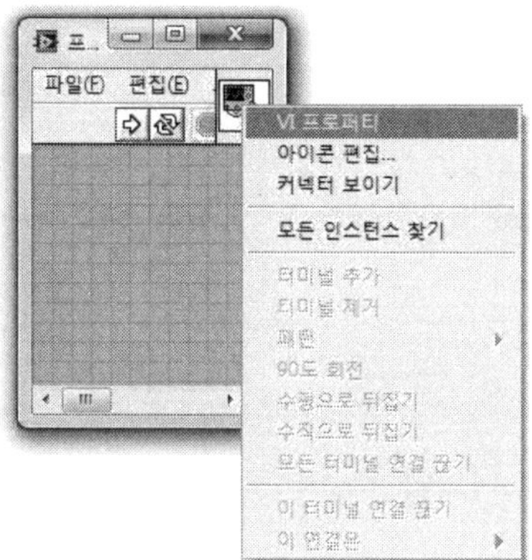

[그림 15.12] VI 프로퍼티 열기

예를 들어, 프로그램이 처음 실행될 때 회사 로고가 잠시 나타나고 사라지거나, 특정 이벤트가 발생하면 새로운 윈도우가 팝업 되는 작업 등을 VI 프로퍼티에서 설정할 수 있다.

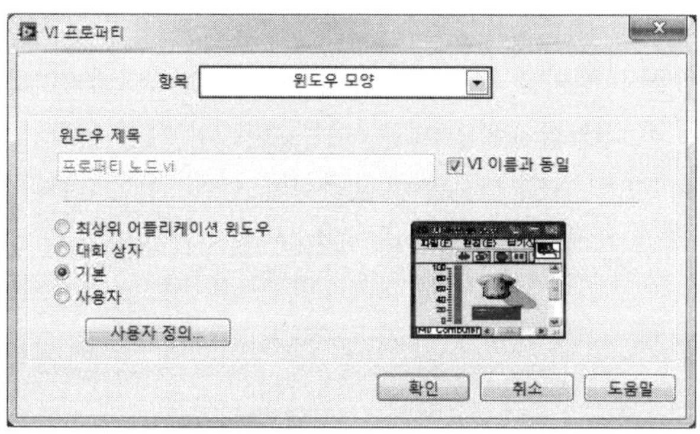

[그림 15.13] VI 프로퍼티 대화상자

VI 프로퍼티를 이용해 다양한 항목들을 지정할 수 있지만 여기서는 윈도우 모양을 변경하는 방법을 알아보도록 하자.

윈도우의 모양은 최상위 어플리케이션 윈도우, 대화상자, 기본, 사용자 지정 방식 중에서 하나를 선택할 수 있다. 초기 값은 기본으로 설정되어 있으며 지금까지 사용한 일반적인 윈도우를 말한다. 대화상자는 기본 윈도우에서 메뉴 및 실행, 정지버튼들이 삭제된 윈도우로 잠시 나타났다 사라지는 윈도우에 주로 이용된다.

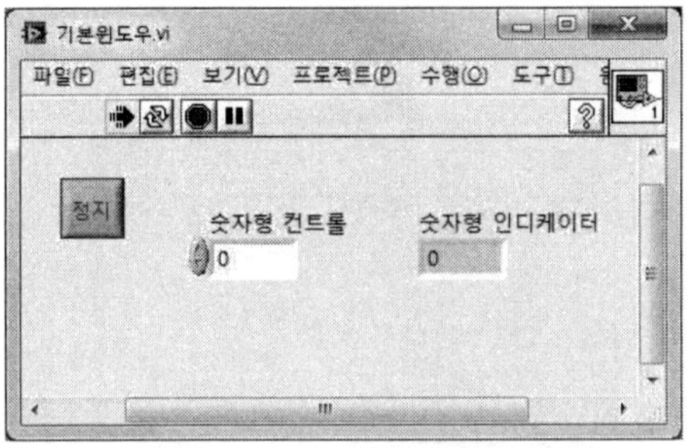

[그림 15.14] 기본 윈도우

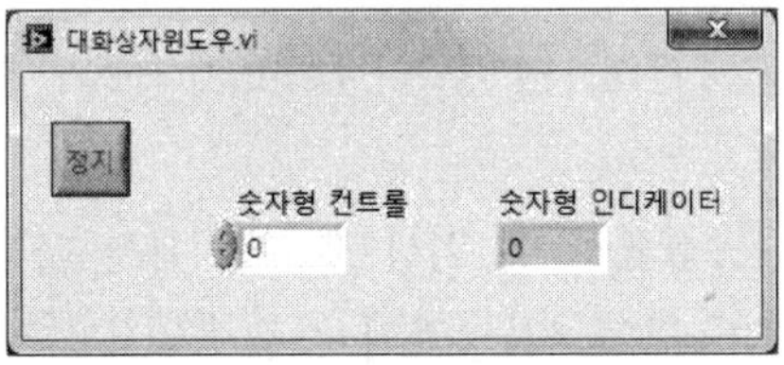

[그림 15.15] 대화상자 윈도우

VI 프로퍼티에서 사용자 정의를 선택하면 사용자가 직접 윈도우의 모양을 지정할 수 있는 대화상자가 나타난다. 이 대화상자에는 제목, 메뉴, 버튼의 사용 유무, 프런트 패널이 호출될 때 팝업유무, 윈도우의 크기 조정 항목들이 포함되어 있다. 만약 기본 윈도우에서 메뉴 모음과 도구 모음을 생략하고 싶다면 해당항목의 체크(√)표시를 지워주면 된다.

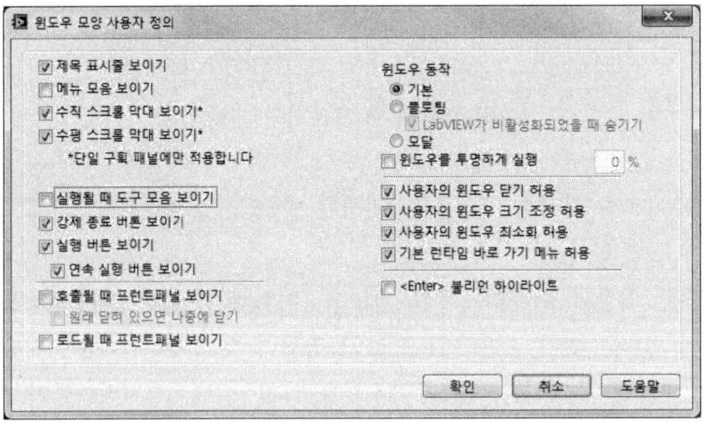

[그림 15.16] 메뉴와 도구모음을 생략시킨 윈도우 모양 사용자 정의

기본 윈도우의 모양에서 메뉴와 도구 모음을 생략한 윈도우의 모습은 다음과 같다.

[그림 15.17] 기본 윈도우

[그림 15.18] 메뉴, 도구를 생략한 윈도우

3 LabVIEW의 시간체크 방법

VI를 작성하다 보면 경과 시간을 체크해야 하는 경우가 자주 발생한다. 시간 체크는 함수 팔레트의 타이밍 안에 틱 카운트를 이용하면 구현할 수 있다.

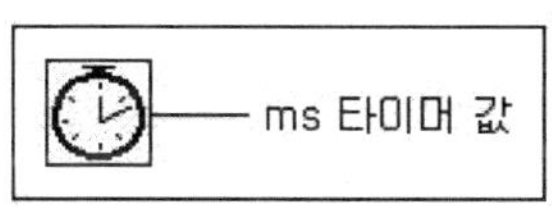

[그림 15.19] 틱 카운트

틱 카운트는 $2^{32}-1$에서 0까지의 ms 타이머 값을 반환해 주며, 기본 시간은 지정되어 있지 않다. 따라서 다음과 같이 시퀀스 구조를 이용해 과거의 값과 현재의 값의 차를 이용해 시간을 계산해야 한다. 또한 밀리 초를 초단위로 바꾸기 위해서는 1000으로 나누어야 한다.

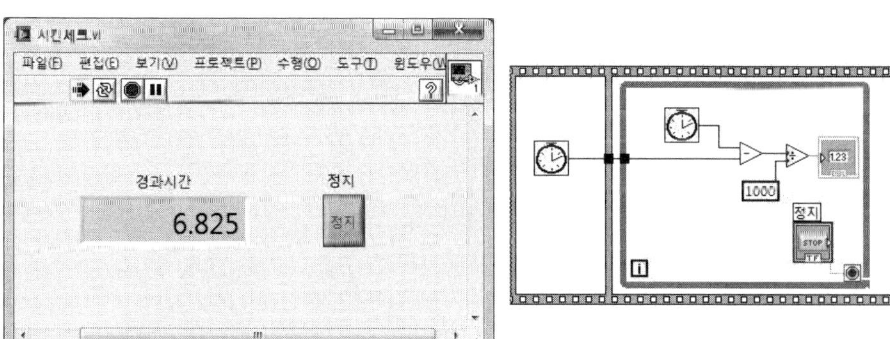

[그림 15.20] 1/1000초 단위의 시간 체크 VI

4 LabVIEW의 정지, 종료함수

함수 팔레트의 어플리케이션 컨트롤 보조 팔레트에는 VI를 정지시키는 함수와 LabVIEW를 종료하는 함수가 들어 있다.

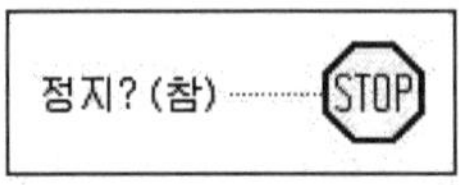

[그림 15.21] 정지 함수

정지 함수는 도구 모음에서 실행 강제 종료버튼(●)을 클릭한 것과 동일하게 실행 중인 VI를 정지시킨다. 만약 불리언 입력을 연결할 경우는 입력 값이 참인 경우에만 정지시킨다.

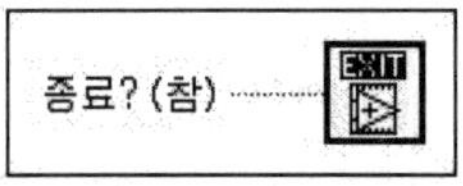

[그림 15.22] LabVIEW 종료 함수

LabVIEW 종료 함수는 현재 실행중인 모든 VI를 정지시키고, LabVIEW 프로그램을 종료한다. 만약 불리언 입력이 연결된 경우에는 참인 경우에만 종료함수가 실행된다. 이 함수를 사용할 때는 작성중인 VI를 종료할 수 있으니 주의해야 한다.

예제 15-3 프로퍼티 노드를 이용해 차트 지우기

웨이브폼 차트에 무작위 수를 발생시키고, 차트의 내용을 지울 수 있는 VI를 작성하시오. 단, 차트의 프로퍼티 노드를 이용한다.

1. 프런트 패널을 다음과 같이 구성한다.

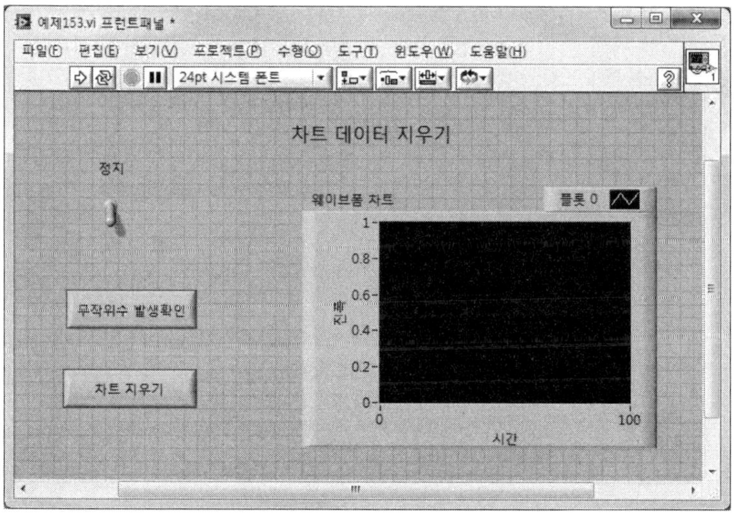

2. 블록 다이어그램에서 웨이브폼 차트 터미널을 팝업하고, 프로퍼티 노드 중에 히스토리 데이터를 선택해 쓰기로 변경한다. 프로퍼티 노드의 히스토리를 팝업하여 상수를 생성하고 연결한다. 무작위 수 발생과 차트 지우기의 케이스 구조는 참인 경우만을 다음과 같이 완성한다. 거짓인 경우는 아무것도 연결하지 않는다.

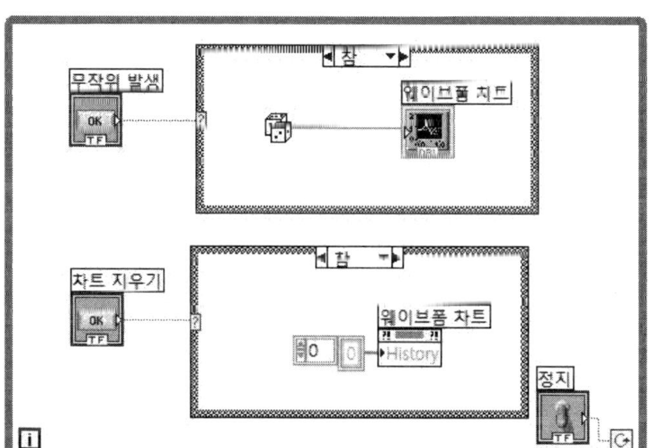

3. VI를 실행시켜 무작위 수를 발생시키고 차트 지우기로 차트의 내용이 지워지는지 확인해 본다.

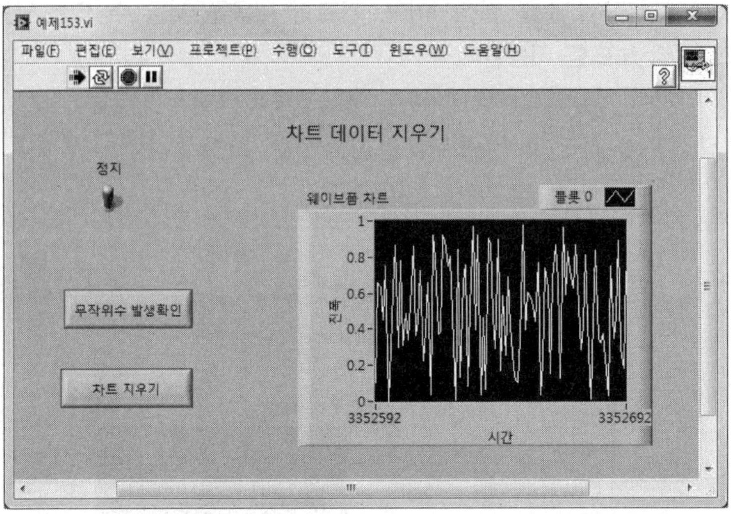

예제 15-4 시간 체크 VI

1/100 초 단위로 시간을 체크하고 지울 수 있는 VI를 작성하시오. 단, 윈도우의 모양은 대화상자를 이용한다.

1. 프런트 패널을 다음과 같이 구성한다.

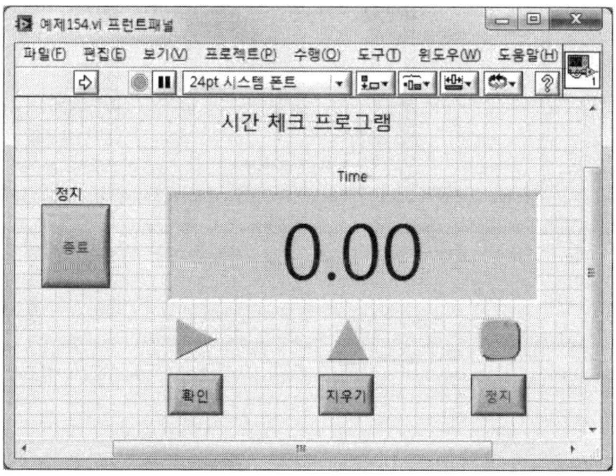

2. VI 프로퍼티에서 대화상자를 선택하고 저장한다.

3. 블록 다이어그램을 다음과 같이 연결한다. 확인 버튼과 지우기 버튼의 거짓 케이스에는 아무것도 연결하지 않는다. 지우기 버튼이 클릭되면 Time의 로컬 변수를 0으로 초기화한다.

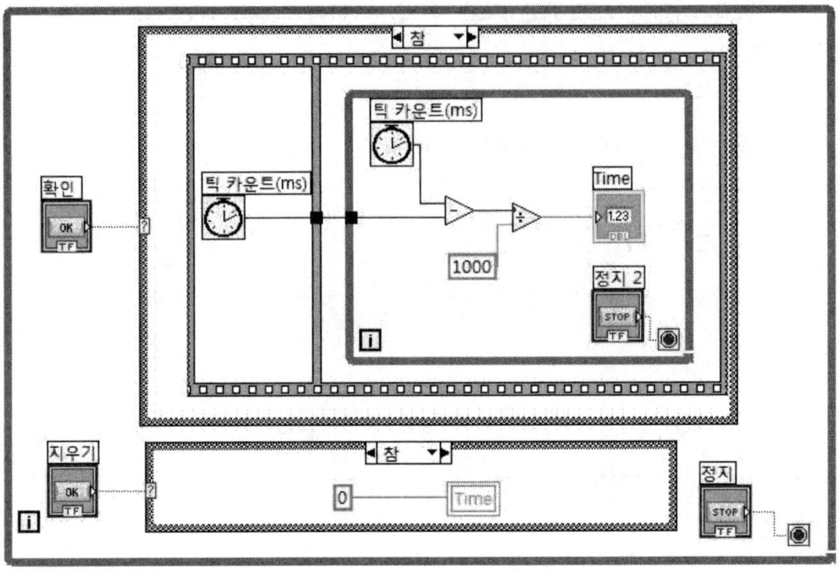

4. VI를 실행시켜 시간을 확인하고 지우기, 정지 버튼의 동작유무를 확인한다. 윈도우의 모양은 대화상자로 설정되어 있다.

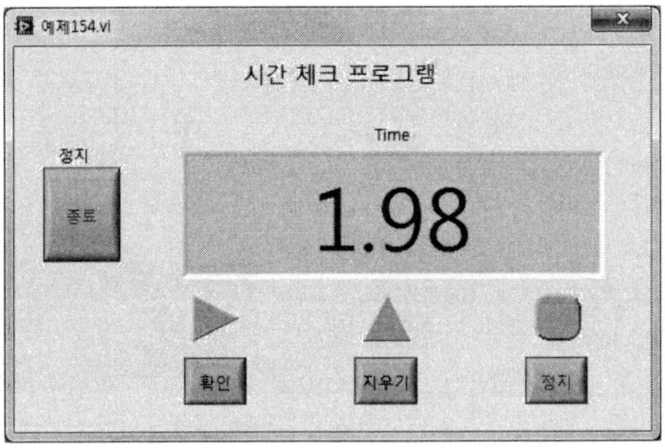

연 습 문 제

1. 다음 메뉴 항목과 동일한 런타임 메뉴를 작성하시오. 단, 각각의 메뉴는 주어진 동작을 실제 수행하여야 한다.

주 메뉴	파일	텍스트 파일	스프레드시트 파일
부메뉴	현재시간	읽기	읽기
	종료	저장하기	저장하기

2. 다음과 같이 차트를 제어할 수 있는 VI를 작성하시오. 차트 지우기와 디지털 디스플레이는 프로퍼티 노드를 이용하고, LabVIEW 중지는 어플리케이션 컨트롤에 정지 함수를 이용한다.

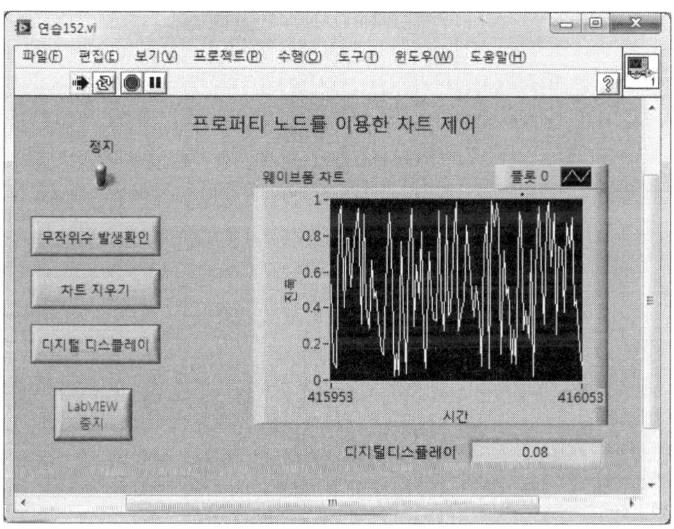

memo for LabVIEW

제16장 직렬 통신

다양한 통신의 종류를 알아보고 LabVIEW를 이용해 PC사이에 데이터를 주고받는 가장 간단한 직렬 통신을 알아보자.

학습목표

- 통신의 종류를 학습한다.
- 직렬 통신과 병렬 통신의 차이점을 이해한다.
- RS-232C 통신의 특징을 이해한다.
- 윈도우즈 환경에서 직렬 통신 방법을 이해한다.
- LabVIEW의 직렬 통신 방법을 학습한다.

차례

16.1 통신의 기초

통신(Communication)이란 서로 다른 장치(Device) 사이에 필요한 정보를 교환하는 것이라 할 수 있다. 통신은 데이터를 주고받는 방식이나 크기에 따라 다양하게 분류할 수 있다. 이번 장에서는 통신 중에 가장 기본이 되는 직렬 통신에 대해서 알아보고 LabVIEW로 프로그램을 작성하는 방법을 알아보도록 하자.

1 통신 방식

통신 방식(communication method)은 데이터가 전송되는 방향과 시간에 따라 단방향, 반이중, 전이중 방식으로 분류한다.

■ 단방향 통신

데이터의 흐름이 언제나 한쪽 방향으로 고정되어 있으며 반대 방향으로는 데이터를 전송할 수 없는 통신 방식을 말하며 과거 아날로그 TV나 라디오 등이 이 방식에 속하게 된다.

[그림 16.1] 단방향 통신의 데이터 흐름

■ 반이중 방식 통신

반이중(Half-Duplex) 방식 통신은 한 방향으로 데이터 전송이 완료되면 다시 역방향으로 데이터를 전송하는 방식으로 시간 차이를 두고 데이터의 방향이 바뀌게 된다. 군사용으로 사용되는 무전기가 좋은 예라 할 수 있다.

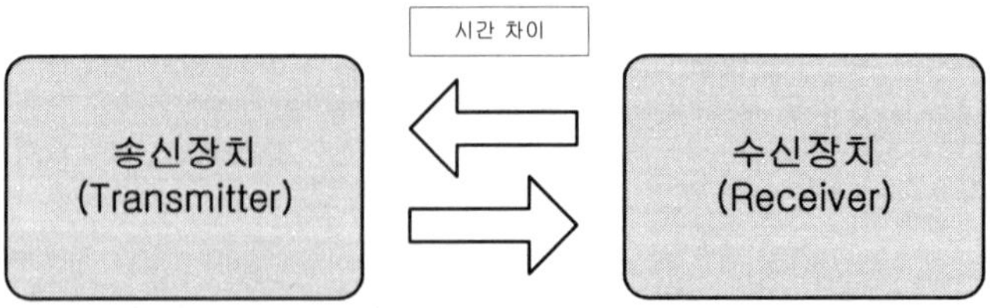

[그림 16.2] 반이중 방식 통신의 데이터 흐름

또한 컴퓨터와 계측기를 연결하여 데이터를 교환하는데 많이 사용되는 GPIB(General Purpose Interface Bus) 통신도 전형적인 반이중 방식에 속한다.

■ 전이중 방식 통신

전이중(Full-Duplex) 방식 통신은 송신장치와 수신장치의 구분이 필요 없이 양방향으로 동시에 송수신이 가능한 통신으로 현재 많이 사용되는 휴대폰이 이 방식에 속하게 된다.

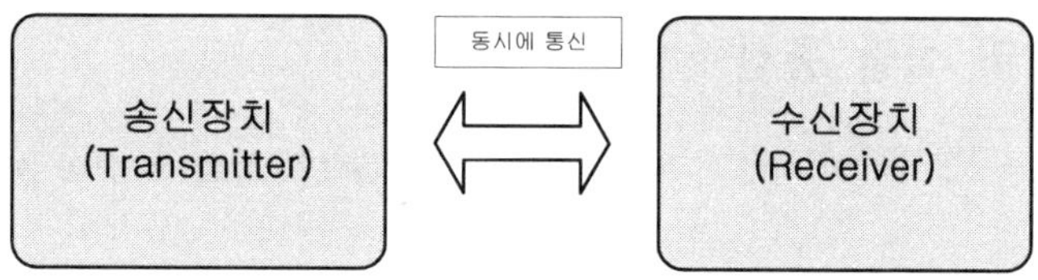

[그림 16.3] 전이중 방식 통신의 데이터 흐름

전이중 방식 통신은 가장 발전된 형태의 통신방식으로 앞으로 알아볼 RS-232C, RS-422, RS-485와 같은 직렬 통신도 하드웨어적으로는 이 방식을 지원한다.

2 전송모드의 종류

전송모드(Transmission mode)란 데이터를 전송하는 방식을 의미하며 동기식과 비동기식으로 나눌 수 있다. 이들의 장단점을 간단히 알아보도록 하자.

■ 비동기식 통신

비동기식 통신 방식은 정보의 송수신을 위해 사용되는 클록이 상대편과 독립적으로 운용되는 방식으로 전송 효율은 좋지 않지만 가격이 저렴하고 쉽게 구현할 수 있다는 장점이 있다.

[그림 16.4] 비동기식 통신의 데이터 구성

비동기식 통신 방식은 송신장치가 언제 데이터를 보낼지 수신장치가 알 수 없으므로 데이터를 보내기 전에 시작비트(start bit)를 보내 수신 장치에게 알리고 원하는 문자를 8비트 혹은 7비트 형태로 보내게 된다. 또한 문자를 모두 전송한 이후에는 데이터의 마지막을 알리는 정지비트(stop bit)를 첨가해서 보낸다.

■ 동기식 통신

동기식 통신 방식은 한 개의 문자 단위로 데이터를 전송하는 것이 아니라 미리 정해진 크기의 문자열을 한 개의 묶음으로 일시에 전송하는 방식이다. 이 방식은 데이터와는 별도로 송신측과 수신측이 하나의 기준 클록으로 동기화되어 움직여야 하므로 데이터와는 별도로 클록을 위한 선로가 있어야 한다. 동기식 통신은 전송효율은 좋지만 가격이 비싸지고 구현이 어렵다는 단점을 갖는다.

3 병렬 통신과 직렬 통신

한 번에 주고받는 데이터의 비트 수로 통신을 분류하면 직렬 통신과 병렬 통신으로 구분할 수 있다.

■ 병렬 통신

병렬(parallel) 통신은 여러 개의 전송 라인을 이용해 한 번에 여러 개의 데이터를 보내는 방식으로 전송을 원하는 바이트와 같은 크기의 라인을 설치해야 하므로 가격이 비싸지고 장거리 전송에 어려움이 발생한다. 하지만 근거리에서 많은 데이터를 한꺼번에 전송하기에 적합한 방식으로 PC의 프린터 포트나 PCI버스, GPIB 통신 등에서 사용되고 있다.

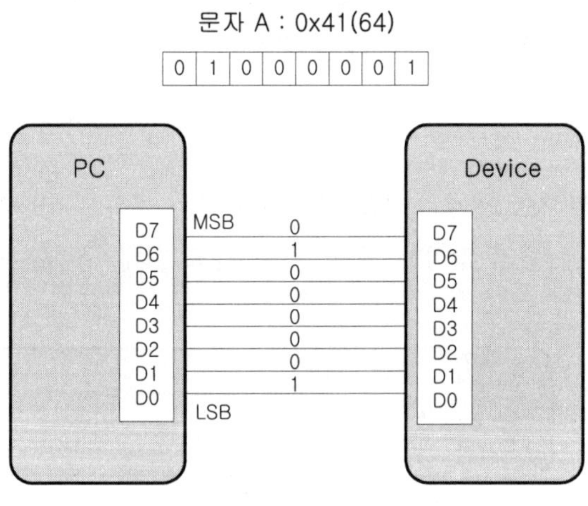

[그림 16.5] 병렬 통신의 예

예를 들어 영문자 대문자 A를 1바이트(8비트) 병렬 통신으로 전송할 경우에 이진수 8비트가 동시에 수신 장치에 전달된다. 이때 최하위 비트를 LSB(Least significant bit)라 하고 최상위 비트를 MSB(Most significant bit)라 한다.

■ 직렬 통신

직렬 통신은 데이터를 한 비트씩 순차적으로 주고받는 통신 방식으로 병렬 통신과 비교해 전송 속도는 느리지만 통신에 필요한 라인의 개수가 적기 때문에 구조가 간단하고 가격이 저렴하다. 현재 PC에서 널리 사용되고 있는 USB포트가 대표적인 직렬 통신방식이며 RS-232C, RS-422, RS-485 등도 여기에 속하게 된다.

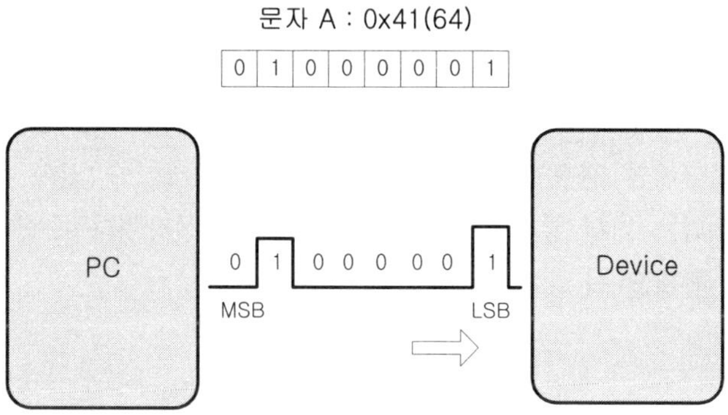

[그림 16.6] 직렬 통신의 예

영문자 A를 직렬 통신 방식으로 보내면 최하위 비트(LSB)부터 한 비트씩 순차적으로 수신 장치로 전송되며 맨 마지막에 최상위 비트(MSB)가 전송된다. 여기서 0과 1은 연결되는 장치에 따라 다른 전압이 사용되며 보통 TTL의 경우는 0V(0)와 +5V(1)를 사용하지만 RS-232C의 경우는 -12V(0)와 +12V(1)를 사용한다.

16.2 RS-232C 통신

1 RS-232C란?

RS-232C는 EIA(Electronic Industries Association)에서 제정한 직렬 통신 방식으로 원래 데이터 단말기(DTE : Data Terminal Equipment)와 데이터 통신기(DCT : Data Communication Equipment) 사이에 데이터 전송을 위한 인터페이스 방식을 의미한다. 여기서 데이터 단말기는 컴퓨터나 제어장치를 의미하고 데이터 통신기는 모뎀과 같은 회선 단말기를 말한다.

[그림 16.7] 모뎀을 이용한 컴퓨터와 터미널의 연결

인터넷의 발달에 따라 전화회선을 통한 통신은 극히 일부에서만 이용되고 있기 때문에 현재 RS-232C 직렬 통신은 컴퓨터와 I/O장치 간에 데이터 전송에 주로 이용되고 있다. 예를 들면 PC에 내장되어 있는 RS-232C포트를 이용해 컴퓨터끼리 간단한 통신을 수행한다던지 컴퓨터와 마이크로컨트롤러를 연결해 데이터를 전송하는 것을 들 수 있다.

현재 PC에서 이용되는 직렬 통신은 RS-232C방식으로 송신장치와 수신장치가 각각 1개씩인 1:1 통신으로 주요 특징은 다음과 같다.

[표 16.1] RS-232C의 주요 특징

RS-232C의 특징
• 전이중방식 통신 • PC는 75 ~ 128000baud의 전송속도 • 전송거리는 약 20m • 3선 이용(TxD, RxD, GND) • 1:1 통신

초창기에 RS-232C커넥터는 25핀이나 9핀 커넥터가 이용되었지만 현재는 9핀 커넥터가 주로 사용되고 있다. 만약 모뎀을 사용하지 않는다면 2, 3, 5번 3개의 핀만 사용되므로 이 핀들의 기능만 살펴보도록 하자.

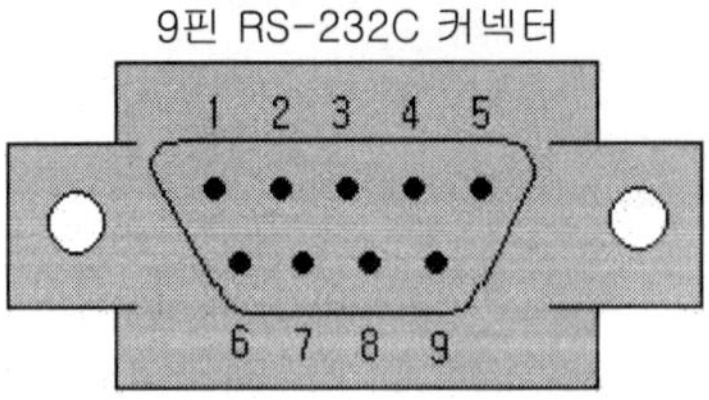

[그림 16.8] RS-232C커넥터

[표 16.2] RS-232C커넥터의 핀 배열과 신호선의 의미

핀 번호	신호	핀 번호	신호
1	Data Carrier Detect	6	Data Set Ready
2	Receive Data	7	Request to Send
3	Transmitted Data	8	Clear to Send
4	Data Terminal Ready	9	Ring Indicator
5	Signal Ground		

2 RS-232C 커넥터의 연결방법

RS-232C 통신으로 2대의 PC를 직접 연결해 데이터를 전송하기 위해서는 그림과 같이 송신, 수신, 접지선 3개의 선만이 필요하며 이런 연결방식을 널 모뎀(Null Modem) 방식이라 한다. 또한 이런 용도의 케이블을 크로스(cross) 케이블이라 한다.

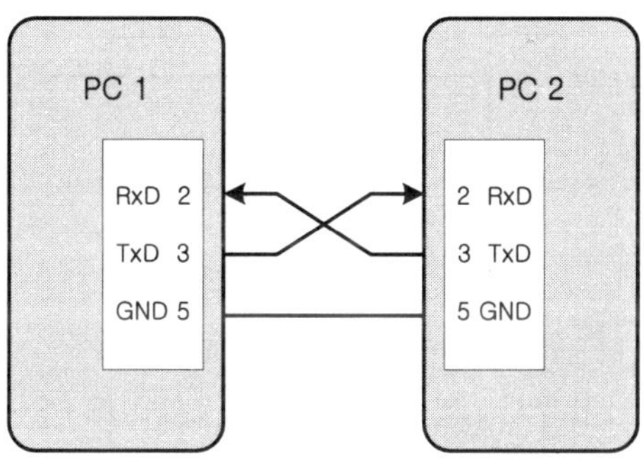

[그림 16.9] 2대의 PC의 연결 방법

3 RS-232C 통신의 전송 데이터 구조

비동기식 RS-232C 통신의 경우는 송신 장치가 언제 데이터를 보낼지 수신 장치가 알 수 없다. 따라서 데이터를 보내기 전에 수신 장치가 준비될 수 있도록 1비트의 시작 비트를 보낸 후에 원하는 데이터를 전송한다. 또한 데이터를 다 보낸 후에는 마지막에 데이터를 다 전송했다는 의미로 1비트의 정지 비트를 보낸다. 간혹 데이터 전송 후에 에러 검출용으로 패리티 체크 1비트를 추가하는 경우가 있는데 지금은 에러 검출이 낮아서 거의 사용하지 않는다.

[그림 16.10] 전송 데이터의 구조

예를 들어 패리티 체크를 사용하지 않고 영문자 a를 전송하면 앞뒤에 시작 비트와 정지 비트가 포함되어 다음과 같이 전체 10비트의 데이터가 전송된다. TTL의 경우는 +5V가 1이고 0V가 0이지만, RS-232C는 부 논리로 신호를 전송하며 +12V와 -12V 전압을 이용한다.

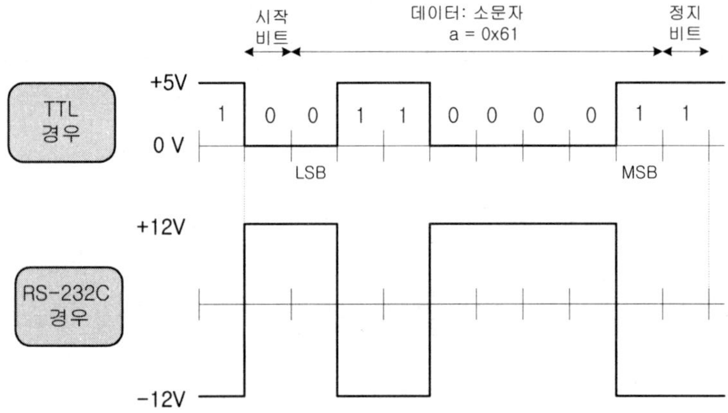

[그림 16.11] 소문자 a의 전송 데이터구조(TTL과 RS-232C 비교)

[표 16.3] 전송 데이터 구조와 관련된 용어 설명

용어	설명
Parity Check Bit	데이터 마지막에 에러 검출용으로 사용하는 1비트
Start, Stop Bit	데이터의 앞뒤에 데이터의 처음과 끝을 알리기 위해 사용하는 비트
baud rate	1초당 변조 횟수, RS-232C는 변조횟수와 전송속도가 일치(bps:bit/sec)

2대의 서로 다른 PC나 제어장치 사이에 직렬 통신을 수행하기 위해서는 반드시 전송속도와 데이터 구조가 서로 같아야 한다. 예를 들어 PC1의 전송속도가 9600bps, 시작비트 1비트, 데이터 8비트, 정지비트 1비트로 설정되었다면 반대편 PC2도 같은 전송속도와 같은 데이터 구조를 가져야 한다. 이를 통신규약(protocol)이라 하며 통신규약이 서로 일치하지 않으면 데이터가 깨지거나 통신 자체를 수행할 수 없다.

16.3 IBM-PC의 직렬 통신

PC의 직렬 통신은 메인보드에 장착되어 있는 UART8250칩이 담당하고 있으며 요즘 대부분의 PC는 사우스브리지(South Bridge) 칩이나 ICH(I/O Controller Hub) 칩에 해당 기능이 내장되어 있다.

1 UART 기본주소

PC의 UART(Universal Asynchronous Receiver and Transmitter)의 기본 주소는 다음과 같으며 제어판의 시스템에서 확인할 수 있다. PC의 직렬 포트는 COM포트번호의 형식으로 표시하며 COM은 Communication의 약자이다.

[표 16.4] PC의 직렬포트 기본주소

직렬 포트	기본 주소	인터럽트 번호
COM1	3F8h번지	4
COM2	2F8h번지	3
COM3	3E8h번지	4
COM4	2E8h번지	3

기본적으로 PC는 4개의 직렬 포트를 갖고 있지만 실제 밖으로 빼놓은 직렬 포트는 COM1 한 개뿐이며 기본(Base) 주소는 3F8h번지에 위치하고 있다. 또한 인터럽트(IRQ)는 4번을 이용하고 있다. 한 가지 주의할 점은 COM1과 COM3, COM2와 COM4는 같은 인터럽트를 사용하므로 동시에 사용할 수 없다는 것이다. 요즘은 USB포트가 일반화되어 그런 일이 없지만 과거에 직렬 마우스가 사용될 때는 모뎀(COM1)과 마우스(COM3)가 같은 인터럽트를 이용해 충돌하는 경우가 가끔 발생했다.

직렬 포트들의 한 포트는 8개의 레지스터로 구성되어 있으며 레지스터 이름은 다음과 같으니 부담 없이 한 번 읽어 보도록 하자. 다만 전송대기 레지스터(THR)와 수신버퍼 레지스터(RBR)는 직렬 포트의 데이터 입출력에 관계되는 중요한 레지스터로 사용법을 알아둘 필요가 있다.

[표 16.5] 직렬포트의 레지스터

레지스터 약자	레지스터 이름
THR	전송 대기 레지스터(Transmitter Holding Register)
RBR	수신 버퍼 레지스터(Receiver Buffer Register.)
IER	인터럽트 허용 레지스터(Interrupt Enable Register)
IIR	인터럽트 인식 레지스터(Interrupt Identification Register)
LCR	라인 제어 레지스터(Line Control Register)
MCR	모뎀 제어 레지스터(Modem Control Register)
LSR	라인 상태 레지스터(Line Status Register)
MSR	모뎀 상태 레지스터(Modem Status Register)

2 도스에서 직렬 통신

도스 환경에서 COM1 포트에 데이터를 보내고 싶으면 C언어의 포트 출력함수인 outportb()를 이용하면 된다. outportb()함수는 1바이트의 데이터를 지정한 주소로 출력하는 함수이므로, outportb(0x3F8, data)는 0x3F8번지에 data를 출력하라는 의미이다. 여기서 0x3F8번지는 전송 대기 레지스터의 주소를 의미하며 data는 반드시 1바이트(8비트) 문자형을 사용해야 한다.

[표 16.6] 직렬 포트 출력함수

함수의 형식	사용 예
outportb(주소, 변수)	outportb(0x3F8, data);

반면에 COM1 포트에 입력된 데이터를 읽어오기 위해서는 inportb()함수를 이용한다. inportb()함수는 지정한 주소에 저장된 데이터를 리턴해주는 함수이다. 따라서 아래 문장의 의미는 0x3F8번지의 데이터를 1바이트로 읽어서 data라는 변수에 저장하라는 뜻이 된다.

[표 16.7] 직렬 포트 읽기 함수

함수의 형식	사용 예
변수 = inportb(주소)	data = inportb(주소);

0x3F8번지는 전송대기 레지스터와 수신 버퍼 레지스터가 함께 공용하는 번지로 데이터를 직렬포트에 써주면 전송대기 레지스터에 기록되며, 읽으면 수신 버퍼 레지스터의 값을 읽게 된다.

과거 도스(DOS) 환경에서는 응용 프로그램이 레지스터를 직접 제어해 직렬 통신을 수행했지만 윈도우즈(Windows) 환경에서는 응용 프로그램이 직접 레지스터에 접근하는 것을 원천적으로 차단한다. 따라서 윈도우즈 환경에서는 이런 방식으로 통신프로그램을 작성할 수 없다.

3 윈도우즈에서 직렬 통신

DOS환경에서는 UART에 내장된 레지스터를 직접 제어해서 직렬 통신을 수행할 수 있었다. 그러나 윈도우즈나 유닉스(UNIX) 환경에서는 가상 디바이스의 개념이 도입되어 응용 프로그램이 하드웨어에 직접 접근하는 것이 불가능하다. 따라서 디바이스 드라이버를 통해 간접적으로 접근해야 하는데 운영체제가 제공하는 통신 드라이버를 이용하면 쉽게 직렬 통신을 수행할 수 있다.

얼핏 보기에는 복잡해 보일지 모르지만 사실 도스환경에서 레지스터를 직접 제어하는 것보다 더욱 간단하다. 사용자가 작성한 응용 프로그램에서 송신버퍼의 역할을 하는 전송대기 레지스터에 원하는 데이터를 써주기만 하면 나머지는 통신 드라이버가 알아서 통신포트로 보내준다. 따라서 사용자는 송신 버퍼에 데이터를 써주기만 하면 작업이 모두 끝나게 된다. 두 대의 PC를 널 모뎀으로 연결해 직렬 통신을 실행하는 예를 들어 보도록 하자.

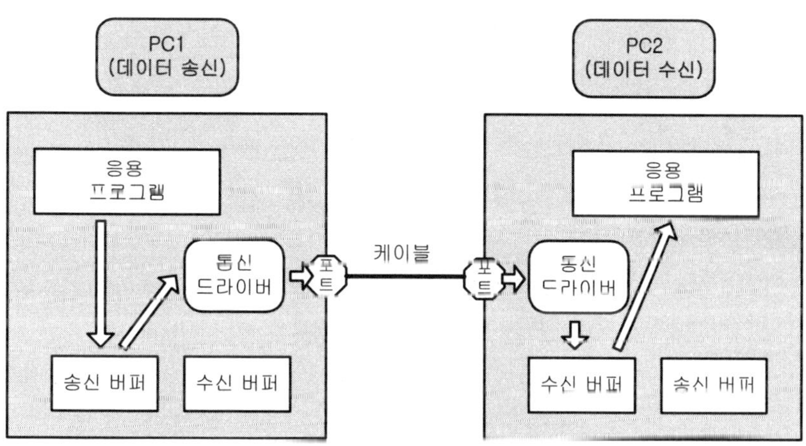

[그림 16.12] 윈도우즈 환경에서 두 대의 PC 사이에 직렬 통신

데이터를 보내는 PC1은 송신 버퍼에 데이터를 써주기만 하면 통신 드라이버가 알아서 통신포트에 데이터를 보내준다. 이 경우에 데이터는 응용 프로그램 ⇨ 송신 버퍼 ⇨ 통신 드라이버 ⇨ 통신 포트의 순으로 전달된다. 반면에 데이터를 받는 PC2는 통신 포트에 데이터가 들어와 있으면 통신 드라이버가 알아서 수신버퍼에 쌓아 놓는다. 따라서 응용 프로그램에서는 수신 버퍼를 점검해 데이터가 있으면 응용 프로그램으로 가져오기만 하면 된다. 이 경우에 데이터는 통신 포트 ⇨ 통신 드라이버 ⇨ 수신 버퍼 ⇨ 응용 프로그램의 순서로 전달된다.

16.4 LabVIEW를 이용한 직렬 통신

LabVIEW에는 직렬 통신을 수행할 수 있는 다양한 함수가 내장되어 있어 이들 함수를 이용하면 편리하게 직렬 통신을 수행할 수 있다. LabVIEW에서 제공하는 직렬 통신에 관련된 함수는 함수 팔레트의 인스트루먼트I/O 보조팔레트 내에 시리얼에서 찾아 볼 수 있으며 사용법을 알아보도록 하자.

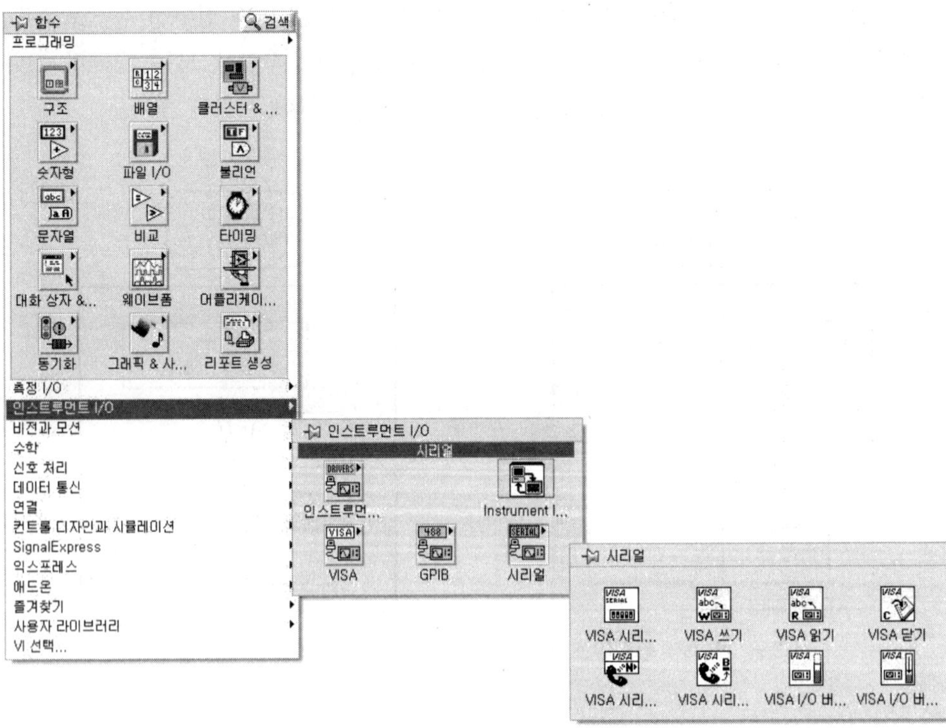

[그림 16.13] LabVIEW의 시리얼 통신 함수

인스트루먼트I/O 내부의 보조 팔레트에서 VISA의 뜻은 표준화된 API를 사용해서 여러 회사가 만든 소프트웨어를 하나의 플랫폼에서 실행할 수 있도록 제정한 표준 규격이라고 생각하면 된다.

1 VISA 시리얼 포트 설정 함수

시리얼 포트 설정 함수는 지정된 리소스 이름으로 지정된 시리얼 포트를 주어진 항목으로 초기화한다. 여기서 리소스 이름에는 COM1, COM2와 같은 시리얼 포트 이름이나 LPT1과 같은 병렬포트 이름을 입력하면 된다.

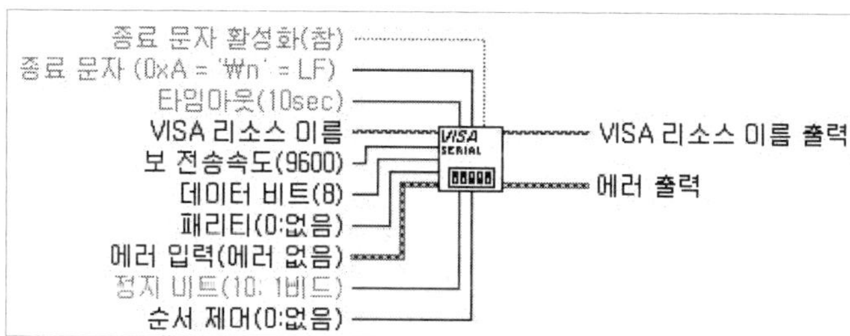

[그림 16.14] 시리얼 포트 설정 함수

보 전송속도는 75 ~ 128000bps 내에서 설정하면 되는데 기본 값은 9600bps이다. 또한 데이터 비트의 크기, 시작 비트, 정지 비트의 설정과 패리티 비트의 사용 유무와 같은 통신 규약을 설정한다. 만약 2대의 PC에서 서로 데이터를 주고받기 위해서는 반드시 통신 규약이 서로 일치해야 한다.

2 VISA 쓰기 함수

VISA 쓰기 함수는 리소스 이름이 지정한 디바이스에 버퍼쓰기 항목에 연결된 문자열을 전송하는 함수이다. 에러 입력은 이 함수를 실행하기 전에 발생한 에러 조건을 설명한다. 또한 반환 카운트는 버퍼에 쓰여진 실제 문자의 개수를 반환한다.

[그림 16.15] VISA 쓰기함수

3 VISA 읽기 함수

VISA 읽기 함수는 리소스 이름으로 지정된 디바이스에서 지정된 바이트의 문자를 읽어 버퍼쓰기에 데이터를 반환하는 함수이다. 바이트 카운트는 읽을 바이트의 개수를 지정한다.

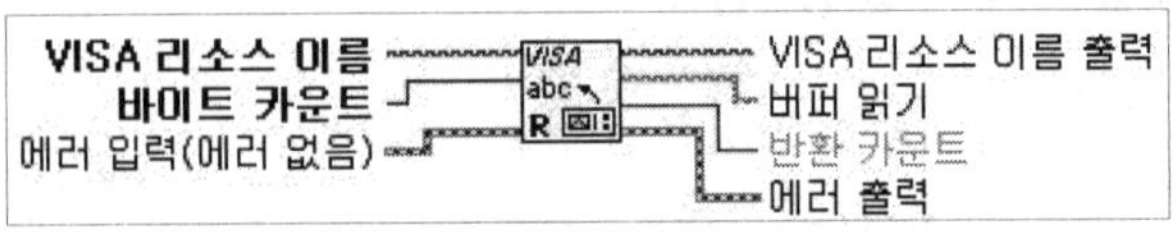

[그림 16.16] VISA 읽기함수

4 VISA 닫기 함수

VISA 닫기 함수는 리소스 이름으로 지정된 디바이스를 닫는 함수이다. 에러 입력은 이 함수가 실행되기 전에 에러가 발생했을 경우에는 에러 출력에 그대로 표시한다. 하지만 이 함수가 실행되기 전에 에러가 발생하지 않았다면 에러 출력에는 이 함수가 만든 에러를 출력한다.

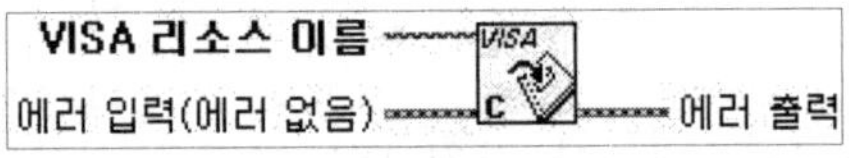

[그림 16.17] VISA 닫기 함수

5 VISA 시리얼 포트 바이트

이 함수는 지정된 시리얼 포트의 입력 버퍼에서 바이트의 숫자를 반환한다.

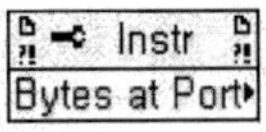

[그림 16.18] VISA 시리얼 포트 바이트

6 LabVIEW 시리얼 함수의 역할

윈도우즈 환경에서 LabVIEW 시리얼 함수들의 역할을 그림으로 정리해보자.

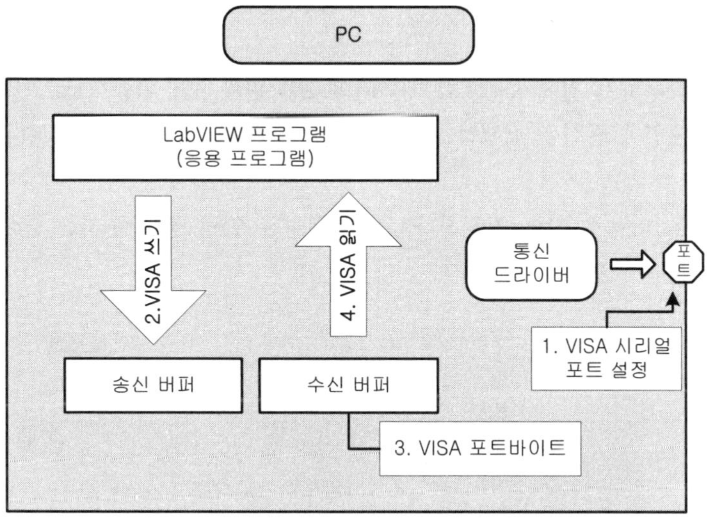

[그림 16.19] LabVIEW 시리얼 함수들의 역할

예제 16-1 직렬 통신 1(Loop Back Test)

PC 1대의 COM1 포트를 이용해 자신이 보낸 데이터를 다시 받는 LabVIEW 프로그램을 작성하시오.

1. 프로그램을 작성하기 전에 RS-232C 커넥터의 2번 핀과 3번 핀을 서로 연결한다. 루프 백 테스트는 상대방과 통신을 실행하기 전에 자신의 장비를 테스트하는 실험을 말한다.

2. 프런트 패널을 다음과 같이 작성한다. 전송 데이터 입력 창에 원하는 문자열을 입력하고 보내기 버튼을 누르면 데이터가 전송된다.

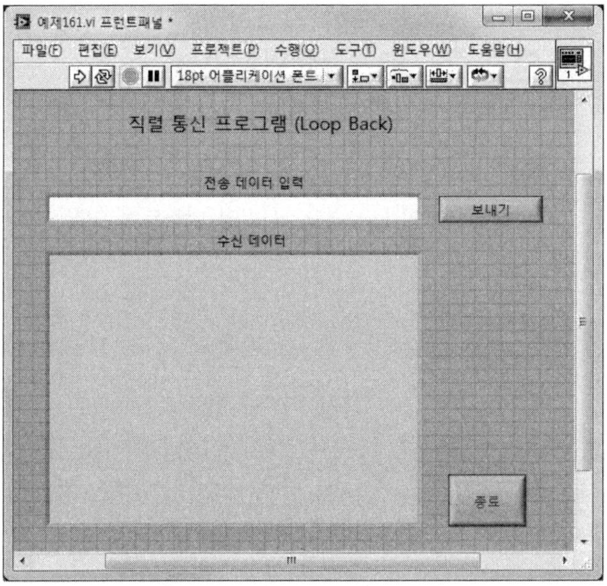

3. 통신 포트는 COM1포트, 전송속도는 9600bps, 데이터 8비트, 시작비트와 정지비트는 각각 1비트이고, 패리티 체크는 사용하지 않는다.

4. 블록 다이어그램을 다음과 같이 작성한 후에 실행시키고 수신 데이터를 확인해 보자.

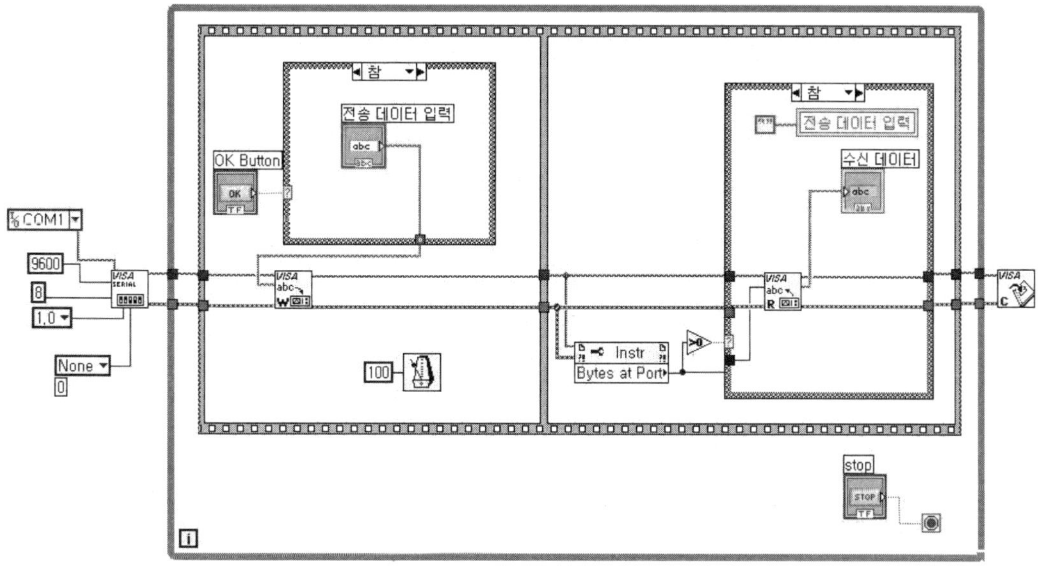

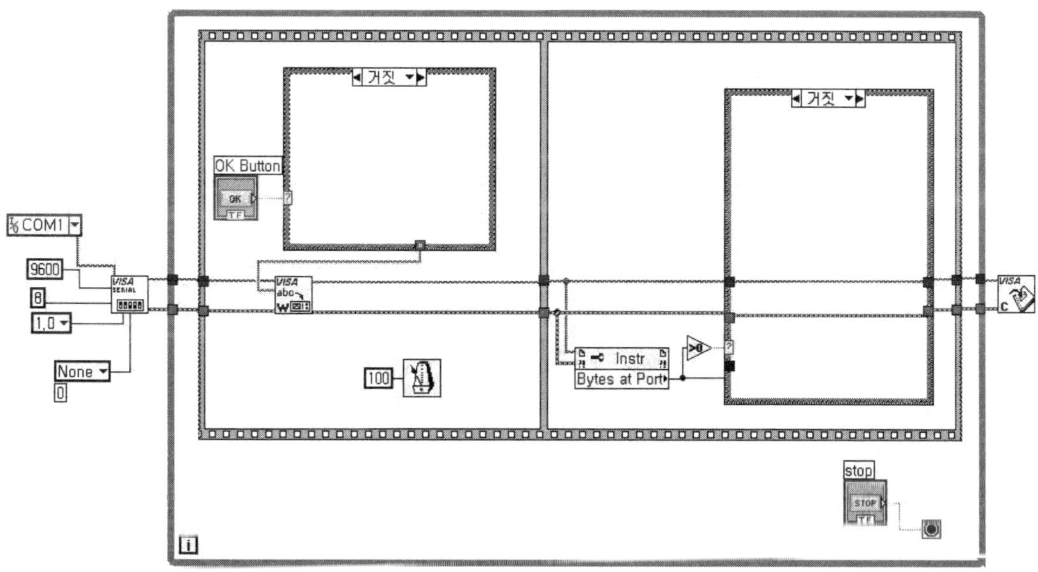

예제 16-2 직렬 통신 2(이야기 프로그램)

PC 2대를 이용해 상대방과 대화를 주고받을 수 있는 VI를 작성하시오.

1. 프로그램을 작성하기 전에 PC1(내 PC)과 PC2(상대방 PC)의 RS-232C커넥터를 크로스 케이블로 연결한다. 즉, PC1의 2번 핀과 PC2의 3번 핀, PC1의 3번 핀과 PC2의 2번 핀, 그라운드를 각각 연결하는 것을 말한다.

2. 프런트 패널을 다음과 같이 작성한다. 이번에는 프런트 패널에서 직렬 포트를 변경할 수 있도록 프로그램을 수정하였다.

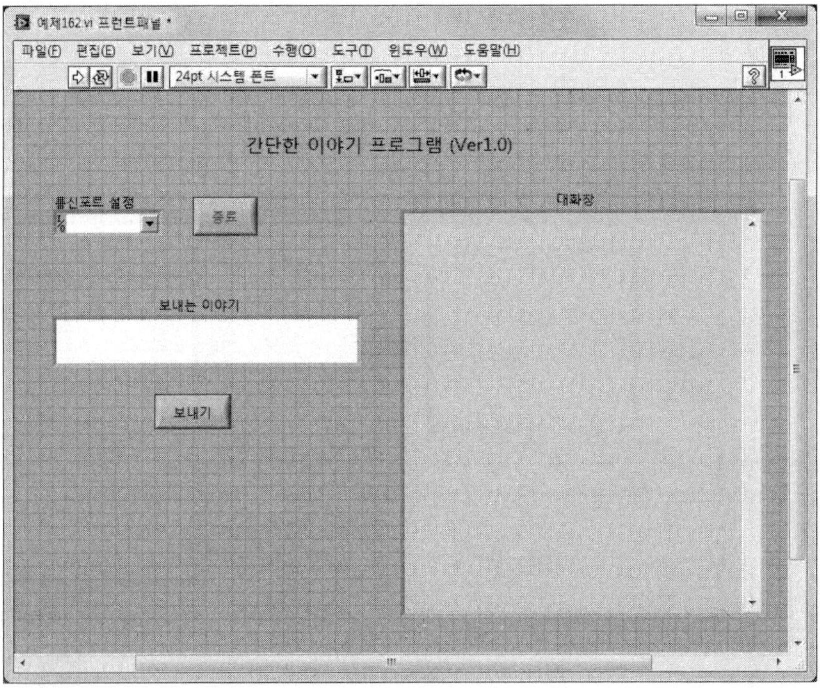

3. 블록 다이어그램을 다음과 같이 작성하고 PC1과 PC2에서 동시에 실행시킨다. 대화 내용이 전송되어 대화창에 표시되는지 확인해 본다.

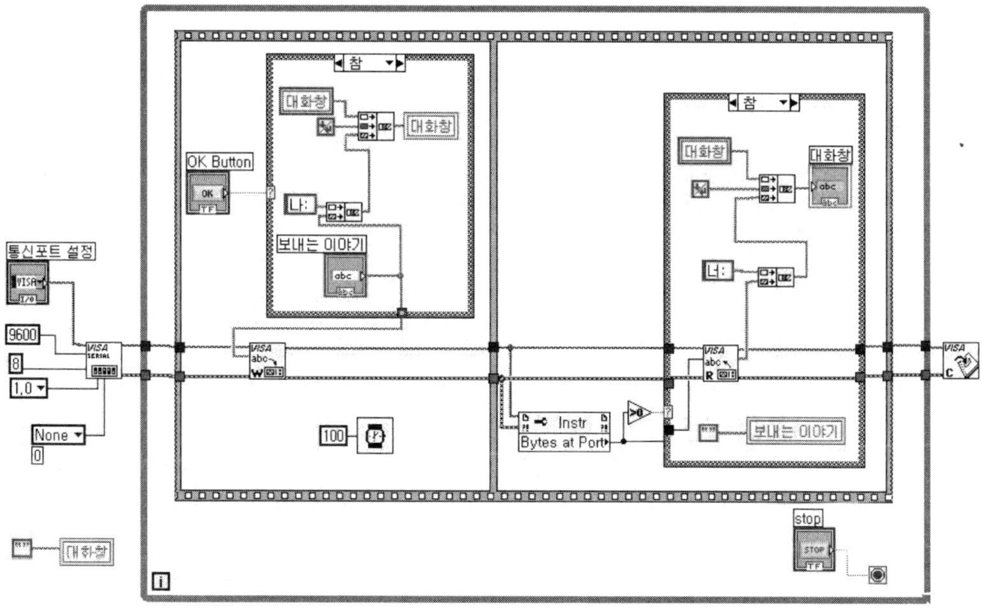

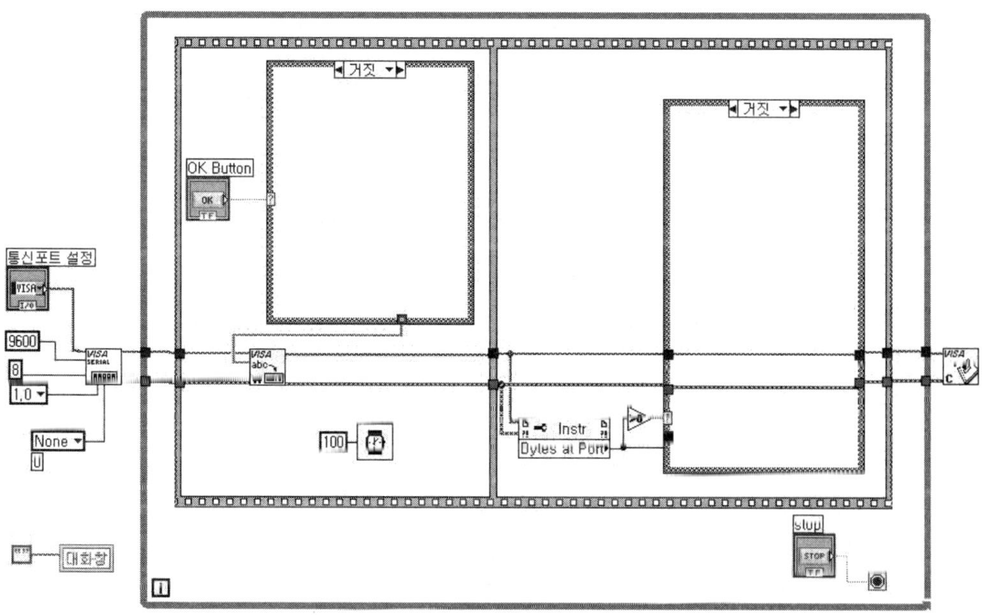

예제 16-3 직렬 통신 3(이벤트 방식)

PC 2대를 이용해 상대방과 대화를 주고받을 수 있는 VI를 이벤트 방식으로 작성하시오.

1. 프런트 패널을 다음과 같이 구성한다.

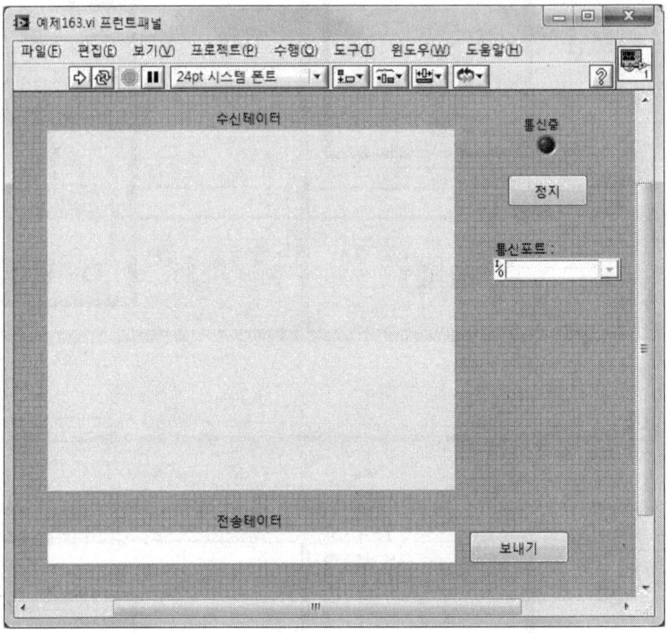

2. 블록 다이어그램에서 다층 시퀀스 구조를 위치시키고 0, 1, 2 세 개의 프레임을 추가한다. 0번 프레임을 통신포트를 초기화하는 역할을 한다.

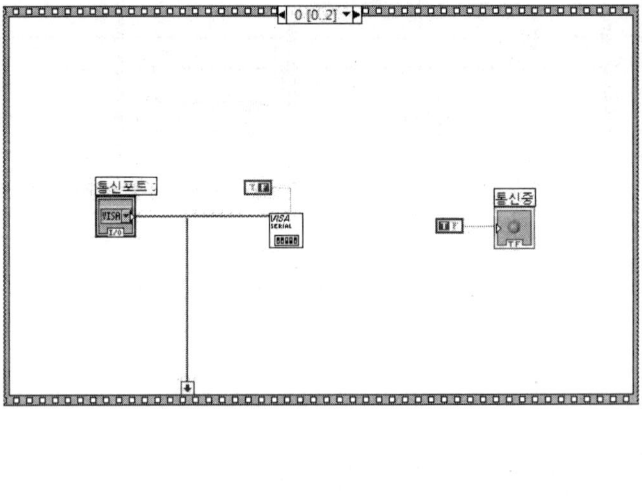

1번 프레임은 데이터를 보내고 읽는 역할을 수행한다. 이벤트 구조를 위치시키고 "보내기 : 값변경" 정적 이벤트 케이스를 추가한다. 나머지 통신에 필요한 함수들을 배치한 이후에 연결한다.

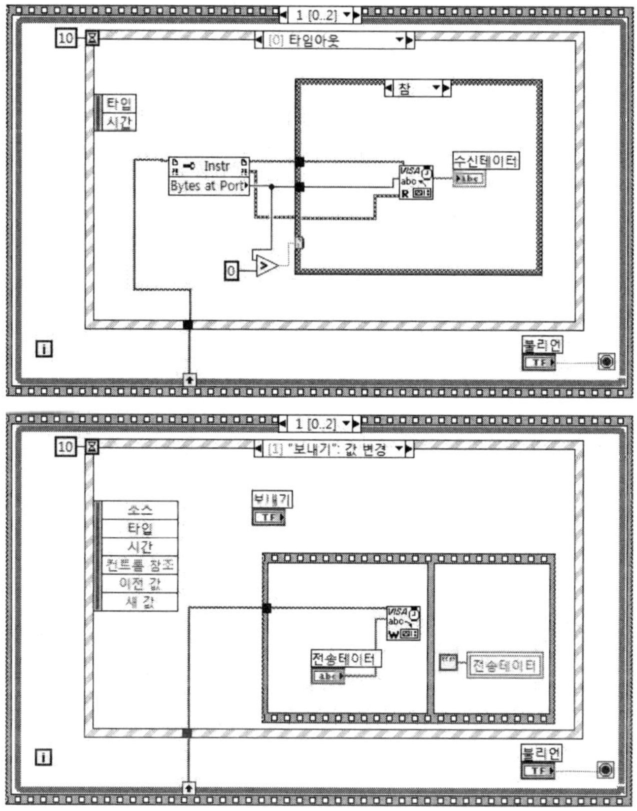

2번 프레임은 통신포트를 닫는 역할을 수행한다. 블록 다이어그램이 완성되면 VI를 실행시켜 통신의 유무를 확인해 본다.

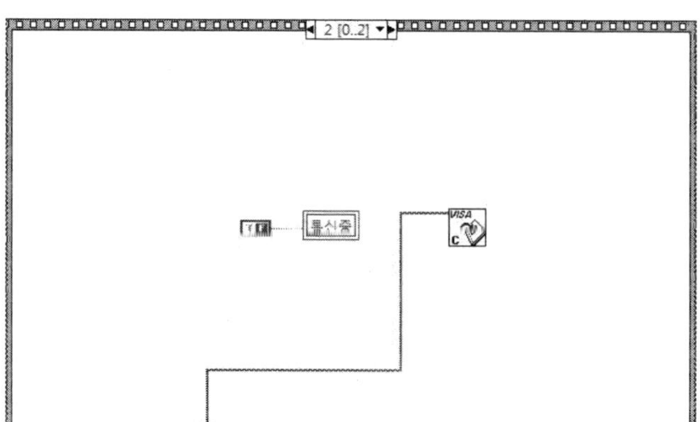

연습문제

1. LabVIEW의 직렬 통신을 이용해 대문자 'A'를 상대방의 PC로 전송하면 대문자 'B'를 돌려주는 VI를 작성하시오. 즉, 보낸 문자의 아스키 코드에 1을 더해서 돌려주는 통신 프로그램을 작성한다.

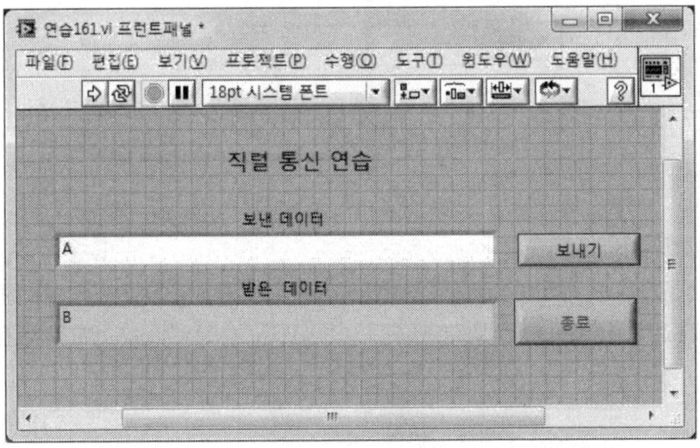

2. 1번째 PC의 어드레스를 '1'로 하고, 2번째 PC의 어드레스를 '2'라고 하자. PC 1에서 차례로 "?1A"의 문자열을 보낸 경우에만 상대방 PC 2에서 "?2A"로 응답하는 VI를 작성하시오. 여기서 나열된 문자열의 의미는 다음과 같으며 이런 방식의 통신을 패킷통신이라 한다.

Header	Address	Data
?	1	A

제17장 수학 함수

LabVIEW에는 행렬연산, 미적분, 미분방정식 등의 연산에 필요한 다양한 함수들을 내장되어 있다. 이들 함수는 실용적인 프로그램을 작성할 때 자주 접히게 되므로 사용방법을 자세히 알아두자.

학습목표

- 다양한 행렬의 연산을 이해한다.
- 선형연립방정식의 해법을 이해한다.
- 미분과 적분 연산에 필요한 함수의 사용법을 익힌다.
- 선형 상미분방정식의 해를 구하는 과정을 학습한다.

차례

17.1 행렬의 기초 지식

행렬이란 수들을 사각형 모양으로 나열해 놓은 것을 말한다. 행렬의 몇 가지 정의를 알아보고 행렬연산에 적용해 보자.

1 행렬의 정의

■ 행렬의 정의

행렬이란 자연수 m,n에 대해 실수 혹은 복소수를 직사각형 모양으로 배열한 것으로 식(17.1)과 같이 표현한다.

$$A = \begin{bmatrix} a_{11} & a_{12} & \dots & a_{1n} \\ a_{21} & a_{22} & \dots & a_{2n} \\ \vdots & \vdots & \dots & \vdots \\ a_{m1} & a_{m2} & \dots & a_{mn} \end{bmatrix} \tag{17.1}$$

행렬 A를 성분으로 표시하면 $A = a_{ij}\,(i=1,\,2,\,\dots,\,m,\,j=1,\,2,\,\dots,\,n)$와 같이 표현할 수 있다. 행렬의 원소 a_{ij}는 행렬의 i번째 행, j번째 열을 원소로 정의되는데 보통 행을 먼저 열을 나중에 붙인다.

■ 행렬의 차수

행렬의 차수는 행의 개수와 열의 개수를 가지고 표현한다. 식(17.1)은 행의 개수가 m개이고 열의 개수가 n이므로 $m \times n$(m by n)행렬이라고 한다. 만약 행의 개수가 3개이고 열의 개수가 2개이면 3×2행렬이라고 한다. 특히 행의 개수와 열의 개수가 같은($n=m$) 행렬을 정방행렬(square matrix)이라 부른다.

$$A_1 = \begin{bmatrix} 1 & 0 & 1 \\ 5 & 2 & 3 \end{bmatrix}, \qquad A_2 = \begin{bmatrix} 1 & 2 & 3 \\ 3 & 2 & 1 \\ 1 & 5 & 8 \end{bmatrix} \tag{17.2}$$

A_1은 2×3행렬이고, A_2는 3×3행렬 혹은 3차 정방행렬이라고 한다.

■ 영 행렬

행렬의 모든 원소가 0으로 이루어진 행렬을 말한다. 3×3차 영 행렬 A와 2×3차 영 행렬 B는 다음과 같이 표시한다.

$$A_{(3\times 3)} = \begin{bmatrix} 0 & 0 & 0 \\ 0 & 0 & 0 \\ 0 & 0 & 0 \end{bmatrix}, \qquad B_{(3\times 2)} = \begin{bmatrix} 0 & 0 & 0 \\ 0 & 0 & 0 \end{bmatrix} \tag{17.3}$$

■ 대각행렬

모든 $i \neq j$에 대해서 $a_{ij} = 0$인 정방행렬을 의미하는데 대각요소에만 값을 가지고 있고 나머지 요소는 모두 0인 행렬이다.

$$B_1 = \begin{bmatrix} b_1 & 0 & 0 \\ 0 & b_2 & 0 \\ 0 & 0 & b_3 \end{bmatrix}, \qquad B_2 = \begin{bmatrix} 1 & 0 \\ 0 & 6 \end{bmatrix} \tag{17.4}$$

■ 단위행렬(Unit matrix)

단위행렬은 모든 주 대각 원소($i = j$)가 1인 대각행렬을 의미하고 보통 기호로는 I를 이용한다. 예를 들어 $n = 4$인 4차 단위행렬은 다음과 같다.

$$I = \begin{bmatrix} 1 & 0 & 0 & 0 \\ 0 & 1 & 0 & 0 \\ 0 & 0 & 1 & 0 \\ 0 & 0 & 0 & 1 \end{bmatrix} \tag{17.5}$$

■ 열 행렬(Column matrix)

1개의 열과 1개 이상의 행으로 된 행렬($m \times 1$)을 열 행렬이라 하고 보통 열벡터는 m차 벡터라고 한다.

$$a_{(m\times 1)} = \begin{bmatrix} a_1 \\ a_2 \\ \vdots \\ a_m \end{bmatrix} \tag{17.6}$$

■ 행 행렬

1개의 행과 1개 이상의 열로 구성된 행렬($1 \times n$)을 행 행렬이라 하며, 행 행렬을 행벡터라고도 한다.

$$a_{(1\times n)} = [a_1 \ a_2 \ \dots \ a_n] \tag{17.7}$$

■ 행렬의 상등

2개의 $m \times n$차 행렬 A, B에서 모든 i와 j에 대해 $a_{ij} = b_{ij}$가 성립할 때 두 행렬은 상등이라고 하고 $A = B$로 표현한다. 행렬의 상등은 같은 수의 행과 열을 가진 행렬에서만 정의된다. 예를 들어 다음 두 행렬 A와 B가 상등이라면 $a_{11} = b_{11}$, $a_{12} = b_{12}$, $a_{21} = b_{21}$, $a_{22} = b_{22}$가 된다.

$$A = \begin{bmatrix} a_{11} & a_{12} \\ a_{21} & a_{22} \end{bmatrix} = B = \begin{bmatrix} b_{11} & b_{12} \\ b_{21} & b_{22} \end{bmatrix} \tag{17.8}$$

2 행렬 연산

■ 행렬의 덧셈

2개의 $m \times n$차 행렬 A, B가 있을 때 행렬의 덧셈은 $A + B$로 표현하며 서로 같은 ij번째 원소끼리 덧셈을 하면 되고 연산결과는 $m \times n$차 행렬이 된다.

$$C = A + B, \ (c_{ij} = a_{ij} + b_{ij}) \tag{17.9}$$

다음 두 행렬의 덧셈을 구해보자.

$$A = \begin{bmatrix} 1 & 2 & 3 \\ 0 & 1 & 1 \end{bmatrix}, \quad B = \begin{bmatrix} 3 & 1 & 1 \\ 0 & 0 & 1 \end{bmatrix}$$

A행렬은 (2×3)이고 B행렬도 (2×3)이므로 덧셈이 정의되며 결과는 다음과 같다.

$$C = A + B = \begin{bmatrix} 1+3 & 2+1 & 3+1 \\ 0+0 & 1+0 & 1+1 \end{bmatrix} = \begin{bmatrix} 4 & 3 & 4 \\ 0 & 1 & 2 \end{bmatrix}$$

■ 행렬의 빼셈

2개의 $m \times n$차 행렬 A, B가 있을 때 행렬의 빼셈은 $A - B$로 표현하며 서로 같은 ij번째 원소끼리 빼셈을 하고 연산결과는 $m \times n$차 행렬이 된다.

$$C = A - B, \ (c_{ij} = a_{ij} - b_{ij}) \tag{17.10}$$

■ 행렬의 곱셈

행렬 A가 $n \times p$행렬이고 행렬 B가 $p \times m$행렬일 때

$$A = \begin{bmatrix} a_{11} \dots a_{1p} \\ \vdots \ \vdots \ \vdots \\ a_{np} \dots a_{np} \end{bmatrix}, \qquad B = \begin{bmatrix} b_{11} \dots b_{1m} \\ \vdots \ \vdots \ \vdots \\ a_{p1} \dots a_{pm} \end{bmatrix} \tag{17.11}$$

A와 B의 곱셈은 $C = AB$로 표현하고, 연산결과 C는 $n \times m$이 되며 C의 ij번째 원소는 다음과 같다.

$$C = \begin{bmatrix} c_{11} \dots c_{1m} \\ \vdots \ \vdots \ \vdots \\ c_{n1} \dots c_{nm} \end{bmatrix} \quad \text{단, } c_{ij} = a_{i1}b_{1j} + \ \dots \ + a_{ip} + b_{pj} = \sum_{k=1}^{p} a_{ik}b_{kj} \tag{17.12}$$

다음 두 행렬에서 AB와 BA를 구하고 결과를 비교해보자.

$$A = \begin{bmatrix} 2 & 1 & 5 \\ 1 & 3 & 2 \end{bmatrix}, \quad B = \begin{bmatrix} 3 & 4 \\ -1 & 2 \\ 2 & 1 \end{bmatrix}$$

먼저 A는 2×3차 행렬이고 B는 3×2차 행렬이므로 AB는 정의되고 결과는 2×2차 행렬이 된다.

$$AB = \begin{bmatrix} 2\times3+1\times(-1)+5\times2 & 2\times4+1\times2+5\times1 \\ 1\times3+3\times(-1)+2\times2 & 1\times4+3\times2+2\times1 \end{bmatrix} = \begin{bmatrix} 15 & 15 \\ 4 & 12 \end{bmatrix}$$

또한 B는 3×2차 행렬이고 A는 2×3차 행렬이므로 BA도 정의되고 결과는 3×3차 행렬이 된다. 따라서 행렬의 곱셈에 대한 교환법칙($AB \neq BA$)은 성립하지 않는다.

$$BA = \begin{bmatrix} 3\times2+4\times1 & 3\times1+4\times3 & 3\times5+4\times2 \\ -1\times2+2\times1 & -1\times1+2\times3 & -1\times5+2\times2 \\ 2\times2+1\times1 & 2\times1+1\times3 & 2\times5+1\times2 \end{bmatrix} = \begin{bmatrix} 10 & 15 & 23 \\ 0 & 5 & -1 \\ 5 & 5 & 12 \end{bmatrix}$$

■ 행렬에 관한 유용한 정리

A, B, C가 모두 $n \times m$ 차원의 행렬이고 k가 스칼라라고 하면 다음 정리가 성립한다.

$A + B \ = \ B + A$: 교환법칙

$(A + B) + C \ = \ A + (B + C)$: 결합법칙

$k(A + B) \ = \ kA + kB$: 스칼라 곱

다음 행렬 A와 $k = 3$일 때 kA를 구해보자.

$$A = \begin{bmatrix} 1 & 2 & 1 \\ 0 & 3 & 0 \\ 0 & 1 & 0 \end{bmatrix}$$

행렬과 상수와의 곱은 행렬의 모든 원소에 상수 k를 곱하면 되므로 kA는 다음으로 얻어진다.

$$kA = 3 \cdot A = \begin{bmatrix} 3\times1 & 3\times2 & 3\times1 \\ 3\times0 & 3\times3 & 3\times0 \\ 3\times0 & 3\times1 & 3\times0 \end{bmatrix} = \begin{bmatrix} 3 & 6 & 3 \\ 0 & 9 & 0 \\ 0 & 3 & 0 \end{bmatrix}$$

3 전치행렬(Transpose Matrix)

전치행렬이란 주어진 행렬의 행과 열을 서로 바꾸어서 얻어지는 행렬로 정의된다. A가 $n\times m$ 행렬이라면 전치행렬은 A^T로 표시하고 $m\times n$행렬이 된다.

$$A = \begin{bmatrix} a_{11} & a_{12} & \dots & a_{1n} \\ a_{21} & a_{22} & \dots & a_{2n} \\ \vdots & \vdots & \dots & \vdots \\ a_{m1} & a_{m2} & \dots & a_{mn} \end{bmatrix}, \qquad A^T = \begin{bmatrix} a_{11} & a_{21} & \dots & a_{m1} \\ a_{12} & a_{22} & \dots & a_{m2} \\ \vdots & \vdots & \dots & \vdots \\ a_{1n} & a_{2n} & \dots & a_{mn} \end{bmatrix} \tag{17.13}$$

전치행렬에는 자주 사용되는 몇 가지 중요한 정리는 다음과 같다.

① $(A^T)^T = A$
② $(AB)^T = B^T A^T$
③ $(A+B)^T = A^T + B^T$
④ $(kA)^T = kA^T$

4 행렬의 행렬식(Determinant of Matrix)

행렬과 행렬식을 가장 큰 차이점은 행렬은 값을 갖지 않지만 행렬의 행렬식을 계산하면 하나의 스칼라 값을 갖게 된다는 것이다. 행렬식은 행의 개수와 열의 개수가 같은 정방행렬에서만 정의되며, $n\times n$ 정방행렬 A가 있을 때 A의 행렬식은 다음과 같이 표시한다.

$$A_{(n \times n)} = \begin{bmatrix} a_{11} & a_{12} & \dots & a_{1n} \\ a_{21} & a_{22} & \dots & a_{2n} \\ \vdots & \vdots & \dots & \vdots \\ a_{n1} & a_{n2} & \dots & a_{nn} \end{bmatrix}, \quad \det A = |A| = \begin{vmatrix} a_{11} & a_{12} & \dots & a_{1n} \\ a_{21} & a_{22} & \dots & a_{2n} \\ \vdots & \vdots & \dots & \vdots \\ a_{n1} & a_{n2} & \dots & a_{nn} \end{vmatrix} \tag{17.14}$$

2×2차 정방행렬 A의 경우에 행렬식 $|A|$는 다음과 같다.

$$A = \begin{bmatrix} a_{11} & a_{12} \\ a_{21} & a_{22} \end{bmatrix}, \quad \det A = |A| = \begin{vmatrix} a_{11} & a_{12} \\ a_{21} & a_{22} \end{vmatrix} = a_{11}a_{22} - a_{12}a_{21} \tag{17.15}$$

3×3차 정방행렬 A가 다음과 같을 때 $|A|$는 Sarrus의 방법으로 구할 수 있다.

$$A = \begin{bmatrix} a_{11} & a_{12} & a_{13} \\ a_{21} & a_{22} & a_{23} \\ a_{31} & a_{32} & a_{33} \end{bmatrix} \tag{17.16}$$

$$\det A = |A| = \begin{vmatrix} a_{11} & a_{12} & a_{13} \\ a_{21} & a_{22} & a_{23} \\ a_{31} & a_{32} & a_{33} \end{vmatrix}$$
$$= \{a_{11}a_{22}a_{33} + a_{12}a_{23}a_{31} + a_{13}a_{21}a_{32}\} - \{a_{11}a_{23}a_{32} + a_{12}a_{21}a_{33} + a_{13}a_{22}a_{31}\} \tag{17.17}$$

$n \geq 4$ 고차 행렬의 경우는 식(17.15)와 식(17.17)과 같은 간단한 방법을 이용해 행렬식을 구할 수 없고 여인자(cofactor) 전개를 이용해 행렬식을 구해야 한다. 그러나 행렬의 차수가 높아질수록 전개해야할 여인자의 개수와 차수가 높아지므로 행렬식의 값을 구하는 것은 매우 복잡해진다.

■ 여인자 전개에 의한 행렬식 구하기

n차 행렬식 $|A|$에 대해 임의의 원소 a_{ij}의 여인자는 행렬식 $|A|$에서 i번째 행과 j번째 열을 제거하고 얻어진 행렬식에 $(-1)^{i+j}$를 곱해서 얻어진 행렬식으로 A_{ij}으로 표현한다. 3차 행렬식에서 원소 a_{11}, a_{12}, a_{13}의 여인자 A_{11}, A_{12}, A_{13}를 구해보면 다음과 같다.

$$A_{11} = (-1)^{1+1} \begin{vmatrix} a_{22} & a_{23} \\ a_{32} & a_{33} \end{vmatrix} = a_{22}a_{33} - a_{23}a_{32} \tag{17.18}$$

$$A_{12} = (-1)^{1+2} \begin{vmatrix} a_{21} & a_{23} \\ a_{31} & a_{33} \end{vmatrix} = -a_{21}a_{33} + a_{23}a_{31} \tag{17.19}$$

$$A_{13} = (-1)^{1+3} \begin{vmatrix} a_{21} & a_{22} \\ a_{31} & a_{32} \end{vmatrix} = a_{21}a_{32} - a_{22}a_{31} \tag{17.20}$$

일반적으로 임의의 행렬식의 값은 여인자의 합의 형태로 표현할 수 있다. A를 $n \times n$행렬이라고 할 때 A의 행렬식 $|A|$는 각 행의 여인자 혹은 각 열의 여인자를 이용해 다음과 같이 전개할 수 있다.

$$\det A = |A| = \sum_{j=1}^{n} a_{ij} A_{ij} \quad (i=1 \text{ 혹은 } 2, \ \dots \text{ 혹은 } n) \text{ : 행의 여인자전개} \tag{17.21}$$

$$\det A = |A| = \sum_{i=1}^{n} a_{ij} A_{ij} \quad (j=1 \text{ 혹은 } 2 \text{ 혹은 } n) \text{ : 열의 여인자전개} \tag{17.22}$$

5 역행렬(Inverse Matrix)

$n \times n$ 정방행렬 A가 주어졌을 때 $|A| \neq 0$이면, $n \times n$ 정칙행렬인 역행렬이 유일하게 존재하고 A^{-1}로 표현한다. 또한 I를 단위행렬이라 하면 $AA^{-1} = A^{-1}A = I$가 성립한다.

만일 A의 역행렬 A^{-1}가 존재하면 식(17.23)으로 얻어진다.

$$A^{-1} = \frac{adj\ A}{|A|} \tag{17.23}$$

여기서 $adj\ A$는 수반(adjoint)행렬이라고 하며, A의 각 원소 a_{ij}를 이에 대응하는 여인자 A_{ij}로 바꾸고 전치시킨 행렬로 다음과 같이 표현한다.

$$adj\ A = [\det\ A\text{의 } A_{ij}]^{T} \tag{17.24}$$

다음 2×2 정방행렬 A의 역행렬 A^{-1}를 구하시오.

$$A = \begin{bmatrix} a_{11} & a_{12} \\ a_{21} & a_{22} \end{bmatrix}$$

a_{ij}원소의 여인자 A_{ij}는 A 행렬에서 i번째 행과 j번째 열을 제외시킨 행렬식에 $(-1)^{i+j}$를 곱해서 얻어지므로 여인자 A_{11}, A_{12}, A_{21}, A_{22}는 다음과 같다.

$$A_{11} = (-1)^{1+1} a_{22} = a_{22}\ , \qquad A_{12} = (-1)^{1+2} a_{21} = -a_{21}$$

$$A_{21} = (-1)^{2+1} a_{12} = -a_{12}\ , \qquad A_{22} = (-1)^{2+2} a_{11} = a_{11}$$

따라서 A의 수반행렬 $adj\ A$

$$adj\ A = \begin{bmatrix} A_{11} & A_{12} \\ A_{21} & A_{22} \end{bmatrix}^T = \begin{bmatrix} A_{11} & A_{21} \\ A_{12} & A_{22} \end{bmatrix} = \begin{bmatrix} a_{22} & -a_{12} \\ -a_{21} & a_{11} \end{bmatrix}$$

$|A| \neq 0$이면, A의 역행렬 A^{-1}은 다음으로 얻어진다.

$$A^{-1} = \frac{adj\ A}{|A|} = \frac{1}{a_{11}a_{22} - a_{12}a_{21}} \begin{bmatrix} a_{22} & -a_{12} \\ -a_{21} & a_{11} \end{bmatrix}$$

역행렬을 구하는 문제는 행렬의 차수가 높아짐에 따라 구해야 하는 여인자의 차수가 증가하므로 보통 수치해법을 많이 이용하게 된다. LabVIEW에서도 역행렬을 구하는 함수가 준비되어 있으니 뒤에서 알아보도록 하자.

■ 역행렬의 성질

A, B가 정방행렬이고 정칙이라면 다음 정리가 성립한다.

① $AA^{-1} = A^{-1}A = I$

② $(A^{-1})^{-1} = A$

③ $(AB)^{-1} = B^{-1}A^{-1}$

6 행렬의 계수

■ 선형독립과 선형종속

임의의 $n \times n$차 행렬 A를 열벡터 혹은 행벡터의 공간으로 표시했을 때

$$A_{(n \times n)} = \begin{bmatrix} a_{11} & a_{12} & \dots & a_{1n} \\ a_{21} & a_{22} & \dots & a_{2n} \\ \vdots & \vdots & \dots & \vdots \\ a_{n1} & a_{n2} & \dots & a_{nn} \end{bmatrix} = [a_1\ \ a_2\ \ \dots\ a_n\ ] \tag{17.25}$$

다음의 벡터 방정식을 만족하는 해가 식(17.26)로 유일하면 선형독립이라고 한다. 반면에 식(17.26) 이외에 다른 해도 갖는다면 선형종속이라고 한다. 이 개념은 행렬의 차수가 $n \times m$인 경우에도 성립한다.

$$k_1a_1 + k_2a_2 + \dots + k_na_n = 0 \tag{17.26}$$

$$k_1 = 0,\ k_2 = 0,\ \dots,\ k_n = 0 \tag{17.27}$$

식(17.26)과 식(17.27)로 주어지는 선형독립, 선형종속의 개념은 복잡해 보이지만 직관적으로 생각하면 쉽게 이해할 수 있다. 예를 들어 다음 두 행렬을 고려해 보자.

$$A = \begin{bmatrix} 2 & 1 \\ 4 & 2 \end{bmatrix}, \quad B = \begin{bmatrix} 1 & 0 & 0 \\ 0 & 2 & 0 \\ 0 & 0 & 5 \end{bmatrix} \tag{17.28}$$

A행렬을 열 벡터로 분리하면 a_1, a_2는 다음과 같다.

$$A = [a_1 \ \ a_2], \quad a_1 = \begin{bmatrix} 2 \\ 4 \end{bmatrix}, \quad a_2 = \begin{bmatrix} 1 \\ 2 \end{bmatrix} \tag{17.29}$$

이때 열벡터 a_1과 a_2가 서로 선형독립이라는 것은 스칼라 k_1, k_2가 모두 0일 때만 다음 벡터 방정식이 성립한다는 것이다.

$$k_1 a_1 + k_2 a_2 = 0, \quad a_1 = -\frac{k_2}{k_1} a_2 \tag{17.30}$$

$$\begin{bmatrix} 2 \\ 4 \end{bmatrix} = -\frac{k_2}{k_1} \begin{bmatrix} 1 \\ 2 \end{bmatrix} \tag{17.31}$$

식(17.30)에서 $k_1 = 0$이고 $k_2 = 0$일 때는 물론 이 방정식은 성립한다. 그런데 이 경우에는 식(17.31)에서 $k_1 = 1$이고 $k_2 = -2$일 때도 성립되는 것을 볼 수 있다. 따라서 $k_1 = 0$, $k_2 = 0$ 이외에 다른 해를 갖고 있으므로 벡터 a_1과 a_2는 선형 종속이 된다. 반면에 B행렬의 경우는 다음 방정식을 만족하는 k_1, k_2, k_3쌍이 모두가 0인 경우 밖에 없으므로 선형독립이 된다.

$$k_1 \begin{bmatrix} 1 \\ 0 \\ 0 \end{bmatrix} + k_2 \begin{bmatrix} 0 \\ 2 \\ 0 \end{bmatrix} + k_3 \begin{bmatrix} 0 \\ 0 \\ 5 \end{bmatrix} = 0 \tag{17.32}$$

결국 두 벡터의 선형독립과 선형 종속의 개념은 한 벡터에 0 이외에 스칼라 배를 취해서 다른 벡터를 나타낼 수 있으면 선형종속, 그렇지 않으면 선형독립이라고 생각하면 된다. 세 개의 벡터의 경우는 두 벡터에 선형연산(스칼라배, 덧셈, 뺄셈)을 취해 또 다른 벡터를 표현할 수 있으면 선형종속, 그렇지 않으면 선형독립이다.

■ 행렬의 계수(rank)

행렬 A의 계수는 A 행렬에서 선형독립인 열의 최대수로 정의된다. 또한 행렬의 계수는 A행렬에 포함되어 있는 최대 정칙행렬의 차수로 정의할 수도 있다.

행렬 계수에 관한 몇 가지 예를 들어보자.

$$A_1 = \begin{bmatrix} 1 & 0 \\ 1 & 0 \end{bmatrix} \text{ 계수} = 1, \qquad A_2 = \begin{bmatrix} 1 & 0 & 1 \\ 1 & 0 & 3 \end{bmatrix} \text{ 계수} = 2$$

$$A_3 = \begin{bmatrix} 3 & 0 & 1 \\ 6 & 0 & 2 \\ 1 & 1 & 1 \end{bmatrix} \text{ 계수} = 2, \qquad A_4 = \begin{bmatrix} 3 & 0 & 1 \\ 0 & 6 & 0 \\ 0 & 0 & 1 \end{bmatrix} \text{ 계수} = 3$$

A_4행렬은 임의의 한 행이나 열에 스칼라 배를 해서 다른 행이나 열을 나타낼 수 없으므로 3차 행 공간 혹은 열 공간의 벡터들이 서로 선형독립이 된다. 반면에 A_1과 A_3는 선형종속이다. LabVIEW에서도 행렬의 계수를 찾는 함수를 가지고 있다.

7 고유값과 고유벡터

A가 $n \times n$ 정방행렬이고 영이 아닌 n차 벡터 x에 대해 Ax가 x의 스칼라 배이면 즉, 어떤 스칼라 값 λ에 대해 다음 식이 성립하면

$$Ax = \lambda x \tag{17.33}$$

스칼라 λ를 A행렬의 고유값(eigenvalue)이라 하고 x를 λ에 대응하는 고유벡터(eigenvector)라 한다. $n \times n$행렬 A의 고유값을 구하기 위해서 식(17.33)을 변형하면

$$Ax = \lambda Ix \quad \text{혹은} \quad |\lambda I - A|x = 0 \tag{17.34}$$

식(17.33)이 영이 아닌 해를 갖기 위한 필요충분조건을 A행렬의 특성방정식(cha racteristic equation)이라 하고, 이 방정식을 만족하는 스칼라는 A행렬의 고유값이 된다.

$$|\lambda I - A| = 0 \tag{17.35}$$

다음 행렬에서 고유값을 구해보자.

$$A = \begin{bmatrix} 3 & 2 \\ -1 & 0 \end{bmatrix}$$

먼저 $\lambda I - A$를 계산하면

$$\lambda I - A = \lambda \begin{bmatrix} 1 & 0 \\ 0 & 1 \end{bmatrix} - \begin{bmatrix} 3 & 2 \\ -1 & 0 \end{bmatrix} = \begin{bmatrix} \lambda - 3 & -2 \\ 1 & \lambda \end{bmatrix}$$

A의 특성방정식은

$$|\lambda I - A| = \begin{vmatrix} \lambda - 3 & -2 \\ 1 & \lambda \end{vmatrix} = \lambda^2 - 3\lambda + 2 = 0$$

따라서 A행렬의 고유값은 $\lambda = 1$, $\lambda = 2$가 된다. LabVIEW에도 정방행렬의 고유값을 찾는 함수를 갖고 있다.

17.2 LabVIEW의 선형대수 함수

LabVIEW에는 선형대수 연산을 처리할 수 있는 다양한 함수가 내장되어 있다. 함수 팔레트의 수학에서 선형대수를 선택해 자주 사용되는 함수들의 사용법을 알아보도록 하자.

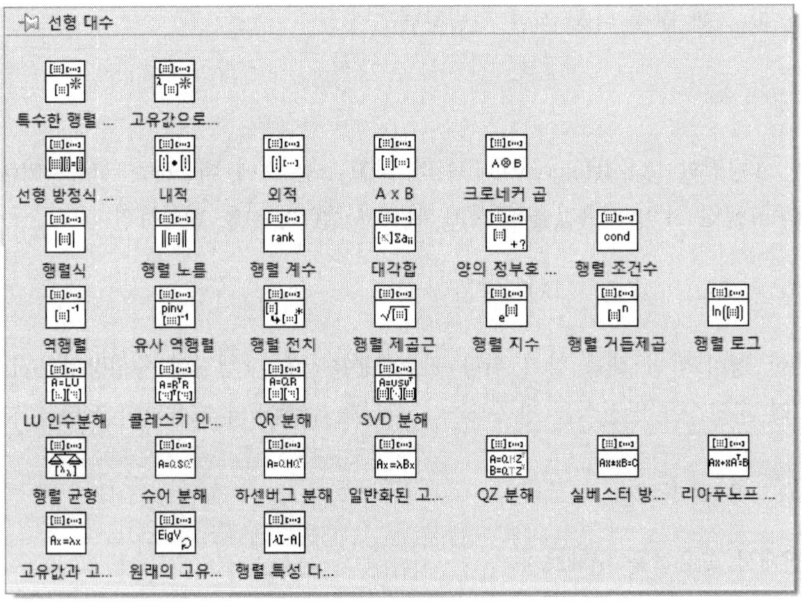

[그림 17.1] 선형대수 관련함수

1 행렬 전치 함수

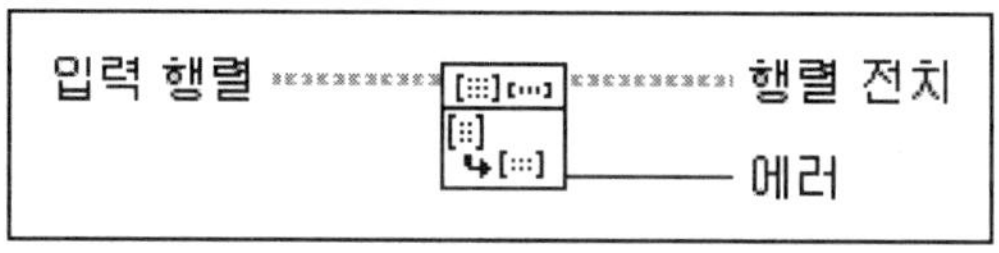

[그림 17.2] 행렬 전치 함수

행렬 전치 함수는 입력행렬을 전달받아 행과 열을 교환한 행렬을 반환한다. 입력 행렬의 원소는 실수와 복소수가 모두 가능하며, 복소수의 경우는 입력 행렬의 켤레 복소수 전치 행렬을 반환한다.

예제 17-1 전치행렬 구하기

A행렬이 다음과 같은 원소를 갖는다고 했을 때, A^T와 $(A^T)^T$를 구하시오.

$$A = \begin{bmatrix} 1 & 2 \\ 3 & 4 \end{bmatrix}$$

1. 프런트 패널에 2차원 컨트롤 배열 1개와 2차원 인디케이터 배열 2개를 적절히 위치시킨다.

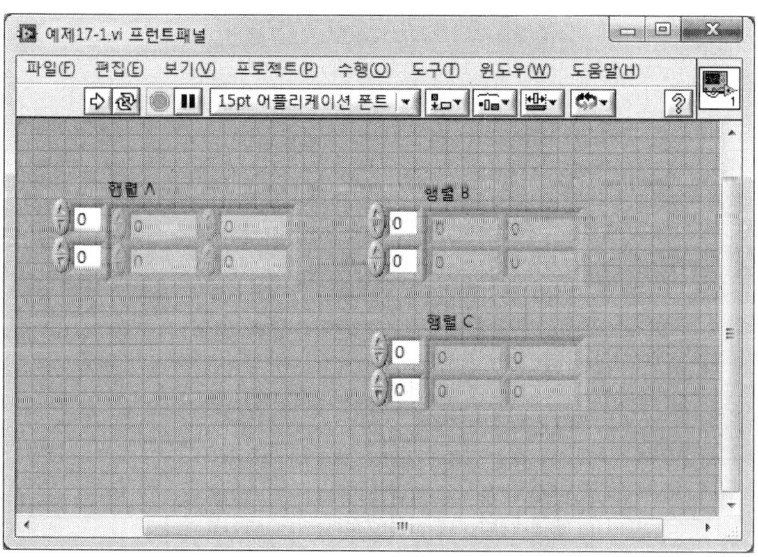

2. 함수 팔레트의 수학메뉴에서 선형대수 보조팔레트에 있는 행렬 전치함수를 가져와 다음과 같이 연결한다.

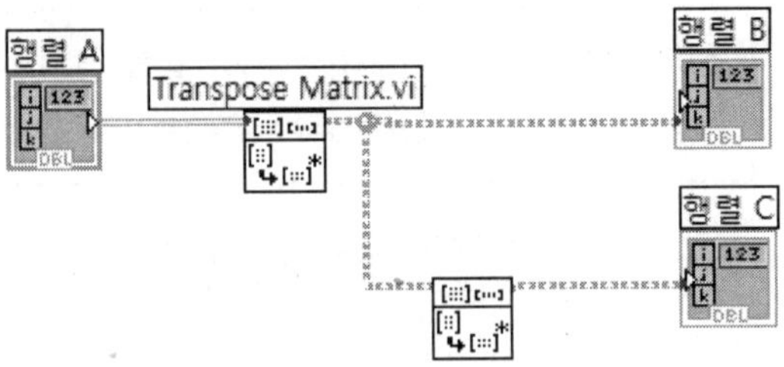

3. A행렬에 주어진 값을 입력한 후에 vi를 실행시켜 B행렬, C행렬의 값을 확인한다. B행렬의 값이 A^T이고, C행렬의 값이 $(A^T)^T$이다.

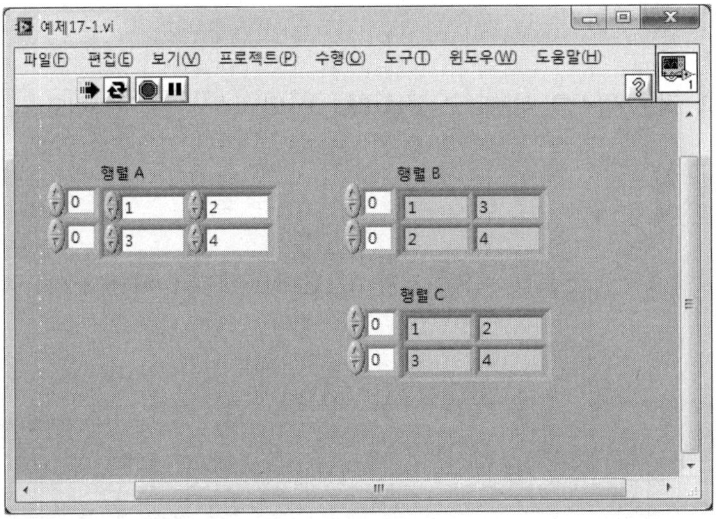

2 행렬식 함수

행렬식 함수는 반드시 실수 정방행렬을 입력받아 행렬식의 스칼라 값을 반환한다. 만약, 행렬 A가 특이 행렬이면 행렬식의 값은 0이다.

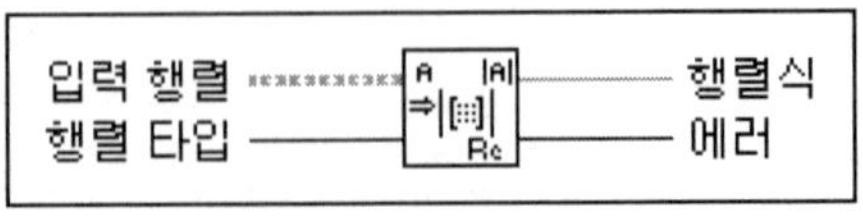

[그림 17.3] 행렬식 함수

예제 17-2

행렬식 구하기

행렬 A가 다음과 같을 때 행렬식 $|A|$의 값을 LabVIEW의 행렬식 함수로 구해보자. 또한 Sarrus방법, 여인자전개에 의한 방법과 비교해 보자.

$$A = \begin{bmatrix} 1 & -2 & 0 \\ 2 & 3 & 1 \\ 2 & -1 & 2 \end{bmatrix}$$

1. 프런트 패널에 2차원 컨트롤 배열 1개와 숫자형 인디케이터 1개를 적절히 위치시킨다.

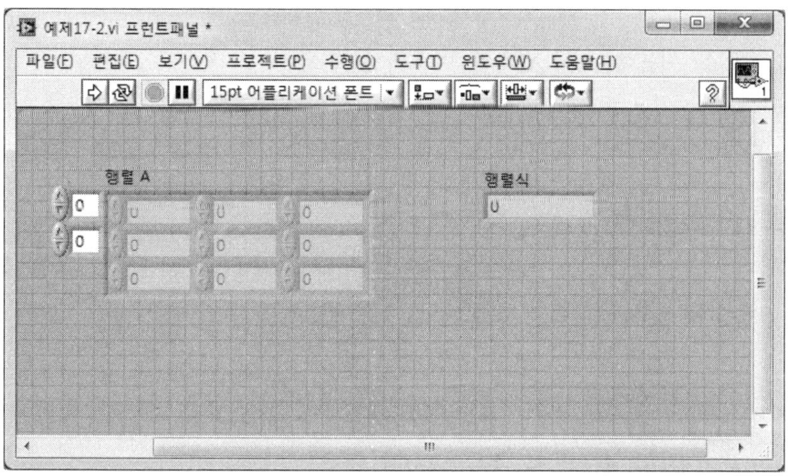

2. 함수 팔레트의 수학 메뉴에서 선형대수 보조팔레트에 있는 행렬식 함수를 가져와 다음과 같이 연결한다.

3. A행렬에 값을 입력한 후에 vi를 실행시켜 행렬식의 값을 확인한다.

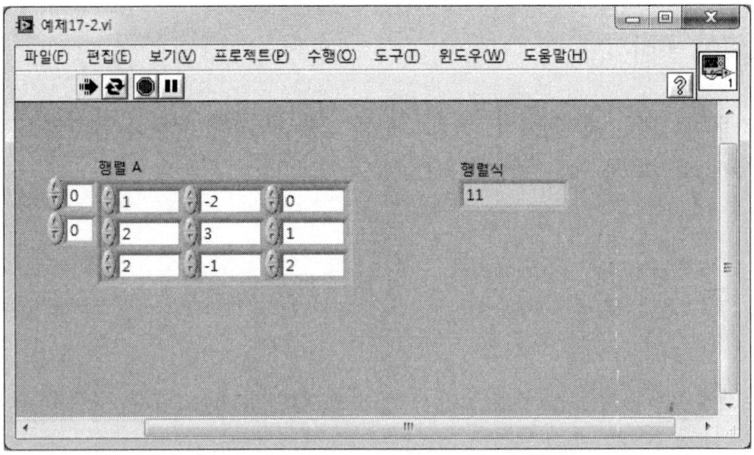

4. Sarrus의 방법을 이용해 앞의 결과와 비교해 보자.

$$|A| = \{(1\times 3\times 2)+(-1\times 2\times 0)+(2\times -2\times 1)\} - \{(0\times 3\times 2)+(2\times -2\times 2)+(1\times 1\times -1)\}$$
$$= 11$$

5. 여인자 전개를 이용하는 방법도 동일한 결과를 얻는다.

$$\det A = |A| = \sum_{j=1}^{n} a_{ij}A_{ij} \quad (i=1\text{인 경우})$$
$$= a_{11}A_{11} + a_{12}A_{12} + a_{13}A_{13}$$
$$= 1\times(-1)^{1+1}\begin{vmatrix} 3 & 1 \\ -1 & 2 \end{vmatrix} + (-2)\times(-1)^{1+2}\begin{vmatrix} 2 & 1 \\ 2 & 2 \end{vmatrix} + 0\times(-1)^{1+3}\begin{vmatrix} 2 & 3 \\ 2 & -1 \end{vmatrix}$$
$$= 11$$

3 역행렬 함수

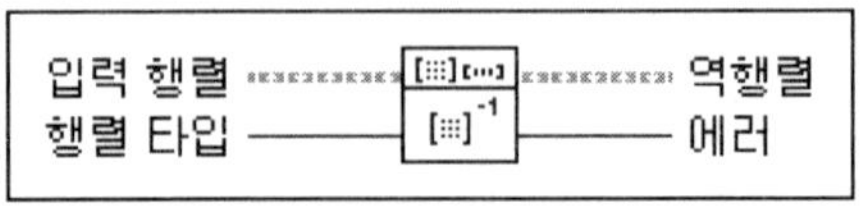

[그림 17.4] 역행렬 함수

역행렬 함수의 입력 행렬은 반드시 비특이 행렬이어야 하고 반드시 열의 개수와 행의 개수가 같아야 한다. 만약, 입력 행렬이 특이 행렬이거나 정방 행렬이 아닌 경우, VI는 역행렬을 빈 배열로 설정하고 에러를 반환한다. 비특이 행렬이란 모든 행과 열에 대해 각각 어떤 다른 행이나 열로 이루어진 선형 결합을 갖지 않는 행렬을 말한다.

예제 17-3 역행렬 구하기

행렬 A가 다음과 같을 때 A^{-1}의 값을 구하고, I를 단위행렬이라 할 때 $AA^{-1} = I$임을 확인하시오.

$$A = \begin{bmatrix} 1 & 2 & 4 \\ 3 & 2 & 1 \\ 1 & 1 & 1 \end{bmatrix}$$

1. 프런트 패널에 2차원 컨트롤 배열 1개와 2차원 인디케이터 배열 2개를 위치시킨다.

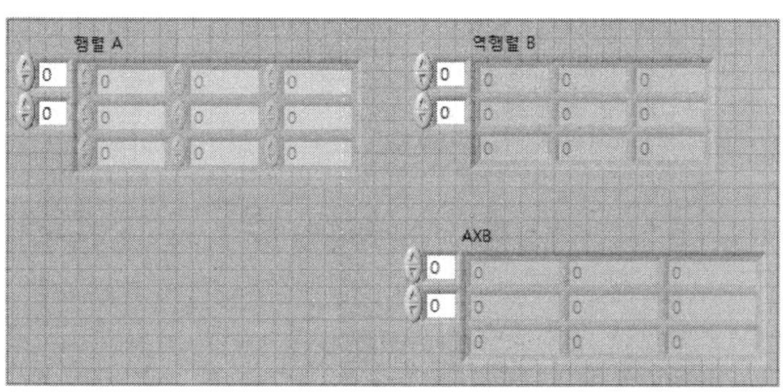

2. 함수 팔레트의 수학 메뉴에서 선형대수 보조팔레트에 있는 행렬식 함수를 가져와 다음과 같이 연결한다.

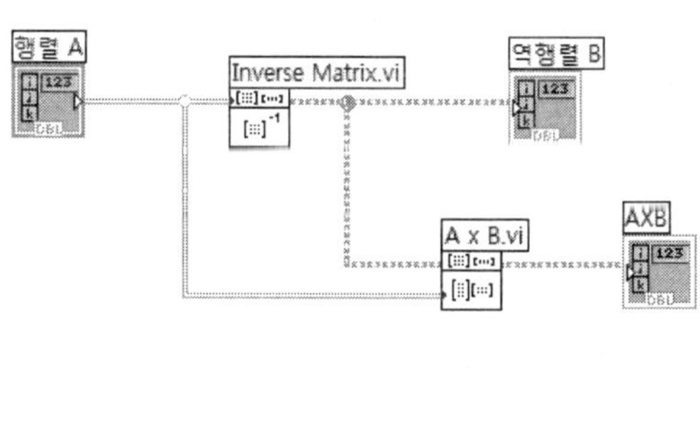

3. A행렬에 값을 입력한 후에 vi를 실행시켜 행렬식의 값을 확인해 보자.

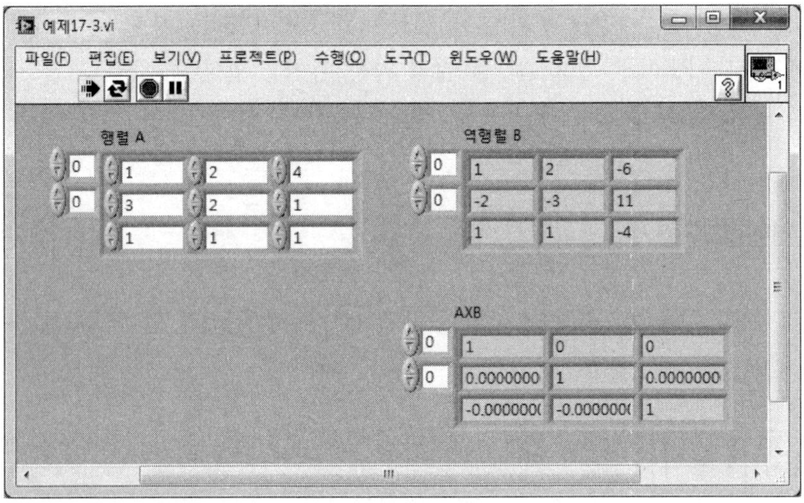

4 행렬의 계수 함수

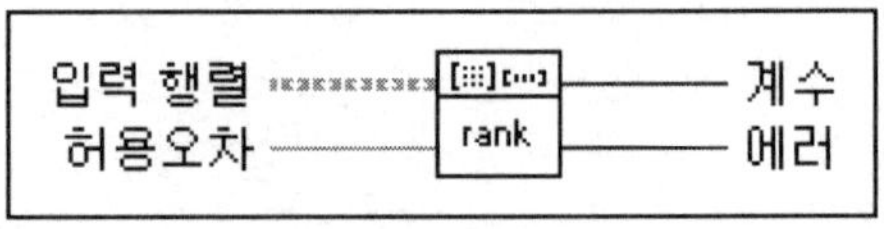

[그림 17.5] 행렬의 계수

행렬의 계수 함수는 주어진 입력행렬의 독립적인 행 혹은 열의 최대 계수를 계산해 반환한다.

5 행렬의 특성다항식 함수

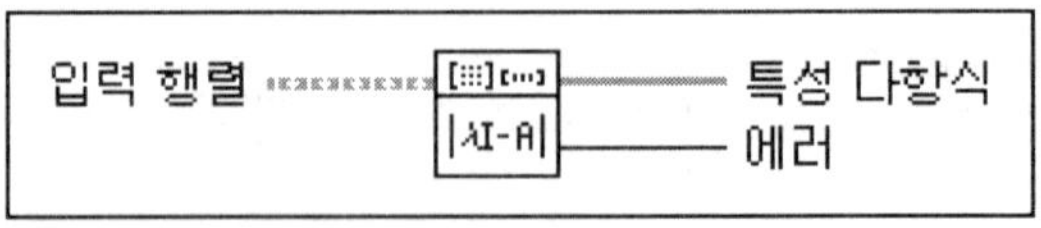

[그림 17.6] 특성다항식 함수

특성다항식 함수는 입력된 행렬의 특성다항식을 계산한 후에 특성다항식의 계수를 오름차순으로 반환한다.

6 고유값과 고유벡터 함수

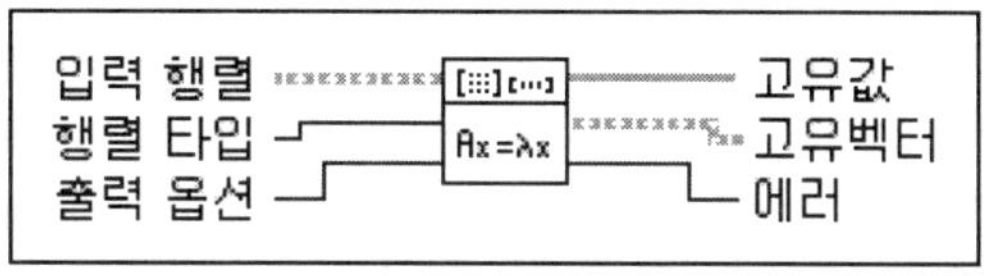

[그림 17.7] 고유값과 고유벡터 함수

고유값과 고유벡터 함수는 정방행렬을 입력받아 고유값과 고유벡터를 선택적으로 계산한다. 행렬타입에 0을 입력하면 일반 행렬이고, 1을 입력하면 대칭행렬로 간주하여 계산한다. 출력옵션에 0을 입력하면 고유값만을 계산하고, 1을 입력하면 고유값과 고유벡터를 모두 계산한다.

예제 17-4 계수, 특성방정식, 고유벡터, 고유값 구하기

행렬 A가 다음과 같을 때 A의 계수, 특성방정식, 고유값을 구하시오.

$$A = \begin{bmatrix} 3 & 2 \\ -1 & 0 \end{bmatrix}$$

1. 프런트 패널에 2차원 컨트롤 배열 1개, 숫자형 인디케이터 1개, 숫자형 인디케이터 배열 2개를 위치시킨다.

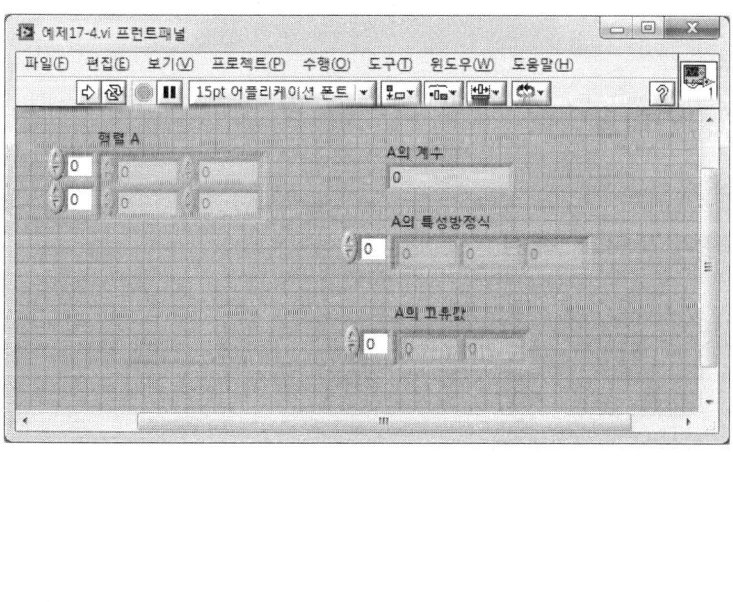

2. 함수 팔레트의 수학 메뉴에서 선형대수 보조팔레트에 있는 행렬식 함수를 가져와 다음과 같이 연결한다.

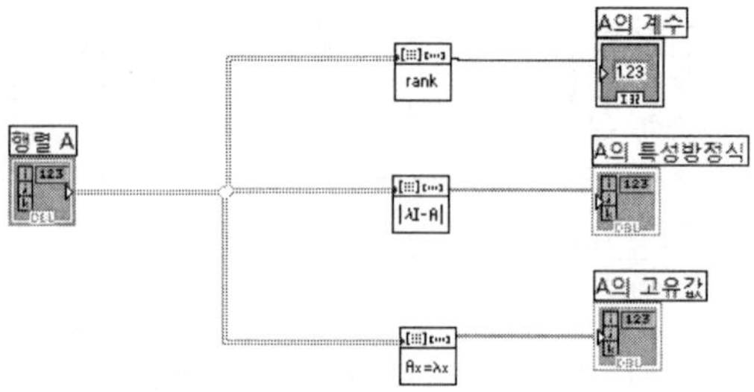

3. A행렬에 값을 입력한 후에 vi를 실행시켜 결과 값을 확인한다. 특성방정식은 오름차순으로 계수만 표시되는 것을 눈여겨보자.

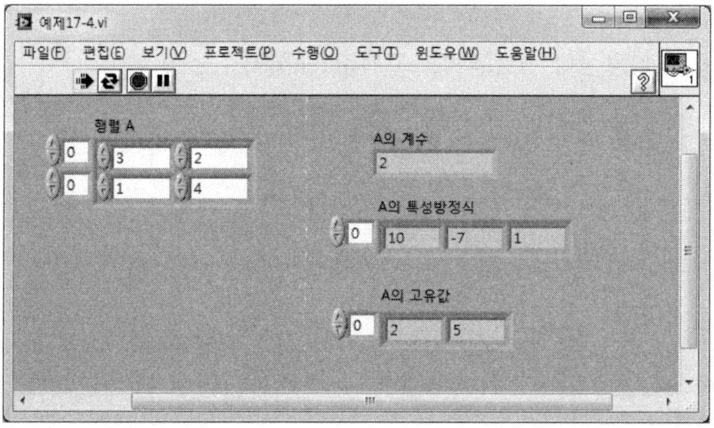

17.3 선형연립방정식

1 선형연립방정식의 해법

선형연립방정식의 해는 Gauss소거법이나 Gauss-Jordan 소거법이 주로 이용된다. 여기서는 역행렬을 이용해 해를 구하는 방법을 알아보자. 미지수의 개수와 방정식의 개수가 모두 n인 다음의 선형연립방정식을 고려해 보자.

$$\begin{cases} a_{11}x_1 + a_{12}x_2 + \cdots + a_{1n}x_n = b_1 \\ a_{21}x_1 + a_{22}x_2 + \cdots + a_{2n}x_n = b_2 \\ \qquad \vdots \\ a_{n1}x_1 + a_{n2}x_2 + \cdots + a_{nn}x_n = b_n \end{cases} \tag{17.36}$$

위의 선형연립방정식을 행렬형식으로 표현해 보자.

$$\begin{pmatrix} a_{11} & a_{12} & \cdots & a_{1n} \\ a_{21} & a_{22} & \cdots & a_{2n} \\ & \vdots & & \\ a_{n1} & a_{n2} & \cdots & a_{nn} \end{pmatrix} \begin{pmatrix} x_1 \\ x_2 \\ \vdots \\ x_n \end{pmatrix} = \begin{pmatrix} b_1 \\ b_2 \\ \vdots \\ b_n \end{pmatrix} \tag{17.37}$$

여기서, 계수행렬을 A , 상수행렬을 b라 정의하면 다음과 같이 간단히 표기할 수 있다.

$$Ax = b \tag{17.38}$$

계수행렬 A의 역행렬이 존재한다면 양변의 좌측에 A^{-1}를 곱하면 다음과 같다.

$$\begin{aligned} & A^{-1}(Ax) = A^{-1}b \\ & \therefore\ x = A^{-1}b \end{aligned} \tag{17.39}$$

따라서 선형연립방정식의 해는 A의 역행렬과 상수행렬 b를 곱하여 얻을 수 있고, 그 해는 유일하게 정해진다. 또한 A의 역행렬이 존재하지 않으면 해가 무수히 많거나 존재하지 않는 경우로 이 방법으로는 해를 구할 수 없다.

2 LabVIEW를 이용한 선형연립방정식의 해 구하기

LabVIEW에는 선형연립방정식을 풀 수 있는 선형방정식 풀기 함수가 내장되어 있다.

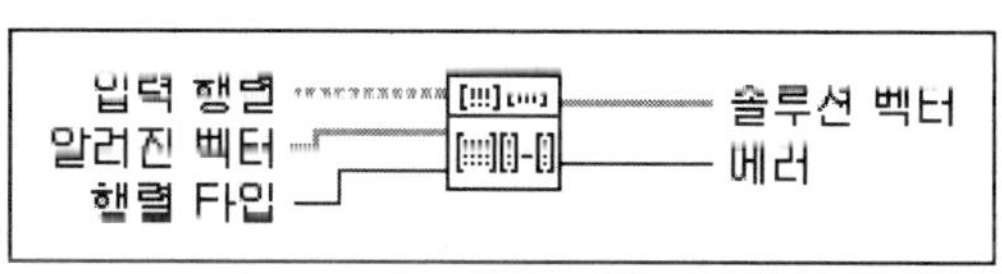

[그림 17.8] 선형방정식 풀기 함수

입력 행렬은 모든 원소가 실수인 정방행렬을 입력해야 한다. 알려진 벡터에 입력되는 원소의 개수는 반드시 입력 행렬의 행의 개수와 같아야 한다. 만일, 알려진 벡터의 원소 개수가 입력 행렬의 행과 일치하지 않는다면, VI는 솔루션 벡터를 빈 배열로 설정하고 에러를 반환한다. 솔루션 벡터는 A가 입력 행렬이고 b가 알려진 벡터인 $Ax = b$에 대한 해 x이다.

예제 17-5	선형연립방정식의 해 구하기

다음 연립방정식의 해를 구하시오.

$$\begin{cases} 2x_1 + x_3 = 1 \\ -2x_1 + 3x_2 + 4x_3 = -1 \\ -5x_1 + 5x_2 + 6x_3 = 0 \end{cases}$$

1. 주어진 방정식에서 계수행렬 A와 상수행렬 b를 구한다.

$$A = \begin{pmatrix} 2 & 0 & 1 \\ -2 & 3 & 4 \\ -5 & 5 & 6 \end{pmatrix}, \quad b = \begin{pmatrix} 1 \\ -1 \\ 0 \end{pmatrix}$$

2. 프런트 패널에 2차원 컨트롤 배열 1개와 1차원 컨트롤 배열 1개, 1차원 인디케이터 배열을 위치시킨다.

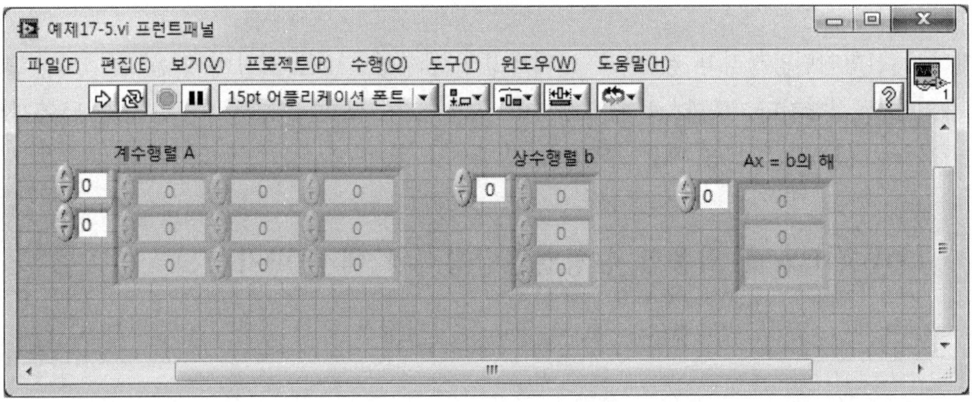

3. 함수팔레트의 선형대수팔레트에 있는 선형방정식 풀기 함수를 가져와 다음과 같이 연결한다.

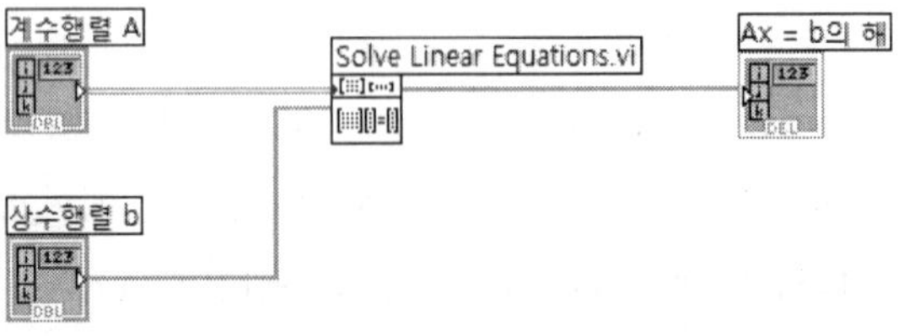

4. A행렬과 b행렬의 값을 입력한 후에 vi를 실행시켜 결과 값을 확인한다.

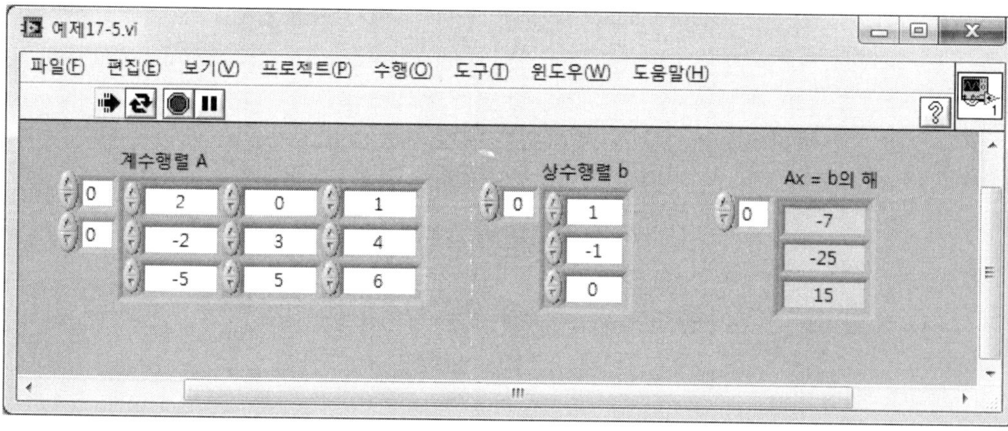

17.4 미분과 적분

공학적인 문제에서 자주 접하게 되는 미분, 적분을 계산하기 위한 미분함수, 적분함수를 알아보자. 이 함수들은 함수팔레트 ⇨ 수학 ⇨ 스크립트&수식 ⇨ 미적분 팔레트에 내장되어 있다.

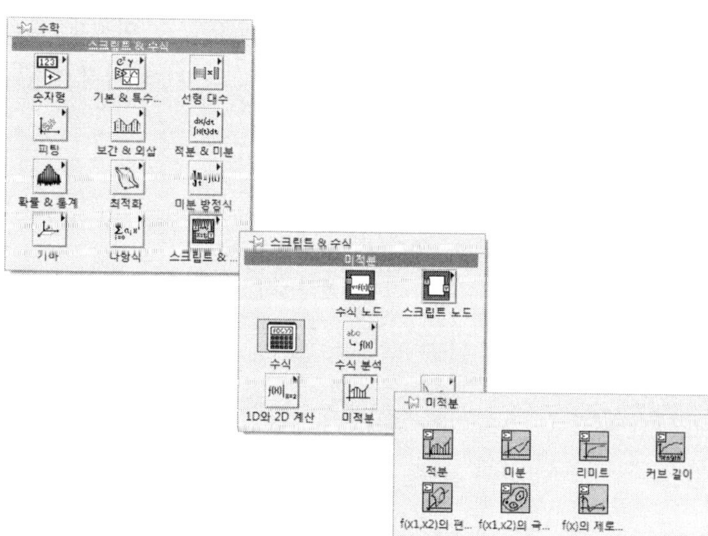

[그림 17.9] 미분과 적분함수

1 미분함수 사용법

LabVIEW의 미분함수는 Differentiation.vi를 이용하며 각각의 입출력 항목들은 다음 표와 같다.

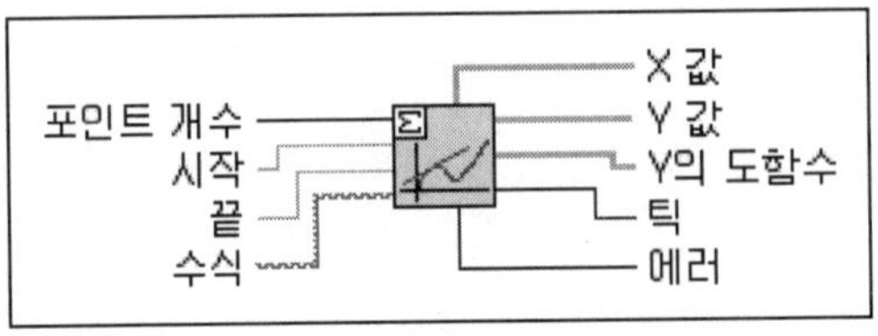

[그림 17.10] 미분함수

항목	설명
포인트 개수	시작과 끝 사이에 점의 총 개수, 기본값은 10
시작	시작은 간격의 시작점으로 기본값은 0.0
끝	끝은 간격의 끝점으로 기본값은 1.0
수식	분석중인 함수를 표현하는 문자열
X값	시작과 끝 사이의 등거리 점들의 배열
Y값	X값에 대한 원함수 값의 배열
Y의 도함수	X값의 점에서 함수의 도함수 값의 배열

예를 들어 $y(t) = \sin t$의 원함수의 값과 도함수의 값을 XY그래프에 표시해 보자. $y(t) = \sin t$이므로 미분하면 $y'(t) = \cos t$가 된다. LabVIEW를 이용해 확인해 보자. 먼저 프런트 패널에 숫자형 컨트롤 3개, 문자열형 컨트롤 1개, 1차원 숫자형 배열 3개, XY그래프를 위치시키고 레이블을 다음과 같이 변경한다.

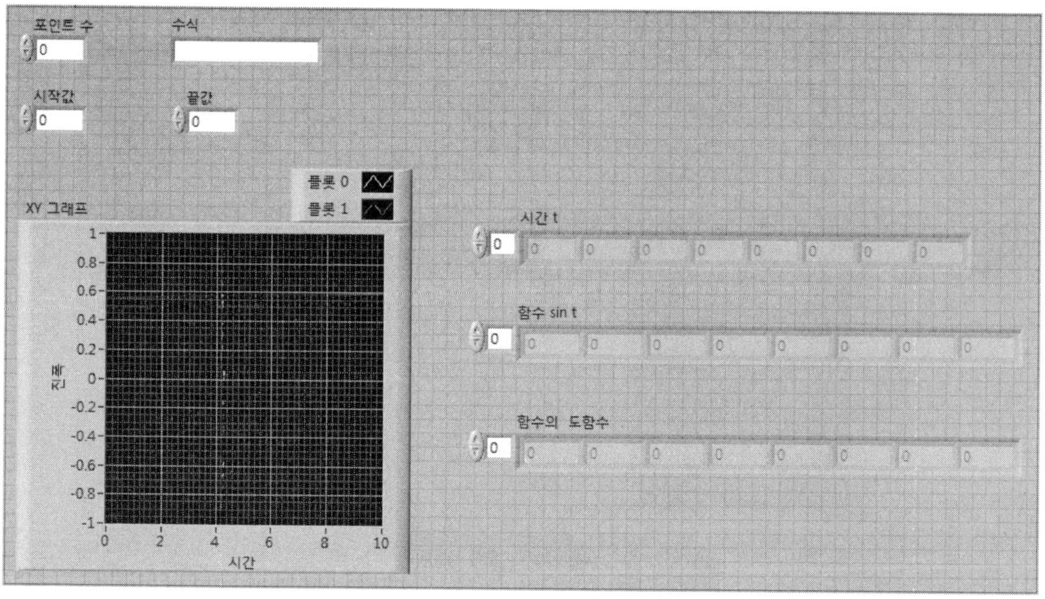

블록 다이어그램에서 미분함수, 묶기함수, 배열만들기 함수를 이용해 나음과 같이 연결한다.

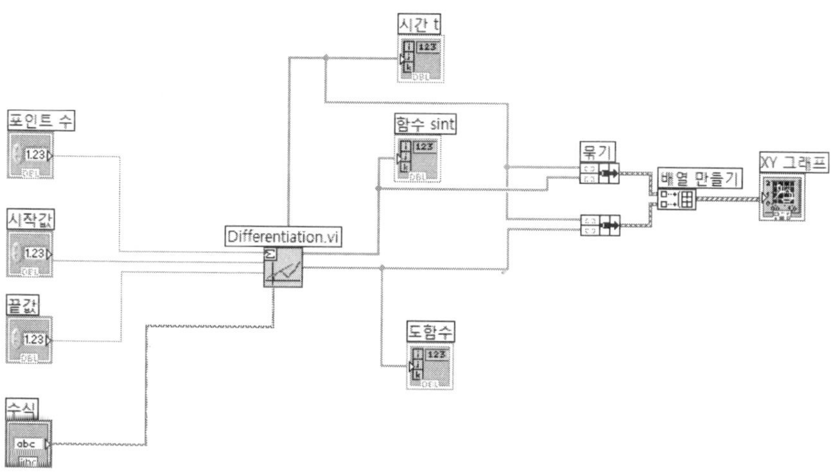

수식 문자열에는 sin(t), 시작 값은 0, 끝 값은 10을 입력하고, 포인트 수를 10으로 했을 경우와 100으로 했을 경우를 그래프로 비교해 보자.

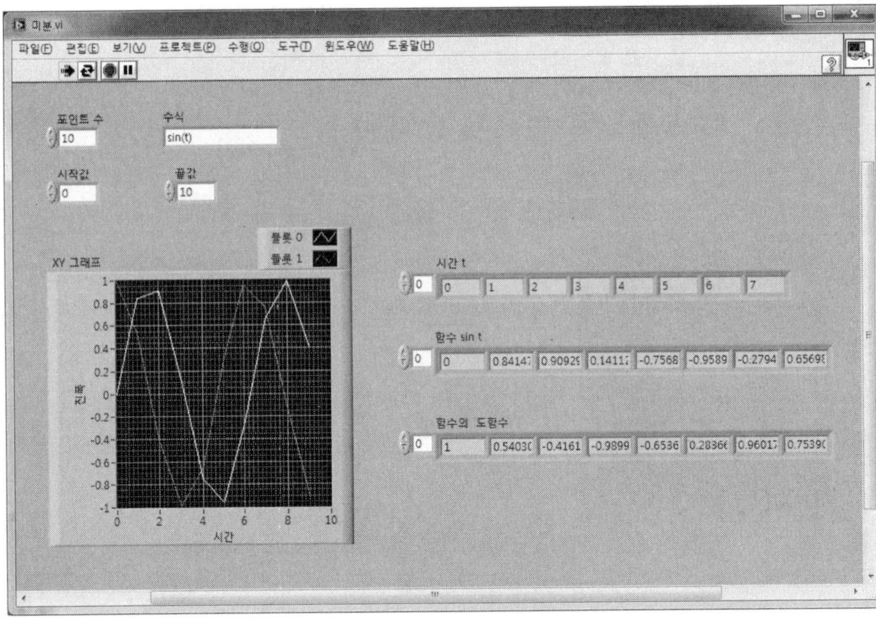

포인트 수가 10이면 시작값 0에서 끝값 10을 10등분하게 되므로 시간 t, 함수 $\sin t$, 함수의 도함수 배열은 10개의 원소를 갖게 된다. 만약 포인트 수를 100으로 하면 t배열의 원소가 100개가 되어 좀 더 정밀한 함수, 도함수의 그래프를 얻을 수 있다. 플롯 0은 원함수 $\sin t$의 그래프이고 플롯 1은 이를 미분한 $\cos t$의 그래프가 얻어진다.

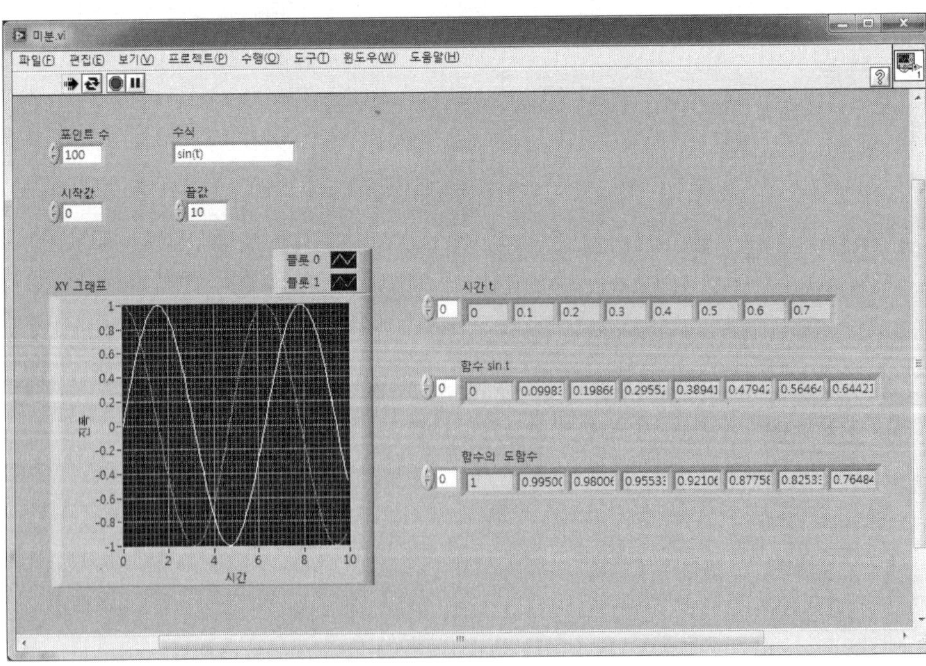

2 적분함수 사용법

LabVIEW의 적분함수는 Integration.vi를 이용하며 각각의 입출력 항목들은 다음 표와 같다.

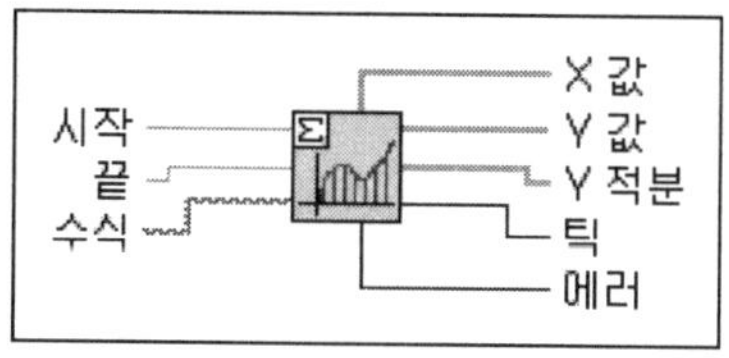

[그림 17.11] 적분함수

항목	설명
시작	시작은 간격의 시작 포인트로 기본값은 0.0
끝	끝은 간격의 포인트로 기본값은 1.0
수식	분석중인 함수를 표현하는 문자열
X값	(시작, 끝)구간 내에서 모든 포인트의 배열
Y값	원함수의 값
Y적분	모든 x값에 대해 시작과 끝 사이에서 수식의 적분값

예를 들어 $y(t) = \cos t$ 의 원함수의 값과 적분값을 XY그래프에 표시해 보자. $y(t) = \cos t$ 이므로 미분하면 $\int y(t)dt = \sin t$가 된다. LabVIEW를 이용해 확인해 보자. 먼저 프런트 패널에 숫자형 컨트롤 2개, 문자열형 컨트롤 1개, 1차원 숫자형 배열 3개, XY그래프를 위치시키고 레이블을 다음과 같이 변경한다.

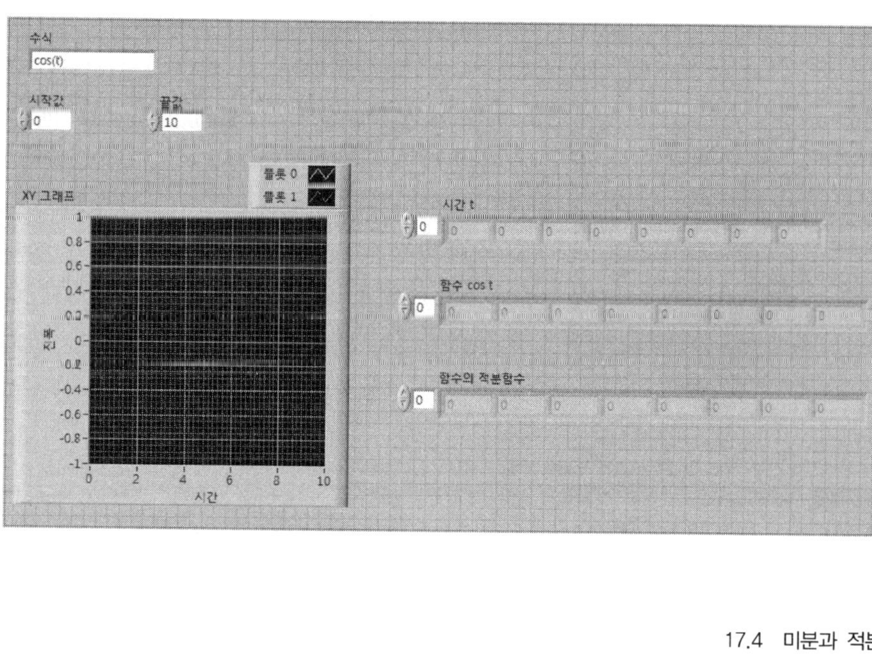

블록 다이어그램에서 적분함수, 묶기함수, 배열만들기 함수를 이용해 다음과 같이 연결한다. 적분함수의 경우에 포인트 개수는 함수의 복잡도에 따라 자동으로 설정된다.

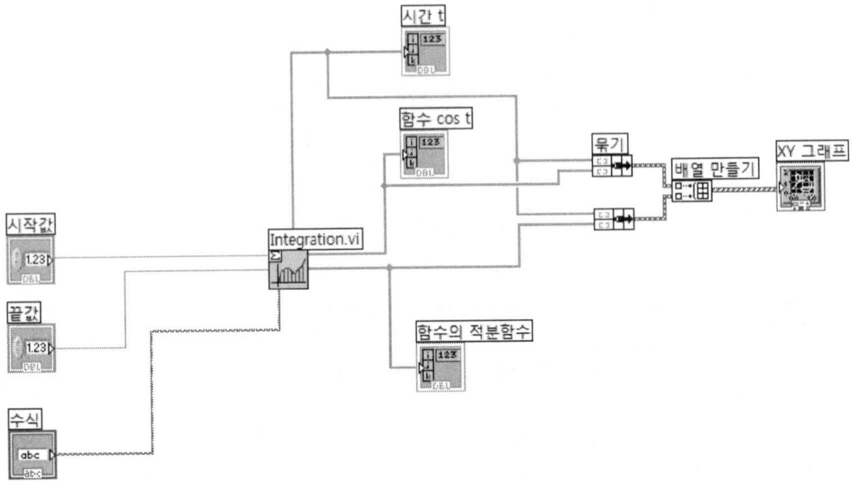

시작 값을 0, 끝 값을 10으로 설정한 이후에 수식에는 cos(t)를 입력하고 실행시켜보자. 플롯 0은 원함수 $\cos t$의 그래프가 얻어지고, 플롯 1은 이를 적분한 $\sin t$의 그래프가 얻어지는 것을 확인할 수 있다.

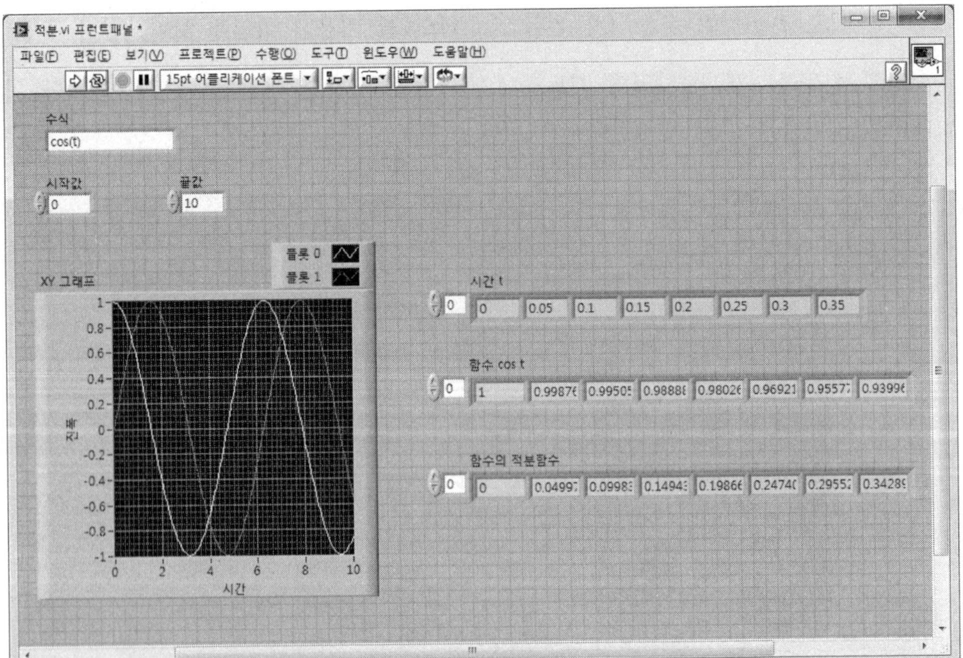

17.5 미분방정식의 해 구하기

미분방정식(differential equation)이란 독립변수 t, 종속변수 $y(t)$, y의 t에 대한 도함수 y', y'', ..., $y^{(n)}$을 포함하는 방정식을 의미한다. 대부분의 공학적인 문제들을 수학적으로 표현하면 거의 모두가 미분방정식으로 표현되기 때문에 미분방정식의 해법을 알아두어야 한다.

1 미분방정식의 기초지식

미분방정식은 포함되어 있는 도함수의 최고차 계수(order)와 차수(degree)에 따라 다음과 같이 분류하고, 시스템 외부로부터 가해지는 입력함수 $r(t)=0$이면 재차(homogenus), $r(t)\neq 0$ 비제차(non-homogenus) 미분방정식이라고 한다. 최고차 도함수의 차수가 n인 n차 선형 상미분방정식의 일반형은 다음과 같다.

$$a_n\frac{d^n}{dt^n}y(t)+a_{n-1}\frac{d^{n-1}}{dt^{n-1}}y(t)+\cdots+a_1\frac{d}{dt}y(t)+a_0y(t)=r(t) \qquad (17.40)$$

단, a_0, a_1, ..., a_n : 상수계수, $r(t)$: 입력함수

선형 상미분방정식의 해를 구하는 가장 일반적인 방법은 라플라스 변환을 이용하는 것이다. 그러나 미분방정식의 차수가 커지면 손으로 해를 구하기가 매우 어렵게 된다. 따라서 컴퓨터의 도움을 받아 수치해석법으로 해를 구하는 방법이 많이 사용되고 있다. 수치해석법에는 오일러의 방법과 룽게-쿤타 방법이 널리 이용되고 있다. 여기서는 가장 단순한 1차 상미분방정식에 룽게-쿤타 방법을 적용해 해를 구해보자.

2 1차 상미분방정식의 해법

선형 1차 상미분방정식은 RL회로 등에서 흔히 나타난다. 간단한 예를 통해 해법을 이해하고 LabVIEW로 얻은 해와 비교해 보도록 하자.

$$\frac{d}{dt}y(t)+2y(t)=u(t),\quad y(0)=0,\quad u(t)=1$$

양변에 라플라스 변환을 취하면

$$sY(s)-y(0)+2Y(s)=U(s)$$

$$Y(s) = \frac{1}{s+2}[U(s)+y(0)]$$

$y(0) = 0$이고, $U(s) = \frac{1}{s}$이므로

$$Y(s) = \frac{1}{s(s+2)}$$

부분분수 전개를 이용하면,

$$Y(s) = \frac{1}{s(s+2)} = \frac{K_1}{s} + \frac{K_2}{s+2}$$

$$K_1 = [s\,Y(s)\,]_{s=0} = \left[s \cdot \frac{1}{s(s+2)}\right]_{s=0} = \frac{1}{2}$$

$$K_2 = [(s+2)\,Y(s)\,]_{s=-2} = \left[(s+2) \cdot \frac{1}{s(s+2)}\right]_{s=-2} = -\frac{1}{2}$$

따라서 라플라스 역 변환을 통해 최종해 $y(t)$를 얻을 수 있다.

$$\begin{aligned} y(t) &= \mathcal{L}^{-1}\{Y(s)\} \\ &= \mathcal{L}^{-1}\left\{\frac{1}{s(s+2)}\right\} = \mathcal{L}^{-1}\left\{\frac{1}{2s} - \frac{1}{2(s+2)}\right\} \\ &= \frac{1}{2} - \frac{1}{2}e^{-2t},\ t \geq 0 \end{aligned}$$

결국 미분방정식의 해를 구하는 문제는 주어진 미분방정식을 만족하는 함수 $y(t)$를 찾는 것이 된다. 일반 대수방정식의 해는 방정식을 만족하는 값을 찾는 문제이지만 미분방정식 해는 방정식을 만족하는 함수를 찾는 문제이므로 매우 까다롭고 복잡한 과정을 통해 해를 얻을 수 있다.

3 LabVIEW를 이용한 미분방정식 해 구하기

LabVIEW는 1차 미분방정식을 풀 수 있는 5개의 함수와 n차 미분방정식을 풀 수 있는 2개의 함수를 갖고 있다. 이들 함수는 함수팔레트에서 수학 ⇨ 미분방정식 보조 팔레트에서 확인할 수 있다.

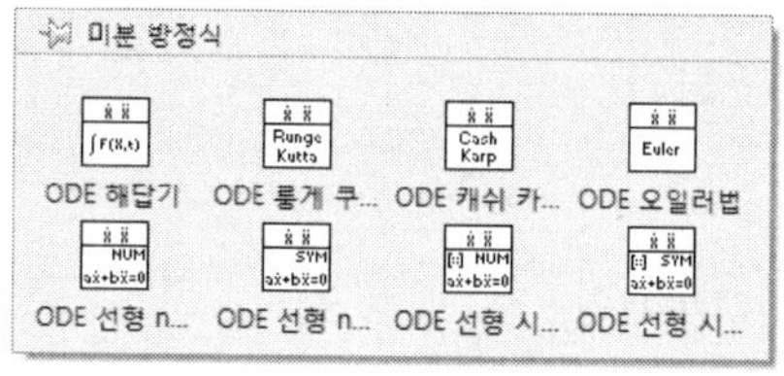

[그림 17.12] 미분방정식 보조팔레트

여기서는 미분방정식의 수치해법에서 가장 널리 이용되는 룽게-쿤타 방법에 대해 알아보도록 하자. LabVIEW의 ODE룽게-쿤타 함수는 다음과 같다. 항목에 대한 설명을 이해하고 예제를 풀어보자.

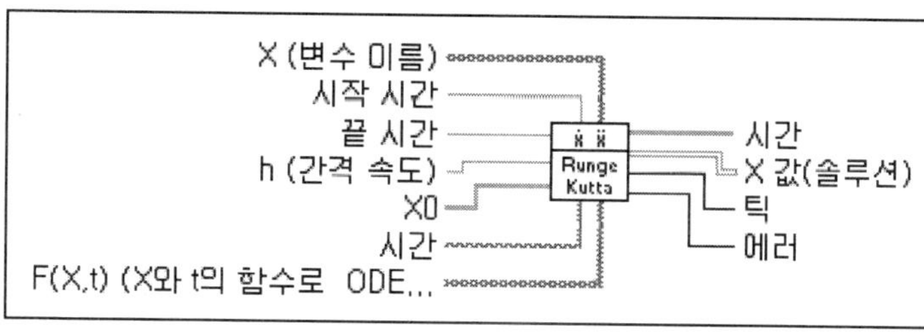

[그림 17.13] ODE 룽게-쿤타 함수

항목	설명
X(변수이름)	변수 문자열의 배열
시작 시간	시작 점, 기본값은 0
끝 시간	실행 중인 시간 간격의 마지막 점, 기본값은 1.0
h(간격속도)	고정된 단계속도로 기본값은 0.1
X0	변수 x의 초기값 벡터, X와 X0는 항상 일대일 관계
시간	시간 변수를 표시하는 문자열, 기본값은 t
F(X,t)	미분방정식이 우변을 나타내는 1차원 문자열 배열
시간	시간단계를 나타내는 배열, 등거리 시간 간격 형성
X값(솔루션)	얻어진 해가 출력되는 2차원 배열

예제 17-6	미분방정식의 해 구하기

다음 1차 미분방정식의 해를 구하시오.

$$\frac{d}{dt}y(t) + 2y(t) = 1, \qquad y(0) = 1$$

1. 주어진 미분방정식을 다음과 같은 형태로 변경한다. 만약 2차 이상의 미분방정식이 주어지면 1차 미분방정식의 연립방정식(상태방정식)으로 변경한다.

$$\frac{d}{dt}y(t) = -2y(t) + 1$$

2. 프런트 패널에 숫자형 컨트롤 2개, 1차원 숫자형 컨트롤 배열 1개, 1차원 문자열형 컨트롤 배열 2개, 1차원 숫자형 인디케이터 배열 1개, 2차원 숫자형 인디케이터 배열 1개, XY 그래프를 위치시키고 레이블 다음과 같이 변경한다.

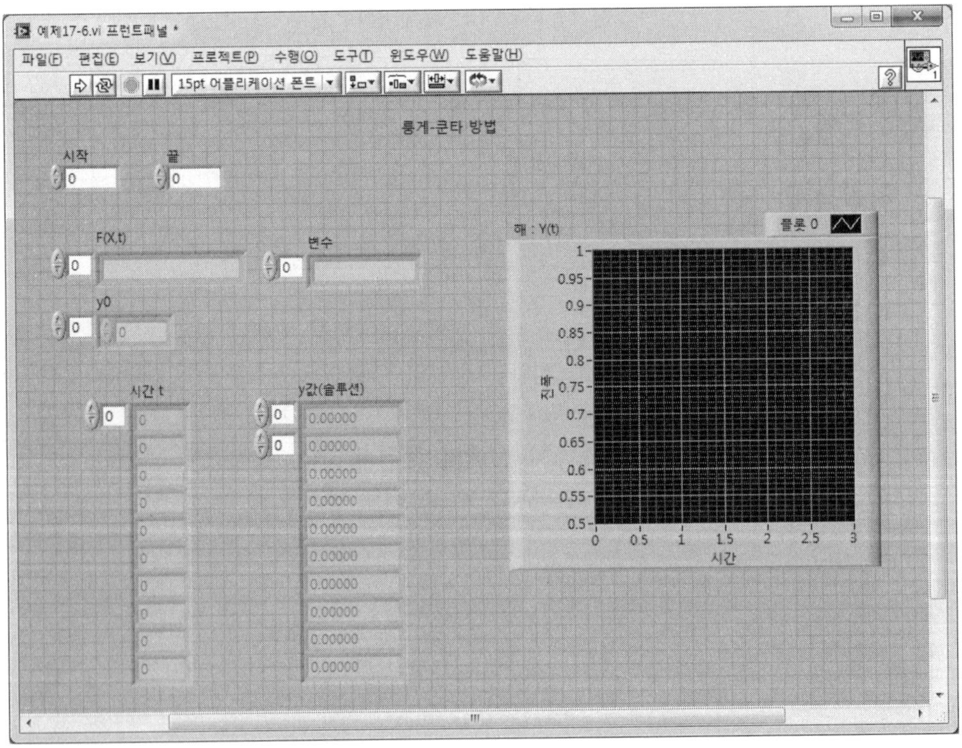

3. 시작 값은 0, 끝 값은 3, F(X,t)에는 -2*y+1 수식을 입력하고, y0의 초기값은 1을 입력한다. 또한 변수에는 이 예제에서 x 대신 y를 사용했으므로 y를 입력한다.

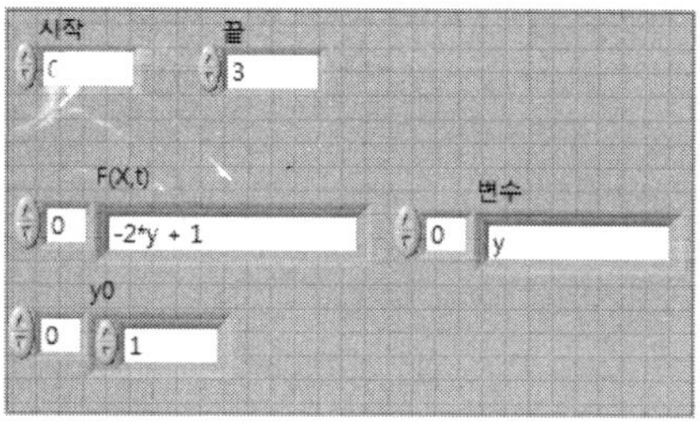

4. 블록 다이어그램에서 룽게-쿤타에 입력되는 시간 변수는 기본값인 t를 그대로 사용했다. y값은 2차원 배열로 출력되는데 이 예제는 1차 미분방정식이므로 1열의 원소 값만을 출력하고 나머지 열의 값은 모두 0이 된다. 따라서 2D 배열 전치 함수와 배열 인덱스 함수를 이용해 1차원 배열로 변경할 수 있다. 시간 t와 1차원으로 변경된 y값은 묶기함수를 이용해 클러스터 변환 후에 XY그래프로 입력된다. XY그래프는 시간 t의 변화에 따른 y값을 나타내고 있다.

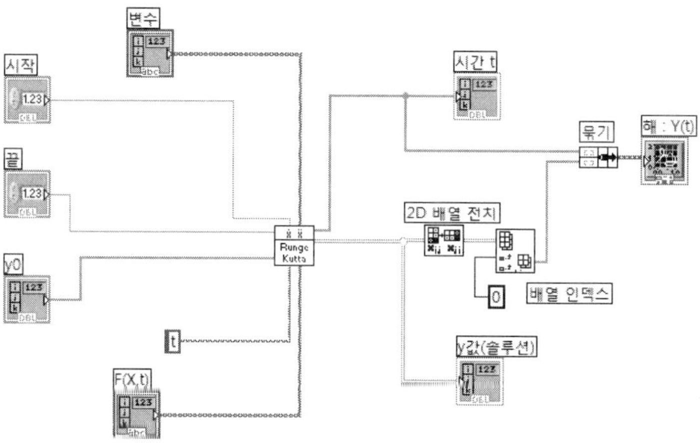

5. vi를 실행시켜 XY그래프를 확인해 보자.

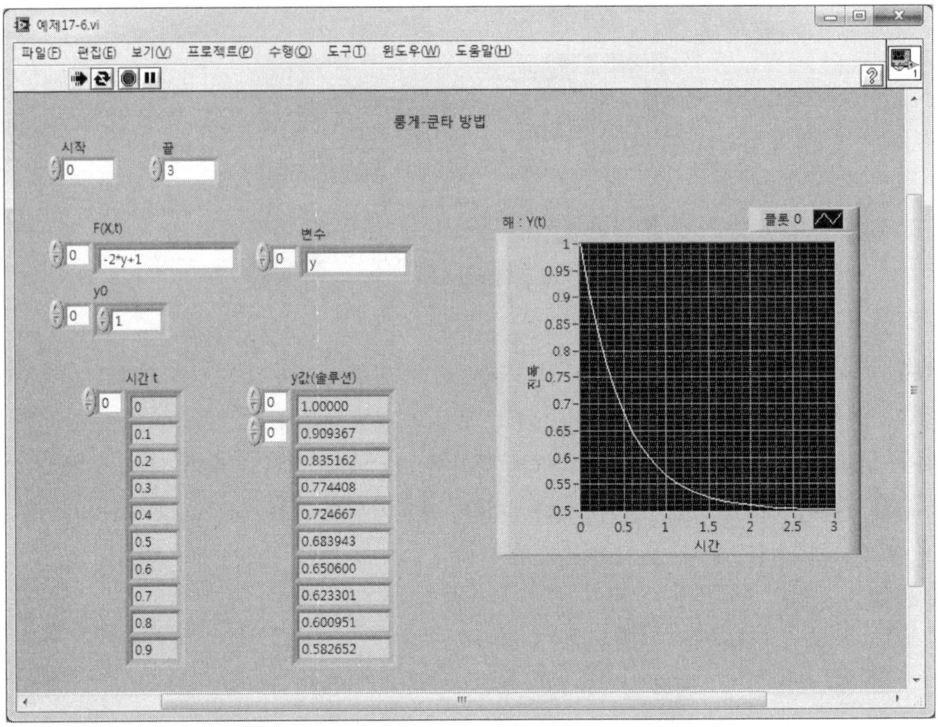

6. 간격속도 h는 기본값으로 0.1을 사용했으므로 얻어지는 결과는 31×1의 원소를 갖는 배열이 얻어진다. 또한 앞서 라플라스 변환으로 얻어진 해를 확인해 보면 시간이 증가함에 따라 0.5에 수렴하는 지수함수가 됨을 알 수 있다. 따라서 이 그래프는 다음과 같은 함수 $y(t)$를 나타내고 있다.

$$y(t) = \frac{1}{2} - \frac{1}{2}e^{-2t}, \ t \geq 0$$

연습문제

1. 다음 행렬의 고유값, 계수, 역행렬을 계산하는 vi를 작성하시오.

$$A = \begin{pmatrix} 1 & 2 & 3 \\ 0 & -2 & -3 \\ 0 & 0 & 4 \end{pmatrix}$$

2. 다음 함수의 미분과 적분을 계산하는 vi를 작성하시오.

$$f(t) = 2e^{-2t}$$

3. 다음 연립방정식의 해를 구하는 vi를 작성하시오.

$$\begin{cases} x_1 + x_2 + 2x_3 = 4 \\ 2x_1 - 3x_2 + x_3 = 7 \\ -x_1 + 4x_2 - 3x_3 = -11 \end{cases}$$

4. 다음 미분방정식의 해를 룽게-쿤타 방법으로 계산하는 vi를 작성하시오. 단, 초기값 $x_1(0)$, $x_2(0)$는 0으로 한다.

$$\frac{d}{dt}x_1(t) = x_2(t)$$
$$\frac{d}{dt}x_2(t) = -3x_2(t) - 2x_1(t) + 2$$

저자와의
협의에 의해
인지 생략

예제로 배우는

LabVIEW 프로그램의 기초

2판 5쇄 2021년 8월 20일

저 자 이한석 / 임윤식
발행인 송광헌
발행처 복두출판사
주 소 서울특별시 영등포구 경인로82길 3-4
센터플러스 807호 (우) 07371
전 화 02-2164-2580
FAX 02-2164-2584
등 록 1993. 11. 22. 제 10-902 호

정가 : 22,000원

ISBN : 979-11-5906-332-9 93560

한국과학기술출판협회 회원사